以知为力　识见乃远

蒙古秘史新译并注释

札奇斯钦 译注

中国出版集团 东方出版中心

图书在版编目（CIP）数据

蒙古秘史新译并注释 / 札奇斯钦译注. -- 上海：
东方出版中心, 2025. 5. -- ISBN 978-7-5473-2522-3

I. K281.2

中国国家版本馆CIP数据核字第2024EE9469号

蒙古秘史新译并注释

译 注 者　札奇斯钦
责任编辑　朱宝元
封面设计　余佳佳

出 版 人　陈义望
出版发行　东方出版中心
地　　址　上海市仙霞路345号
邮政编码　200336
电　　话　021- 62417400
印 刷 者　山东京沪印刷科技有限公司

开　　本　890mm×1240mm　1/32
印　　张　14.125
插　　页　2
字　　数　290千字
版　　次　2025年8月第1版
印　　次　2025年8月第1次印刷
定　　价　96.00元

为纪念姚师从吾先生而作

出版说明

　　札奇斯钦（1915—2009）是著名蒙古学家，汉名于宝衡。1915年生于北京，祖籍内蒙古原卓索图盟喀喇沁右旗王爷府大营子（今内蒙古自治区赤峰市喀喇沁旗王爷府镇）。1933年考入北京大学政治系，师从姚从吾研究蒙古政治史。1938年赴日本早稻田大学大学院留学，得到白鸟库吉、乌居龙藏、矢野仁一等北亚史专家指教，并结识小林高四郎等学人。1939年回国。1949年移居台湾后，潜心研究辽金元史，致力于蒙古历史、语言、文化、民俗研究。1957年任台湾政治大学民族社会系（边政系）系主任、研究所所长；1958年兼任台湾大学历史系教授。1972年赴美，任美国杨百翰大学历史系教授，兼任英国伦敦大学亚非学院研究教授、日本东京外国语大学研究教授、德国波恩大学中亚学院研究教授。用汉、蒙、英、日等多种文字著述，学术著作颇丰。著有《蒙古之今昔》《蒙古与西藏历史关系之研究》《蒙古文化与社会》等专著十余部，译著有《蒙古秘史新译并注释》《蒙古黄金史译注》等，还撰有《说旧〈元史〉中的"秃鲁花"与〈元朝秘史〉中的"土儿合黑"（散班）》等中文论文九十篇、英文论文四十三篇。

札奇斯钦赴台后，与姚从吾费时七八年共同译注《蒙古秘史》，1960 年至 1962 年以《汉字蒙音蒙古秘史新译并注释》为名连载于台湾大学《文史哲学报》第九、十、十一期。1975 年，札奇斯钦又重新译注，1978 年 1 月完成；1979 年 12 月以《蒙古秘史新译并注释》为名由台湾联经出版事业公司初版，2020 年 4 月二版。

《蒙古黄金史译注》是札奇斯钦在与姚从吾译注《蒙古秘史》时，历时四年多于 1962 年完成的，1963 年发表于《中国东亚学术研究计划委员会年报》，1978 年又作补充修订，1979 年 12 月由台湾联经出版事业公司初版，2020 年 5 月二版。

此次出版的《蒙古秘史新译并注释》和《蒙古黄金史译注》简体字版以台湾联经出版事业股份公司 2020 年二版为底本，仔细修正了该版本的标点、错字和引文等勘误处，进一步规范了前辅文和注释中专有名词的体例。同时，请中国人民大学国学院博士研究生哈达根据作者的蒙古文转写规则及两书的时代性，修订了部分转写方式，置于 [ ] 内。

札奇斯钦先生的女儿于君慧女士为两书题写了书名。两书在出版过程中得到了姚大力、齐木德道尔吉、布仁巴图、贺圣遂诸先生的帮助。在此谨致谢忱！

希望两书的出版对蒙元史、明代蒙古史感兴趣的读者有助。

东方出版中心编辑部

2025 年 5 月

目　录

漫谈《元朝秘史》（代序）

姚从吾

　　假如姚师仍然健在，必然乐于为这一篇拙作，写一个长序。可惜，这篇拙作的完成为时太晚，只得以姚师的前作，代为他的序了！姚师这篇文章原载于《大陆杂志》第十七卷第十二期，原是姚师于一九五八年九月三十日在"联合国中国同志会"第二〇一次座谈会的讲演稿。

著者

一、引言

　　这一次讨论的题目，是"漫谈《元朝秘史》"。《元朝秘史》在汉籍中是一部很特别的奇书；保留下来的形式，也很特殊，值得加以注意。今天兄弟想就个人浅学所知关于这部奇书的内容、性质、在国内和国际间学术界对它研究的概况，以及它在国史中应有的地位，略作介绍，敬请诸位先生不吝指教。兄弟是治通史中的断代史（宋辽金元史）的，《元朝秘史》只是这一阶段中直接史料的一种，所以只能随便谈一谈。

　　我国历史悠久，材料丰富。从前北京大学曾把国史分成六段或七段（上古、秦汉、魏晋南北朝、隋唐五代、辽宋金元、明清、近百年史），想分段工作，把国史彻底清理一番。因此对于断代史，也作专史看待，注重研究每一大段落中的一切直接史料，以期对于这一时代，有比较真切的认识。《元朝秘史》是辽宋金元时代（九〇七——一三六八）元朝初年的重要史源，所以早在二十年以前，兄弟即曾加以注意。又因卒业北大史学系后，与精通中西文史学的义宁陈寅恪先生同时留学德国；并认识法国的伯希和（Prof. P. Pelliot）先生、德国的海尼士（Prof. E. Haenisch）先生（两位都是研究《元朝秘史》的欧洲学者），直接间接得到鼓励，很早即研读叶德辉刊的汉译蒙音《元朝秘史》。一九三四年归国，在北大担任辽宋金元史，同时讲授"蒙古史择题研究"，又得认识蒙古青年学者札奇斯钦先生，作为朋友，商榷学问，至今愈密。对于《元朝秘史》的研究，虽时作时辍，没有专文发表。但因历年稍久，材料愈积愈多，也颇有追随时贤，酌加整理的打算。今承同志会邀约，辞不获已。谨就这一名著依个人浅学所知，作一概括的报告。

　　就正名说，《元朝秘史》，实在应当叫作《蒙古秘史》。蒙古文称这部书是"忙豁仑·纽察·脱察安。"忙豁仑，即是"蒙古的"；纽察（纽古察）意即"机秘"；脱察安，即是"史纲"或"大事记"。也就是《元史》卷三十六《文宗本纪（五）》与卷一八一《虞集传》所说的《脱卜赤颜》。这八个字合起来就是"蒙古的机秘史纲"或"蒙古的机密大事记"。但我们为什么不改为《蒙古秘史》，而仍漫谈《元朝秘史》呢？这里也应作简单的说明。第一，《元朝秘史》是一部专书的名称，通行已久，在国内知道的人较多；忽然改为《蒙古秘史》，尚须加以解说；不如仍用原名，比较简便。第二，这部书到现在虽公认是用蒙古文写的，但蒙古原文久已不存。现在存留在世界上的，是明朝初年的"汉译蒙音本"。明人叫它作《元朝秘史》那是当然的。我们的"汉文新译本"与"蒙文还原本"一时尚没有作好，自然以明人的译音本为研究的对象；那么暂时仍称它为《元朝秘史》，方为公允。第三，这部书的名称，在国际间，除日本外，已渐渐不叫《元朝秘史》，而直接叫作《蒙古秘史》了。德文、法文、英文中（海尼士教授、伯希和教授、洪煨莲教授等）原书的译名，就是实证。但国内情形不同；我们仍用旧名，一方面是由于容易了解，另一方面也还不想抹杀明人保存此一名著的功绩。

二、《元朝秘史》的内容与性质

《元朝秘史》不仅是很特别的书，也是一部很难得的书。它是十三世纪我国建立元朝的蒙古族伟人成吉思汗（元太祖）、窝阔台汗（元太宗）父子珍贵的实录，而不是什么一般人所说不可告人的秘密的隐史。为易于明了计，用历史学的眼光，略略介绍这一部书的主要内容与重要段落，就今天漫谈的场合说，也是有需要的。因此，我在第二章内先报告这一部实录的重要内容，其次再略略谈谈它的性质。

（一）现存《元朝秘史》的内容与重要段落：现存《元朝秘史》就《四部丛刊三编》本（叶刻本除一处有错简外，大体全同）说，共十二卷、二百八十二节。内容所述，前十一卷为成吉思汗（元太祖）一生重要事迹；后一卷为窝阔台汗（元太宗）继位后的重要事迹。因为原书记载成吉思汗的事迹，特别详细，所以日本学者那珂通世（一八五一——一九○八）就把《蒙古秘史》（忙豁仑·纽察·脱察安）改译为《成吉思汗实录》。（日译本，虽未区分章节，但每节上有标题，颇便阅览。）现在我国旅美的历史家洪煨莲先生、近年出版的谢再善的两种译本，及德文海尼士教授的德译本，都有分期与小的标题，颇觉醒目。兄弟久好此书，因为便于记忆，也曾分原书十二卷、二百八十二节为下列的几个段落。

（1）成吉思汗的先世：这一章追述成吉思汗降生以前的祖先与家世。从第一册第一节到第五十八节（即《丛刊》译音本，自卷一第一页起，到四十页上半页止）。这一阶段中，采取若干流传蒙古的故事，追叙成吉思汗先世的历史，详明真切，情节生动（如阿阑娘娘折箭训子的故事等，都是很美的，颇像我们喜读的《左传》），均远较旧《元史》卷一《太祖本纪》、《元史译文证补》（卷一）、《多桑蒙古史》（第一册第二、三章）等为佳。

（2）成吉思汗的少年时代：从降生到结婚以前。自第五十九节起，到九十三节止（卷一第四十页上起，到卷二第三十六页上止）。（这一章所分节目与洪煨莲先生等所分略有不同。）

（3）结婚后的联结王汗与札木合：从结婚起，中经联结王汗与札木合，到与札木合的分裂。自第九十四节起，到一百一十九节止（卷二第三十六页下起，到卷三第三十三页上止）。

（4）被推为蒙古本部可汗，初步建立组织与收并邻近部落：从收容各部小头目起，到被推为蒙古本部可汗，并殴杀不里孛可止。自第一百二十节起，到一百四十节止（卷三第三十三页下起，到卷四第二十九页上止）。这一时期中，洪煨莲先生等都依据《秘史》原文（第一二三节），说帖木真被推为本部可汗的时候，即建号成吉思汗。这自然是不确的。这时候帖木真仅被推为本部的可汗。《秘史》（第一二三节）原文虽说："这般盟誓了，立帖木真做了皇帝，号为成吉思。"实际上这里的称呼，应是追述。因为它与后文（第二〇二节，卷八，第二十四页）一二〇六年"建号为成吉思汗"相冲突。我是赞成帖木真在丙寅、一二〇六年开始建号成吉思汗的，所以这里只说他是被推为蒙古本部的可汗。

（5）阔亦田战争的击败札木合与泰亦赤乌人的被消灭：从一二〇一年札木合的自立，到消灭泰亦赤乌族。第一百四十一节起，到一百四十九节止（从卷四第三十页，到卷五第八页下）。

（6）成吉思汗与王汗的战争：从双方友好到突袭决战与王汗的被消灭。从第一百五十节起，到一百八十八节止（卷五第九页起，到卷七第八页下止）。这一段是成吉思汗一生成败的关键，所以叙述详尽，长达一卷以上之多。就中有若干节，叙述成吉思汗与王汗冲突事，特别详细，颇为难得。

（7）征服乃蛮、古出鲁克的逃亡与札木合的自杀：从第一百八十九节起，到二百〇一节止（卷七第九页起，到卷八第二十四页上止）。乃蛮是当时的大国，札木合本人《秘史》也对之特别推重；所以乃蛮之灭与札木合之死，在这几节里都有相当详细的叙述。

（8）一二〇六年建号成吉思汗，大封功臣，任命九十五千户，扩编护卫军到一万四千骑：从第二百〇二节起，到二百三十四节止（卷八第二十四页上起，到卷十第十页下止）。这也是《元朝秘史》中最精彩的一章。就中如列举九十五千户的名字；封赏开国诸功臣时，一个一个的提名论功。从新扩大护卫军的编制，严格定立

5

塞北游牧王朝护卫军的制度。这些规划与制度，在我们的国史上，都是极难知道的。

（9）征讨畏兀部与林木中的百姓及沙漫（巫）阔阔出的专权：从第二百三十五节起，到二百四十六节止（卷十第十页下起，到卷十第四十五页下止）。

（10）出征金国、西夏与花剌子模（《秘史》称为"撒儿塔兀勒"，汉译"回回国"）：从第二百四十七节起，到二百六十四节止（续卷一第一页起，到第五十三页上止）。

（11）攻灭西夏与成吉思汗的病死：从第二百六十五节起，到二百六十八节止（续卷二第一页上起，到第十三页下止）。

（12）窝阔台汗的继立与他的灭金、他的派遣长子西征与他的自述功罪。从第二百六十九节起，到二百八十二节止（续卷二第十三页下起，到全书终了，续二第五十八页止）。

（二）《元朝秘史》在史源学上的性质：现存《元朝秘史》二百八十二节，就上列内容说，是一部叙述元朝开国并震动世界的东亚英雄成吉思汗的一种实录，也是一部很难得的元朝开国初期的直接史料。我们若拿近代史源学（Quellenkunde，即研究如何认识史料，如何寻找史实来源的学问）的眼光去估量《元朝秘史》，真是难能可贵。它不但是同时人遗留下的直接史料，而且大部分是"当事人自述甘苦"；所以亲切生动，独具一格。约略言之，它即有以下的几种特点。（1）它是蒙古极盛时代（一二四〇年前后）写成的；并且有许多已往蒙古的好传说、好习惯，都被用追记的方式保存下来。比方它叙述成吉思汗先世的故事，从巴塔赤罕到孛端察儿（《元史·太祖本纪》的第十世祖），就比旧《元

6

史》多出十一代。这即是该书难能可贵的一例。（2）《元朝秘史》
（就拿现存中文总译说）多是当事人的对话与自述甘苦，故天真亲
切、生动可信。例如它叙述成吉思汗十三岁（我是相信成吉思汗
七十二岁说的）丧父后，部族离散、受人欺凌，母子们在斡难河
过苦日子的情形；被泰亦赤乌人当作俘虏，徇示各营，终于运用急
智逃归的情形；寻找失马，结识孛斡儿出等的情形；应付桑昆，与
王汗暗斗明争，终于消灭王汗的情形；一二〇六年建号大汗，大封
功臣，组织护卫军的情形等等。都是很难得的报告，都可以补充
《元史·太祖本纪》、《元史译文证补》（卷一）与《多桑蒙古史》
（上册第一卷各章）的不足。《秘史》中叙述成吉思汗一生事迹，
亲切细密，富于草原风味。对于一位大可汗自幼到老的全部生活，
都有叙述。这不但是描写游牧英雄生活的珍品，也是汉地帝王像
汉高祖、唐太宗、宋太祖、明太祖等的传记中所没有的。（只有朱
元璋的《皇陵碑》《朱氏世德碑》，若干片段，可以与《秘史》相
比拟。）日人那珂通世最早（一九〇八年）翻译《秘史》，改称
《成吉思汗实录》，确有道理。

　　《元朝秘史》一书，叙事的技术很高，值得重视。全书十二卷
二百八十二节，就中只有十四节（自第二六九节到二八二节）讲
到元太宗（窝阔台可汗）的事迹。但就这十四节说，那就好极了。
它说到窝阔台如何接管护卫军；如何自己统率大军，征服金国；如
何选派长子拔都等出征欧洲（蒙古第二次西征）；他们的儿子们拔
都、贵由、不里等如何在外边吵架、闹意见；他如何与二哥察合
台、长侄拔都商议设立驿站制度；如何改定（蒙地）赋税；如何
把荒地凿井，散开百姓。这些都是极好的材料，都是在旧《元史》

卷二《太宗本纪》所看不到的。

总之，《元朝秘史》在国史中的史料价值，极为崇高，下边一章将另有讨论。兹举该书最后一节（倒数第二节、第二百八十一节）窝阔台"自述四功、四过"的一小段，作为记事亲切的示例。

> 斡歌歹（窝阔台）皇帝说："自坐我父亲大位之后，添了四件勾当：一件平了全国，一件立了站赤，一件无水处教穿了井，一件各城池内立探马赤镇守了。
>
> 差了四件：一件既嗣大位，沉湎于酒；一件听信妇人言语，取斡赤斤叔叔百姓的女子；一件将有忠义的朵豁勒忽因私恨阴害了；一件将天生的野兽，恐走入兄弟之国，筑墙寨围拦住，致有怨言。"（以上是明朝初年的汉文总译。此节与蒙古原文译音对比，则总译简明扼要，惟远不如原文的详细。）

上述一段，就史料的性质说，是十三世纪蒙古朝元太宗的自述经历，是直接的史料。明初汉译虽尚不如原文的详细，仍是很有价值，比二十四史中的旧《元史·太宗本纪》生动得多了。

三、《元朝秘史》现存的版本与
它在国内外研究的概况

上边说过《元朝秘史》，就是"蒙古的机密史"。"蒙古"，在当时也叫作元朝，明人把它译成汉文，因而称它为《元朝秘史》。

最早的原形，应当是用初期的蒙古文（用畏兀儿字母写的蒙古文，见《元史》卷一二四《塔塔统阿传》）写成的。可惜最早的原本，目下已不存在了。（这一点就是大陆一九五七年出版的《蒙古秘史》，译自俄文郭增（S. A. Kozin）的汉译本，也承认。见原书第十八页导言。）实际上国际学者注意此书，是从一九〇八年（清光绪三十四年）叶德辉刊行文廷式汉字蒙音本开始的。叶氏刻本出版以后，法国汉学家伯希和先生一九一三年即在《通报》（*T'oung pao*）中著文介绍。欧洲汉学家研究这部书的人，大都遵从叶氏的刊本。这部汉字蒙音本也叫作十二卷本，它的特色，最显著的有下列三点，为自来译本所少见：（一）汉字译写蒙古文原音；（二）汉文与汉字蒙音，逐字对译；（三）汉文总译。这本书的手抄本相当的多。国际间汉学家、蒙古学家也很注意这一部书，因此形成近五十年来一种《元朝秘史》研究的风气，颇引起世人的注意。一九三六年上海商务印书馆又将涵芬楼所藏顾广圻校抄本，印入《四部丛刊三编》，研究益觉方便。现在就浅学所知，分为三项，（甲）《元朝秘史》现存版本、（乙）国人的研究与注释及（丙）国际学者研究的概况，略述如左：

甲、《元朝秘史》现存版本：此项以出世先后为序。十五卷本，仅有汉文总译，但因国内流传较广，也略略谈及。

（一）叶德辉一九〇八年的精刻本：原书共十二卷，是十二卷本中最早印行的本子（十卷以后为续集二卷。共六册，分为二百八十二节）。十二卷本的特色，上节也已述说。书前有"光绪戊申（三十四年，公元一九〇八年）八月叶氏观古堂据影抄元足本刊"的题字，及叶氏丁未（光绪三十三年，一九〇七年）所作序文，后有钱大昕、张穆跋语。据新会陈援庵先生的考证，知叶刻本的底本，就是文廷式的抄本，原抄底本今藏陈氏励耘书屋。据浅学所知，德文海尼士的译本、法文伯希和的（六卷）译本、日本白鸟库吉的罗马字《音译蒙文元朝秘史》等，都是依据叶氏刻本的。

（二）《四部丛刊三编》本：这是十二卷本的另一个抄本，世称顾广圻的抄本。张元济氏等将它编入《四部丛刊三编》，原书款式与叶刊本相同。前有嘉庆乙丑（十年，公元一八〇五年）顾氏原跋，后有张元济（菊生）先生案语。据陈援庵、张菊生两先生的研究与著者查对的结果，知道这个本子，有下列两点比较叶氏刊本为佳：（1）叶刻本卷八第三十五与三十七页的错简，丛刊本不错了（此点伯希和、白鸟库吉本也已改正）；（2）卷三、卷四、卷七、卷八中有四十一叶，是换配北平图书馆所藏明初刊本的残叶，字句也偶较叶刊本为胜。这一部的原抄底本，今藏上海涵芬楼。

（三）通行十五卷本：据张菊生先生的跋文，说是出于《永乐大典》的元字韵。全书仅有汉文总译，没有汉字译写蒙音。分卷虽不相同，而二百八十二节的数目却同。钱大昕所藏的《元朝秘史》、阮元进呈的本子、杨尚文《连筠簃丛书》、袁昶渐西村舍所刻李文田的注本，均是这个仅有汉文总译的十五卷本。我国学者如李文田、高宝铨、沈子培等注释时所根据的，也是这个总译本（详后）。

总之，所谓十二卷本，就是带有汉字译写蒙音的本子。所谓十五卷本，就是只有汉文总译的本子。十五卷本，从前在中土流传较广。现在大家都知道追寻《秘史》的起源与原形，因此都注意研究十二卷本，不注重十五卷本了。关于《元朝秘史》抄本流传情形，可参看陈援庵先生的《元秘史译音用字考》、日人那珂通世《成吉思汗实录》序论（第五十一到五十四页附有《秘史传流图》），及洪煨莲先生的《元朝秘史流传考》（"The Transmission of the Book Known as *The Secret History of The Mongols*"，全文用英文写成，一九五一年《哈佛亚洲学报》第十四卷第三、四合期）。

乙、我国学者对于《元朝秘史》的注释与研究

（一）李文田的《元朝秘史注》：全书共十五卷（因为他所依据的是十五卷本），一八九六年（清光绪二十二年丙申）刻入《渐西村舍丛刊》中。李氏此书繁称博引，最称详富。除上述丛刻本外，有上海文瑞楼石印本（即《藩属舆地丛书》本）等。此注本最通行。但可惜原文不是汉译蒙音全璧，而只是十二卷蒙文本的总译，删略颇多、出入甚大。因此，李氏对原书认识不清，俨如瞎子摸象，且摸且猜，多与事实真相不符。就现时研究的水准说，实有从新译注的必要。

（二）高宝铨的《元秘史李注补正》：也是以十五卷本为根据的。只刻补注，未刻汉文总译的原文，故仅有两册（台北南港"中央研究院"历史语言研究所有此书）。

（三）沈曾植（子培）的《元秘史补注》：原书两册，依李氏注本分卷，故为十五卷。刻有总译原文，为《敬跻堂丛书》的一种。乙酉年（民国三十四年，一九四五年）北平团城古学院刊本。前有郭则沄的序，并王揖唐署签。后有张尔田的校记。沈先生是当年西北史地的专家，注文虽不多而颇称精审。他最早知道"忙豁仑·纽察·脱察安"，即是蒙古文《秘史》的原名。卷首又有"九十五功臣名及事迹略考"，亦见卓识。但也有很显然的错误，如分卷八第二〇二节九十五功臣"阿剌忽失·的吉惕·忽里"一人为二人之类。南港史语所有此书。此书虽为日本人卵翼下的北平伪组织所刻行，但小林高四郎先生却并未见到原书。

（四）王树荣（仁山）的《元朝秘史润文》：精抄稿本，现藏"中央图书馆"（台中北沟善本书库），共八厚册。王氏所依据的也是十五卷总译本。润文者，即是将《元朝秘史》所用明朝初年的俗话，加以润色，改为可读的文言。如改"头哨"为"先锋"等是。王氏虽然费了一番功夫，但材料并未多加，仅在了解方面有些帮助而已。王氏浙江归安（今吴兴）人，生于同治十年（一八七一），甲午（一八九四）举人，曾游历欧美，任职法院厅长，著有《绍邵轩丛书》七种。此书为国外学人所不知，日人小林氏也只从沈家本的《枕碧楼偶存稿》（卷五）中，知道王氏尚有此书而已。

此外，近年来我国学者如王国维先生、陈寅恪先生、陈援庵先生等等，对《元朝秘史》的研究，均有创见。王先生的《蒙古札记》，与对于《元朝秘史》的论文，世人皆已早知，无待再说。寅恪先生精通蒙古文、满洲文，能读施米特合印的德文、蒙文《蒙古源流》与《解说丛刊》本《译音元朝秘史》、满洲文的《三国演义》等等。而援庵先生著有《元秘史译音用字考》，论断精审，为世所重。励耘书屋所藏《元朝秘史》抄本之多、之精，举世无匹（叶德辉刊本之底本，即在先生处）。

此外如万光泰（清乾隆时人）的《元秘史略》（见《昭代丛书》，上下两卷）、孙承泽（清初人）《元朝典故编年》（卷九）所收《元秘史》中的太宗朝事迹、施世杰的《元秘史山川地名考》、丁谦的《元秘史地理考》等，一时不能详述，均从略。

又，大陆近年来也有两种《蒙古秘史》相继出版，均由谢再善执笔：一种是新译叶德辉的刊本，一九五一年印行；一种是重译俄国所编郭增（S. A. Kozin）的汉译《秘史》，一九五七年印行。惟两书均非专家主持，内容改窜甚多，不单通俗化，而且也宣传化了，并无学术上的价值。

丙、国际东方学者对《元朝秘史》研究的概观

这一项异常繁多，自非浅学一人所能周知，也非片时演讲所能说得明白。兹就个人浅学寡闻所已知者，分为（一）法文、（二）德文、（三）英文、（四）日文、（五）俄文五个重心，略为介绍如下。

（一）法文中关于《元朝秘史》的研究：（1）伯希和教授（Prof. P. Pelliot，1878—1945）。他是欧洲汉学权威杂志《通报》的重要主持人之一，也是法国的汉学家、语言学家、东方历史家。著作精博，举世皆知，无庸介绍。他对于《元朝秘史》的研究，因为精通多种东方文字，甚富创见。自一九一三年起，即在《通报》发表论文，介绍叶德辉刊本的重要，并指出《秘史》原名即是"忙豁仑·纽察·脱察安"与叶刻本卷八的错简等等。同时并收集《秘史》抄本，逐渐将《秘史》十二卷本的汉字译音，依照蒙古原字，写成罗马字拼音；又将前六卷译成法文，现在已由他的弟子汉比斯（L. Hambis）教授于一九四九年出版（大型本，共一九六页，南港史语所有此书）。因为教授学识渊博，熟知汉文、蒙文，我们很想把他有关《元秘史》研究的部分，尽可能地译成中文，使国内同好，得以利用与讨论。再就伯氏的遗著说，内有《蒙古札记》与波斯文《拉施特哀丁集史的译文》，也希望能早日出版，使我国得以早日译成汉文，以补《秘史》与元代史研究的不足。他的门弟子中专治《秘史》、元代史的人甚多，如汉比斯、邵循正、韩儒林诸氏都有卓越的表现。（2）比国神父莫士泰（A. Mostaert）。（莫神父，英千里先生称他为田清波神父。）莫神父住中国甚久，曾在内蒙古鄂尔多斯、绥远等地传教有年，精通蒙古语文，又曾任北平辅仁大学教授，参加《华裔学志》编辑会，著有局部的《蒙文字典》等。对于《元朝秘史》曾有长篇论文，在《哈佛亚洲学报》（*Havard Journal of Asiatic Studies*）发表。最重要的一篇，名《〈元朝秘史〉中若干小节目的研究》，载该学报第十三卷第三、四合期（一九五〇年等卷）。因为重要，已请人译成中文，以资研究。

　　（二）德文中关于《元朝秘史》的研究：(1) 海尼士教授。前柏林大学汉学研究所的主任，中国史专家傅朗克教授（Prof. Dr. O. Franke，1863—1946）的继任人，德国汉学家葛鲁贝（W. Grube）的学生。海尼士曾任清季张之洞时代湖北武备学堂的德文教员，后又游历蒙古，兼习蒙古文。曾有多篇讨论《元朝秘史》、蒙古史的论文发表。最后于一九四〇年又将叶刊本《元朝秘史》译成德文，名为：*Die geheime Geschichte der Mongolen*（德国 Otto Harrassowitz 书店发售，共一百八十四页）。在欧洲文字中，比较上是一种最早的译本。它比伯希和先生的六卷不完全的法译本（一九四九年），约早十年，一九四八年再版。可惜海尼士教授的翻译不免错误，有时错的令人吃惊。比方《秘史》中第十九节汉文与蒙古文明明说"春间"，他把它译作"秋间"；第一五三节，明明说"狗儿年秋"，他却把它译作"狗儿年春"。就是例子。小林高四郎曾在《元朝秘史之研究》（第三十六到五十二页）中，举出海氏全书错误甚多，据鄙人复核，亦然。可知像《元朝秘史》这样的书，译成欧洲文字，也是不甚容易的。（2）雷兴教授（Prof. F. Lessing）。雷氏曾在北平北京大学教德文，留华甚久，回德后曾任柏林大学附设东方语文学校教授、柏林民俗学博物馆东亚部主任，后任美国加州大学教授，现已退休。他身边有两位蒙古学者与他合作，一位名迪鲁瓦胡图克图，外蒙古四大活佛之一，曾任立法委员，蒙古旧学尤佳。他们正从事编辑汉、蒙、英文字典。据说他对《元朝秘史》的研究，也甚为注意。（3）鲍普教授（Prof. N. Poppe）。现为美国西部西雅图华盛顿大学教授，是一位蒙古语文专家，著有《蒙古文法》等书，颇为有名。他并不专治《元朝秘史》，但也有若干篇讨论《元朝秘史》的论文和评文，分用德英文发表。鲍普教授从前写文章多用德文，故将他列入德文的这一组。

（三）英文中关于《元朝秘史》的研究：关于英文方面《元朝秘史》的研究，兄弟所知太少，甚觉抱歉。但就所知已往的成绩说，英文方面，对于此一专书的研究，似乎远不如法国、德国的积极。不过近年来美国各科学术突飞猛进，东方学、汉学也不例外。兹略举所知如下。（1）柯立夫教授（Prof. F. W. Cleaves）。哈佛大学蒙古史专家，年来在《哈佛亚洲学报》中发表若干蒙古碑文的详解与注释、《蒙古史书的重印出版》、评海尼士《元朝秘史》等，不但篇幅丰富，而且详博精细，极见功力。据说柯立夫先生已将《元朝秘史》译成英文了，不久即可出版；谨在此表示欢迎。（2）上述鲍普教授的名字，也可兼列在此地，因为他所发表的评论伯希和先生遗著《元朝秘史》，望是用英文写的。（3）洪煨莲先生（Prof. William Hung）。他是从前北平燕京大学国学研究所的所长，及引得编纂处的主持人，贡献甚大。洪先生一九五一年曾用英文发表了一篇《元朝秘史流传考》（见上，大本小字，共六十面），极为详博，甚为难得。

（四）日文中《元朝秘史》的研究：东邻日本，各科学术均甚发达。学者人数既多，又复勤敏努力，故成就均甚有可观，即《元朝秘史》的研究说，也不例外。兹举所知者，对《元朝秘史》研究成一家言者，有重大贡献者，略述如下。（1）那珂通世先生（一八五一——一九〇八），一九〇七年即用日文译文廷式的《元朝秘史》抄本（据陈援庵先生《元秘史译音用字考》，知道文氏抄本即是叶刻本的底本）为《成吉思汗实录》，并有很详细的注解与考证。现在时隔四十年，犹为中、日学者所重视。（2）白鸟库吉先生（一八六五——一九四二）。可以说是近代日本东洋史研究的倡导人，名著甚多。就中如《东胡民族考》等，曾有巨大的影响。他的最后的巨著，即是有名的《音译蒙文元朝秘史》，十二卷，一九四二年出版（《东洋文库丛刊》第八种）。功力甚深，校勘亦精。（3）小林高四郎先生。早年曾在北京大学听讲，又曾译《黄金史》《元朝秘史》为日文。日本战败后游土耳其，一九四六年重返日本，赓续研究《元朝秘史》。一九五一年获得京都大学文学博士，现任横滨国立大学教授。小林先生的《元朝秘史之研究》第一册一九五四年已经出版（原书四二六页，东京日本学术振兴会发行，将为他计划四部著作中的第一种）。内容除序说外，共分十一章：（1）实录、国史与脱卜（或作必）赤颜（这一章汉文句读方面，略有问题，如原书第七十五、七十八、七十九页等）；（2）论 *Altan-debter*；（3）论所谓 "*Altan tobci nova*"；（4）论《圣武亲征录》；（5）《元朝秘史》的书名与撰者；（6）《元朝秘史》写成的年代；（7）《元朝秘史》汉字音译的年代；（8）中期蒙古语的若干问题；（9）《元朝秘史》与八思巴文；（10）论汉字音译《元朝秘史》的"原典"；（11）《元朝秘史》的汉译。详博精深，新解甚多。（日本《史学杂志》六十四卷第五期有村上正二副教授评文，可参考。该评文已由徐先尧先生代译为中文。）我希望我们可以把它译成汉文，以助研究。此外，在日本讨论有关《元朝秘史》个别问题的学者，可称道的人甚多，恕不再赘（一九五三年京都大学人文科学研究所出有一册《一九〇〇——一九五〇年蒙古研究文献目录》，厚四十六页，可以参看）。

（五）俄文中《元朝秘史》的研究：据估计自帝俄时代算起，到近代俄国对于《元秘史》的研究，作者亦多，著作自甚丰富。惜俄文艰难，我们所知道的甚少，不能多谈罢了。兹依诸书称引，举成家者一二人，以著梗概。（1）帕拉狄由斯（A. Palladius，原名 Kafarov，1817—1878）。清季北平俄国传道团僧正，长于汉文，一八六六年即译杨尚文所刻《连筠簃丛书》中《元朝秘史》（总译）全部为俄文，刊于北平俄国《东正教教刊》第四卷内。当时英人霍渥儿斯（H. Howorth，洪钧《元史证补》译"斯作特"）《大蒙古史》第一册业已出版，故霍渥儿斯不知有《元朝秘史》一书。一八七二年僧正又在中国获得汉字译音抄本，乃改译旧稿，送交另一蒙古学者鲍兹得尼夫（A. M. Pozdneev）（据说改译文，不全，只有九十六节）。旋帕拉狄由斯亦死。（2）郭增。现代俄国《元朝秘史》专家，治此书甚勤，历十五年之久，到了一九四一年，名著三册方陆续出版。一册为《秘史》原文与俄译本研究"，二与三册为"注释和汉文译本"（以上三书，均未见）。郭增的《秘史》原文

（应叫作《秘史》蒙古文还原本）已由大陆组织译成汉文（见上）。

以上是我国学者与欧美日本学者对《元朝秘史》研究的现状。可参看陈援庵先生的《元秘史译音用字考》、小林高四郎先生的《元朝秘史之研究》与洪煨莲先生的《元朝秘史流传考》等。

总括上述，依个人浅学所知，工作精细，汉文蒙文比较正确者，仍首推法文中的伯希和先生与莫士泰神父。他们的见解明快，推理精细，值得效法。其次是小林高四郎的工作，不但取材广博，而且综合允当，对我国初治《元朝秘史》的朋友说，节省精力不少。因为我们现时暂住台湾，图书比较缺乏，研究的设备与工作讨论的环境，尚不十分理想。一个人除本国文字外，兼通英、法、德、俄文，实在不甚容易。若通日文，能用小林氏等已做的工作，接力地、批评地研究下去，自然就容易多了。德文中海尼士先生的译本，对欧洲人说，用处甚大。今年二月匈牙利人Michael de Ferdinandy新写的《成吉思汗传》（*Trchingis Khan der Einbrush des Steppenmenschen*，一九五八年正月出版）增添了许多新材料，即是依据海尼士教授《秘史》德文译本的。后来居上，将是哈佛大学柯立夫先生、洪煨莲先生将来的新工作了。

四、《元朝秘史》在国史中应有的地位与对于它的新认识

甲、《元朝秘史》在国史中应有的地位

（一）东亚中华民族的历史，不但年代悠久，而且史书数量

繁多，种类完备。（这一点鄙人曾在《大陆杂志》另有报告，见一九五七年第十五卷第六期，不再赘述。）但这些史书百分之九十五以上都是汉文，都是由中原汉人或准汉人所写的。关于其他民族，完全另用一个立场写成的历史书，除了受佛教影响以后的翻译与著述以外，真如凤毛麟角，不可多得。像富有十二卷之多的《元朝秘史》，那真是例外中的例外了。因此之故，《秘史》一书，益觉难能可贵。它实在是汉文正史、汉文记载以外唯一的、大部头的，用蒙古文由蒙古人的立场，直接报导塞外边疆民族生活的历史巨著。因此东亚中华民族史中，也有了一位相当忠实的被告可以陈述另一面的事情，以便与汉文正史彼此比较；因以说明我们洋洋大国兼容并包的精神。治史者痛快之事，无以逾此。

（二）我们可从这一部十二卷、将近十万言的《元朝秘史》中，获得新颖的材料与新异可喜的历史知识。不但可以获得十三世纪震惊世界、一度统一整个中国的元朝的太祖（成吉思汗，一二〇六一一二二七）、太宗（窝阔台汗，一二二九一一二四一）的直接史料；且可从书中所记塞外游牧民族、草原社会的生活与四季田猎的习惯等等，与汉人所记有关东北、北方边疆民族游记、报告等等作一比较的研究。使我们更有机会印证和了解廿四史中，与唐宋元明人著作报告中所述塞外住民（如匈奴、东胡、突厥、契丹、女真、蒙古等）的习惯与文化。

（三）廿四史中的边疆朝代史（如《魏书》《北周书》《北齐书》《北史》《辽史》《金史》《元史》……《清史稿》）、廿四史中的外国传、任职边疆诸臣传等等所记东北、西北、边疆民族的历史、风俗、生活、伦常关系、婚姻习惯、公私活动……有时固然也生动可喜，但常使人有片面的、偶然的、甲国人记乙国事的感觉，未免单调贫乏。有了这十二卷蒙古学者写的《蒙古秘史》，我们对边疆住民的生活、习惯……有了长篇的描写、整套的述说，这些缺陷，即可获得补充。

乙、对于现存《元朝秘史》应有的新认识

《元朝秘史》的写成，约在一二四〇年，去今年（一九五八年）已经七百一十八年了。恩怨不存，客观的价值，自然更形显著。有了这一部书，我们国史的研究，才能更客观、更忠实。我们承认它不但是研究元太祖、太宗创业建国史的直接材料，也是东北边疆住民的直接发言人。至少，今后对于以下诸问题，因为《秘史》述说详尽，我们可以获得许多新的认识。此刻因时间关系，不及详述，先列举下列诸点，以便有机会时，再加说明。

（一）从成吉思汗的艰难创业史中，我们可以对东北游牧民族首领们、创业建国的过程，得一具体的、详明的认识。

（二）从成吉思汗时代的宫帐官吏制度、护卫军的组织等等，可以得到帮助或启示，使我们了解匈奴、鲜卑、突厥、回纥等可汗的宫帐官吏制度与营卫组织。

（三）草原社会的田猎习惯，汉文中如马扩的《茅斋自叙》和彭大雅撰、徐霆疏证的《黑鞑事略》等所说女真、蒙古的打猎生活，虽已相当详细了，但有了《元朝秘史》，可以使我们得到更多的比较，得到更多的了解。

（四）从《元朝秘史》中我们可以明了所谓"安答""分地"、所谓"正主""从马"等等，许多专门术语、特殊习俗实在的涵义。

（五）从《元朝秘史》中，我们将更能了解边疆民族中所说部曲的关系、婚姻的关系、伦常的关系。

（六）草原社会中的养马习惯、野战情形（即所谓人海战术），是容易引起世人注意的。我们看了《元朝秘史》，如第一百七十节，札木合所说"兀鲁兀惕、忙忽惕两种百姓能厮杀，虽当混战时不乱"；与第一百七十一节，所说王汗队伍与成吉思汗队伍，波浪涌进，排阵冲杀的情形等等，都可以得到明晰清楚的认识。

（七）其他如书中所记草原社会中亲属主奴的关系，对于庆祝宴会、节日的种种娱乐，对于跳舞、音乐的欣赏等等，都可以从这十二卷书中，得到若干亲切详细的报导、栩栩如生的描写与委曲婉转的陈述。

总之，这一部十二卷、二百八十二节的《元朝秘史》，是我们治国史的人的新园地。我们应当努力研究，多方发掘，以期获得更多的比较，更多的认识。

自　序

　　二十余年前，斯钦曾追随姚师从吾先生，译注过一次《蒙古秘史》，并在台湾大学《文史哲学报》第九、十、十一等期连续发表。其译注的经过，已见姚师《漫谈〈元朝秘史〉》一文，兹不赘述。但在发表之后，姚师和笔者都对这一份辛劳工作的成果，感到不甚满意。不久，某书店与姚师商议出书。因内容尚须补充订正，姚师不想同意；但又碍于情面，不便拒绝。彼时斯钦正在英伦执教，奉姚师手书，并嘱在复函中，说"尚须修正，不便即时付梓"，以便姚师以笔者之意，婉谢对方。因之出书的计划，就如此搁置下来。

　　一九六四年秋，笔者自英返国，姚师就以再度重新译注，以期完成一个比较妥善的《秘史》订正本相嘱。可是那时笔者的研究方向略有变更，对于再度整理《秘史》一事，并不觉得太有兴趣。于是一拖再拖，一直拖到一九七○年姚师仙逝之时，也未着手，有违师嘱，深觉歉疚。一九七五年，笔者在美执教，偶然读到老友王民信先生《姚从吾先生的史学与史观》一文（《中华文化复兴月刊》第八卷第六期）。他说："姚师准备与札奇斯钦先生有再译一次的计划。惜乎事情尚未着手，姚师就去世了。如今，札奇斯钦先生又远去美国，重译工作的完成，不知期以何日？"读完此文，回忆当年与姚师及民信兄在台大文学院姚师的研究室里，朝夕研讨，互相切磋的时光，以及四十年前在北京大学听姚师讲课，和他谆谆地鼓励笔者从事研究这部《秘史》的往事，不禁泫然泪下。于是遍搜箱箧，捡出旧稿，方拟从头做起，不期忽为病魔所缠，几动手术，以致未及动笔，复行搁置。后来健康逐渐恢复，时以未能完成姚师嘱咐歉疚不安。内子伍云格尔勒女士也一再催促。如今，总算把这一份所谓重译的芜稿草草完成。内容虽有极大的缺憾，但也不揣讹谬，呈献在读者的面前，使我对姚师在天之灵也有一个交代。

关于《秘史》一书的内容、它的重要性和一般研究的概况，已见姚师的前揭文，这里无须再作蛇足之笔。下面仅就二三未决的问题和笔者所持的态度，略作一些说明。

一、这本书究应称为《元朝秘史》，还是《蒙古秘史》？这是一个争论已久，而难决定的问题。主张称为《元朝秘史》的人说：因为这本书被发现的时候，就以《元朝秘史》之名与世人见面，自然不宜以其他名称代之。主张用《蒙古秘史》的人说：这本书本来就是《蒙古秘史》，为什么硬拿《元朝秘史》来顶替呢？对于这一个争辩，笔者不拟有所偏袒，只是愿从一个把原来汉字音译的原文，复原成蒙古文，把从蒙古文诚实的翻译成汉语一贯作业的系统上，根据蒙古文原标题 *Mongghol-un ni'ucha tobchiyan*，把它译作《蒙古秘史》，以兹征信。

二、《蒙古秘史》这本书是历史，是历史故事，还是史料？这又是一个难解的死结。主张它是历史的人认为，这是蒙古人以蒙古语写成的唯一的大部头的历史。否定的人以为，书中若干史实的记载时间颠倒，人物讹记，怎能称之为历史呢？充其量不过是历史小说之类的读物而已。笔者以为历史不只是记载何时何地何人做了何事，而也是要记载当时人类的社会生活和文化内涵。因此即或《秘史》的记事有时不及《皇元圣武亲征录》《元史·太祖本纪》和拉施特（Rashid al-Din）的《史集》（*Jāmi'al-Tawārīkh*）记载的详实正确；但它所提供有关社会制度、文化生活史料的丰富，则不是其他书籍所能比拟的。至于历史记事本身的问题，也有许多《秘史》所记，不见《元史·太祖本纪》，但见于其他史料者。这一点也不能不说是《秘史》之所以重要的另一个因素。

三、《秘史》是文学还是历史？关于这个问题，说《秘史》是史诗的人颇多。其实，它与其他古代的历史一样，既是文学也是历史。因之在翻译上就大有问题。诗的部分自应译成诗的格式；可是这样又容易破坏了语气和记事的连贯性。所以在这次重译的时候，难免有不一致的感觉。若干部分，原文虽然是诗，但仍是以散文的格式译写出来。这也是笔者不娴文墨，不得不求其次，只求其信，而不能兼顾到雅。

在最近几年之内，对《秘史》的研究，不断有专论的发表。关于通篇的大作，则有Igor de Rachewiltz教授的罗马字复原本的问世。他也将《秘史》英译，并加注释，陆续的在澳洲国立大学*Far Eastern History*发表。在美国的蒙古学人包国义（Unensechen）也以英语发表了《秘史》卷九的译注。在外蒙古则有达木丁苏隆（Damdingsurung）和普尔赖（Perlee）两氏的研究发表。前者是把《秘史》当作文学看待，把它用现代的蒙古语重新写了一遍。后者则是把它当作历史处理，将其中的若干史实，尤其是历史地理方面，加以详细地考证。这些著作，都对《秘史》的研究，作了相当的贡献。

研究《蒙古秘史》，使用蒙古文献，是一个无可争议的必然步骤。所以在这次的注释上，引用了不少蒙文史书的资料。而且就整理旧稿之余，也把蒙文复原的草稿整理一遍。希望也能找到机会，把它出版。在蒙文史料之中，与《秘史》关系最密切的，则为罗卜桑丹津（Lobsangdanjin）所编写的《黄金史》（Altan Tobchi）一书。笔者曾于一九六三年把它译注过一次，并在《中国东亚学术研究计划委员会年报》第二期发表；可惜册数有限，能看到它的读者不多。因此在这篇芜稿付梓的时候，也把那一篇拙作订正一番，一并发表，以供读者参考。

在国际蒙古学或阿尔泰学的研究上，《秘史》一书是众所熟知，而且更是十目所视、十手所指的一部书。无论翻译或是注释，都难免引起争辩和指责。当然，这是学术研究的正常现象，也是引起更深的研究兴趣的地方。可是正因如此，译法必须力求踏实，字译、句译势所难免容易造成既不通达又不雅驯的缺憾。注释也无法求其全；不然从蒙古语古音、文法、史实都加考证的话，不知将要写多少专题研究的报告了。因此，在注释方面难免有挂一漏万之弊。若干人、地名理应划一，但是原书各节颇不一致。强求划一，难免又与原文相距过远。因此除重要人物如木合黎等外，其他偶一出现的，则为了保持原书的面目，未敢多作更改。这些缺欠之处，都希望读者惠予谅察是幸。

这篇拙作的完成，姚师当年的嘱咐，自然是一个主要的原动力；但此一篇芜稿之所以能和读者见面，还是由于王民信先生的斡旋，联经出版事业公司不计成本的惠予印刷，和内子伍云格尔勒女士的誊写，于兹谨致最大的谢意。

一九七八年一月二十三日夜深

札奇斯钦 识于华盛顿假日旅社

卷　一

第一节

成吉思可汗的先世[1]，是奉上天[2]之命[3]而生的孛儿帖·赤那。他的妻子是豁埃·马阑勒[4]。〔他们〕渡海[5]而来，在斡难河[6]源头的不峏罕山[7]前住下[8]。生了巴塔·赤罕[9]。

注释

1 原文蒙古语作 Chinggis Khaghan-u khujaghur (ijaghur)，在研究《秘史》之学者中，有以此一语为本书之原名者（请详小林高四郎著《元朝秘史之研究》，第一五三至一五六页），然以其文法上之构造观之，此语仅为首句之一部，似非全书之命名。

2 "天"，蒙古语作 Tenggeri，为蒙古萨满信仰中之最高神，在本书中作 Möngke Tenggeri，即元代译语中之"长生天"。

3 "命"字，蒙古语为 jaya'atu、jayaghatu。此字本身即有"奉天命"之意，故元文宗之蒙语尊称或谥号为"札牙笃可汗"（Jayaghatu Khaghan）。

4 孛儿帖·赤那（Börte-chino'a），原译为"苍色狼"，豁埃·马阑勒（Gho'a-maral）为"惨白色鹿"。在所有蒙文文献及传说中，均谓成吉思汗祖先是 Börte-chino'a 和 Gho'a-maral，但仅作人名解，从未提及狼鹿交配而生人的故事。《黄金史》一书且特别注明说："孛儿帖·赤那……娶了一个还没有丈夫的女子豁阿·马阑勒"。"孛儿帖"一字在现代语汇中为 bördö〔börtö〕，字义是"浅褐色而带斑点"，"豁埃"或 gho'a 则是"佳丽"。《秘史》第六十四节中有"豁阿"一字，其原旁译亦为"美"字。故可直译其义为"苍狼"和"美鹿"。这种译法，可以使人联想到突厥史上关于狼的传说，亦可由古代蒙古人的族外婚制，而又联想到一个狼图腾的氏族和一个鹿图腾的氏族间之联姻的故事。关于"豁埃"一字，田清波（A. Mostaert）神父于其"Sur quelques passages de l'Histoire des Mongols"中论之甚详，且引若干古字典以为佐证。按 gho'ai 一词在现代语汇中已不见使用，均以 gho'a

3

代之。白骨之色称为khubkhai，白马而略带淡黄色者称之为Khu'a，与gho'a甚相近也。故易于混杂而使"美丽"一词变为"惨白"。蒙文《成吉思可汗传》（第四页下第十行）于述说孛端察儿之故事中亦有"一只狼把一只褐白的鹿困在山洼之中"一语。然狼鹿之说是否另有其所象征的意义，已不可考。

5 "海"，原文为"腾汲思"（tenggis或tinggis），乃突厥畏兀儿语之"海"或"大湖"之意，在现代蒙古语中已不使用；惟卡尔马克（Kalmuck）蒙古人仍称里海为Köke Tinggis。在《蒙古源流》《成吉思可汗传》及《黄金史》三书，均称为渡过腾吉思海（Tenggis Dalai）云。

6 斡难（Onon），今作鄂嫩河也。《蒙古源流》及《黄金史》均不作Onon河，而作Baighal河，此字即贝加尔湖之贝加尔——Bailkhal或Baighal［Bayikhal或Bayighal］，其意为"无尽藏"，或"自然"。

7 不峏罕，山名，即今之大肯特山脉，Burkhan一字在今日一般蒙古语中作佛教的"佛"字解，是由梵文的Buddhahan传来的。但在《秘史》的传说时代，佛教尚未到达蒙古，故Burkhan一词，在成吉思可汗和他以前的世代中，并无神佛之意，而作林木繁茂之状解，今一般作burkhaligh。

8 原文作"嫩秃黑"。此字在元代之文献中均读作nontugh，今则作notogh［nutugh］，专指居处之地而言。《元史·特薛禅传》作"农土"，并注解为"犹言经界也"。伯希和、柯立夫二氏亦曾注意及之，见《哈佛亚洲学报》第十四卷。《黄金史》及《成吉思可汗传》均称其扎营盘居处之地名为Jad平原。此一字与《秘史》第四十节jad irgen（原译作"世人百姓"，即"外族人民"之意）之jad为同字。可见《黄金史》《成吉思可汗传》著作当时所用之史料，均认为孛儿帖·赤那夫妇住营之所，原为外族之地也。

9《蒙古源流》（卷三）说生子Bata-saghan、Bata-chaghan二人。

第二节

巴塔赤罕之子塔马察[1]。塔马察之子豁里察儿·篾儿干[2]。阿兀站·孛罗温勒[3]之子撒里·合察兀[4]。撒里·合察兀之子也客·你敦[5]。也客·你敦之子捊锁赤[6]。捊锁赤之子合儿出[7]。

注释

1 塔马察（Tamcha），人名，《成吉思可汗传》误作 Temüjin。《黄金史》作 Tamachin。《蒙史源流》作 Demchug〔Demchüg〕，为藏语之一佛名，显系错误。

2 豁里察儿·篾儿干（Khorichar-Mergen，Khorichar），人名，Mergen 今译为"贤者"或"专家"，但古代则一般均指善射者而言。

3 阿兀站·孛罗温勒（A'ujim-boroghul），人名。A'ujim，宽大之意。

4 撒里·合察兀（Sali-ghacha'u），人名。《蒙古源流》及 Rashipongsugh 书均作 Sali-ghaljighu，《黄金史》作 Sali-ghalchaghu，《黄金史纲》作 Ghali-ghaljuu 并误为捊锁赤之子。按 ghacha'u 或 ghachighu 为性格不正常之意，而 ghajighu 或 ghaljuu 则为疯狂之意。

5 也客·你敦（Yeke-nidün），人名。Yeke 是大，nidün 是眼睛之意。《蒙古源流》作 Nige-nidün。

6 捊锁赤（Sem-sochi），人名，Sem 为寡言或禁声之意。

7 合儿出（Kharchu），人名。《蒙古源流》作 Khali-kharchu，《黄金史》作 Kharchus。Rashipongsugh 书及《成吉思可汗传》《黄金史纲》三书均无此人。

第三节

合儿出之子孛儿只吉歹·篾儿干[1]，他的妻子是忙豁勒真·豁阿[2]。孛儿只吉歹·篾儿干之子脱罗豁勒真·伯颜[3]，其妻孛罗黑臣·豁阿[4]。〔他〕有个〔名叫〕孛罗勒歹·速牙勒必[5]的仆从[6]，〔和〕银灰色〔及〕铁青色的两匹骏马[7]。脱罗豁勒真的两个儿子是都蛙·锁豁儿[8]〔和〕朵奔·篾儿干[9]。

注释

1 孛儿只吉歹·篾儿干（Borjigidai-Mergen），即孛儿只斤族的善射者之意。按成吉思可汗所属之黄金氏族（Altan Uragh［Urugh]）即以 Borjigid 为姓，但其用为氏族名则在孛儿只吉歹·篾儿干曾孙孛端察儿（Botonchar）之后（见《秘史》卷一第四十二节）。然以此名考之，似在孛端察儿之前，业经使用 Borjigin 一语为氏族之名称。

2 忙豁勒真·豁阿（Mongholjin-gho'a），女子名，即忙豁勒真氏族美人之意。其见于明代史料之中者，作"满官嗔"。

3 脱罗豁勒真·伯颜（Torkholjin-Bayan），人名，脱罗豁勒真一语今已不得其解。伯颜为"财富"及"富翁"之意。脱罗豁勒真·伯颜即财主脱罗豁勒真之意。

4 孛罗黑臣·豁阿（Boroghchin-gho'a），女子名。Boroghchin 是褐色雌鹰或雌雏鸟之意。关于此字可参照本卷第二十五节。豁阿是丽人之意。

5 孛罗勒歹·速牙勒必（Boroldai-soyalbi），人名，孛罗勒歹是指"褐白相间"之色，速牙勒必为"萌芽"之意。此二字似为两个人名。

6 仆从，原文为"札剌兀秃"（jalaghutu［jala'utu]）。"札剌兀"为青年人之意，原旁译作"后生"，颇为正确。原总译作"家奴"解。苏俄蒙古学家近人拉地米尔索夫（B. Va. Vladimirtsov）氏于其名著《蒙古社会制度史》（一九三四年莫斯科出版，见日本外务省译本第一七五页）解此字为奴隶、召使及家仆之意，恐系根据原汉译而来。

7 此处特别提及脱罗豁勒真有仆从和骏马，或者这就是他之所以称为"伯颜"（富翁）的原因。

8 都蛙·锁豁儿（Du'a-Sokhor），人名，Du'a 是中央之意，Sokhor 是盲人之意。请参看《秘史》下节本文。《成吉思可汗传》作 Dün-Sokhor。

9 朵奔·篾儿干（Dobun-Mergen），人名。Dobun，《蒙古源流》《黄金史》《成吉思可汗传》《黄金史纲》等书均作 Dobu。Mergen 是善射者之意。据多桑书（冯承钧汉译本上册第三十五页及三十六页小注）称拉施特（Rashid al-Din）书作 Dobun-Bayan。《元史》卷一《太祖本纪》作"脱奔咩哩犍"。在脱奔咩哩犍以先的世系均不见于《元史》。

第四节

都蛙·锁豁儿额中只有一只眼睛，能看三程[1]远的地方。

注释

1 "程"字，原文作"揑兀里惕"（ne'ürid）。ne'üri 或 negüri 是路程的"程"字。一时无法说明一程究有多少里。蒙古在废止驿马站制度之前，通常以三十华里左右为一程之地。《黄金史》（第七页）于 negüri 之旁加注 negüdel 一字，即指游牧生活之移动营地之路程而言；但亦无示以固定之里数。
《蒙古源流》卷三（《笺证》本卷三第三页上）称："其印堂中有一眼，能视三站。"

第五节

一天都蛙·锁豁儿同着他的弟弟朵奔·篾儿干上不峏罕山。都蛙·锁豁儿从不峏罕山上远望，看见有一群百姓正顺着统格黎克小河〔游牧〕迁徙而来[1]。

注释

1 原文本节末字是"周"，ju 是动词连接型语尾，按蒙文文法，这里不能分节，甚至也不应句。这种情形在一部《秘史》之中，误分之处甚多。倘一一加以改正，则全书的二百八十二节无法维持，反有增加纠纷之弊，故仍一律保持其原有形式，不加更动。

第六节

〔他〕说："在那群迁徙来的百姓之中，在一个黑篷车[1]的前沿上，〔坐着〕一个好〔看〕的姑娘。若是还没有许配给人家的话，就给我弟弟朵奔·篾儿干你求〔亲〕吧。"说着就叫他弟弟朵奔·篾儿干前去看看。

注释

1 黑篷车，原文"合剌兀台 帖儿格"（khara'utai terge），原旁译为"黑车子"。按 kharaghutai〔khara'utai〕terge 现代语作 khara terge，即篷车之意；但并不一定是黑色的。忽必烈时代的刘秉忠于其《藏春集·和林》诗一首，描写和林风光说："玄车轧轧长轰耳，白帐连连不断头。"所谓玄车，必是黑篷的车子。

第七节

朵奔·篾儿干到那些百姓那里〔一看〕，果真有一个美丽，很有名气，声誉高，名叫阿阑·豁阿[1]，还没有〔许〕给人家的女子。

注释

1 阿阑·豁阿（Alan-Gho'a），女子名。Alan 字义是"红色"，Gho'a "美人"之谓。《蒙古源流》《黄金史》均作 Alun-Gho'a。《成吉思可汗传》作 Alung-Gho'a。《黄金史纲》称为 Alagh-Khatun，Alagh 乃 Alan 之误。《元史·太祖本纪》作"阿阑·果火"。

第八节

那群百姓是¹〔属于豁里剌儿台·篾儿干一族的〕。〔当初〕阔勒—巴儿忽真²洼地³的主人，巴儿忽歹·篾儿干⁴把名叫巴儿忽真·豁阿⁵的女儿嫁给了豁里—秃马惕⁶部的首长⁷豁里剌儿台·篾儿干⁸。那个〔女子〕就是豁里剌儿台·篾儿干的〔妻〕，巴儿忽真·豁阿，在豁里—秃马惕部，阿里克—兀孙⁹所生名叫阿阑·豁阿的女儿。

注释

1　按蒙语原文，此处似有脱落，于括弧之中略加补充数字。

2　阔勒—巴儿忽真（Ghol-Barkhujin）似为地名，亦可作部族名解。Ghol是"中心"或"河川"之意。今贝加尔湖东有一水源注入湖内，名为Barkhujin河。今内蒙古呼伦贝尔地区之巴尔虎族仍以此语为其名称。惟其原意为何，已难解释。现在巴尔虎人自称其远祖来自斡难河上游及贝加尔湖一带之地。

3　"脱古门"（Tököm），原旁译作"宊的"。因之，谢再善汉译达木丁苏隆本竟讹为"穷"字。实则tököm一字，当为洼地或两山夹心地解。

4　巴儿忽歹·篾儿干（Barkhudai-Mergen），人名，即巴儿忽族之善射者之意。

5　巴儿忽真·豁阿（Barkhujin-Gho'a），女子名，即巴儿忽族的美人之意。

6　豁里—秃马惕（Khori-Tümed），部族名。Khori作"制止"解，见卷一第九节。Tümed为Tümen（万）之复数。今内蒙古各旗中以Tümed为名者，如：归化城土默特旗及卓索图盟之吐默特旗等。贝加尔湖周边之布里雅特蒙古（Buriyat-Mongol）诸部中，亦有一部以Khori为名，今称Khorinsky，故达木丁苏隆本注为"豁里—不里雅惕"族。又按《秘史》第二四○及二四一两节，豁里—秃马惕部乃林木中百姓勇敢善战的一族。

7 首长，原文作"那颜"（noyan），原旁译及原总译均作"官人"。自字面言之，"那颜"就是长官之意；但在氏族和封建时代，蒙古人称氏族长及一旗之长和其重要贵族都是"那颜"。外蒙古喀尔喀旧时四大部之一的三音诺颜部（Sayin Noyan Aimagh），即"贤明那颜的部族"之意。于成吉思可汗封立万户、千户、百户之长，亦均称之为"那颜"。元朝元统三年（一三三五）所立《张应瑞氏先茔碑》中对Noyan一词未加翻译，只以汉字标注其音称为"那演"。元代白话碑中亦多如此。

8 豁里剌儿台·篾儿干（Khorilartai [Khorilardai] Mergen），人名，即豁里剌儿氏族的善射者之意。关于豁里剌儿氏族的成立及其解说，请参照卷一第九节及其注2。

9 阿里黑—兀孙（Arigh Usun），地名或河名。其意为"狭河"或"细流"。

第九节

豁里剌儿台·篾儿干在自己的豁里—秃马惕〔部〕有貂鼠、灰鼠[1]和〔其他〕野物的地方，互相禁〔猎〕，彼此交恶，〔自立〕为豁里剌儿[2]氏。听说不峏罕山的野物〔和〕可猎之物甚多，地方〔又好〕，就迁徙到不峏罕山的主人们[3]哂赤·伯颜[4]，〔和〕兀良合〔族〕[5]的地方来。朵奔篾儿干在那里娶豁里—秃马惕〔部〕豁里剌儿台·篾儿干〔之妻〕在阿里黑—兀孙所生的女儿阿阑·豁阿的经过是这样。

注释

1 原旁译及原总译均作"青鼠"，想是明朝的说法。按原文"客列门"（Keremen [Keremün]）即今一般所说的灰鼠，为通俗计，暂用今译。

2 豁里剌儿，氏族之名。按本节之故事推察，可知其原意为"约禁的"或"制止的"。

3 此处原文有"不峏罕孛思黑三"（Burkhan bosughsan）一语，原旁译作"人名"，原总译未提及此字。关于"不峏罕"一词已于前第一节注7加以说明。

"孛思黑三"一语乃"所建立的"之意，是动词的过去形。按蒙古命名的传统，从来没有人用动词的过去形作人名的。所以"不峏罕孛思黑三"一语似应译作"不峏罕山所立的"；但为语气上的通顺，只有略掉，未列入译文之内。此一语或与当时的萨满信仰有关，容他日另作详考。

4 哂赤·伯颜（Semchi Bayan），人名。Semchi是"缄默者"或"不作声的人"，伯颜是"富有"之意。

5 兀良哈（Uriyangkha），部族名，原文作"兀良孩"（Uriyankhai）。其实两字是同一个字的两个形态。因《秘史》其他各节多用前者，故改"孩"字为"哈"字，以便统一。此一族即明代史料中之"兀良合"，与唐努乌梁海并非一族。

第十节

阿阑·豁阿来到朵奔·篾儿干那里，生了两个儿子。〔他们〕的名字叫作不古讷台[1]〔和〕别勒古讷台[2]。

注释

1 不古讷台（Bükünütei［Bügünütei］），人名，《蒙古源流》作Begüntei。

2 别勒古讷台（Belgünütei），人名，《蒙古源流》作Belgetei。《黄金史》称"Belgünütei等二子"，但于其旁注补加Bükünütei之名。

第十一节

他的哥哥都蛙·锁豁儿有四个儿子。不久他的哥哥都蛙·锁豁儿死了。都蛙·锁豁儿死后，他的四个儿子[1]不把自己的叔叔朵奔·篾儿干当作亲族，小看〔他〕，撇弃〔他〕，离开迁徙而去，遂成为朵儿边[2]氏族[3]。他们就是朵儿边〔氏〕的百姓。

注释

1 《蒙古源流》及《黄金史》二书称都蛙之子为Dunui、Doghshin、Emneg、Erke四人。《蒙古源流》又称此四子为斡亦剌惕（Oirad〔Oyirad〕，即明代之瓦剌、清代之卫拉特）四部Ö'elüd（厄鲁特）、Baghatud（巴嘎图特）、Khòid〔Khoyid〕（辉特）、Kiraghud〔Kira'ud〕（奇喇古特）之祖；而《黄金史》则仅称其后裔在四斡亦剌惕之中。

2 朵儿边（Dörben），氏族名，其字义为"四"。近代外蒙古西部之杜尔伯特（Dörbed）族，即为Dörben一字的复数形。

3 原文作"斡孛黑"（obogh），原译作"姓"，即姓氏之意。按蒙古传统及社会制度，obogh就是氏族之意。请参照拉地米尔索夫之《蒙古社会制度史》日译本，第一一九至一二三页。

第十二节

那以后有一天朵奔·篾儿干上脱豁察黑—温都儿〔山〕[1]去打猎。在森林里遇见兀良哈〔族〕人[2]杀了〔一只〕三岁牡鹿，正烤着它的肋骨和内脏[3]。

注释

1 脱豁察黑—温都儿（Tokhocagh-öngdör〔öndör〕），山名。按öngdör即"高"字之意，普遍说某某温都儿，就是某一座山之意；但为保持原形起见，仍作"脱豁察黑—温都儿"山。

2 原文作"兀良哈歹"（Uriyangkhadai），就是"兀良哈族的人"之意。已见第九
  节注5。

3 原文作"阿必惕"（abid），原旁译均作"肚脏"。此字现在已不使用。按蒙文
  文法，语意未终，不宜分段。

第十三节

　　朵奔·篾儿干说："朋友[1]把烧肉〔给我一点儿〕[2]。"〔那兀
良哈族的人〕说"给你"，说着就〔自己〕拿了有肺的半截腔子
〔和〕皮，把三岁牡鹿的肉全部给了朵奔·篾儿干。

注释

1 朋友，原文作"那可儿"（nökör），原旁译作"伴当"。原总译未提及此字，只
  以"他们"二字代之。在现代语中，此字是"朋友""同志""伙伴"和"配
  偶"的对称。按《秘史》时代蒙古社会制度"那可儿"有"战友""部曲""亲
  兵"和"伴当"之意；但"伴当"，与主人之间是有从属关系的。请参照拉地
  米尔索夫《蒙古社会制度史》日译本，第二一八页。在朵奔·篾儿干的故事
  中，他与兀良哈族人似乎没有主从关系的存在，译作"朋友"或较妥当。

2 此处原文音译，似有脱落之处。原文当为shirulgha-dacha。

第十四节

　　朵奔·篾儿干驮上那三岁牡鹿〔的肉〕，走的时候，途中遇见
一个穷人，领着他的儿子行走[1]。

注释

1 按文法，此处不宜分句或分段。

第十五节

朵奔·篾儿干问："你是什么人？"那人说："我是马阿里黑·伯牙兀歹〔氏人〕，而今穷困。〔你〕把那野物的肉给我些，我把我这个儿子给你。"

第十六节

为了那句话，朵奔·篾儿干就把〔那〕三岁牡鹿的一只后腿折下来给〔他〕，把那个男孩子带到家里去使唤。

第十七节

不久朵奔·篾儿干死了。在朵奔·篾儿干死后，阿阑·豁阿没有丈夫，却又生了三个儿子。〔他们的〕名字是：不忽·合塔吉[1]，不合秃·撒勒只[2]，〔和〕孛端察儿·蒙合黑[3]。

卷　一

注释

1 不忽・合塔吉（Bughu-khatagi〔khataki〕），人名。Bughu是牡鹿。《元史・太祖本纪》作"博寒・葛答黑"。

2 不合秃・撒勒只（Bukhatu-salji），人名，Bukha是犍牛。《黄金史》作Bukhachi-salji。《成吉思可汗传》以此二人为朵奔・篾儿干生前所得之子。《元史・太祖本纪》作"博合睹・撒里直"。

3 孛端察儿（Botonchar），人名。此节称为"孛端察儿・蒙合黑"。按"蒙合黑"（mongkhagh〔mungkhagh〕）是"愚笨"之意，故可译为"傻子孛端察儿"，可能这是他的绰号。《元史・太祖本纪》说："孛端叉儿状貌奇异，沉默寡言，家人谓之痴。"（百衲本卷一第一页上下）

第十八节

以前从朵奔・篾儿干生的两个儿子，别勒古讷台〔和〕不古讷台，背着他们的母亲阿阑・豁阿互相说："咱们这个母亲，没有兄弟一辈的亲人[1]，〔又〕没有丈夫，可是生了这三个儿子。家里只有〔这个〕马阿里黑・伯牙兀歹〔氏〕的人。〔莫非〕这三个儿子就是他的？"背着自己母亲，这样谈论的〔事〕，被他们的母亲阿阑・豁阿察觉了[2]。

注释

1 "兄弟一辈的亲人"，原文作"兀也　合牙"（üye khaya），原旁译作"房亲"。这个字常成为研究蒙古学者们讨论的对象。按üye是"节"或是年辈的"辈"字。khaya是蒙古帐幕四围毡壁的下一截。üye khaya一词，在现代语中亦作

15

üyeled〔üyelid〕akha degüner，即同辈亲属之谓。

2 在文法上，此处不宜分节。

第十九节

春季中有一天，〔阿阑·豁阿〕煮了腊羊肉[1]，叫别勒古讷台、不古讷台、不忽·合塔吉、不合秃·撒勒只、孛端察儿这五个儿子坐一排，给每人一只箭杆说："折断吧！"〔他们〕就把每〔人的〕一只〔都〕毫不费力的折断了。〔她〕又把五只箭杆捆在一起，交给〔他们〕说："折断吧！"五个人把五只〔捆〕在一起的箭杆，每人轮流拿着折，都没能折得断。

注释

1 一般在蒙古地方阴历冬十一月，把肥羊杀死，将其肉切成细条，使之阴干，制成腊羊肉。于翌年春季，羊瘦不宜杀的时候取食。

第二十节

那时他们的母亲阿阑·豁阿就说话了："别勒古讷合、不古讷台，我的两个儿子啊！你们疑惑议论我生的这三个孩子是谁的？是怎么〔来的〕孩子？你们疑心是对的。"

第二十一节

　　"每夜有黄白色的人，借着天窗和门额上〔隙间〕露天地方的光[1]，进来抚摩我的肚皮，光明渗透了我的腹中，出去的时候，借着日月的光，如同黄狗一般，摇摇摆摆〔飘升〕着出去[2]。你们怎敢造次〔胡说〕！这样看来，显然是上天的子息[3]啊！你们怎么能比做凡人[4]呢！等〔他们〕做了万众的可汗[5]，那时候〔愚下的〕凡人们[6]才能明白呢！"[7]

注释

1 蒙古穹帐的屋顶，是以伞骨般的木棍支搭而成的，当中凸处是天窗（erüke）。这是光线的入口、烟和浊气的出口。屋顶与四周毡壁均甚吻合，毫无空隙。惟门楣之上常有一些露空的地方，这就是此处原文所说的门额（dotogha）。

2 原文"拭察班勒札周"（sachabaljaju），原译作"爬着"。此字在现代语中为"摇摇摆摆"之意。

3 原文为"腾吉里—因　可兀惕"（Tenggeri-yin kè'üd〔Tngri-yin kö'üd〕），原旁译为"天的子"，即天子之意。这与匈奴称其单于为"撑犁孤涂"者，在对音上正相吻合。见《汉书·匈奴传》百衲本卷九十四上，第七页上。

4 原文"合剌—帖里兀秃"（khara terigütü），原旁译为"黑头"，即"黎民"或"黔首"之意。请参照本节注6。

5 《四部丛刊》本及叶德辉本之原文均为"合水浑合惕"，原旁译为"普的帝王"。此处"水"字为"木"字之讹。按"普的帝王"即"万众的可汗"之意。

6 原文为"合剌除思"（kharachus），原旁译为"下民"，即"合剌出"（kharachu）之复数形，在蒙古封建时代是常用的话语。贵族自称为chaghan yasutan，而称庶民为 khara terigün、kharachu 或 khara yasutan。按 yasu 之直译为"骨头"，即指氏族或副氏族而言。请参照拉地米尔索夫氏之《蒙古社会制度史》日译本，第一一九页。蒙古以白色为圣洁、吉庆、丰富之象征，故 chaghan yasutan 一词，就是纯洁而吉庆的氏族。khara 的意思，则恰与前者相反，是卑贱凡俗的氏族之意。

7 拉地米尔索夫氏以为此一传说，是母权制或原来母系社会的遗迹，以成吉思可汗之真正世系只能溯及孛端察儿及其母阿阑·豁阿，并谓 Rashid al-Din 于其述说成吉思可汗之祖先时，有云："万人之祖先阿阑·豁阿。"见《蒙古社会制度史》日译本，第一〇九页及其注四。《元史·太祖本纪》记载此一传说称："阿兰寡居，夜寝帐中，梦白光自天窗中入，化为金色神人，来趋卧榻。阿兰惊觉，遂有娠，产一子，即孛端叉儿也。"《元史》没有提到其他二子。（见百衲本卷一第一页上）。

第二十二节

阿阑·豁阿又对自己的五个儿子讲教训的话说："你们，我〔这〕五个儿子啊！〔都〕是从一个肚皮里生〔出来〕的。你们正像方才〔那〕五只箭。如果是一只一只的〔分开〕，你们就要像那一只一只的〔孤〕箭一般，容易被任何人折断。如果像那〔捆〕在一起的〔五只〕箭一般，同心一体啊！任何人都难以把你们怎样[1]。"不久他们的母亲阿阑·豁阿就死了[2]。

注释

1 此处原文有"孛勒浑"（bolkhun）一字，原旁译作"坏的"，似为因上下文关系的意译，而非字译。字译当作"做"或"成为"。

2 十余年前姚师与笔者合译此书之时，曾于此处指出：这个故事在塞北也是有历史的根据的。《魏书》卷一〇一《吐谷浑传》说："吐谷浑……阿豺兼并羌氏，地方数千里。……临死，召诸子弟，告之曰……阿豺有子二十人……又谓曰：'汝等各奉吾一只箭，折之，〔弃〕地下。'俄而命母弟慕利延曰：'汝取一只箭折之。'慕利延折之。又曰：'汝取十九只箭折之！'延不能折。阿豺曰：'汝曹知否？单者易折，众则难摧！戮力一心，然后社稷可固！'言终而死。"（百衲本，第十二页上）姚师曾作《从阿阑娘娘折箭训子说到诃额仑太后的训诫成吉思汗》一文，详论这一段故事，见《大陆杂志》第廿二卷第一期（一九六一年，台北）。
Henry Serruys（司义律）神甫曾写 "A Note on Arrows and Oaths Among the Mongols" 一文，见 *Journal of American Oriental Society*，Vol. 78，No. 4，1958。对蒙古人之誓辞与箭之关系论之甚详，可作参考。

第二十三节

　　他们的母亲阿阑·豁阿去世以后，兄弟五个人分他们的牲畜食物[1]，别勒古讷台、不古讷台、不忽·合塔吉、不合秃·撒勒只，四个人互相分了。因为孛端察儿·蒙合黑[2]愚弱，不当作亲人，没有给他一份[3]。

注释

1 原文为"亦迭额"（ide'e），原旁译为"茶饭"。按 ide'e 就是"吃的东西"，并无"茶"字之意。且此处之"茶饭"一词，在元明二代之白话中，也是指吃喝而言，并非指茶和饭而说的。此词在元曲中屡见不鲜。原总译把"牲畜食物"译作"家私"，略有把游牧社会的财产，予以农业化之嫌。

2 见第十七节注3。

3 份，原文作"忽必"（khubi），原旁译作"分子"（即"份"字之意）。分

（khubi），在当时蒙古社会的财产制度中，是一个主要的关键。在《秘史》一书中时可见到。分封土地人民，亦为可汗一族分（khubi）的一个形态。遗产的处理当然是要按khubi而分的。

第二十四节

孛端察儿既不被〔哥哥们〕当作亲族，就说："还在这里作什么？"就骑上了〔一匹〕背上有鞍疮，秃尾巴黑脊梁的青白马，〔心里〕说："死就死，活就活吧！"就顺着斡难河，放〔马〕奔驰而去。到了巴勒谆—阿剌勒¹就在那里做个草棚²住下了。

注释

1 巴勒谆—阿剌勒（Balchun-aral），原旁译作水名，原总译则仅认为是个地名。按aral作"河岸"解，故知其为水名无疑。《四部丛刊》本及叶德辉本均作"阿剌"，钱大昕本作"阿剌勒"，白鸟库吉氏亦订正为"阿剌勒"。此一水名，《黄金史》作Balchir-aral，《元史·太祖本纪》称为"八里屯—阿懒之地"。
2 草棚，原文作"粘不列"（nembüle），原旁译作"庵"。此字在《黄金史》（第十三、十四两页）作embüle，其旁注为gürümül，其意为用草编成之物。古畏兀儿体之蒙文n与a并不加标点区别，故能有nembüle或embüle之混。

第二十五节

就在那样住着的时候，〔孛端察儿〕看见〔一只〕雏黄鹰捉住个雉鸡吃，〔他〕就用〔那〕脊背上有鞍疮秃尾巴黑脊梁青白马的马尾，把〔它〕套住，带〔回〕去喂养调练[1]。

注释

1 喂养调练，原文为"阿撒剌罢"（asaraba），原旁译为"抬举了"，实即养育关
照之意。故译为"喂养调练"。

第二十六节

〔孛端察儿〕在没有食物可吃的时候，就窥视着在崖谷中被狼
所困住的野物[1]，把〔它〕射杀来吃，〔有时〕拣狼吃〔剩下〕的东
西[2]养活自己，也养活了自己的黄鹰[3]。〔就这样〕过了那一年。

注释

1《成吉思可汗传》（第四页下）特别指明此处之野物是个褐白色的鹿（khu'a
maral）。见第一节注4。
2 按蒙古习惯，拣狼吃的或咬死的家畜是一件不洁而可耻的事，即使极穷的人，
也不肯这样作。家畜被狼咬死，其肉只有抛弃一途。因此可以想象，《秘史》
的作者，是要特别强调孛端察儿的困迫，同时从这一点上，也可以看出蒙古兴
起之前，可能曾有一度遭遇食粮极度缺乏的时代。
《元史》中对太祖先世记载颇少，惟对此一传说则记述甚详，可见在元代当为
盛传一时故事。《元史·太祖本纪》说："食饮无所得，适有苍鹰搏野兽而食。
孛端叉儿以缗设机取之。鹰即驯狎；乃臂鹰猎兔禽以为膳。或阙即继，似有天
相之。"（百衲本卷一第一页下）
3 在这一段中有三个相互形的动词，都表示双方在一个行动中的相互作用。这是
说明孛端察儿与那黄鹰相依为命的情形。

21

第二十七节

春天到了，在野鸭来的季节，〔孛端察儿〕把他的黄鹰饿着放出去[1]，捉来野鸭和雁[2]。〔太多吃不完，挂在〕枯树上，枯树都臭了。

注释

1 饿着，原文作"帖亦列温勒周"（teilegüljü〔teyilegüljü〕），是"使它饿着"之意。蒙古人在行猎前，不喂鹰，使它因而急于捉捕，并且飞翔较速。在举行长距离赛马之前，数日间，亦减少其食量，减低体重，使其增加速度，并保护其健康。这种行动在现代语中作 echegekü。

2 雁，原文作"合鵝兀惕"（ghalaghud〔ghala'ud〕），原旁译作"雁每"，而原总译作"鹅"。蒙古无家鹅，ghalaghu 是雁。农业地区的鹅，称为 ger-ün ghalaghu，即"家雁"。天鹅则称为 khung-ghalaghu。

第二十八节

从都亦连[1]〔山〕后，顺着统格黎小河[2]有一部百姓迁移来了。孛端察儿到那些百姓那里去放他的黄鹰，白天〔在那里〕讨酸马奶子吃[3]，夜间来到自己的草棚里住宿。

注释

1 "都亦连—格鲁"，地名，《黄金史》作 Düyiren〔Düiren〕ger-üd。《元史》卷一一八

《特薛禅传》中有一地名为"哈老哥鲁"，柯立夫（F. W. Cleaves）教授曾按此一节之对音作 Ghala'u Gerü（见《哈佛亚洲学报》第十四卷柯立夫氏之论文中）。

2 "统格黎克"，河名，《元史·太祖本纪》作"统急里忽鲁"，"忽鲁"是 ghokhan〔ghorkhan〕的对音，即小河之意。《成吉思可汗传》作 Kharkhan 河。《黄金史》（第十四页）虽亦称为 Tünggelig Ghorkhan，但其小注则为 Chünggür Tököm（Chünggür 洼地）。

3 酸马奶子，原文作"额速克"（esüg），亦可作 ösög、isüg，乃指发酵后有酸味之乳类的总称。ayiragh 及 chige〔chege〕才是酸马乳或马湩的正名。这就是见于西文中的 Kumis〔Khumis〕。

第二十九节

那些百姓〔向〕孛端察儿要他的黄鹰，〔他〕没有给。那些百姓没有问孛端察儿是谁，属于何族，是干什么的。孛端察儿也没有问那些百姓是什么百姓。〔就这样〕彼此往来。

第三十节

他的哥哥不忽·合塔吉[1]因为自己的弟弟"傻子"孛端察儿顺着这斡难河走了下去，就前来寻找，向〔那些〕顺着统格黎克小河迁移进来的百姓打听，有〔没有看见骑着〕那样的马，那般模样的人[2]？

注释

1 不忽·合塔吉是阿阑·豁阿在她丈夫死后，所生三子中之最长者。

2 按蒙古文法，此处不能分句。

第三十一节

那些百姓说："有〔一个〕连人带马〔都〕和你所打听的一样。他还有个黄鹰。每天到我们这里来吃酸马奶子，晚上一定会住在什么地方，每当西北风的时候，〔他〕用黄鹰捉来的野鸭和雁的翎毛，就像雪片一般的随风飘散。大概就在这附近吧，现在是该来的时候了。等一等吧！"

第三十二节

顷刻间有一个人溯着统格黎克小河前来。来到果然是孛端察儿。他哥哥不忽・合塔吉一看就认出。于是就领着〔他〕，溯着斡难河，策马放着小跑，回去了。

第三十三节

孛端察儿跟在他哥哥不忽・合塔吉的后面，一边策马小跑，一边说："哥哥！哥哥！身子有头，衣裳有领才好吧！"〔可是〕他哥哥不忽・合塔吉都没有理会〔他〕那句话。

第三十四节

〔他〕再说那句话，他哥哥还是没有当做什么，〔也〕没作声回答。孛端察儿〔一边〕走，〔一边〕还那么说，他哥哥〔这才〕对那句话〔回答〕说："方才你也这么说，是要讲什么呀？"

第三十五节

于是孛端察儿说："刚才在统格黎克小河〔那里〕的百姓，是没有大小好歹，〔不分〕头蹄〔上下〕，没有头脑管束[1]，容易〔对付〕的百姓。我们〔去〕掳掠他们吧。"

注释

1 原文作"撒察温"（Sacha'un），原旁译作"一般每"，原总译作"无个头脑管来"。现在此字的解释是"平等"，为了不离原总译太远，仍译作"没有头脑管束"。

第三十六节

于是他哥哥说："好！如果那样，回家之后，兄弟们商量商量，去掳那些百姓吧！"〔他们〕谈着[1]。

注释

1 在蒙文文法上，此处不应分句。

第三十七节

　　回到家里，兄弟们商议之后，就上了马，叫孛端察儿作先锋，前去掳掠。

第三十八节

　　孛端察儿先锋在掳掠中，拿住了〔一个〕怀孕的妇人，问〔她〕："你是什么人？"那妇人说："我是札儿赤兀惕族阿当罕氏的兀良合真。"[1]

注释

1 "札儿赤兀惕"（Jarchi'ud）是氏族名，"阿当罕"（Adangkhan）是副氏族名。兀良哈真（Uriyangkhajin）才是她自己的名字。《黄金史》称她为Jarchighud Uriyangkhatai氏族之人。《喀喇沁本蒙古源流》称此女之名Budan。《黄金史纲》（第六十一页）则称此女为一寡妇名为Baratai。

第三十九节

兄弟们五个人俘虏了那些百姓，在生活上马群、食粮、属民[1]、仆婢[2]就都有了。

注释

1 属民，原文作"哈阑"（kharan）。此字至元末，已读作aran，其字首之kh音已消失。此字曾见元统三年所立之《张应瑞碑》蒙文第二十三行，今日aran一字已不使用，惟旧字典中作为"臣仆"解（见《蒙汉满三合》第一册第二十九页）。惟其复数形之arad（人民），则普遍使用。又kharan一词在当时似有臣仆，或被卑视者之意。"亦儿坚"（irgen）一字才是一般的百姓。故arad一语，在现代外蒙古语汇中有时有所谓"勤劳人民"之意。

2 仆婢，原文作"秃惕合剌"（tudghar），原字译作"使唤"，原总译作"使唤的"，当为仆婢之意，今此字已不见使用，而以jaruchi一字代之。

第四十节

那个怀着孕的妇人归了孛端察儿以后，生了一个儿子，因为他是外族[1]人之子，给他起名叫札只剌歹[2]。他就是札答阑族的祖先。札只剌歹的儿子名叫土古兀歹[3]。土古兀歹的儿子是不里·不勒赤鲁[4]。不里·不勒赤鲁的儿子是合剌·合答安。合剌·合答安的儿子是札木合。他们就是札答阑氏[5]。

注释

1 原文"札惕"（jad），原旁译作"世人"，原总译未译此字。因其旁译作"世人"，以致现代之译《秘史》者，亦有讹误之笔，兹不赘论。实则此字当作"外人"或"异族"解。笔者已于第一节注8略论及《成吉思可汗传》（第二页）称字儿帖·赤那渡海迁来之地，为Jad（札惕）之地，当为"异域"或"外族之地"的意思。拉地米尔索夫于其《蒙古社会制度史》中曾详论此字，亦谓之为"他族""他国人"或"无血缘关系的氏族"之意（见日译本第一一八、一三五、一四一、一四三等页）。

2 札只剌歹（Jajiradai），人名。《黄金史》（第十六页）作Jachiratai，《喀喇沁本蒙古源流》称为Wachirtai，《黄金史纲》（第六十二页）作Jechiretei，均似讹误。

3 土古兀歹（Tügü'üdei），人名，字义不明。

4 不里·不勒赤鲁（Büri-bulchiru），人名。Büri乃"全""每"或"皆"字之意，bulchiru是多数凸形之物，如疙疸等。《黄金史》作Buri-bulshikhu。

5 札答阑（Jataran [Jadaran]），氏族名。《黄金史》（第十六页）称之为Jachiratai氏，《蒙古源流》作Wachirtai氏，《黄金史纲》为Jerchiged氏。

第四十一节

那个妇人又跟字端察儿生了一个儿子。因为〔她〕是捉拿来的女人，就给那个儿子起名叫巴阿里歹。他就是巴阿邻[1]氏的祖先。巴阿里歹的儿子〔是〕赤都忽勒·字阔[2]。赤都忽勒·字阔的妻子很多，他的儿子繁多。他们就成了篾年—巴阿邻氏族[3]。

注释

1 巴阿邻，氏族名，今内蒙古昭乌达盟巴林（Ba'arin或Bagharin）两旗，仍以此字为名。

2 赤都忽勒·孛阔（Chidüghül［Chidughul］-Böke），人名。Böke原译作"力士"，今之掼跤选手均称为böke，仍沿"力士"之意。

3 篾年—巴阿邻，氏族名。"巴阿邻"一字已见注1。"篾年"与原文中之"篾捏"（繁多），均为mene一字。但畏兀儿体蒙文manan与menen是难于辨认，只有凭习惯区别。故谢再善汉译达木丁苏隆本作"像雾似的多"，就是按manan一字译的。《黄金史》（第十六页）作Magha-Ba'arin，阿拉坦瓦齐尔（Altanwachir）氏之蒙文复原本（第九页）作manai。此字亦有繁多之意似乎合理。今内蒙古乌兰察布盟西南部阴山山脉之蒙名即为Manai，其意为峰谷重叠。

第四十二节

　　别勒古讷台成了别勒古讷惕氏。不古讷台[1]成了不古讷惕氏[2]。不忽·合塔吉成了合塔斤氏。不忽·撒勒只成了撒勒只兀惕氏。孛端察儿成了孛儿只斤氏[3]。

注释

1 不古讷台（Bügünütei），《黄金史》（第十七页）作Begünütei。

2 不古讷惕（Bügünüd），《黄金史》（第十七页）作Begünüd。

3 孛儿只斤（Borjigin）的复数是孛儿只吉惕（Borjigid）。这就是成吉思可汗所属的那个氏族，也就是被称为"黄金氏族"（Altan uragh［urugh］）的那一族。直到本世纪中，蒙古贵族除少数如喀喇沁部之Uriyangkhai及新疆土尔扈特部之Kereyid等氏族外，其余均属于此一黄金氏族，且其大多数都是成吉思可汗子弟之裔。此一氏族统治蒙古几达八个世纪之久。《元史证补》卷一说，"孛儿"Bor一字有棕色灰色或苍色之意，故有人谓孛儿只斤乃"灰色眼珠者"之谓。然于蒙古并无此说。一般民众称他们为"台吉"（taiji［tayiji］），即汉语

"太子"之讹转。清朝有关蒙古之法律，如《理藩院则例》等，亦以"台吉"一语为此一氏族之称。

第四十三节

从孛端察儿的正妻[1]所生的〔儿子〕，名叫把林·失亦剌秃·合必赤[2]。孛端察儿把〔随〕合必赤"把阿秃儿"[3]的母亲从嫁来的女子[4]收了作妾[5]，生了一个儿子名叫沼兀列歹[6]，以前沼兀列歹曾参加以竿悬肉祭天的礼节[7]。

注释

1 正妻，原文作"阿卜邻—额篾"（ablin eme），亦可作Abali-yin gergen，字义是发妻或正娶之妻。她的地位在其他诸妻之上。按蒙古可汗的传统，大都是由正妻之子继承爵位和大部分的财产。

2 把林·失亦剌秃·合必赤（Barim-shiyiratu［shigiretü］-khabichi），人名。《黄金史》（第十七页）作Barim-shikertu［shigertu］-khabichi，《成吉思可汗传》作Khabichi-külüg，《蒙古源流》作仅称之为Khabichi-baghatur，《元史·太祖本纪》作"八林·昔黑剌秃·合必赤"与《黄金史》同。

3 把阿秃儿（ba'atur或baghatur）即勇士或英雄之谓，在当时是一种尊称或荣衔。成吉思可汗之父也速该（Yesügei），就是以"把阿秃儿"（ba'atur）为号的。《元史》卷九十九《兵志》"四怯薛"条称："忠勇之士，曰霸都鲁。"满洲语作baturu——"巴图鲁"，在有清一代，也曾是武职官的荣衔。合必赤是成吉思可汗祖先中第一个以ba'atur为尊称的人。

4 "从嫁来的女子"，原文作"引者"（inje），原旁译作"从嫁"，即媵臣之谓。此字曾见后至元四年（一三三八）所立之《竹温台碑》之蒙汉文中。拉地米尔索夫于其《蒙古社会制度史》中曾详论之（见日译本第一五五至一五六页）。此种陪嫁之制度，直至本世纪初封建制度崩溃前仍然存在。近代普通所谓“引者”多半是女子；但王公贵族嫁女之时，亦有将其隶民（khariyatu）成户，转赠作为“引者”的。在蒙古近代史中，满洲皇帝将公主嫁与蒙古王公之时曾有成百满洲人随嫁而来。他们虽已同化于蒙古人中，但有时仍被称为 inje Manju，即随嫁的满洲人之谓。《秘史》第二〇八节亦记有“从嫁”，原文作“媵哲思”（复数）。

5　原文作“塔塔周”（tataju），原旁译作“做妾着”，此字有将侍女收房之意。在封建时代贵族纳妾称为 sula tatakhu，其妾称为 sula khatun。

6　沼兀列歹（Je'üredei），人名。《黄金史》作 Jegüriyedei。

7　“以竿悬肉祭天”，原文作“主格黎”（jügeli），为萨满教义之一。自佛教在蒙古普及后，此种习俗已不再见。惟于仍信奉萨满之达呼尔部中仍旧行之。祭祀时以未切开之心肺肝〔即前第十三节中之所谓“只勒都”（joildu〔jöldü〕）〕悬挂竿上祭天。满洲人亦有此种习俗，即清代之所谓“祭堂子”的礼仪。北平清故宫内之神宁宫中，尚有此种设备，如神竿供品等等。在十二世纪，此种祭祀乃全氏族主要大典，是全氏族成员对其氏族神或祖先（ongghon）的祭祀。凡由“主格黎”中被除名者，就等于被逐出族外。成吉思可汗幼年时，也曾遭遇到此一严重的打击（见《秘史》第七十到七十四节）。拉地米尔索夫于其《蒙古社会制度史》中，论此一祭祀之礼甚详（见日译本第一一六至一一七页）。今 ongghon 一语作祖先之灵、祖先厝骨之地和被封禁的圣地解。在达呼尔语中读为 ongghor，它的意思是一切的神灵。

第四十四节

　　孛端察儿去世之后，因那沼兀列歹的帐里，常有阿当合·兀良合歹氏的人往来，〔合必赤〕以为〔他〕可能是此人之〔子〕，就〔把他〕从以竿悬肉祭天的仪礼逐出去，使〔他〕成为沼兀列亦惕氏，于是他就成了沼兀列亦惕[1]氏的祖先。

注释

1 《四部丛刊》、叶德辉、钱大昕诸本均作"沼列敦",旁译为"一种〔氏〕的"。可见汉字有脱落,当为"沼列亦敦"(Je'üreyid-ün)之讹。

第四十五节

　　合必赤·把阿秃儿的儿子是篾年·土敦[1]。篾年·土敦的儿子是:合赤·曲鲁克[2]、合臣、合赤兀、合出剌、合赤温、合阑歹、纳臣·把阿秃儿[3]〔等〕七个〔人〕。

注释

1 篾年·土敦(Menen-tudun),人名。《黄金史》作 Makha-tudun,《成吉思可汗传》作 Makha-tüden。此二书均称之为 Bikir-ba'atur 之子、Khabichi-külüg 之孙,其辈数之排列与《秘史》显有不同。《蒙古源流》作 Makha-tudan,《黄金史纲》作 Makhakaruda,并称之为 Beker-ba'atur 之父。Rashipongsugh 书作 Makhatubdan。《元史》卷一《太祖本纪》作"咩撚·笃敦"。《黄金史》(第十七页)称 Makha-tudun 之妻 Nomalun(或 Omalun)生子七人,惟其名均与此处所列者不同。《秘史》第四十六节则记此妇人乃篾年·土敦之娘、合赤·曲鲁克之妻。《黄金史纲》(第六十三页)称她是 Münrül Khatun。Rashipongsugh 书(卷一第五十一页)则称其名为 Mukhalun。此二书均谓此一妇人于其夫死之后,曾一度柄国,并与 Jalayir 族之间发生战端。其所记之故事,大致与《元史·太祖本纪》同。《元史》称"咩撚·笃敦妻曰莫挐仑",则又与《秘史》相异。"篾年"一语已见第四十一节注3,兹不再论。

2 合赤·曲鲁克(Khachi-külüg),人名。Külüg 英豪之意。

3 纳臣·把阿秃儿(Nachin-ba'atur),人名。Nachin 是"鹰",ba'atur(英雄)似为

"纳臣"的尊称。《元史》卷一《太祖本纪》作"纳真",但未记载其诸兄之名。

第四十六节

  合赤·曲鲁克的儿子海都[1]是那莫仑[2]母亲生的。合臣的儿子名叫那牙吉歹[3]。因性格有点像贵族,就成了那牙勤氏。合赤兀的儿子名叫把鲁剌台[4],身材高大,吃饭粗鲁,因此成了把鲁剌思[5]氏。合出剌的儿子对饭食〔也〕粗鲁,就被叫做大把鲁剌〔和〕小把鲁剌,叫〔他们〕成了把鲁剌思氏。于是他们就成了额儿点图·巴鲁剌[6]和脱朵延·巴鲁剌[7]等巴鲁剌思〔氏〕了。合阑歹的儿子们争吃粥饭,没头没脑,他们就成了不答阿惕氏。合赤温的儿子名叫阿答儿乞歹,因在兄弟之间搬弄是非[8],就成了阿答儿斤氏。纳臣·把阿秃儿的儿子们名叫兀鲁兀歹〔和〕忙忽歹。他们就成了兀鲁兀惕氏〔和〕忙忽惕氏。由纳臣·把阿秃儿的正妻所生的〔儿子〕,名叫失主兀歹〔和〕朵豁剌歹。

注释

1 海都(Khaidu〔Khayidu〕),人名,《蒙古源流》《成吉思可汗传》两书均未记载其名。《黄金史纲》因受佛教影响讹为Khairab〔Khayirab〕。《元史·太祖本纪》称之为咩撚·笃敦之唯一长孙,但未记其父合赤·曲鲁克之名。《元史》记海都事较《秘史》详尽,可供参考。

2 那莫仑(Nomalun),女子名,已见前节注1。

3 那牙吉歹(Nayagidai),人名,即那牙勤(Nayagin)一字之变形。这两字都是由noyan(长官、贵族)一字转出的。

4 把鲁剌台（Barulatai），人名，《黄金史》（第十八页）作 Barilatai。

5 把鲁剌思（Barulas），氏族名，是把鲁剌的复数形。《黄金史》（第十八页）作 Barulaskhu。

6 额儿点图·巴鲁剌（Erdemtü-Barula），氏族名。Erdemtü，"有能力"之意。

7 脱朵延·巴鲁剌（Tödögen-Barula），氏族名。Tödögen，"襁褓小儿"之意。

8 "搬弄是非"一语，原文作"阿答鲁黑赤"（adarughchi），原译作"间谍"。此字在现代蒙古语汇中，已不见使用。谢再善译达木丁苏隆本作"好挑拨是非"，谅均由"好间谍""离间"之意转译的。又原字的语根"阿答"疑为ata'a一字的（汉字）讹写。Ata'a是"嫉妒"或"竞争"之意。《蒙汉满三合》第一册第十二页有atagharaghchi（ata'araghchi）一字，其汉译为"好扳扯人的人"。这与"搬弄是非"之意相合。

第四十七节

海都的儿子是伯升豁儿·多黑申[1]、察剌孩·领忽[2]、抄真·斡儿帖该三个人。伯升豁儿·多黑申的儿子是屯必乃·薛禅[3]。察儿孩·领忽的儿子想昆·必勒格[4]……（此处，似有文字脱落）……俺巴孩[5]等成了泰亦赤兀惕氏[6]。察剌孩·领忽所纳为妻的嫂嫂[7]生〔子〕，名叫别速台，成了别速惕氏。抄真·斡儿帖该的儿子们成了斡罗纳儿、晃豁坛、阿鲁剌、雪你惕[8]、合卜秃儿合思、格泥格思[9]等氏。

注释

1 伯升豁儿·多黑申（Baishongkhor-doghshin），人名。《四部丛刊》本及叶德辉本此处均误作"伯升豁儿·多申"，钱大昕本作"多黑申"；惟本节以后同字诸本均作"多黑申"。Bai-shongkhor为鹰之一种，即所谓海青者是也。Doghshin

乃"严厉"或"狂暴"之意，当为绰号，言其狂暴如鹰雕也。《元史·太祖本纪》作"拜姓忽儿"；《蒙古源流》作 Shingkhor-doghshin，并称为 Khabichi-külüg 之子；Rashipongsugh 书作 Bars-shingkhor-doghshin；《成吉思可汗传》《黄金史》及《黄金史纲》三书均作 Baishingkhor-doghshin。以上诸书，除《黄金史》外，对海都之其他二子，均无记载。

2　察儿孩·领忽（Charghai-lingkhu），人名。Charghai 是枝叶茂盛之意。《黄金史》（第十九页）作 Charghai-linkhu'a。冯承钧译《多桑蒙古史》（上册第八十三页注释部分）说："剌失德云（lingkoum）为中国官号，犹言大将军也。"有人以为此字或为汉语"令公"之讹转。

3　"土必乃·薛禅"（Tumbinai-Sechen），人名。《黄金史》作 Tumbikhai-Sechen，《黄金史纲》称为 Tumbikhai Khan，《蒙古源流》作 Tumbikhai-Sechen，Rashipongsugh 书作 Tümbei Khan Nachin，惟《成吉思可汗传》一书与《秘史》同作 Tümbinai-Sechen。Sechen 即"贤智、聪明"之意。其音译有"薛禅""彻辰"及"车臣"等，乃当时之贵族尊称之一。忽必烈之蒙文之庙号，即为此语，故称为"薛禅可汗"。

4　想昆·必勒格（Sengküm-bilge），人名。Bilge，"智慧"之意。"想昆"与第一六二节所记王汗之子"桑昆"，皆为 Sengküm 之对音。此字非人名，也是官称的一种，似为"详稳"的转音。

5　俺巴孩（Ambakhai 或 Ambaghai），人名，《黄金史》此处脱落其名，而以 Sengkün-bilge 之子 Isali 代之为泰亦赤兀惕氏之祖先。冯译《多桑蒙古史》（上册第三十八页注释）称："俺巴孩者，海都汗第二子速儿罕都·豁赤纳（Sourcandou Goutchina）之子。"俺巴孩与想昆·必勒格之关系，请详第五十三节注2。

6　泰亦赤兀惕（Tayichi'ud 或 Taichi'ud），氏族名。《四部丛刊》本此处误"泰"字为"秦"字，《元史·太祖本纪》《圣武亲征录》均作"泰赤乌"。

7　原文作"别里坚　额篾"（bergen eme），原旁译作"嫂妻"。兄死弟纳其嫂为妻，原为古代北方游牧民族逆缘婚的嫂婚制的习惯。今蒙古语中此一名词已不见使用；惟兄死弟尚未婚者，与其嫂成婚之事，偶可见之。

8　"雪你惕"（Sünid［Sönid］），氏族名，今内蒙古锡林郭勒（Shilin-ghol）盟苏尼特左右两旗，仍用此名。本世纪三十年代，倡导"内蒙自治"之成吉思可汗第三十一世孙德穆楚克栋鲁普（Demchugdungrub〔Demchügdongrub〕，德王），就是苏尼特右旗的王公。

9 格尔格思（Geniges），氏族名。《黄金史》（第十九页）作 Gerges。

第四十八节

屯必乃·薛禅的儿子是合不勒可汗[1]、拇·薛出列[2]两个人。拇·薛出列的儿子是不勒帖出·把阿秃儿[3]。合不勒可汗有七个儿子[4]。最长的是斡勤·巴儿合黑[5]、〔其次是〕把儿坛·把阿秃儿[6]、忽秃黑秃·蒙古儿[7]、忽图剌可汗[8]、忽阑[9]、合答安、〔和〕脱朵延·斡惕赤斤[10]。

注释

1 合不勒可汗（Khabul Khan），人名，《元史》卷一《太祖本纪》称为"葛不律寒"，"寒"是 Khan 即可汗的转音。他的故事所传甚少。据《秘史》，他是成吉思可汗祖先中第一个有"可汗"尊称之人，依他书则其前尚有二三人，例如：Rashipongsugh 书（卷一第十八页）称屯心乃为汗；《黄金史纲》（第六十六页第四行）虽称海都为 Khairab〔Khayirab〕，但亦称之为汗；《多桑蒙古史》（冯译本上册第三十八页注释）亦称海都为汗。可知当时蒙古部已经强大起来。洪钧《元史译文证补》（卷一上）及多桑书（冯译本上册第三十八页）均有若干纪事，可供参考。

2 拇·薛出列（Sem-sechüle），人名，《黄金史》（第十九页）Kham-khachula，显为讹误。Sem 缄默之意。

3 《黄金史》（第十九页）称不勒帖出·把阿秃儿（Bültechü-Ba'atur）之子为 Mergen-Sechen，乃《秘史》所无。

4 《黄金史纲》（第六十六页）称合不勒可汗有子五人。多桑书（冯译上册第三十八页）谓："合不勒汗遗子六人，并有勇力。"

5 斡勤·巴儿合黑（Ökin-barkhagh），人名。《多桑蒙古史》说："先是月斤·别
 儿罕（Eukin-bercan［berhan］）亦经塔塔儿人执送女真，其被害与俺巴孩同。"
 （冯译本上册第三十九页）。

6 把儿坛·把阿秃儿（Bartam［Bardam］-Ba'atur），人名。Bartam有险峻难以克
 服之意。Bartam-ba'atur就是不能被克服的勇士。所有蒙文史料此人之名，记
 载均同。《元史·太祖本纪》作"八哩丹"。

7 忽秃黑秃·蒙古儿（Khutughtu-mönggür），人名。《四部丛刊》本作"忽秃
 秃·蒙古儿"，钱大昕本作"忽秃黑秃·蒙古儿"，较为正确。Khutughtu，有
 "福者"之意，清代译为"呼图克图"。

8 忽图剌可汗（Khutula Khaghan），《黄金史》作Khutala［Khotala］Khaghan。
 Khutula不知作何解，Khutala则为"全体"或"普遍"，似可从后者之意。

9 忽阑（Khulan），人名，字义是"野马"。《黄金史》称此人为Khulan-Ba'atur。

10 脱朵延·斡惕赤斤（Tödögen-odchigin），人名。Tödögen，褪裸之意；odchigin
 乃末子之通称。按当时社会制度，幼子继承父亲遗产，所以对于末子恒称之为
 "斡惕赤斤"，以示其地位之重要。成吉思可汗崩殂后，拖雷之为监国，亦本于此
 一制度。拉地米尔索夫于其《蒙古社会制度史》中曾详论之（见日译本第一一〇
 页）。"斡惕赤斤"一字《四部丛刊》本作"斡赤斤"，不及钱大昕本正确。

第四十九节

　　斡勤·巴儿合黑的儿子是忽秃黑秃·主儿乞[1]。忽秃黑秃·主儿
乞的儿子是薛扯[2]·别乞[3]、泰出[4]两个人。他们就成了主儿乞[5]氏。

注释

1 忽秃黑秃·主儿乞（Khutughtu-jürki），人名。《四部丛刊》本作"忽秃秃·禹
 儿乞"，钱大昕本作"忽秃黑秃·禹儿乞"；惟总译则作"主儿乞"。《秘史》第

一二二、一三九节均作"莎儿合秃·主儿乞"（Sorkhatu-jürki）。《黄金史》（第十九页第十二行）作 Jorightu-jürke。按古文书及佛经中 j 与 y 在一字之首时，不加区别，只凭习惯辨认。此一人名可读作"主儿乞"，亦可读作"禹儿乞"。但依其字义，"主儿乞"一语有"心脏"之意，且与主儿勤（Jürkin）一氏族之成立有关，故订正为"主儿乞"。

2 薛扯·别乞（Seche-Beki），人名。《四部丛刊》本及钱本均作"薛扯·别乞"（Seche-Beki），而于第一二二、一三七等节均作"撒察·别乞"。按 sa 与 se 二字依旧蒙文写法，只可以习惯辨别，无法断定何者究为正确。《元史·太祖本纪》作"薛彻·别吉"，可能元时是读作 Seche-Beki。兹为人名统一计，以后一律作"薛扯·别乞"。

3 别乞（beki、begi）为当时尊号之一。本为突厥语，在今现代之维吾尔（畏兀儿）语中仍为贵族之称，汉语译为"伯克"。拉地米尔索夫以为这是属于各氏族长之长子的尊称（见日译本第一一〇页）。然按成吉思可汗以"别乞"之尊称，加于兀孙老人一事（见《秘史》第一一六节）观之，则又是对萨满的一种尊称。在《秘史》中也可以找到可汗或族长女儿享有此一尊称的，如成吉思可汗皇女阿剌合·别乞等。此一贵族女子之尊称，十七世纪以降，鲜见使用。明代史料中多音译作"比妓"，显然是有恶意的写法。

4 泰出（Taichu［Tayichu］），人名。《四部丛刊》本及钱大昕本均作"台出"，而于第一二二、一三七等节则作"泰出"，兹写为"泰出"，以期统一。《元史·太祖本纪》作"大丑"。

5 主儿乞（Jürki），氏族名。《四部丛刊》本及钱本均作"禹儿乞"，惟原总译及以后各节均作"主儿乞"，兹为译名统一计，并基于本节注1之理由，改作"主儿乞"。《黄金史》称之为 Jürken。

第五十节

把儿坛·把阿秃儿的儿子们[1]是忙格秃·乞颜[2]、捏坤太子[3]、也速该·把阿秃儿[4]、答里台·斡惕赤斤[5]这四个人。忽秃黑秃·蒙古儿的儿子是不里·字阔[6]。在斡难河树林里筵会时，砍破了别勒古台肩膀的就是他。

注释

1 把儿坛·把阿秃儿四子的本名是忙格图（Menggetü）、捏坤（Negün）、也速该（Yesügei）、答里台（Da'aritai）四人。至若乞颜（Kiyan）、太子（taishi）、把阿秃儿（ba'atur）、斡惕赤斤（odchigin）四个字，都是一种称呼或尊称，而非本名。

2 忙格秃·乞颜（Menggetü-Kiyan），人名。在一般通用的蒙古语中普通称"痣"为mengge，面上有痣的人则恒以menggetü为其绰号。《秘史》第一二〇节作"蒙格秃·乞颜"（Möngketü-Kiyan）。Möngke是永生之意。《黄金史》亦称此人之名为Menggetü-Kiyan，其下有mergen yeke-tei一语，指此人善射或明快敏捷异常。《蒙古源流》称此人为Menggetü-Sechen。

乞颜（Kiyan）是成吉思可汗所属的yasun（副氏族）之名。可汗的后裔自称为Borjigid oboghtan（氏族）Kiyad yasutan（副氏族）。《黄金史》（第二十页第一行）作Kiya。Rashipongsugh书（第一卷第五十一页）称："以字儿帖·赤那，及其后裔天子字端察儿，二名相连之故，遂成字儿只斤氏族Kiyod副氏族；而汉文史书中所称奇渥温氏族obogh者，谅必误将Kiyod一词作为氏族obogh之故耳"。多桑书（冯译本上册第三十八页）称："合不勒汗遗六子，并有勇力。号乞牙惕（Kiyoutes），犹言急流也。"按《黄金史》所称之Kiya即乞颜——Kiyan，其复数为Kiyad，且为Kiyod之转音无疑。Kiyod是Kiyon的复数；而Kiyon或即所谓"奇渥温"之本。清高宗修《元史》，改作"却特"，可能是根据Kiyat一字而改的。多桑书虽称乞牙惕"犹言急流也"，惟今日在蒙古之一般说法，谓字端察儿之出生系由光与气（kei）而成，故以Kiyan为其yasun之名。今伊克昭盟鄂尔多斯七旗成吉思可汗后裔之贵族，虽与其他盟旗之同系贵族均以Borjigin为姓氏，但于习惯上多以Kiyan一词代之。

《秘史》卷一中除此处称忙格图为乞颜氏之外，并于第六十三及六十七节均称也速该为乞颜氏。其旁译则作"人氏"，也就是人的姓氏之意。

3 捏坤太子（Negün-Taishi［Tayishi］），人名。Negün 是本名，taishi 即汉语之太子。蒙古语中原无tze［tzi］音，故元末之蒙文碑中，凡遇 tze 音皆以 shi 字代之。故《蒙古源流》称捏坤太子为 Negün-taishi。久之，太子又转为 taiji，故《黄金史》称之为 Negün-taiji。所谓 taiji 即后日蒙古贵族所用为通称的"台吉"一词。

4 也速该·把阿秃儿（Yesügei-ba'atur），人名，或作"也速该勇士"。他是成吉思可汗之父，《元史》说至元三年（一二六六）谥为烈祖。《黄金史》（第二十页）称也速该之母名为 Süchigelejin，乃 Mongghol-Tarchi'uchin-yisütei 之女，为他史所不见。

5 答里台·斡惕赤斤（Da'aritai-Odchigin），人名。《秘史》第一五四节作"答阿里台·斡惕赤斤"，他书或作"斡赤斤"，乃幼子之称。请参照第四十八节注10。

6 不里·孛阔（Büri-Böke），人名。Büri 乃"全""每"或"完全"之意。Böke 即力士之谓。他砍伤别勒古台（Belgütei）的故事，详见第一三一节和一四〇节。

第五十一节

　　忽图剌可汗的儿子们是拙赤[1]、吉儿马兀、阿勒坛[2]三个人[3]。忽阑·把阿秃儿的儿子是也客扯连[4]。他曾是把歹、乞失黎黑[5]两位答儿罕[6]的领主[7]。合答安、脱朵延两个人没有子嗣。

注释

1 拙赤（Jochi），人名，与成吉思可汗长子同名。《黄金史》（第二十页）作 Chochi。

2 阿勒坛（Altan），人名，其字义是"黄金"。

3 《黄金史》（第二十页第五行）称拙赤、吉儿马兀（Girma'u）、阿勒坛三人，后来成为 Üyeged 氏，这是《秘史》所未记的。

4 也客扯连，人名。《黄金史》作 Yeke-cheren。《四部丛刊》本此处于"连"字旁边脱落了表示卷舌音的"舌"字。钱大昕本误为"也可扯速"。

5 乞失黎黑（Kishilig），人名。《四部丛刊》本此处作"乞失黎勒"，钱本作"乞失黎黑"，较正确。

6 答儿罕（darkhan），在现代蒙古语中有两个同音字：一是银匠、铁匠一类的匠；一是指被免除劳役赋税的功勋。前者与本文无关，后者才是我们所要讨论的。此一尊称或来自突厥语。《秘史》第一八七、二一九两节，有封功臣为"答儿罕"九次犯罪不罚的记载。陶宗仪于其《辍耕录》卷一云："答刺罕，译言一国之长，得自由之意，非勋戚不与焉。太祖龙飞日，朝廷草创，官制简古，惟左右万户，次及千户而已。丞相顺德忠献王（哈刺哈孙）之曾祖启昔礼以英材见遇，擢任千户，赐号答刺罕。至元壬申，世祖录勋臣后，拜王宿卫官，袭号答刺罕。"在本世纪中蒙古封建制度崩溃之前，各旗王公对其勋旧，恒授以 darkhan 之称谓，免其赋税及劳役，于旗中举行各种隆重典礼时，其坐次恒在现任其原职者席次之上，以示殊荣。满洲兴起后，对于最初合谋并力于明的蒙古贵族奥巴台吉（Obo'a Taiji）之裔，结以姻娅之好，并封为达尔罕（darkhan）亲王，足证此一尊号的地位是相当崇高的。

姚师前注：元初答刺罕略考。（一）《秘史》"答儿罕"，一作"答刺罕"，原文蒙古音作 darkhan。《秘史》此节"答儿罕"，旁译说是"自在"者；实在可译作"自由自在的王公"。（二）《秘史》中所述答刺罕享有的特权，有以下几点。（a）《秘史》第一八七节（卷七第二页下至五页），成吉思可汗对巴歹、乞失里黑说："你二人有大功勋。……直至子孙都为答刺罕，自在快活。"（b）"厮杀时抢的财物，可以随得随有；打猎时获的野兽，可以随捕随收；不许别人分拿，尽自己要者。"（以上卷七）（c）《秘史》第二一九节又说："成吉思可汗对锁儿罕·失剌，说：'篾儿乞惕（人）的薛凉格河地面，作为你的封地，使你为答刺罕，自在下营。'"（以上卷九）（d）成吉思可汗的命令又说："锁儿罕·失剌、巴歹、乞失里黑，封你们为'自在者'。剿捕敌人时所得的财物，可以随得随取；围猎时捕捉的野兽，可以随杀随拿。"（e）又说："如今你们三人成了我的左右手，特准佩带弓箭，喝盏，九次犯罪，不要罚；并教自在快活。"（同上卷九）。（三）陶宗仪《辍耕录》卷一对答剌罕的解说："答剌罕，译言一国之长，得自由之意，非勋戚不与焉。"（四）《元史》卷一三六《哈剌哈孙传》："曾祖启昔礼（即乞失里黑）始事王可汗脱斡璘。王可汗……谋害太祖，启昔礼潜以其谋来告……还攻灭王可汗，并其众。擢启昔礼为千户，赐号答剌罕。"（五）《元文类》卷二十五刘敏中《丞相顺德忠献王哈剌哈孙碑》说："曾祖启昔礼……谥忠武。遇太祖皇帝于飞龙见跃之际，知〔王〕可汗将袭之，趋告帝为备。果至，我兵纵击，大破之，寻并其众。以功擢千户，赐号答剌罕。……译言一国之长。帝谓侍臣：'彼家不识天意，故来相害。是人告我，殆天所使，我许为自在答剌罕矣！'"（六）元马祖常《石田集》卷十四《太平王燕帖木儿碑》曰："答剌罕，华言世代之也。"（又见苏天爵《元文类》卷二十六）十三世纪蒙古人所设置的答剌罕，以及答剌罕的特权，从上所引诸文中，可以得知大概。

7 领主，原文作"那颜"（noyan），原旁译作"官人"。noyan一语，在这里表示也客扯连是主子，而把歹、乞失黎黑二人是他的隶民、奴隶或属民。故译之为领主。

第五十二节

　　合不勒可汗统辖了全部蒙古[1]。在合不勒可汗之后，〔按照〕合不勒可汗的话，虽然他自己有七个儿子，却使想昆·必勒格的儿子俺巴孩可汗[2]统辖了全部蒙古。

注释

1 蒙古，原文作"忙豁里"，原旁译作"达达"。"忙豁里"（Mongghol），i是表示受格的接尾语，故其本字当为"忙豁勒"，即蒙古。这是"蒙古"一词在《秘史》中，除标题及第三节之人名"忙豁勒真·豁阿"以外，第一次的出现。由忙豁勒真·豁阿之名，可知"忙豁勒"一词早就存在。它在这里的出现，是说明合不勒可汗曾统一了这同一血缘的人们，因此才有 khamugh Mongghol（普一达达）一语写在这里，或者这是说明蒙古各族达成了一次规模较大的氏族联合。有人以为契丹以铁为号，女真称金，蒙古乃以银为名，但皆为揣测之词。根据一位蒙古学者 Erinchen Kharadaban 的说法，Monggol〔Mongghol〕一字是"永存不朽"（Möngke）与"中心"（ghol）二字相拼而成的，其意义为永存之中心。

古时这狭义的蒙古原与其同一血缘、语言、文化之塔塔儿（Tatar）族为邻。塔塔儿部常与金人往来或交战，故汉人乃以其名，概括与塔塔儿同一血缘文化的各部族，而称之为达达或鞑靼，如蒙鞑、白鞑靼、黑鞑靼等等。合不勒可汗的蒙古，就属于这黑鞑靼的范围之内。明人仍之，称东部蒙古为鞑靼，以别西北蒙古的瓦剌（Oirad，斡亦剌惕）一族。

2 想昆·必勒格与俺巴孩的关系，本节明确地指为父子；而第四十七节似作兄弟。按蒙语原文推究，本节记载是详明无误的；而第四十七节的记事则为"察儿孩领忽—因 可温 想昆·必勒格 俺巴孩坛"，似有文字脱落之嫌。按《秘史》的笔法——尤其是本节——凡"儿子"的复数，都是"可兀惕"（Kö'üd〔Köbe'üd〕），其旁译是"子每"。独在此处于作"可温"，旁译作"子"。可见第四十七节的记载应是"察儿孩·领忽的儿子想昆·必勒格……〔和他的儿子〕……俺巴孩等"才对。同时按本节的记载来推察，见知第四十七节似有文字脱落，而造成了两人关系的混淆不清。

第五十三节

在捕鱼儿[1]、阔涟[2]两湖之间兀儿失温河[3]有阿亦里兀惕〔族〕、备鲁兀惕〔族〕塔塔儿人。俺巴孩可汗把女儿嫁给〔他们〕，并且亲自把女儿送去。塔塔儿的主因人[4]捉住俺巴孩可汗，送给汉地⁵金国⁶皇帝。临行的时候，〔俺巴孩可汗〕派遣别速台氏的巴刺合赤传来话说："去对合不勒可汗七个儿子之中的忽图刺⁷，对我十个儿子之中的合答安太子说：'我身为万民的可汗，国家的主人⁸，〔竟因〕亲身去送自己的女儿，以致被塔塔儿人擒拿。要以我为戒！你们就是把自己的五个手指甲磨掉、十个手指头磨断也要尽力报我的仇！'"⁹

注释

1 捕鱼儿（Büyir 或 Büir）湖，即今内蒙古呼伦—贝尔（Kölön-Büir）盟之贝尔湖（亦作贝尔池）。湖中产鱼甚多，或者就是被称为捕鱼儿海子的原因。

2 阔涟（Kölön）湖，即今呼伦—贝尔盟境内之呼伦湖。

3 兀儿失温（Urshi'un）河，此河即南连贝尔湖北接呼伦湖之阿尔顺果勒河（亦称乌尔顺河），此一地区为全蒙古有名水草丰盛的地方，河中亦产鱼。《黄金史》（第三十页）作 Uruskhu Mören。

4 主因人，原文作"主因亦儿坚"，旁译"种、百姓"，即"主因人"。据王国维先生的研究，主因人也即是金朝当年的边防军"乣军"的一部分。

5 汉地，原文作"乞塔敦"，即"乞塔惕"（Kitad）之所有格形，也就是种族名"契丹"（Kitan）的复数型。它是辽朝本身，并包括其属下北方诸民族，所用的国号。因其国土包括华北，蒙古人也就用它来称呼这一块领土和住民。这就是元人称华北人为汉人（Kitad）、江南人为南人（Nanggiyad）和欧洲人称中国为 Cathay 的由来。今日这一个字在蒙古语中仍是汉民族的通称。

6 原文作"阿勒坛"（Altan），即黄金之意，乃是指金国、金帝而言。Altan 在女真—满洲语中为 Ayisin 或 Aisin，即"爱新·觉罗氏"之"爱新"的来由。

7 忽图刺（Khutula〔Khotula〕），人名。《秘史》第四十八、五十一两节中均有可汗的尊称。本节则无，若以第五十二节之记事考之，则忽图刺彼时尚未被立为可汗。他被推举为可汗之故事记载在第五十七、五十八两节。《多桑蒙古史》（冯译本上册第三十九页）作"忽必来"（Khubilai），并称："俺巴孩既死，其宗亲谋复仇。其子合丹太师（Khadan-taishi〔tayishi〕）与合不勒汗子忽必来汗，合不勒汗孙及成吉思可汗父也速该·把阿秃儿，约合击女真。忽必来在诸兄弟中为最勇，遂继合不勒汗位。"

8 原文为"合木浑 合罕 兀鲁孙 额毡"（khamugh-un khan ulus-un ejen），原旁译是"普的皇帝，国主人"。Khamugh-un khan 可以译为万有或万民的可汗。Ulus-un ejen 即一国之主。Ulus 有部众和国家的双重意义。现代阿尔泰学家多以 ulus 一字来代表游牧国家。本节是"国"或 ulus 一字在《秘史》中首次出现。可见在俺巴孩汗时代，蒙古游牧国家的雏形已经形成，所谓"至尊"的概念似亦开始。这可能就是金人要擒获俺巴孩可汗，而处以死刑的主要原因。

9 关于蒙古与塔塔儿部交恶的历史，多桑书所载较详，但亦颇有出入，兹录之于左，以供参考：

"合不勒汗之妻弟赛因·的斤（Sayin-tekin〔tegin〕）遘疾，延塔塔儿部之珊蛮治之，不效而死。其亲族追及珊蛮，杀之。塔塔儿部人怒，起兵复仇，合不勒诸子助其母族与之战，未详其胜负。其后海都曾孙俺巴孩可汗泰亦赤兀部之长也，求妻于塔塔儿部，塔塔儿人执之以献女真帝，女真帝方挟前此合不勒汗杀使之忿，乃钉俺巴孩于木驴上，此盖专惩游牧叛人之刑也。"（冯译本上册第三十八页）

第五十四节

那时也速该·把阿秃儿正在斡难河放鹰行猎，〔恰好〕遇见了篾儿乞惕族的也客赤列都[1]，刚从斡勒忽讷惕族迎娶〔一个〕女子回来。一看果然是个容颜特别〔美丽〕的贵夫人[2]。〔他〕看见了就急速转回家去，带着他哥哥捏坤太子，弟弟答里台·斡惕赤斤〔返回〕来了。

注释

1 也客赤列都（Yeke-chiladu〔chiledü〕），人名。《多桑蒙古史》于也速该妻月伦额格之注解中，称之为塔塔儿人（冯译本上册第四〇页）。《蒙古源流》亦称之为塔塔儿人。《成吉思可汗传》及《黄金史纲》则称之为泰亦赤兀惕族人；《黄金史纲》更称其名为Ersiltü。惟证以此后之史实，则应以《秘史》所载者为正确。《黄金史》所记与《秘史》同。

2 原文作"合秃"，旁译作"妇人"。khatu即khatun，乃皇后、王妃、贵族妻子之总称。一般人之妻则称之为"格儿该"（gergei）。在现代语中khatun仍是夫人或太太之谓。白鸟库吉曾作《可汗及可敦名称考》，见《东洋学报》第十一卷第三号。

第五十五节

〔他们〕一来到，〔也客〕赤列都就害起怕来，〔他〕正骑着一匹快黄马，就打那匹黄马的后腿，越过山岗去躲避。〔那〕三个人〔也〕从他后面随即赶来。〔也客〕赤列都〔刚〕拐过山嘴，〔又〕回到他车子那里来的时候，诃额仑·兀真[1]说："你看出那三个人吗？〔他们的〕脸色不对，有要害你性命的脸色啊！每辆车子的前沿上都有个闺女；每辆黑车的〔篷子〕里都有贵夫人。如果你的性命得以保全啊！你一定还能得着闺女和夫人啊！你可以把一个叫别的名字的〔人〕，再叫做诃额仑！你〔快〕逃命！闻着我的味儿走吧！"说着就脱下自己的衫儿〔给了他〕。〔他〕刚从马上探着身子接过来；〔他们〕三个人已经拐过山嘴前追上来。〔也客〕

赤列都赶快打着那匹黄马的后腿，急急忙忙逆着斡难河，逃走了。

注释

1 诃额仑·兀真（Kö'elün Üjin），成吉思可汗母亲的名字。《元史·太祖本纪》
  作"宣懿太后月伦"。在Kö'elün字首的k音在元朝成立后已逐渐消失，故读
  为月伦（Ö'elün）。在许多蒙文史料中多作Ögelün，g是双母音的标记，可不
  发音。

  兀真（üjin），即汉语"夫人"之转音。蒙古语中无f音，在十三、十四、十五
  世纪中多以u或w代之，今则一律以p字代之。满洲语称"夫人"为福晋，转
  成蒙语就成了püjin。

第五十六节

　　三个人从后面追赶，一直追过了七个山岗，才返回来。也速
该·把阿秃儿牵着诃额仑夫人〔车子〕的缰索，他哥哥捏坤太
子领着路，他弟弟答里台·斡惕赤斤靠着车辕走，诃额仑夫人
说："我的哥哥[1]赤列都啊！逆着风，飘散着头发[2]，在旷野饿着肚
皮，现在〔不知道〕怎么样了？好像两个练椎[3]，一个垂在我的背
后，一个垂在我的胸前，一个向前，一个向后。〔我〕这是干什么
去呀？"说完就大声哭起来，把斡难河〔水〕都震起波浪，把山谷
森林都震出回音。答里台·斡惕赤斤在旁边劝〔她〕说："你所搂
抱的〔人〕已经越过了好些山岭；你所痛哭的〔人〕已经渡过了许
多河川。大声呼喊啊，〔他〕也不能回顾再把你看见；追寻踪迹啊，
你也不能找着他的路径。住了声吧！"于是也速该就把诃额仑夫人

带到自己家里来了。也速该娶诃额仑夫人的经过就是如此。

注释

1 原文作"阿合"（akha），原旁译为"哥哥"，原总译作"丈夫"。此字在文字上虽为"哥哥"；但用于夫妻之间，则为妻对丈夫的昵称，以示亲爱之意。今日亦然。

2 原文作"客古里"（kegüli），原旁译作"鬓揪"，原总译作"头发"。kegüli在现代语中是发鬓。按"鬓揪"似为结在两鬓或耳旁的发结，也就是华北一带所谓的"抓髻"。丘处机弟子李志常所写如《长春真人西游记》说："男子结发，垂两耳。"（王国维《蒙古史料四种》本总第二六九页，正中书局版）彭大雅《黑鞑事略》说："其冠被发而椎髻。"（《蒙古史料四种》本总第四七八页）这都是指"鬓揪"说的。这些记载都与William Rubruck等西方旅行家所记，蒙古人剃顶上之发，而留四周，并垂其两鬓之发者相同。

3 原文作"失不勒格儿"（shibülger），原旁译作"练椎"。《蒙汉满三合》（第七册第四十一页上）shibergel一字之汉译为"蒙古妇人打的练垂"。这就是shibulger〔shibülger〕的音变。直至最近，蒙古已婚妇女将发中分，编成两个发辫，垂于胸前，可能就是古代"练椎"的遗风。

第五十七节

俺巴孩可汗提名合答安、忽图剌二人的话到达之后，所有的蒙古泰亦赤兀惕[1]族人就在斡难河豁儿豁纳黑—主不儿[2]〔地方〕聚会[3]，奉忽图剌为可汗[4]。蒙古人快活跳跃[5]，筵宴享乐。推戴了忽图剌为可汗之后，〔他们〕跳跃起来，把豁儿豁纳黑〔山翼〕一棵枝叶繁茂〔大〕树周围附近地方都蹈踏成了到肋骨的路沟，没膝盖的尘埃了。

注释

1 《秘史》在记载这个重要聚会时，只说到所有蒙古泰亦赤兀惕族人，而未提及其他氏族，足证泰亦赤兀惕在当时已经成为蒙古氏族联合体中强大的领导氏族。请参照注4。

2 豁儿豁纳黑—主不儿（Khorkhonagh-jübür），地名，《黄金史》作Khorkhogh-jübür。"主不儿"原旁译作"川"字，其实它是山翼的意思，而非河川。

3 聚会，原文作"忽剌周"（khuraju）。Khura就是元代宗亲大会（Khuraltai）和现代语汇中"国会"（khuraltan），这两个古今政治名词的语根。此处是"忽剌儿台"，也就是氏族长们及重要贵族的大会，同时也是《元史》卷一四六《耶律楚材传》所说的宗亲大会（第三页上）。

4 这是由"忽剌儿台"大会推戴可汗之记载，在《秘史》中第一次的出现。按《秘史》到此处为止，所记有可汗之号的氏族长，一共有三个人：（一）蒙古孛儿只吉惕氏的合不勒可汗，（二）孛儿只斤分支泰亦赤兀惕的俺巴孩可汗，（三）孛儿只斤的忽秃剌可汗。可见当时蒙古氏族联合的首长多半是出于孛儿只吉惕主族和它的分族泰亦赤兀惕两系的。

5 跳跃，原文《四部丛刊》本作"迭先"，旁译作"跳跃"。钱大昕本作"迭卜先"，是正确的。

第五十八节

　　忽图剌做了可汗之后，〔同〕合答安太子，两个人向塔塔儿人进军，与塔塔儿的阔端·巴剌合、札里·不花[1]两个人[2]厮杀了十三次，也未能报俺巴孩可汗的冤仇。

注释

1 札里·不花（Jali-bukha），人名。jali，狡猾之谓，bukha是犍牛或牡牛之称，是智勇兼备的象征。

2《黄金史》（第二十四页）称忽图剌可汗、合答安太子向塔塔儿的Külten-barkha Ba'atur、Tümüjin-üge、Khori-bukha、Jali-bukha等四人交战。以下文观之，《黄金史》的记载比较详尽。

第五十九节

在那里也速该·把阿秃儿掳获了塔塔儿部的帖木真·兀格、豁里·不花[1]等人回来，诃额仑夫人正怀着孕住在斡难河的迭里温—孛勒答黑[2]〔地方〕，就在那时候生了成吉思可汗[3]。出生的时候在他右手里握着髀石[4]般的一个血块。因为是擒来帖木真·兀格之时生的，就起名叫帖木真[5]。

注释

1 豁里·不花（Khori-bukha），人名。khori似即现代语中之ori，乃精神健壮之谓，bukha是犍牛。

2 迭里温—孛勒答黑（Deli'ün Boldagh），地名。Deli'ün或Deligün是乳牛的乳房，boldagh是"丘冈"。十九世纪蒙古名小说家诗人Injinashi〔Injannashi〕所写的著名历史小说《青史》（Köke Sudar）称之为Terigün Boldagh，当为Deli'ün之讹。卡尔马克（Kalmuck）蒙古史学家额林沁·喀喇·达班（Erinchen-Khara-daban）之名著《成吉思可汗传》称："迭里温—孛勒答黑系指丘陵地而言。故Banzarof-（也是卡尔马克蒙古族的知名学者）踏查之结果，其地在斡难河流域

Chindan 村以上，Yeke-aral 对面右岸。位置约为北纬五十度，东经一三二度之处。"（一九二九年，伯尔格来得出版，日译本第二十五页注二）

姚师前注：按成吉思可汗降生地点，今地位于何处？尚在学者追寻研究中。现在再列举所已知者，作为上文的补充。（一）《圣武亲征录》："还驻军跌里温盘陀山，时我太祖圣武皇帝始生。"（王国维校注本第一页下）（二）洪钧《元史译文证补》（卷一上第十页），作"回军驻于'迭温·布儿答克之地'，适谔伦·额格（母亲）生子……因名曰帖木真，志武功也。"洪氏于"之地"下作注说："《秘史》'迭里温孛勒答黑山'，《秘史》音是。西人译'黑'字音，每重读成'克'。"又说："俄罗斯人访查其地，在斡难河右岸。今地名犹如故，在曷克阿拉耳河洲（当即 Yeke Aral）之上十四华里。"（三）那珂通世《成吉思汗实录》（卷一第三七页）说："成吉思汗生地是迭里温孤山。"下面注文说："近有俄罗斯商人，居于捏儿臣思克者，名裕琳思奇，寻得此地，在斡难河右岸，也客阿剌洲之上十四华里。"（四）屠敬山先生《蒙兀儿史记》（卷一第十七页）采自上列《证补》与《实录》二书，与那珂氏文全同。（五）《多桑蒙古史》第一卷第二章（冯译本上册第四十页）说："一一五五年，也速该战胜塔塔儿，杀其长二人，其一曰帖木真·斡格（Temoutchin-oga）。及其还也，其一妻名月伦（云）·额格（母）……适在迭里温孛勒答黑山附近之地，生一子，名曰帖木真，志武功也。"注文又说："孛勒答黑，蒙古语犹言丘陵，故中国载籍作'跌里温盘陀'。此山在斡难河畔（见 Timckowski《行纪》第二册第三二六页）。"

3 成吉思可汗诞生年月日，《秘史》中并无记载可寻。《黄金史》（第二十五页）称："壬午年（一一六二）孟夏月十六，日月圆满之日（Ulaghan Tergel Edür）卯时，成吉思可汗诞生了。"《蒙古源流》（《笺证》本卷三第六页下）称可汗诞生之年为壬午年。《黄金史纲》（第六十八页）之记载亦为壬午年，并称也速该彼时正三十七岁，Rashipongsugh 书（第二十二页）称："佛诞后二千一百八十九年壬午年，孟夏月，日月圆满之日（tergel edür），在斡难河迭里温孛勒答黑〔诞生〕。"《青史》并蒙古民间之传说均为壬午年四月十六日，并以是日为成吉思可汗祭日之一。但可汗大祭日，则为阴历三月二十一日，相传这是可汗克服一大危机，转败为胜之纪念日。

姚师前注：关于成吉思可汗的生年与月、日，《秘史》此节虽言及生地，但也未明说究在何年。关于此一问题，现有两说。一为壬午年说（也就是六十六岁说），旧《元史》、《亲征录》、《蒙古源流》、《黄金史》、《多桑蒙古史》等主之。就中以近年（一九五七年）程发轫先生的《成吉思汗年岁考》，主张尤为明显。一为生于乙亥说（一曰七十二岁，即是生于猪年，死于猪年说），拉施特书、《元史译文证补》《蒙鞑备录》《蒙兀儿史记》等主之，以洪钧《太祖年寿考异》为代表。我是相信生于猪年说的。（理由另文述说，实在洪钧《太祖年寿考异》言之已详，无可置疑。）

4 原文为"失阿"（shi'a），旁译作"髀石"。这是指牛、羊及黄羊蹄与腿骨相接处之髀骨而言。蒙古人用它为玩具。这里所说的当指体积最小的黄羊髀骨而言。

5 帖木真（Temüjin），成吉思汗名。惟《黄金史》一书作 Tümüjin。其真意今已不得其解。《多桑蒙古史》称："铁木真一名，根据夏真特书后附《元史字汇》，在蒙古语中犹言精铁。此名曾与突厥语之铁木儿赤（Témourdji）相混。铁木儿赤，铁工也，由是人遂以为成吉思可汗曾作铁工。观希腊史家帕基迈儿（Pachymeres）、阿剌伯史家诺外利、传教师鲁不鲁乞、阿美尼亚王海屯等之所记，可以见已。此说现在蒙古人中似尚存在。"（冯译本上册第四十页小注）。

斯钦按：此说就蒙古人观点言之，乃纯属无稽之谈。

姚师前注：铁木真的命名，应依从布劳色（Blochet）与拉地米尔索夫（Vladimirtsov）两家的说法：可视为古代蒙古的一种习俗，旨在纪念武功，并无其他意义。

第六十节

也速该·把阿秃儿的诃额仑夫人生了帖木真、合撒儿、合赤温、帖木格这四个儿子，一个名叫帖木仑的女儿。帖木真九岁的时候，拙赤·合撒儿[1]七岁，合赤温·额勒赤[2]五岁，帖木格·斡惕赤斤正是一个三岁的小老虎[3]，帖木仑还在摇篮[4]之中[5]。

注释

1 拙赤·合撒儿（Jochi-Khasar），人名。《黄金史》亦作 Jochi-Khasar，Khasar 乃猛犬之意。

2 合赤温·额勒赤（Khachi'un-Elechi［Elchi］），人名。Elechi 是"使臣"之意。

3 原文作"忽难"，原旁译为"三岁"。按 ghunan 乃三岁小牛犊之意。在此这一个字，是表示对小帖木格·斡惕赤斤的一种怜爱。"斡惕赤斤"是幼子或末子之称，已见前注。

4 摇篮，原文作"斡列格台"（ölgeitei［ölögeyitei］）。这是一块二尺多长的木板，下面有两个弓形的木条，使它易于摇荡。两旁有孔，可以穿带。把婴儿缚在板上摇撼催眠，这种方法可以使幼儿腰腿，发育正常云。这种摇篮就是彭大雅在《黑鞑事略》中所记的"孩时束以板，络之马上，随母出入"的那种板子（《蒙古史料四种》本总第四九八页）。

5 关于诃额仑夫人所生诸子，蒙古史料《黄金史》与《蒙古源流》所记均与《秘史》同；惟《成吉思可汗传》所记，略有讹误，作 Temüchin、Khasar、Khachughu、Öchügü 四人。《黄金史纲》（第六十八页）称，也速该三十七岁时，诃额仑夫人生帖木真，三十九岁甲寅年生合撒儿。帖木仑则为也速该三十八岁时由别勒古台之母 Mangkala 所生之女。

蒙古在革命前，贵族十分之八九均属于孛儿只吉惕一族。其中成吉思可汗之裔最众，次为合撒儿系，再次则为其异母弟之别勒古台系，最少为合赤温之裔，仅内蒙古昭乌达盟翁牛特左右两旗之贵族属之。斡惕赤斤之裔在长年的内争战乱中消失绝迹。内蒙古卓索图盟喀喇沁等旗之贵族自称为成吉思可汗的四杰之一、功臣者勒篾之裔，以兀良哈为姓，并以"塔布囊"（tabunang，即驸马之谓）为其尊称，言其先世属于成吉思可汗女儿之裔。但《黄金史》（第六十八页）称：帖木仑之夫巴秃（Batu）塔布囊之裔，为喀喇沁（Kharachin）众塔布囊之祖。其间相异之处容后日考之。

第六十一节

在帖木真九岁的时候，也速该·把阿秃儿为了〔给他〕从他母舅家，找一个女儿〔定亲〕，就带了帖木真去他母亲诃额仑的娘家[1]，斡勒忽讷兀惕[2]人那里。走在扯克彻儿、赤忽儿古两〔山〕之间，遇见了翁吉剌惕族[3]的德·薛禅[4]。

注释

1 娘家，原文作"脱儿古惕"，原旁译只作一"家"字。törküd 乃 törküm（娘家）之复数形。在现代语中，此一复数形之 törküd 已不见使用。当时蒙古的族外婚姻制度是以氏族为对象，故以 törküd 一语代表其氏族的全体。

2 斡勒忽讷兀惕（Olkhunu'ud），氏族名。据拉地米尔索夫之研究，这一氏族曾附属在翁吉剌惕（Onggirad）族之内（见《蒙古社会制度史》日译本第一〇七页本文及小注一）。

3 翁吉剌惕（Onggirad），氏族名。《黄金史》（第二十九页末行）作 Khonggirad。《喀喇沁本蒙古源流》（日本罗马字音译本第二部第七页）作 Khonggirad。《成吉思可汗传》（第七页第五行）亦作 Khonggirad。柯立夫（F. W. Cleaves）教授于其研究元末诸碑文中之《论竹温台碑》（"The Sino-Mongolian Inscription of 1338"，《哈佛亚洲学报》十四卷，一九五一年六月）一文之注解中，曾提及该碑汉文作"雍吉剌"，蒙作 Qunggirad 云。翁吉剌惕族，《金史》称为"广吉剌"，当时已为金朝北边的一个强敌。请参照外山军治的《金朝史研究》第四七四至四七五页。《元史》作"弘吉剌"。

4 "德·薛禅"（Tei〔Dei〕-Sechen），人名。见《元史》卷一一八《特薛禅传》。Sechen，贤者之意，有时作尊称用。已详见第四十七节注3。

第六十二节

德·薛禅说："也速该亲家[1]上谁那里去？"也速该·把阿秃儿说："要到我这个儿子的母舅家，斡勒忽讷兀惕人那里，去求一个女儿来。"德·薛禅说："你这儿子是个眼中有火，脸上有光[2]的孩子啊！"

注释

1 原文作"忽答"（khuda），原旁译作"亲家"，即儿女亲家之称谓。据《秘史》第六十四节所记德·薛禅所说的话和《元史·特薛禅传》及后妃、公主表的记载都可证明，翁吉剌惕与乞牙惕（或孛儿只吉惕）两氏族之间，是由交换亲而结姻娅契约的。这就是德·薛禅径称khuda（亲家）的原因。

2 原总译作"眼明，面光有"。今按蒙语译为"眼中有火，脸上有光"。这句话至今仍是一句常用夸奖孩子们的谚语，意思就是"目光炯炯，热情洋溢"，活泼热情的孩子。蒙古人是不喜欢冷面孔的孩子的。

姚师前注说：《元史》卷一二四《孟速思传》："畏兀人，世居别失八里，古北庭都护之地。幼有奇质，年十五，尽通本国书。太祖闻之，召至阙下，一见大悦曰：此儿目中有火，他日可大用。……"可知"目中有火"是当日引人注意的特征之一。

第六十三节

"也速该亲家！我夜里做了一个梦，〔梦见〕白海青抓着太阳和月亮，飞来落在我的手臂上。〔我〕把这个梦讲给人说：'太阳和月亮〔只〕是能望得见的；如今这个海青却拿着来落在我的手臂上，白〔海青〕[1]降下来了。这是要叫〔我〕看见什么好〔预兆〕呢？'也速该亲家！我这个梦，原来是叫你带着你的儿子前来的预兆啊。梦做的好！〔这〕是什么梦呢？〔必〕是你们乞牙惕人的守护神[2]前来指教的。"

注释

1 原文作"察罕　保兀罢"，原旁译作"白　下了"。这一句话自文义上言之，chaghan 及 bo'uba 二字之间，似脱落 shingkhur（海青）一字。《黄金史》（第二十九页第六行）作 gar tur minü〔ghar-tur minu〕gegen chaghan bolghaba，译言之则为"使我手臂上有了白色的亮光"。若以此推之，这一个字也可能是 gerel（光亮）。但就本节所见文字，加补"海青"一辞。

2 守护神，原文作"速勒迭儿"（sülder），原旁译及总译均作"吉兆"。《蒙汉满三合》（第七册第八十八页上）有 süldetü 一字，其汉译为"有福祉"。按 sülde 一字，又为军中之大纛旗，它象征全军的守护神。拉地米尔索夫于其《成吉思可汗传》（日译本第六十八页）及《蒙古社会制度史》（日译本第三三〇页）均曾论及之。在内蒙古伊克昭盟的成吉思可汗陵寝，有可汗之大纛旗一座，其尖端为一钢矛，下缀黑犁牛尾，其名蒙语作 Ejen sülde。它有四个副纛旗，称为 Elchin sülde。它们象征着保卫蒙古民族的守护神灵和他的使者，每年均有祭典，奉祀不绝。革命前内蒙古各旗，亦均有神秘之地，奉祀成吉思可汗遗物，或祖先之遗物，谓之 sülde，象征成吉思可汗的神威，并为各旗的守护神。故译 sülder 一字为"守护神"。《成吉思可汗传》（第六页下第五行）及《喀喇沁本蒙古源流》（日译本原文第二部第七页）均于论及此一故事时，使用 sülde 一字，以代"速勒迭儿"。

第六十四节

"我们翁吉剌惕人自古就是：

外甥们相貌堂堂，

女儿们姿色娇丽。

"我们不与别人争国土，

但叫那脸儿艳美的女儿们，

坐在你们可汗人家的高轮车里，

驾上黑色的骆驼颠颠的跑着去，

一同坐在可敦们的坐位里。

"我们不与别人争百姓，

但叫容颜美丽的女儿们，

坐在〔你们可汗人家〕有沿的〔篷〕车里，

驾上青色的雄驼嫁送出去，

并肩的坐在高位相连的席次里。

"我们翁吉剌惕人〔自古〕就是，

夫人们都有围屏[1]，

女儿们都有侍者[2]；

外甥们相貌堂堂，

女儿们姿色娇丽[3]。"

注释

1　围屏，原文"哈勒合坛"（khalkhatan），原旁译作"围牌每"。白鸟库吉本之旁译作"围牌（有的）每"。按khalkha一字是屏障之意。小林高四郎曾查《至元译语》一书的《车器门》，得其解为"傍牌"，乃遮蔽贵家女子身体之物（见小林译《蒙古之秘史》第二十三页）。故译为"围屏"。

2　侍者，原文"斡赤勒田"（öchilten），原旁译为"奏事的"。白鸟库吉于其书中再加了一个"每"字。按öchi是"回答"或"口供"之意。Öchilten应是"传达之人"，故译为"侍者"。

3　德·薛禅的这一段话与前节中"亲家"的称谓，都是翁吉刺惕与乞牙惕两族之间有长期互换婚姻的证明。

第六十五节

"我们的男儿，要看他出身何处[1]；我们的女儿，要看她的姿色。也速该亲家！到我家去吧。我的女儿还小呢。亲家〔你〕看看吧！"说着德·薛禅就〔把他们〕领到他自己的家里住下了。

注释

1　原文作"嫩秃黑"（nontugh），现代语作notugh〔nutugh〕，原旁译作"营盘"。在现代语中，它是原籍或故里之意。清代官文书中译为"游牧"，即某部某旗游牧地之意。

第六十六节

　　〔也速该〕一看他的女儿，〔果真〕是个脸上有光，目中有火的女孩子，正合了自己的心愿。〔她〕比帖木真大一岁，有十岁了，名字叫做孛儿帖[1]。当夜住下，明天〔向德·薛禅〕求他的女儿，德·薛禅说："多求几遍，才许给啊，会被人尊敬；少求几遍，就许给啊，要被人轻看。〔但〕女儿家的命运，没有老在娘家门里的。把我女儿给〔你们〕吧。把你儿子当做女婿〔给我〕留下，回去吧。"这样约定，也速该·把阿秃儿说："把我儿子〔给你〕留下做女婿[2]。我儿子怕狗。亲家！可别叫狗吓着我的儿子呀。"说了就把自己的从马[3]，当作定礼给了，把帖木真〔给德·薛禅〕留下当做女婿，〔自己〕回去了[4]。

注释

1　孛儿帖（Börte），人名，有若干蒙文史料称为 Börtegeljin。《元史》卷一一四《后妃传一》有简传，称："太祖光献翼圣皇后，名旭真，弘吉剌氏，特薛禅之女也。"《元史》卷一一八《特薛禅传》则称"特薛禅女曰孛儿台，太祖光献翼圣皇后"，较《后妃传》中所记正确多矣。

2　这是全部《秘史》中，唯一记载婚前把儿子留在岳家之处，拉地米尔索夫拿这一个故事，来说明这是母权制的遗迹（见《蒙古社会制度史》日译本第一〇八页）。

3　从马，原文作 kötöl mori，就是在出征或旅行时预备轮替的马匹。徐霆在《黑鞑事略》里说："其……头目人骑一马，又有五六匹或三四匹马自随，常以准

备缓急，无者亦须一二匹。"(《蒙古史料四种》本总第五○二页)

马在蒙古游牧生活中，是居五种家畜——马、牛、驼、羊、山羊之首位，而受重视。在订婚时，马一定是定礼的一种。

4 按蒙文文法，此处不能分段。

第六十七节

途中也速该·把阿秃儿在扯克扯儿的失剌—客额儿[1]，遇见塔塔儿人正在筵会。〔因为〕渴了，就下马入席。那些塔塔儿人认出来〔他〕说："乞颜〔氏的〕也速该来啦！"就想起以前曾被房掠过的冤仇，暗算〔他〕，给〔他在食物中〕掺入了毒药。〔也速该〕在路间觉得不好过，走了三天，到家之后，就〔更〕坏了[2]。

注释

1 失剌—客额列（Shira-ke'er），地名。字义是黄野原。
2 此处依文法，不可分段或分句。

第六十八节

也速该·把阿秃儿说："我〔心〕里不好受！有谁在跟前？"〔有人〕说："晃豁坛氏[1]察剌合老人的儿子蒙力克在跟前。"就叫〔他〕前来，说："我的孩儿[2]蒙力克[3]呀！〔我的〕儿子们还小呢！我把我儿子帖木真当做女婿留给〔人家〕，回来的时候，路上被塔塔儿人暗算了！我里面不好过！你要关照你那年幼被遗留下的弟弟们，〔和〕你那寡居的嫂嫂！我的孩儿蒙力克！快去把我的儿子帖木真带回来！"说罢就去世了。

注释

1 晃豁坛（Khongkhotan），氏族名。《四部丛刊》本作"晃豁塔歹"（Khongkhotatai），就是晃豁坛氏族之人的意思。钱大昕本只作"塔歹"，显属错误。

2 孩儿，原文作"察合"（chagha），是"吃奶的孩子"之意。这是对于小孩表示亲爱的称呼。足证也速该曾把蒙力克当作自己子弟一般看待，而以孤儿寡妻托之。

3 姚师前注：蒙力克事迹，见《元史》卷一九三《忠义·伯八传》，及《秘史》第一六九、二〇四、二四四、二四六等节。

卷　二

第六十九节

蒙力克没有违背也速该·把阿秃儿的话，就去对德·薛禅说："也速该哥哥非常想帖木真，心都疼了。〔我〕来接帖木真〔回去〕。"德·薛禅说："如果亲家想念他的儿子啊，就叫〔他〕回去，看看〔再〕回来吧。"于是蒙力克老爹[1]就把帖木真带了回来。

注释

1 老爹，原文作"额赤格"（echige），原译"父"字。此字与abu同。《秘史》在这里称蒙力克为"额赤格"，是表示崇敬前辈的意思，等于汉语中的"父执"之意，也就是俗语中的"老爷子"。今日在蒙古社会中对于老者仍时常称之为abu，以示敬重。乌兹别克汗阿不尔·哎西（Abu'l Gazi Baghatur Khan）于其所著之《突厥族谱》（Geneology of the Turks）一书中，因此一称谓，讹称诃额仑曾再嫁于蒙力克。小林高四郎氏亦曾写《成吉思可汗生母再归说之否定》一文，发表于《善邻协会调查月报》第四八号，详论其事。《秘史》第六十八节说也速该称蒙力克为"孩儿"，本节中蒙力克称也速该为哥哥（akha），而一般则称他为"老爹"，都证明蒙力克与也速该的关系，是非常密切的。参照本卷第一〇三节注1。

第七十节

那年春天，俺巴孩可汗的可敦，斡儿伯与莎合台两个人，在祭

65

祖之地[1]，烧饭祭祀[2]，诃额仑夫人到晚了。因为没有等候她，诃额仑夫人就对斡儿伯、莎合台两个人说："因为也速该·把阿秃儿已经死了，我的孩子们还没有长大吗？你们为什么在分领祭祖的胙肉[3]和供酒[4]之时，故意不等我呢？你们眼看着，连吃也不〔给〕，起营也不叫了！"

注释

1 祭祖之地，原文作"也客薛　合札鲁"（yekes-e ghajar），原旁译作"大的每行　地里"。yekes 是大人们或祖先们之意。"合札鲁"之原旁译作"地里"，可能是"合札剌"（ghajar-a）之讹。查其原意，当为祭祖先之地。谢译达木丁苏隆本作"祭祀祖宗大地"，并于括弧内注为"祖宗的墓地"。直至本世纪上半期，蒙古各旗，对其祝为圣地之处，均建立"敖包"（oboo，地方神祇所居之处），而讳其名只称之为 yeke ghajar——大地；但王公们置骨之所，则称之为 ongghon。

2 烧饭，原文作"亦捏鲁"（inerü）。明叶子奇《草木子》卷三下《杂制篇》云："元朝人死，致祭，曰烧饭。其大祭，则烧马。"现代语对死者焚烧奠之祭品为 tüleshi。《秘史》第一六一、一七七两节"做烧饭"一语，蒙文则为 tüleshilen，与现代语合。《元史》卷七十七《祭祀志六》"国俗旧礼"条云："凡帝后……有不讳……葬后，每日用羊二次烧饭以为祭，至四十九日而后已。"惟烧马羊以奠死者之事，在十六世纪后半期，蒙古人再度皈依佛教之后，概行停止。据《蒙古源流》记载，这是奉三世达赖喇嘛的法谕而罢止的（见该书《笺证》本卷七第四页上）。

姚师于诠注卷五第一六一节时说："烧饭"是一种祭祀的节目，盖起自辽、金时代（十世纪）。南宋李焘《续资治通鉴长编》卷一百十所说："朔望节，忌辰日，辄置祭。筑台高逾丈，以盆焚食，谓之烧饭。"即是这一习俗简单的说明。徐梦莘《三朝北盟会编》卷三："（女真）死者埋之，而无棺椁。贵者生焚所宠奴婢、所乘鞍马以殉之；所有祭祀饮食之物尽焚之，谓之烧饭。"此也与上文所说义同。因此，王国维先生说：此俗亦不自辽金始。王沈《魏书》言乌桓葬俗，既有取死者所乘鞍马、衣服，皆烧而送之的事情。然烧饭之名，则始自辽金；而金人尤视烧饭为丧礼中送死的一件大事，则甚为显然。……契丹、女真既行此俗，蒙古亦当有之。此节说"将我们当做烧饭般撇了"，犹言视我如刍狗也。（节录王文大意）《亲征录》译此语说："彼辈无乃异志乎？"拉施特说："我今在火坑中，而王汗弃我。"屠敬山先生《蒙兀儿史记》卷二以蒙古旅行者用新灶，不用旧灶释之，皆不得其解，兹并不取。（详见王氏《观堂集林》卷十六《蒙古札记》"烧饭"条。）

3 胙肉，原文作"客石格彻"（keshig-eche），原旁译作"分子内"。按 eche 是表示"从"字的接尾语。"客石格"（keshig）一字，并不是"分子"，而是经过神祇、祖先祝福过或长辈所赐食品，也可作"恩赐品"或"福泽"解。据前辈亲告笔者，清廷宫廷中，凡皇帝赐蒙古王公之食品，也是一律称为"客食"。

4 供酒，原文作"撒儿忽"（sarghu［sarkhu］），原旁译作"胙"字。在现代语中，sarghu 或复数 sarghud，是指祭祀时盛酒之器皿而言的。《蒙汉满三合》（第六册第十四页上）有 sarghud-un shirege 一语，其仅译为"迎门酒器棹"。

第七十一节

对那句话，斡儿伯、莎合台两个可敦说："没有把你请来，给你的道理，你若逢着啊，你才可以吃！没有你一来到，就给你的规矩；若赏赐你啊，你才可以吃！因为俺巴孩可汗死了，甚至都这样被诃额仑给呵责了！"

第七十二节

〔又〕说：“你们想法子，把他们母子们撇在营盘里，〔起营〕迁走！不要带〔他们〕！”第二天，泰亦赤兀惕族的塔儿忽台·乞邻勒秃黑[1]，脱朵延·吉儿帖[2]等泰亦赤兀惕人，顺着斡难河移动。当〔他们〕把诃额仑夫人母子们撇下，迁走了的时候，晃豁坛氏的察剌合老人前去劝阻，脱朵延·吉儿帖说：“深水[3]已干，明石已碎！”说完迁移而去。还说：“你凭什么劝告！”就从背后，把察剌合老人的腋下[4]刺了一枪。

注释

1 塔儿忽台·乞邻勒秃黑（Targhutai-Kiriltugh），人名，可作胖子乞邻勒秃黑解。

2 脱朵延·吉儿帖（Tödögen-Girte），人名，即末子吉儿帖之意。

3 原文作“扯额勒　兀孙”（che'el usun或chegel usun），旁译作“深水”。此字小林高四郎氏曾查《华夷译语》，得其解为“潭”字（见小林译《蒙古秘史》第五十四页）。惟于《蒙汉满三合》（第十册第四十三页上）作“不涸浅水泉”解。《元史》卷一《太祖本纪》作：“深池已干矣，坚石已碎矣。”（第三页下）

4 原文作“卓忽都思”，原旁译作“脊肉顺”。在现代语中，一时不得其解。查《黄金史》始知其为sügü khudus二字（第三十三页第九行），乃腋下之意也。

第七十三节

察剌合老人受伤，回到家里病痛卧倒，帖木真前去看望，晃豁坛氏的察剌合老人说："你贤明的父亲所收聚的我们的百姓，全被〔人家〕带起迁走的时候，〔我〕去劝阻，竟被伤成这个样子！"于是帖木真就哭着出来〔回〕去了。诃额仑夫人被〔他们〕撇下迁走的时候，拿着纛旗¹，亲自上马前去，阻止住一部分百姓；但那些被阻止住的百姓，不能安顿，也随着泰亦赤兀惕人之后，迁徙走了。

注释

1 原文作"秃黑剌周"（toghlaju〔tughlaju〕）。togh是军旗或大纛旗之意，laju是把名词转成动词的语尾。今在成吉思可汗陵寝之大纛旗，即蒙古语称为Ejen sülde者（见第六十三节注2），是以青钢的枪头为顶，下系用黑犁牛尾制成的缨子，故原总译作"英枪"。英头或缨头至今仍是华北俗语的军旗，在当时这个纛旗象征全氏族的守护神（sülde），所以诃额仑夫人用它来感动背叛中的部下，唤起他们对本氏族的内向心。

第七十四节

泰亦赤兀惕兄弟们，把诃额仑夫人寡妇弱子，〔他们〕母子们，撇在营盘，迁移而去。

诃额仑夫人生来是贤能的妇人，

养育她幼小的儿子们，

端正的戴上固姑冠[1]，

沿着斡难河上下奔跑，

拣些杜梨山丁[2]日夜糊口。

母亲夫人生来是有胆识的[3]，

养育她有福分的儿子们，

拿着杉木[4]橛子[5]。

〔沿着斡难河上下奔跑〕，

剜红莴[6]野葱养[7]育〔子嗣〕。

母亲夫人用野蒜[8]野薤[9]养育的儿子们，

终于成了可汗；

能干的夫人母亲用山丹根[10]养育的儿子们，

终于成了有法度[11]的贤人。

注释

1 原文作"孛黑塔剌周"（boghtalaju），旁译作"固姑冠带着"。固姑冠是元代贵妇人所戴的帽子，其形长而高，可于故宫博物院所存元代帝后像中见之。此冠今已绝迹。"固姑"（kükül）一字，在现代语中，是头顶毛发，或马头上的鬃（见《蒙汉满三合》第十二册第七十四页下）。boghtalaju一语，在现代语汇中，是使女儿结婚给婿家，换上妇人的头饰之意。关于"固姑冠"，江上波夫教授曾为《论蒙古妇人帽顾姑》一文，见《人类学杂志》五十三卷第六号。

姚师前注说：关于元初固姑冠的形式、制法，赵珙《蒙鞑备录》第十六"妇女"条、彭大雅等《黑鞑事略》第十五"其冠"条、《长春真人西游记》、杨允孚《滦京杂咏》等，均有记述。大致形如鹅鸭，幔以绫罗，饰以珠花宝石，至元末则上下通插雉尾。图见清故宫所存元代帝后像。余别有《说元代妇女所戴的固姑冠》，故此处从略。札奇认为："固姑冠应作 kügul［kükul］，此冠今已不用。以上下文观之，boghtalaju 一字应是将头梳好，以便劳作。"（此处可参看小林高四郎《元朝秘史之研究》第十八到十九页）

2　原文"抹亦勒孙"，原旁译作"果名"。《黄金史》（第三十四页）此字作muyilasun。小林高四郎于其《蒙古秘史》（第五十页）及《元朝秘史之研究》（第三十七页），曾指出东西洋学者之种种译法。按斯钦故乡喀喇沁山中多此树，muyil、muyilagh、muyilasun 都是它的名字。汉语称其果为山丁子。《蒙汉满三合》（第十册第六页下）作 muyil，其汉译为"稠李子"。

3　原文"雪勒速台"（sülesütei），原旁译作"胆有的"，此字在现代语中为susütei。《黄金史》（第三十四页）作 süldertei，乃有福有威之意。

4　原文"赤戈儿孙"，原旁译作"桧木"，惟 chigersün 一字，现在已不使用。《黄金史》（第三十四页）作 chügüresün，查于《蒙汉满三合》（第十册第八十二页下）作"杉木"。阿拉坦瓦齐尔氏之蒙文本第二〇页第四行亦作 chügürsün。

5　原文作"失罗"（shiro），原旁译作"橛子"。《黄金史》作 shiroa，乃叉子之意。海尼士（E. Haenisch）于其《元朝秘史研究》（第二十五页），谓其蒙古友人 Ischi Dordschi 告之为烤肉用削尖的木棒，这也是对的。

6　原文"速敦"（südün），原旁译"草根名"。《蒙汉满三合》（第七册第八十三页下）有 südü 一字，其汉译为"红蒿"，并 südüli 一字，其汉译为"野蒜苗"。

7　原文"赤赤吉纳"，原旁译作"草根名"。小林氏于其前述书中论及此字时，曾查忽思慧所撰之《饮膳正要》卷一菜名之 chichigina 条，其汉译为"酸刺"。今chichigina 一字已转为如《黄金史》所记之（第三十四页第九行）kichigina，其意为野葱之一种。《蒙汉满三合》（第十二册第四十九页下）作"狗舌草"解。

8　原文"合里牙儿孙"（khariyarsun），原旁译作"山薤"，其今意为"野蒜"。

9　原文"忙吉儿孙"（manggirsun），原旁译作"薤"。此字在现代语中为"野薤"。

10　原文"札兀合速"（ja'ughasu），原旁译作"山丹根"。小林氏于其前述书（第三十七页）论及此字，谓：《饮膳正要》卷三解为"百合"；又谓：《群芳谱》

引《口北三厅志》卷五《风俗物产志·花之属》，作"一名红百合，供食用，味少苦"。

11 原文"札撒黑"（jasagh），原旁译作"法度"。此字在现代语中作"政治"或"政"字解。清代称蒙古各旗之封建首长为"札萨克"，即此字。也就是蒙古帝国时代的基本大法，即通称之"大札撒"或"大雅撒"。蒙古史学家额林沁·喀剌·达班于其《成吉思可汗传》中论之甚详，并集合一切有关史料列成条文（见日译本第二五一页至二六九页）。沃尔纳德斯基（George Vernadsky）博士于其《蒙古与俄罗斯》（*The Mongols and Russia*）中，分为总纲、国际法、政府军队及行政民刑法等章节，详论成吉思可汗之法典。请详斯钦汉译本卷一第七十八至八十九页（一九五四年，台北出版）。

第七十五节

美丽的夫人用〔野〕韭野葱养育的强悍[1]的儿子们，成了〔不知〕畏惧[2]的好汉，成了膂力过人的丈夫，成了斗志高扬的〔豪杰〕[3]。他们说："〔咱们〕要奉养母亲。"就坐在故乡斡难[4]河的岸上，整备了钓钩，去钓有疾残的鱼，用火烘弯了针，去钓细鳞白鱼[5]和鲹条鱼[6]，结成了拦河网[7]去捞小鱼和〔大〕鱼。这样来奉养了他们的母亲。

注释

1 原文"合兀鲁合"（kha'ulugha），无旁译。此字与卷一第三十六节之"哈兀鲁牙"（kha'uluya）属于同一语根。其意当为善掳掠的，故译为"强悍"。

2 原文"豁亦剌兀惕"（khoyiraghud），无旁译。此字乃"畏惧者"的复数形。《蒙汉满三合》（第四册第八十七页下）作khoyiraghu，其汉译为"畏缩、狷者"。以本句语气观之，在 khoyiraghud 一字之上，似脱落了否定词 bosu〔busu〕。

3 这一段话，是前第七十四节尚未说完的一部分。

4 此处称斡难河为"额客　斡难"（eke Onon）。"额客"，《四部丛刊》本、钱本、叶本均无旁注，白鸟本补加一"母"字。这是说明斡难河水的恩惠对他们的故乡有如慈母一般。因之蒙古语称祖国为 eke oron，故乡为 eke notugh〔nutugh〕同属一理。

5 原文作"析不格"（jebüge），原旁译"鱼名"。此字今作 jibege，乃"细鳞白鱼"之名（《蒙汉满三合》第十一册第二十七页上）。

6 原文"合答剌"（khatara），原旁译仅作"鱼名"，《蒙汉满三合》（第四册第二十七页下）作"鲦条鱼"解。

7 原文"赤鲁篾　古卜赤兀儿"，原旁译于此二字之旁作一"网"字。小林高四郎氏于其《蒙古秘史》（第五十五页）中，称查《华夷译语・鞑靼杂字・器用门》，其"大网"一字为 kübchigür 云。兹查《蒙汉满三合》（第十册第三十九页上）chelme〔chalma〕作"打兽的套网"，göbchüür 一字为"拦河网"（第四册第六十九页下），故译为"拦河鱼网"。

第七十六节

　　有一天，帖木真、合撒儿、别克帖儿、别勒古台四个人，一同坐着拉鱼钩的时候，一个很亮的小鱼入了〔钩〕。别克帖儿、别勒古台两个人从帖木真、合撒儿两个人夺去了。帖木真、合撒儿两个人回到家里对夫人母亲说："一个很亮的小鱼衔了钩，我们却给别克帖儿、别勒古台兄弟两个夺去了！"夫人母亲说："不要那样！你们兄弟之间，怎么可以那样？我们除影子以外没有别的伙伴；除尾巴以外没有别的[1]鞭子[2]。我们怎么能报复泰亦赤兀惕兄弟们所加给的苦痛呢？"〔又〕说："你们怎么像以前阿阑母亲[3]的五个儿子一样不和呢！不要那样！"

注释

1《四部丛刊》本原文作"不额"，原旁译作"别"，钱大昕本作"不速"（bosu）。后者正确，白鸟本未加改正。

2 姚师前注：这一蒙古俗语，喻义甚佳。《蒙古源流》卷三说："尔等譬如影之随形，尾之在身，不可离异者也。"正与《秘史》所说，互相发明。这一句格言，极受当时人的重视。故第七十七、七十八、一二五节等，曾再四言之。

3 原文作"阿阑　额客"（Alan eke），原总译作"阿阑娘娘"。这里的 eke 一字并非真呼阿阑·豁阿为母，乃是要对她表示亲爱和尊敬之意，一如称诃额仑为"夫人母亲"（üjin eke）。

第七十七节

帖木真、合撒儿两个人就不以为然的说："昨前已经那样抢去了，用髇头（无镞的箭）射中的雀儿¹。如今又那样抢夺。我们怎么能一同相处呢？"说着就把门〔帘子〕²摔出去了。别克帖儿正坐在一个小山上，看着九匹银合（银灰）色的骟马，帖木真隐藏着自后边，合撒儿隐藏着自前边，抽着箭来到的时候，别克帖儿看见了，就说："正受不了泰亦赤兀惕兄弟们的苦害，正在说谁能报仇的时候，你们怎么把我当做眼里的毛、口中的刺呢？在除了影子没有别的伙伴，除了尾巴没有别的鞭子的时候，你们为什么想要这样呢？〔我死就死！〕³不要毁灭我的火盘⁴，不要撇弃别勒古台！"说完就盘腿坐着等候〔他们射〕。帖木真、合撒儿两个人

〔一个〕从前，〔一个〕从后〔把他〕穿射而去。

注释

1 原文"必勒只兀儿"（bilji'ur〔bilji'ür〕），《四部丛刊》本及叶本无旁译，原总译作"雀儿"，钱本有旁译作"雀名"，白鸟本已根据总译补加旁译。

2 姚师前注：《蒙古源流》卷三作"伊等掀帘走出"。证以今日北平及蒙古习惯，门前或蒙古包的门前多挂帘子（毡的或布的），如此掀帘走出，似可信，加以"帘子"字。

3 见原总译，原文并无这一句话。

4 火盘，原文作"火炉木塔"（gholumta），旁译"火盘"。原总译中未提及此字。谢译达木丁苏隆本第四十九页作"请不要断绝灶火"。按 gholumta 一字虽有火架、火盆或火盘之意，但其含意则在表示家系的承传。蒙古人家有时虽有许多火盘、火盆之类，但只有一只视为传家圣洁之物，谓之 gholumta，祭火之时，亦以此一 gholumta 行之。故断绝 gholumta，就是断子绝孙之义，也是一种咒诅的话。拉地米尔索夫于其《蒙古社会制度史》（日译本第一二三页）中论末子继承之制度时，称："末子是家炉的守护者，故又称为'炉之王'——odchigin 或 odjigin 云"。此处所谓之"炉"，即 gholumta，同时也说明此一火盘之承传，代表家世的延续。

第七十八节

一进家门，夫人母亲就察觉了她两个儿子的脸色，说：

"祸害[1]！

从我热〔怀〕里突然冲出来的时候，

你就生来手里握着一个黑血块[2]！

75

你这像咬断自己胞衣[3]的凶狗一般的，

像奔向山崖冲撞的野兽[4]一样的，

像不能压制怒气的狮子，

像生吞活噬的巨蟒，

像搏击自己影子的海青，

像不出声而吞噬的狗鱼[5]，

像咬自己幼儿脚跟的雄驼[6]，

像窥伺[7]在暴风雪中的野狼，

像赶不走幼雏就吃掉它们的鸳鸯[8]，

像那一动就袒护自己窝穴的豺狼，

像毫不迟疑捉扑的老虎，

像胡冲乱撞的野兽[9]，

在除了影子没有别的伴当，

除了尾巴没有别的鞭子的时候，

在受不了泰亦赤兀惕兄弟们的痛苦，

正说谁能去报仇，怎么过活的时候，

你们怎自相这般作呢!?"

如此搜寻着古语，引证着老话，把儿子们痛加责叱了[10]。

注释

1 "八剌黑撒惕"（baraghsad），原旁译作"废尽了的"。《黄金史》（第三十七页第四行）作 khani-ban baraghsad，所以谢译达木丁苏隆本作"迫害自己的朋友，吃掉自己的伙伴"；但与《秘史》原文相距甚远。在现代一般的咒骂话语之中，ger köröngge-ben baraghsad 就是"败家的子弟"；姚师意译为"祸害"，甚佳。

2　血块，原文作"那敦"（nödün），现代语作nüji，字义是"淤血"（见《蒙汉满三合》第三册第八十七页下）。参照《秘史》卷一第五十九节。

3　胞衣，原文作"合儿必速"（kharbisu），是"兽胎之衣胞"（见《蒙汉满三合》第四册第四十七页下）。谢译达木丁苏隆本第五十页作"胸肋"，显属错误。

4　"合卜阑"（khablan），原旁译作"兽名"，原总译作"猛兽"，今不知其解。小林高四郎氏于其《蒙古秘史》（第五十六页）称N. Poppe于一九二七至一九二八年，在列宁格勒刊印之《科学院纪要》之蒙古语汇集中（第一〇三九至一〇六二页）有khablan一字，译为"虎"云。

5　"出剌合"（churagha），原旁译作"鱼名"，原总译作"大鱼"。《蒙汉满三合》（第十册第七十页下）作"狗鱼崽子"。

6　原文"不兀剌"（bu'ura），原旁译"风雄驼"，原总译作"风驼"；但"不兀剌"一字，是"雄驼"，并无"风"的意思。

7　原文"失合忽"（shikhakhu），原旁译作"靠着"。此字有"靠近"和"窥伺"两个意思，的译为"窥伺"。

8　鸳鸯，原文"昂吉儿"（anggir），《蒙汉满三合》（第一册第四十页上）作anggir nughusu，其汉译为"喇嘛鸭"。此鸟在现代通用语中称为lama shibaghu。其形与鸳鸯无异，惟远较内地一般鸳鸯为大。在蒙古习俗上，鸳鸯并无象征男女恩爱之意。

9　原文"巴鲁思"（barus），原旁译作"兽名"，原总译作"禽兽"。钱本作"巴鲁"，今不得其解。

10　姚师曾作《从阿阑娘娘折箭训子说到诃额仑太后的训诫成吉思汗》一文，见《大陆杂志》第二十二卷第一期（一九六一年一月，台北）。

第七十九节

就在那不久泰亦赤兀惕族的塔儿忽台·乞都勒秃黑带着[1]他的护卫[2]们说："雏儿脱毛了；羔儿长大了[3]！"前来〔掩袭〕。母子们弟兄们都〔很〕害怕，就在密林里做塞子；别勒古台折断树木扎成藩篱；合撒儿与他们厮射，把合赤温、帖木格、帖木仑三个〔孩子〕藏在崖缝中间。在相搏斗的时候，泰亦赤兀惕〔人〕喊叫说："叫你们的哥哥帖木真出来！其余的，你们都没有事！"因这样喊叫着，〔他们〕就叫帖木真上马逃避，走进树林里去，泰亦赤兀惕〔人〕看见了，前去追赶，〔帖木真〕钻进了帖儿古捏高山的密林里，泰亦赤兀惕〔人〕进不去，就在密林周围看守。

注释

1 原文《四部丛刊》本作"兀都里勒抽"，原旁译作"弓着"，显误。钱本则作"引着"。

2 护卫，原文作"土儿合兀惕"（turkhagh-ud），原旁译作"伴当"。此字见《秘史》第一九一及二二四节，成吉思可汗初设置其宿卫时，仅置turkhagh七十人，其后大加扩充。在这两段中，原译均作"散班"。此时乞邻勒秃黑之"土儿合兀惕"，似为尚未制度化的，其本人的亲兵护卫。《元史》卷九十八《兵志一》说："至元十五年（一二七八）……或取诸侯将校之子弟充军，曰质子军，又曰秃鲁华军。是皆多事之际，一时之制。"又同书《兵志一》"兵制"条云："世祖中统……四年（一二六三）二月，诏：统军司及管军万户、千户等，可遵太祖之制，令各官以子弟入朝，充秃鲁花。"请参照拙著《说旧〈元史〉中的"秃鲁花"（质子军）与〈元朝秘史〉中的"土儿合黑"》（见《华冈学报》第四期，一九六七年十二月）。

3 这是《秘史》中的难译的一句。原旁译作"恶的每　退翎　涎收不的　长进"，原总译作"如今莫不似飞禽的雏儿般毛羽长了，走兽的羔儿般大了"，使人极感迷惑。小林氏于其《蒙古之秘史》卷二之注解（第五十六页）中称："查《至元译语・飞禽门》：'豁鲁合惕'作'鸡'字解。"达木丁苏隆氏于以蒙文译后写《秘史》时，亦因这一句话大费周折。在他的叙言里曾提到《黄金史》上的记载和一位前辈蒙古学人诚图公的解说："此后泰亦赤兀惕部的乞邻勒秃黑议论说：'原先抛弃的帖木真母子们，现在像飞鸟雏儿似的羽毛丰满了，像走兽羔子似的牙爪长成了。'遂领着人而来。"又说，卡法罗夫（Kafarov）的俄译本也是这样。他自己的翻译是："住了些时，泰亦赤兀惕部人塔儿忽台·乞邻勒秃黑率领着他们的护卫说：'羊羔儿的毛褪了；羊羔儿的身体长大了。'前来袭击。"他说："shilügen一语，现在各地口语中还存在着，就是二岁的小羊。"（见谢译本第二三至二四页）

第八十节

　　帖木真在密林里住了三夜，想要出去，正牵着马走的时候，他的鞍子从马上脱落下来，回头一看板胸[1]照旧扣着，肚带〔也〕照旧束着，〔可是〕鞍子竟脱落了。〔他〕想："肚带板胸都扣着，〔鞍子〕怎能脱落呢？莫非是上天阻止〔我〕吗？"就回去。又过了三夜，再要出来的时候，在密林出口，有帐房[2]那么大的〔一块〕白岩石倒下来塞住了出口。〔他〕想："莫不是上天阻止〔我〕吗？"就又回去过了三夜。〔这样〕没有吃的东西住了九夜。〔他〕想："怎能无名的死去呢？出去吧！"因为那倒下来堵住了出口的，帐房那般大的，白岩石的周围不能通过，就用他削箭的刀子，砍断些树木，叫马一步一滑地走了出来。泰亦赤兀惕人正在把守，就〔把他〕捉住带走了。

注释

1　板胸，即"前肚带"，现代蒙古语与《秘史》时代之 kömüldürge 同。
2　帐房，原文"豁失里浑"（khoshiligh），原旁译作"帐房的"。此字与第一六九

79

节的"豁室"（khoshi）是同字。第一六九节的旁译是"房子"。杨允孚之《滦京杂咏》中作"火失"。另详卷五第一六九节注4。

第八十一节

塔儿忽台・乞邻勒秃黑把帖木真捉去，通令自己部族[1]的百姓，叫〔他〕徇行轮宿，在每个营子[2]里住宿一宵，那时正当孟夏（四）月十六的"红圆光日"[3]，泰亦赤兀惕人在斡难河岸上举行筵会，日落才散。在那筵会中，叫〔一个〕瘦弱的少年看管帖木真。等筵会的人们散去之后，〔帖木真〕就从那瘦弱的少年〔手中〕拉起枷来，打他的头颈，〔打倒了〕，跑进斡难河岸的树林里去躺下。恐怕被〔人〕看见，就〔跳进河里〕，仰卧在水溜之中，让枷顺水冲流，露着脸躺下了。

注释

1 部族，原文"兀鲁思"（ulus），旁译作"国"。按此字有"国"与"人们"的双重意义，此时之泰亦赤兀惕之情况推之，似译为"部族"较为妥善，参照卷一第五十三节注8。

2 营子，原文作"阿寅勒"（ayil），旁译"营"。"营"不是军营，乃是华北所说的村庄。"营子"这字也有村庄、人家和邻舍之意。这与译"嫩秃黑"（nontugh）为"营盘"，是同一的意思，并不是驻兵的营盘，而是居住之地。

3 "红圆光日"，原文"忽剌安　帖儿格勒　兀都儿"（khula'an tergel edür），原总译未提及。此处是按照原旁译译出的。按tergel是"圆"字，"满月"为tergel sara。每月十五或十六日为tergel edür，意思是满月在天。通常是红日未落，玉兔已升，日月并辉的时光。"孟夏月十六日"，在《秘史》中除本节之外，并于

80

第一九三节见之；但除此一日期之外，全部《秘史》再无一处记载一个特定的日子，足证这不是一个平凡的日子，可能它是当时祭祖或其他重要节日。（有的外蒙古学者认为是古代草原上的新年。）今虽称月圆之日为tergel edür，但不再冠以ula'an（红）一字，证明这一个节日已经失传，而称四月十六日是成吉思可汗的诞辰。关于可汗脱险的这一天，《蒙古源流》作"五月十五日"。日本刊罗马字音译《喀喇沁本蒙古源流》（第二部第十页）作"仲夏月十五日"，《成吉思可汗传》（第八页）也说是"孟夏月之十五日"，都与《秘史》差一天。近代蒙古地方则以此一日为成吉思可汗诞辰。

第八十二节

失了人的人大声喊叫："拿住的人逃了！"这么一叫，已经散的泰亦赤兀惕人〔又〕聚集起来。月光明朗好像白天，〔他们〕就在斡难〔河〕树林里挨排寻找。速勒都思氏的锁儿罕·失剌[1]正经过〔那里〕，看见〔帖木真〕在水溜里躺着，就说："正因为你这样有才智，目中有火，脸上有光，才被你泰亦赤兀惕兄弟们[2]那般嫉恨。你就那么躺着，我不告发！"说完就走过去了，当〔泰亦赤兀惕人〕说"再回去挨排寻找"的时候，锁儿罕·失剌说："就按着个人原来的路，看看所没有看过的地方，回去寻找吧！"大家说："好！"就按原来的路去寻找。锁儿罕·失剌又经过那里说："你的兄弟们咬牙切齿的来了！还那么躺下！要小心！"说罢就走过去了。

注释

1 速勒都孙　锁儿罕·失剌（Süldüs-ün Sorkhan-shira），人名。《黄金史》（第

四十页)、《成吉思可汗传》(第八页)、《喀喇沁本蒙古源流》(日本刊第二部第
十页)等蒙文史书中多称为Torkhan-shira。Süldüs，氏族名；Sorkhan-shira似
有毛稍略黄之意。在泰亦赤兀惕族中有速勒都思氏，证明当时泰亦赤兀惕族的
领袖已是一个氏族联合体的首长。

2 敌对的泰亦赤兀惕与成吉思可汗所属的乞牙惕，均出于孛儿只吉惕一族，这就
是本节和前几节一再称之为泰亦赤兀惕兄弟们的原因。

第八十三节

当〔他们〕说"再回去寻找"的时候，锁儿罕·失剌又
说："你们泰亦赤兀惕官人们[1]啊！白天把人逃掉了，如今黑夜，
我们怎能找得着呢？还是按原来的路迹，去看未曾看过的地方回
去搜索之后解散，咱们明天〔再〕聚集寻找吧。那个带枷的人
还能到哪儿去呢？"大家说："好啦！"就回去寻索。锁儿罕·失
剌又经过〔那里〕说："大家说：'搜寻这么久了，回去，明天
找吧！'等我们都散了之后，找你母亲和弟弟们去吧！如果遇见
人，你可不要说见过我，〔也〕别说曾被人看见过。"[2]说完就走过
去了。

注释

1 "可兀惕"(kö'üd〔köbe'üd〕、keüked)，原旁译作"大王"，钱大昕本作"人
名"，显误。原总译则未提及。按"可兀惕"一语是"儿子们"或"孩子们"
之意。《秘史》中称成吉思可汗之子嗣为"可兀惕"，乃亲王、宗王或王子之
意。此处之"可兀惕"，在《黄金史》(第四十一页第二行)作noyad，即"贵

族们"或"长官们"之意。按《黄金史》之意，译为"长官们"，似较妥当。

2 这也是《秘史》中难译的一句话，前译中这里曾参用田清波（A. Mostaert）神
　父的译文。姚师在他的前注中说："田清波神父曾列举郭增（A. Kozin）、海尼
　士（E. Haenisch）、伯希和（P. Pelliot）三人译文，加以研究，认为都不满意，
　最后提出了自己的改译。"（见《哈佛亚洲学报》第十三卷第三、四合期，第
　三〇八至三〇九页。）

第八十四节

　　等他们[1]散了之后，〔帖木真〕心里想："前些日子徇行各营
子轮流住宿的时候，住在锁儿罕·失剌的家里，他两个儿子沉白
〔和〕赤老温心疼〔我〕，夜里看着我，松了我的枷，叫我睡觉，
如今锁儿罕·失剌又看见我也不告发，就走过去了。现在也就只
有他们能救我！"就顺着斡难河，寻找锁儿罕·失剌的家去了。

注释

1 原文作"阿泥"，原旁译作"他每"。这一个代表第三身的代名词，在现代蒙古
　语中，其名格（nominative）形，已不见使用。

第八十五节

　　〔他〕家的记号，是把鲜马奶子灌到〔盛〕酸马奶子〔皮囊〕
里，从夜间一直拌搅到天明[1]，听着那个记号走，就听到了正在拌搅

〔马奶子〕的声音。〔来到〕他家，一进去，锁儿罕·失剌就说："我没说过找你母亲和弟弟们去吗？你干什么来了？"他两个儿子沉白和赤老温说："鸟儿被鹞子[2]赶到草丛里，草丛〔还〕要救它[3]。现在对来到我们这里的人，你怎能那样说呢？"就不以他父亲的话为然，卸了他的枷，〔丢〕在火中烧了。叫他坐在后面装羊毛的车[4]里，让他们名叫合答安[5]的妹妹[6]去照管，说："对所有的活人[7]，都别讲！"

注释

1 旧时蒙古人家制马湩，也就是西方人所说的kumis，是把鲜马奶加置于已经发酵的酸马奶的皮囊或木桶之中，用棍时时拌搅，使它均匀，但不一定在夜里拌搅。

2、3 姚师前注说：鹞子，原文作"土林台"（turimtai），旁译"龙多儿"。札奇说："此字在《蒙汉满三合》（第九册第十页）则作Torumtai，汉译为'垛儿'，下注'小鹰名'，应当即是鹰鹯之类的鹞子。"又，《元史》卷一二八《土土哈传》："（曾祖）亦纳思，世为钦察国主。太祖征篾里乞，其主火都奔钦察，亦纳思纳之。太祖遣使谕之曰：'汝奚匿吾负箭之麋？……'亦纳思答曰：'逃鹯之雀，丛薄犹能生之。吾顾不如草木耶？'太祖乃命将讨之。"则如丛草救鸟，实是当时蒙古流行的一句俗话，常被引用。明初总译"反不如丛草"云云，尤与《土土哈传》所言彼此符合。李文田《元朝秘史注》卷二说"是当时有此语"，自益可信。海尼士先生不得其解，他译"龙多儿"为"笼子"（Köfig），应是受了《蒙古源流》卷三"禽鸟来救且养之笼中"的暗示，自然错了。伯希和先生依Kawalewski（p. 18886）译"土林台"（龙多儿）作"鹞子"，颇合。莫士泰认为鹞子也不恰切，只写作"小猛禽"。依据他的引文所描写者，实与鹞子相同。但大家都没看到《元史》卷一二八的《土土哈传》，则颇为可惜。（参考李文田《元朝秘史注》卷二；莫士泰的论文，《哈佛亚洲学报》第十三卷第三、四期合刊，一九五〇年出版；海尼士先生的德文译本第十七页；伯希和先生的法译本第八十五节等。）

4 在蒙古游牧地区，时常迁移，所有的财产，如非时时使用，多半是储藏在环绕
　穹帐周围的车上。因此，羊毛也是载在车上存放。

5 合答安（Khada'an），人名，字义是"钉子"。她的故事见卷四第一六四节。
　《元史》卷一〇六《后妃表》，太祖第四斡尔朵的哈答（Khada'a）皇后似乎就
　是她。

6 妹妹，原文作"堆亦"（düi）。《黄金史》（第四十二页第八行）用现代语 ökin-
　degüü 代之。元统三年（一三三五）所立《张氏先茔碑》汉文第十八行"武宗
　皇帝妹"一语，在蒙文第二十六行作 Külüg Khaghan-udüi，这一个字在现代语
　中已经绝迹。

7 "对活人"，原文作"阿米秃　古兀捏"（amitu kü'ün-e），原旁译"性命有
　的　人处"。这种用法是加强语调。

第八十六节

　　第三天〔泰亦赤兀惕人〕大家说："有人〔把他〕藏起来了！
咱们自己互相搜查吧！"说着就互相搜查起来，在锁儿罕·失剌的
家里，连车子里，到床[1]底下都搜查了。又上后面装羊毛的车上，
把〔装〕在车门的羊毛〔向外〕拖，快要〔拖〕到〔他〕脚的时
候，锁儿罕·失剌说："在这么热的时候，在羊毛里怎么能受得
了！"于是搜查的人就下来走了。

注释

1 床，原文"亦薛里"（iseri），当即古代文献中所说的"胡床"，在现代语中作
　"几"或"椅"解。

第八十七节

搜查的人走后，锁儿罕·失剌说："〔你〕差一点弄得我像风吹灰散般的〔毁掉〕了！现在找你母亲和弟弟们去吧！"说着就叫〔他〕骑了〔一匹〕不生驹的白口甘草黄骒马¹，〔煮〕熟了〔一只〕吃两个母羊奶的〔肥〕羊羔，把大小两个皮桶〔也〕给装好了，没有给〔他〕马鞍和火镰；给了〔一张〕弓两只箭。这样备好，就叫〔他〕走了。

注释

1 骒马就是牝马，是华北的俗语。

第八十八节

帖木真就那么样走了，回到他自己曾经立过藩篱，设过营寨的地方，按着草上被踏的踪迹¹，逆着斡难河踏踪²寻找，〔那里〕有从西边来的〔一条〕小河，〔叫〕乞沐儿合，就向着那个方向踏踪寻找，终于在乞沐儿合小河的别迭儿山嘴，豁儿出恢³小孤山那里遇见了〔他的母亲与弟弟们〕。

注释

1 原"阿鲁儿孩"（alurkhai），旁译作"扫道"，即指草上被踏出踪迹而言。在现代语中作 mör。

2 踏踪，原文作"抹赤吉周"（möchigiju［möchigijü］）。《黄金史》（第四十三页）作möshigiju，在今日一般通用语中作mördejü。

3 豁儿出恢（Khorchükhui［Khorchukhui］），山名，《黄金史》（第四十三页第十行）作Khorchaghai。

第八十九节

〔他们〕在那里聚在一起，就往不儿罕山前面古连勒古〔山〕里，桑沽儿小河的合剌—只鲁格[1]〔山〕的阔阔海子[2]住下，那时候，曾捕杀土拨鼠〔和〕野鼠为食[3]。

注释

1 合剌—只鲁格（Khara-jirüke），山名。Khara是黑，jirüke是心。以jirüke作山名，极为普通，多为锥形的山名。

2 阔阔—纳浯儿（Köke Na'ur），湖名，原旁译及总译均作"青海子"。今日青海，也是由Köke Na'ur转译的。此处因其为专有名词，故作"阔阔海子"。

3 土拨鼠（tarbaghan）在内蒙古北部、外蒙古东部及新疆北部均盛产。北疆之塔城——塔尔巴哈台（Tarbaghtai），即因盛产土拨鼠为名。其皮"塔儿皮"为蒙古主要土产皮毛之一。原译作"野鼠"（küchügür），又称田鼠，《黄金史》作küchügüne。猎者多以烧红的石块放在土拨鼠之腔内烘烤食之，称为ghorkhogh［khorkhogh］，但无人以野鼠为食。此处之记载是强调当时帖木真一家生活的贫困。

第九十节

一天，八匹银合色骟马[1]正在家跟前的时候，强盗来了，等看见时，已经〔被〕劫走。步行去〔追〕，是来不及了。〔那时〕别勒古台骑着秃尾巴甘草黄马，捉土拨鼠去了。傍晚太阳压山以后，别勒古台在秃尾巴甘草黄马上驮着土拨鼠，〔把马〕都压得颤动，就牵着〔马〕步行回来了。一说银合骟马都被强盗劫去了，别勒古台就说："我去追！"合撒儿说："你不行，我去追吧！"帖木真说："你们〔都〕不行，我去追！"帖木真说着，就骑上〔那〕秃尾巴甘草黄马，按着草上踏过的踪迹，追踪〔那些〕银合色骟马〔去〕了。过了三宵，清早在路上的大马群里，遇见一个英俊的少年正在挤马的奶子，就〔向他〕打听几匹银合色的骟马。那少年说："今天清早，太阳出来以前，〔有〕八匹银合色骟马，从这里赶过去了。我指给你踪迹。"说了就把〔那〕秃尾巴甘草黄马放了。教帖木真骑上〔一匹〕黑脊梁的白马。他自己也骑上〔一匹〕淡黄色的快马，连家也不回，把他〔盛奶的〕皮桶子、皮斗子扎起来[2]，放在野地，说："朋友[3]！你来的很辛苦了！男子汉的艰苦原是一样啊！我给你作伴吧。我父亲人称纳忽·伯颜[4]。我是他独生子。我的名字叫孛斡儿出[5]。"说了就按迹去追踪那些银合色的骟马。又过了三夜，晚间太阳将要压山的时候。到了一圈子[6]百姓〔那里〕。看见八匹银合色马正在那大圈子的外边吃草。帖木真说："伙伴！你留在这里！我〔去〕把那些银合色的骟马赶出来。"

孛斡儿出说："说是来〔给你〕做伴，我怎么能留在这里呢？"说了就一同放马跑进去，把那些银合色骟马赶出来了。

注释

1 这八匹骟马曾见第七十七节，但计为九匹，似乎是包括本节所说的那匹秃尾巴甘草黄马。这就是当时帖木真一家主要的财产。骟马就是去势的牡马，是可以作为骑乘或战马之用的，蒙古语作 mori 或 aghta。

2 扎起，原文"不忽周"（boghuju），原旁译作"盖着"，原总译作"着草盖了"。此字在现代语是"扎起来"之意。以事实来看，把皮口袋扎起来是最合理的。皮口袋既不能盖，全句中也找不出一个"草"字。故译之为"扎起来"。

3 朋友，原文"那可儿"（nökör），音译作"伴当"。在现代语中，nökör 是朋友、伙伴、同志和配偶之意。拉地米尔索夫称之为"亲兵"，即当时战友之意。（见《蒙古社会制度史》日译本第二〇—二三页）。他以为"那可儿"或"亲兵"是对他的领主，有主从的隶属关系，或某种封建性的从属关系，自然是有相当的理由；但孛斡儿出称帖木真为"那可儿"一事和这节的故事，都是对前说的一个反证。

4 纳忽·伯颜（Nakhu-Bayan），人名。Bayan 是富翁或财主之意。从他有大马群一事来看，他的确也是个财主。

5 孛斡儿出（Bo'orchu），人名。《元史》作"博尔术"，卷一一九有传。

6 圈子，原文作"古里延"（küriyen），一个游牧单位，常以车辆环绕帐幕放置，形成一个圈子，作为栅寨之用。即在近代游牧地区，车辆较多之家仍是采用这种放置的方法。古代群居之际，则其首长帐幕居中，其他从属者之帐幕环列，形成一个圈子。北蒙古的库伦（乌兰巴托）在它的游牧时代，也是以哲布尊丹巴的佛帐居中，诸僧帐幕环绕而列，形成一个大圈形的游牧寺院，故称之为 küriye。"库伦"一名，就是由它音译而来的。

第九十一节

随后有人陆续追赶。有一个骑白马拿着套马竿子[1]的人独自赶上前来。孛斡儿出说："伙伴！把弓箭给我！我〔和他〕厮射！"帖木真说："为了我，恐怕使你受伤害，我来厮射！"说着就回头厮射，那个骑白马的人，拿着他的套马竿子，站住指点，〔他的〕伴当们就从后面赶上前来。〔那时〕已经日落黄昏。后边的那些人，因天色已暗，也就都站下了。

注释

1 套马竿是用细桦木竿制成的，长约一丈五尺，顶端系皮绳一条，竿子上端三分之一处，有一皮环环用以控制那条皮绳，捕马时，牧人骑在一匹训练有素的马上，追预定捉捕的马，于追及时用套竿套住那马的颈项；但拉紧时必须顺着拉紧，否则就是有韧性的细竿，横拉也会折断的。套马是牧人的技术。姿势优美，非长时牧马，是不会做得出色的。

第九十二节

那夜兼程而行，〔这样〕兼程走了三日三夜才到〔纳忽·伯颜的家里〕。帖木真说："伙伴！若不是你，我能找回这些马么？咱们分吧。〔你〕说要多少？"孛斡儿出说："我因为朋友，你来的〔很〕辛苦，我为要帮助好朋友，才给做伴。我〔还〕要外财么？我父亲是有名的纳忽·伯颜（财主）。纳忽·伯颜的独子就是我。我爸爸所置下的，我已经够了。我不要！〔不然〕我的帮助，还有什么益处呢？〔我〕不要！"

第九十三节

到了纳忽·伯颜的家里。纳忽·伯颜正因他儿子孛斡儿出走失了，涕泪满面，忽然看到他的儿子，就一面哭一面责备。他的儿子孛斡儿出说："怎么啦！好朋友辛辛苦苦的前来，我去〔给他做伴，现在回来了。"说完就骑着马去，把放在野地里扎起来的皮桶子和皮斗子拿回来。〔他们〕杀了一只吃两个母羊奶的肥羊羔，给帖木真做行粮，把驮在马上的皮桶、皮口袋也装满路上吃的东西。纳忽·伯颜说："你们两个年青人！要互相看顾，从此以后，休要离弃！"帖木真走了三夜三日，〔才〕回到在桑沽儿小河的家里。母亲诃额仑、合撒儿等弟弟们正在发愁，一看见〔他〕，就欢喜起来了。

第九十四节

从那里帖木真、别勒古台两个人，顺着客鲁涟河去寻找，从九岁见面以来，至今别离未见的，德·薛禅的〔女儿〕孛儿帖夫人[1]。〔当时〕德·薛禅〔的那部分〕翁吉剌惕氏族人正在扯克彻儿和赤忽儿忽两〔山〕之间。德·薛禅一看见帖木真，非常高兴，说："听说你那些泰亦赤兀惕弟兄们嫉恨你，〔我〕愁得都绝望了。好容易才见着你啊！"说了就把孛儿帖夫人许配了〔他〕。迎娶前来的时候，在路上，德·薛禅从客鲁涟河的兀剌黑啜勒附近就回去了。他的妻子，孛儿帖夫人的母亲，名叫搠坛。搠坛送她的女儿，一直到帖连勒古〔山〕里桑沽儿小河〔帖木真家里〕。

注释

1 这里夫人——"兀真"（üjin）一词，是后人加给孛儿帖的尊称，不然不会在出嫁之前就称为"夫人"的。《元史》卷一一四《后妃传》所称"旭真"之名，亦即"兀真"的讹转。

第九十五节

搠坛回去以后，〔帖木真〕叫别勒古台去叫孛斡儿出前来做伴。孛斡儿出在别勒古台来到之后，连对他父亲都没有说，就骑上〔一匹〕拱脊的甘草黄马，在马鞍上捆上〔一件〕青色毛衫，和别勒古台一同来了。他前来做伴的经过如此[1]。

注释

1 原总译结尾，有"再后不曾相离"一语，为原文所无。

第九十六节

从桑沽儿小河迁移到客鲁涟河源的不儿吉湾子[1]地方安营住下。〔孛儿帖夫人的〕母亲搠坛曾拿〔一件〕黑貂皮褂子来，作〔她女儿〕初见翁姑的礼物[2]。〔帖木真〕说："客列亦惕[3]〔部〕的王汗[4]在前曾和汗[5]父也速该，互相结为'安答'[6]。既然和父亲互称'安答'，那么就和父亲一样了。"知道王汗是在土兀剌[7]〔河〕的合剌屯[8]〔黑林〕那里，帖木真、合撒儿、别勒古台三个人就拿了那件〔黑貂皮〕褂子前去。到王汗那里，〔帖木真〕说："〔你〕在前与我父亲曾结为'安答'，就和父亲一样。〔我现在〕娶了妻，把〔我妻〕呈送翁姑的衣服[9]拿来给你。"说着就把貂皮褂给了。王汗非常喜欢，说："〔当作〕黑貂褂的酬答，把你那散失的百姓，〔我〕给你聚合起来！〔当作这〕貂褂的酬答，把你那背离的百姓，〔我〕给你统合起来！〔这件事我要切记〕在腰子的尖里，胸膈的腔里。"[10、11]

注释

1 湾子或河湾，原文"额儿吉"（ergi），原旁译作"岸"。今按一般通用语译为"湾子"。

2 "初见翁姑的礼物"，原文作"失惕坤勒"（shidgül），《黄金史》（第四十八页第六行）于此字之旁加注emüsgel（穿戴之物）。按蒙古习俗，新娘初至婚家，对其家族无论老幼尊卑，均赠给穿戴之物。明萧大亨在他的《北虏风俗》一书的"匹配"条说："……拜公、姑、伯、叔礼成，各送一衣。似亦为赞。"（文殿阁

本第二页）

3 客列亦惕（Kereyid）在成吉思可汗创业之前，是据蒙古中部的一个强大的部族。其裔仍存。今新疆地区之蒙古土尔扈特（Torghud）族及南俄伏尔加河口卡尔马克（Kalmuck）蒙古，其中以Kereyid为姓者颇不乏人，且其贵族多为王汗之裔。

4 王汗（Ong Khan），原作"王罕"，是客列亦惕部首长脱斡邻勒（To'oril）的尊号。"罕"就是"汗"字。"王"是汉语的"王"字，是金帝因其征塔塔儿族之功所赠者。其事见《秘史》第一三四节。

5 也速该生前并未称汗，这一个"汗"字似为后人所加给也速该的尊称。

6 安答（anda），原文作"安达"，以后各节多作"安答"，旁译作"契交"，是互换赠物，明誓结为弟兄者而言。《秘史》第一一六节详记帖木真与札木合二人幼时结为"安答"的经过。《秘史》第一〇八节有"安达合儿坛"（andaghartan）一字，其原旁译为"做誓有的每"，可知结为anda，是必须立誓的。王国维氏于其《观堂集林》卷十六《蒙古札记》中论"安答"之掌故甚详。

7 土兀剌（Tu'ula 或 Tula），河名，即今外蒙古的土拉河。

8 合剌屯（Khara Tün），字义是"黑林"；但以其为地名，故仍其音"合剌屯"。

9 原文"额木思格克"（emüsgeg），原旁译作"上见"，就是呈赠翁姑及婿家诸人的衣服。请详本节注2。

10 这句话的意译就是"铭记在心"。

11 钱大昕十五卷本，此节为卷二之尾。

第九十七节

从那里回到不儿吉河湾子的时候，兀良合歹氏的札儿赤兀歹老人，背着风箱[1]，领着他名叫者勒篾[2]的儿子，从不峏罕山前来。

札儿赤兀歹说："当初在斡难〔河〕迭里温孛勒答〔山〕，生〔你〕帖木真的时候，我给过一个裹小孩儿的貂皮襁褓。我也曾想把我这个儿子者勒篾给〔你〕，因为还小，就带回去了。现在教者勒篾给你备马鞍开屋门吧！"说着就把他给〔留下〕了[3]。

注释

1　风箱，原文"窟兀儿格"（kü'ürge〔kö'erge〕），原旁译作"扇炉的风匣"。这就是铁匠锻铁时用的风箱，因此可以证明札儿赤兀歹（Jarchü'udai〔Jarchi'udai〕）老人是一个铁匠。华北用的一般是用木制的箱匣，在蒙古游牧社会中有用皮囊制成的。

2　者勒篾（Jelme）是成吉思可汗创业功臣"四杰"之一。《元史》无传，《新元史》有传，亦嫌过简。他的后裔是现代内蒙古喀喇沁部的首长们。因以Uriyangkha为姓，所以在清以前此部是以兀良哈为名的。

3　拉地米尔索夫曾以这一段故事，说明亲兵（nökör）与其领主间的关系的建立（见《蒙古社会制度史》日译本第二〇四页）。

第九十八节

在客鲁涟河源不儿吉河湾居住的期间，有一天清晨，曙光微现，快天亮的时候，在诃额仑母亲房内使唤的老妈妈豁阿黑臣[1]起来说："母亲赶快起来！听见地都震动的声音啦[2]！莫不是不断〔扰乱咱们〕的泰亦赤兀惕人〔又〕来了？母亲快起来吧！"

注释

1　豁阿黑臣（Gho'aghchin），人名，《黄金史》（第四十九页）作Ghonoghchin。

2 在寂静的大草原上，以耳伏地静听，可以察觉二三十里以外众马奔驰或大型汽车震动的声音。这里所记的是实况，并非神话。

第九十九节

诃额仑母亲说："赶快把儿子们叫醒！"说完，母亲诃额仑也急急忙忙的起来了。帖木真等几个儿子也赶快起来，去抓自己的马[1]。帖木真骑了一匹马。母亲诃额仑骑了一匹马。合撒儿骑了一匹马。合赤温骑了一匹马。帖木格·斡惕赤斤骑了一匹马。别勒古台骑了一匹马。孛斡儿出骑了一匹马。者勒篾骑了一匹马。把帖木仑抱在母亲诃额仑自己的怀里，又整备一匹马，作为从马。孛儿帖夫人缺了马。

注释

1 "抓马"，意指在用马的时候，把个人的马抓来使用。在蒙古游牧地区，极少有把马拴在槽上喂草过夜的。一般把不用的马，总是放在离家三四十里以外的马群里去放牧。所用的马，夜间加上脚绊（chüder〔chidür〕），使它可以自由地在离家不远的地方吃草行动。有时它们也会走到二三里以外的地方去，所以骑马的时候，必须要把马抓回来。这就是此处所说"抓马"的意思。

第一〇〇节

帖木真兄弟们骑上马很快的向着不儿罕〔山〕上去了。老妈妈豁阿黑臣想要把孛儿帖夫人藏起来，就叫〔她〕坐在一辆有篷子的黑车里，套上〔一匹〕花脊梁的牛，逆着统格黎克[1]小河走去。在天将要亮，还昏暗不明的时候，迎面有〔些〕军人，放马小跑，迂回前来，问："你是什么人？"老妈妈豁阿黑臣说："我是帖木真〔家里〕的人，是到主人家里剪羊毛来的。〔现在〕要回我自己的家去。"那边〔的人〕说："帖木真在家吗？〔他〕家有多远？"老妈妈豁阿黑臣说："〔他〕家倒是不远，可是不知道帖木真在家不在家。我是从后边[2]起来就〔出〕来的。"

注释

1 统格黎克（Tünggelig）小河，原文作"腾格里"，参照以后各节，似为"统格黎克"小河之误。《黄金史》（第五十页第九行）于述说此一故事时，作 Tünggelig-ghorkhan，即统格黎克小河，并于河名之旁加注"chüngkür（洼地）"一语，以示其所在。谢译达木丁苏隆本已改正为统格黎克小河。

2 按蒙古习俗穹帐的安排，卑下之人的帐幕是设于左下方（东北角上）。他们的出入，也不经过主人穹帐之前，而是从后面绕过的。

第一〇一节

于是那些军人就放马小跑着走了。老妈妈豁阿黑臣打着她那花脊梁的牛，正要赶快走的时候，车轴断了。车轴已经折断，就一齐说："跑进树林子里去吧！"这时候，那些军人〔捉住〕别勒古台的母亲[1]，叫〔她〕叠骑在马上，垂着她的两条腿，跑过来说："这车里载的什么？"老妈妈豁阿黑臣说："载的羊毛。"那些军队中较年长的说："弟弟们、孩子们²下马看看。"兵丁们、他的弟兄们、孩子们就下了马，把那有门的车子的门摘下来，〔一看〕，里面坐着〔一个〕贵妇人，就把他从车子里拖了下来。叫豁阿黑臣〔他们〕两个人叠骑在一匹马上，按着在草上踏过的踪迹，向不儿罕山上，追踪帖木真去了。

注释

1《秘史》虽在这里和第一一二节，都提到别勒古台的母亲，但都没有说出她的名字。《黄金史》（第二十八页第九行）称她为 Süchigel eke。《喀喇沁本蒙古源流》（日本罗马字版第二部第六页末行）作 Taghashi Khatun。Rashipongsugh 书（第一卷第二十五页第十行）作 Megele Khatun。《黄金史纲》（第六十七页第七行）作 Mankala。诸书均不一致。

2 此处称军中地位较高者为"扯里兀敦　阿合—纳儿"（cherig-üd-ün akha-nar），即"军中的兄长们"；称一般士兵则为"迭兀—捏儿　可兀惕"（de'ü-ner kö'üd），就是"弟弟们孩子们"。可见在这氏族时期，军队是一族的子弟兵，一族中的青年充当士兵，而由其年长者统率之。可能这一个制度，在成吉思可汗制定兵制之时，才渐渐有所改变。

第一〇二节

随帖木真的后面，〔他们〕把不儿罕山环绕了三次，都未能搜得。想各种方法要钻进去；可是陷泥难〔越〕，森林繁密，连吃饱的蛇都难穿得过去，就是跟随在他后面也未能寻获。他们是三〔族〕篾儿乞惕人；兀都亦惕—篾儿乞惕的脱黑脱阿，兀洼思—

篾儿乞惕的答亦儿兀孙，〔和〕合阿惕—篾儿乞惕的合阿台·答儿麻剌。这三〔族〕篾儿乞惕人是为事先前把诃额仑母亲从〔也客〕·赤列都抢过来的缘故[1]，如今前来报那个冤仇。那些篾儿乞惕人说："为报〔抢夺〕诃额仑的仇，如今捉住了他们的妇人，我们已经报仇了！"说着就从不儿罕山下来，回他们的家里去了。

注释

1 这段故事见《秘史》第五十四、五十五、五十六节。

第一〇三节

帖木真为了要〔探知〕那三〔族〕篾儿乞惕人确实回了他们的家，或是仍在埋伏，就派别勒古台、孛斡儿出和者勒篾三个人，在篾儿乞惕人的后面，追随了三夜。等篾儿乞惕人远离之后，帖木真〔才〕从不儿罕山下来，捶着胸说：

"使豁阿黑臣〔老〕母[1]，

像鼬鼠般能听的缘故，

像银鼠般能看的缘故，

才使我身体能够躲避！

骑着缰绳绊蹄的马，

踏着牡鹿走的小径，

拿着〔丛茂的〕柳条[2]做遮蔽[3]，

爬上了不儿罕山来，

不儿罕山祐护了我这微如虱蚤的性命！

爱惜我唯一的一条命，

骑着我仅有的一匹马，

循着驯鹿⁴走的小径，

拿着劈开的树枝当掩护，

爬上了不儿罕山来，

不儿罕山荫庇了我这小如蝼蚁的性命！

我好受惊吓呀！

对不儿罕山，

每天清晨要祭祀，

每日白昼要祝祷！

我子子孙孙，

切切铭记！”

说了就面向太阳，把腰带挂在颈上，把帽子托在手里⁵捶着胸，〔对着〕太阳洒奠⁶祝祷，跪拜了九次⁷。

注释

1 豁阿黑臣老母，原文作“豁阿黑臣　额客”（Gho'aghchin eke）。“额客”，原旁译作“母”字解。此处帖木真之称呼豁阿黑臣为老母，恰与第六十九节称蒙力克为老爹，是同一的情形，是表示尊敬和感谢之意，并非说她真做过他的母亲。这种称呼老翁老妪的方法，在现在也是很普通的，参照本卷第六十九节注1。

2 柳条，原文“不儿合孙”（burghasun），原旁译为“榆条”，恐“榆”字乃“柳”字之讹。这是指一丛一丛的柳条而言，这就是灌木或灌柳。

3 原文“格儿　格儿连”（ger gerlen），原旁译作“房　做着”，也就是“做成房屋"之谓。这是为音韵的美丽，用以说明来作掩避的意思。故译为"做遮蔽""当掩护"。

4 罕答孩（khadaghai［khandaghai］），原旁译仅作"兽名"，《蒙汉满三合》（第四册第五十页上）作"四不像子"，实即驯鹿的一种。在蒙古还有少数人饲为家畜的。

5 按蒙古习俗，腰带是权威的象征，在男子服装上不可缺的。因此在封建时代称男子为 büsütei［büsetei］，即"系腰带的人"；称已婚女子为 büsü［büse］ügei，即"无腰带的人"，并指其在衣外不再加系腰带，表示顺从她丈夫的权威。男子非因犯罪或因直系尊亲属的死亡，不去掉腰带。帖木真的这种行动，可以说是表示极端的谦恭和对不儿罕山的尊敬。但祭祀时去掉腰带的礼节，今已不存。革命前蒙古人在正式礼节中，一定要戴上帽子，谒见君王长上时亦然；惟于拜佛时，则把帽子摘掉，想必为古代祭天时礼节的流传。

6 洒奠，原文"撒出里"（sachuli），原总译作"将马奶子洒奠了"，想系推测之词。可能当时洒奠必用马湩；但为慎重计，仍按原文译做"洒奠"，而不说曾用什么洒奠。《元史》卷七十七《祭祀志》"国俗旧礼"条称"太仆卿以朱漆盂奉马乳酹奠"，可作参考。在近代的"洒奠"，马湩、牛乳或酒类均可使用。

7 按蒙古习俗数字中九是最大的，也是吉祥、富足的象征。因此，九次跪拜是最崇敬之礼，九种的赏赐也是最高的奖赏。《秘史》说被封为"答儿罕"（darkhan），九次犯罪不罚，也表示最大的恩宠。清代外蒙古保持汗号的贵族向清帝进"九白之贡"（即九种白色的贡品，如白马、白驼等九类），也是表示由最尊贵的人献给最尊贵之人的贡礼。

卷　三

第一〇四节

那样说了，帖木真、合撒儿、别勒古台三个人，就在客列亦惕部脱斡邻勒王汗正在土兀剌河合剌屯〔黑林〕的时候，去到〔他〕那里说："三族篾儿乞惕人突然来，把我的妻儿[1]掳去了！我们是求汗父搭救我妻儿来的。"回答那话，王汗脱斡邻勒说："去年我没有对你说过吗？〔你〕把〔那件〕貂裘给我拿来的时候，说：'父亲〔在〕的时候做"安答"，就和父亲一样。'给〔我〕穿上的时候，我说：'〔当作〕黑貂裘的酬答，把你那散失的百姓，〔我〕给你聚集起来！〔当作〕这件貂裘的酬答，把你那背离的百姓，〔我〕给你统合起来！'我不曾说过：'要切记在腰子的尖里，胸膈的腔里'吗？如今要实践我〔说〕的那句话了。当作那件貂皮裘子的酬答，我要毁灭全部篾儿乞惕人，营救你的孛儿帖夫人！当作黑貂裘的酬答，我们击破所有篾儿乞惕人，夺回你的孛儿帖夫人！你派〔人〕去通知札木合弟。札木合弟正在豁儿豁纳黑山翼[2]。我从这里派〔兵〕两万[3]，做右翼。〔教〕札木合弟将两万〔兵〕做左翼。咱们会师〔的时间地点〕由札木合作主吧。"

注释

1 此处的"儿"字——"可兀"，恐系为加强语调而写的，否则帖木真此时尚无子嗣，当然提不到儿子被掳的事。

2 豁儿豁纳黑—主不儿（Khorkhonagh-Jübür），地名。Jübür、jigür或jibür是

"翼"或"山翼"。《黄金史》（第五十四页第七行）作Khorkhon-Jigür。

3 万，原文"土篾惕"，旁译作"万每"。Tümed即万的复数形，其单数为tümen。这里所说的"万"（tümen），恐怕是当时军事单位的一个名称。就实际的情形而言，在这一次的战役，王汗与札木合似乎都没有每一人发动两万人的可能。

第一○五节

帖木真、合撒儿、别勒古台三个人，从脱斡邻勒汗处，回到家里之后，帖木真就派遣合撒儿、别勒古台两个人到札木合那里去，对〔他〕说：

"三族篾儿乞惕人来，

把我的床铺给弄空了[1]！

我们不是每人有个箭扣儿吗[2]？

怎样报我们的仇呢？

〔他们〕把我的胸脯给弄断了！

我们不是〔心〕肝〔一样〕的亲族吗[3]？

怎样报我们的仇呢？"

这就是派人去告诉札木合"安答"。又教〔他们〕把客列亦惕脱斡邻勒汗所说的话，告诉札木合，说："〔脱斡邻勒汗〕想念昔日曾受我汗父也速该的恩惠[4]，要给〔我〕做伴。〔他说〕'我发两万〔兵〕做右翼。去告诉札木合弟，叫札木合弟〔也〕发两万〔兵〕。相会的时间地点，由札木合弟作主！'"

〔他们〕把这些话都〔说〕完之后，札木合说：

"听说帖木真'安答'的床铺被弄空了，

我的心都疼了！

知道他的胸脯被弄断了，

我的肝都疼了！

报我们的仇啊！

歼灭兀都亦惕—兀洼思—篾儿乞惕，

营救我们的孛儿帖夫人！

报我们的仇啊！

击破全部合阿惕—篾儿乞惕，

救回我们的孛儿帖夫人！

如今那〔听见〕拍鞍韂的响声，

就以为战鼓而惊慌的脱黑脱阿，

正在不兀剌—客额儿[5]。

〔那看见〕有盖的箭筒摇闪，

就争相逃遁的歹亦儿·兀孙，

正在斡儿洹[6]、薛凉格[7]两〔河〕之间的塔勒浑—阿剌勒[8]。

〔那看见〕被风吹起的蓬蒿，

就急于躲进黑林的合阿台·答儿马剌，

正在合剌只—客额儿。

　　现在我们要一直横断勤勒豁—沐涟〔河〕[9]，〔那里〕不是有猪
鬃草[10]吗？[11]捆成筏子渡过去。我们从那受惊慌的脱黑脱阿〔穹帐〕
的天窗上降下〔一般〕的：

撞毁他紧要的帐房骨架[12]，

把他的妇人儿〔女〕掳掠尽绝！

撞折他供奉福神的门框[13]，

把他的全体百姓掳掠一空！”

注释

1 位子或床铺，原文作“斡罗”（oro）。“把我的床铺给弄空了”，所以原总译译为“我的妻子被……掳要了”。

2 这是说明结为“安答”之时，所交换之盟物，用以提醒“安答”互助之义。（编辑按：姚大力先生指出，札奇斯钦先生此处似有误译。其他诸家译注，多将此句话译为：“我们［所属］氏族不是同一的吗？”蒙文 önör 译言“人数众多的大家族”，而没有“箭扣儿”之义。）

3 事见《秘史》第四节。

4 事见《秘史》第一七七节，并参照卷二第九十六节注6。

5 不兀剌—客额儿（Bu'ura-Ke'er），地名。“不兀剌”是雄驼，“客额儿”是旷野之意。

6 斡儿洹（Orkhon）河，即今外蒙古鄂尔浑河。其流域向为游牧帝国宫帐所在之地。

7 薛凉格（Selengge）河，即今外蒙古色楞鄂河。此河与鄂尔浑河均为叶尼塞河的主要上流。

8 塔勒浑—阿剌勒（Talkhun-aral），地名。“塔勒浑”是“广阔”之意；“阿剌勒”是河岸、岛屿平川或洲。

9 勤勒豁—沐涟（Kilkho Müren），河名，“沐涟”可译为“江”字。

10 猪鬃草，原文“撒合勒—巴颜”（Sakhal-bayan），原旁译作“猪鬃草”。《蒙汉满三合》（第六册第三页下）有 Sakhal ebüsün 一词，即此字。其汉译为“沙草”“帘草”“乌拉草”，乃一种轻柔而坚韧之草。东北地方冬季多用以制鞋取暖，以防冻疮，俗称：“关东三宗宝：貂皮、人参、乌拉草”。惟以此草做筏渡河之事，虽见《秘史》，今蒙古各地均无以此草做筏渡河之事。

11 这句话的翻译是参照《黄金史》第五十六页第四行所记 sakhal-bayan ese atughai 一语译出的。

12、13 此处一处作“额儿勤 额额迭”（erkin e'ede），其旁译作“紧要的帐房骨子";一处作"忽秃黑额额迭"（khutughu-e'ede），其旁译作"福神的门框"；原总译均未提及。按蒙古未奉佛教之前，以及后日仍有萨满遗迹之处，多敬畏鬼神之事。其中尤对 Doghshin Khara 或 Kara Tenggeri〔Khara Tngri〕为最。有时以油脂膏抹蒙古包伞骨形屋顶的几根椽条，而把他们供奉在那里，这可能就是此处所说的"要紧的帐房骨子"。有时则用油脂膏抹门上与伞骨形屋顶相连接之处（即《秘史》第二十一节所说的门额），可能就是这里所说的"福神的门框"。这种神祇蒙古语称为 Jola Jiyagha〔Jol Jayagha〕。信奉佛教之后，西藏的房屋之神（Khyim-lha），代替了他的地位，而受脂油的膏抹。

第一○六节

札木合又说："对帖木真'安答'〔和〕脱斡邻汗哥哥两个人说：

'我祭了远处能见的大纛旗，

我打了用黑牡牛皮制做有咚咚之声的战鼓，

我骑了黑色的快马，

我穿上坚硬的铠甲[1]，

我拿起钢做的长枪，扣好了用山桃皮裹的〔利〕箭[2]，

我上马前去与合阿惕—篾儿乞惕厮杀！'"

又说：

"我祭了远处能见的高军旗，

我打了用犍牛皮制做有沉重之声的〔战〕鼓，

我骑了黑脊的快马，

我穿上用皮绳系成的铠甲，

我拿起有柄的环刀，扣好了带箭扣儿的〔利〕箭，

我要和兀都亦惕—篾儿乞惕拼个死活！"

又教〔他们〕去说："脱斡邻汗哥哥出发的时候，要从不峏罕山前经过帖木真'安答'〔那里〕，我们在斡难河源的孛脱罕—孛斡儿只相会。〔我〕从这里出发时，逆着斡难河走，'安答'的百姓正在那里。从他的百姓里起〔兵〕一万，我从这里起〔兵〕一万，一〔共〕编成两万，溯着斡难河前进，在孛脱罕—孛斡儿只地面里会师吧！"[3]

注释

1 原文作"衣裳"。

2 原文"合惕忽剌速秃"（khatghurasutu），旁译作"有挑皮的"。"挑皮"乃"桃皮"之讹。各家译者多有困难。兹查《蒙汉满三合》（第四册第五十五页下）有 khatghura 一字，其汉译为"箭上裹的山桃皮"，始得此字的正确解释。

3 本节原总译中有："札木合再说……帖木真安答的百姓，在我这里有。"但蒙文原文并无"在我这里有"一语。这一个笔误，造成了不少研究这一段历史的错误。

第一○七节

合撒儿、别勒古台两个人回来，把札木合的这些话说给帖木真，〔也〕传达给脱斡邻勒汗。脱斡邻勒汗在札木合的这些话传来之后，就将〔兵〕两万出发。脱斡邻勒汗出发的时候，向着不峏罕山前客鲁涟河不儿吉湾前进。〔那时〕帖木真正在不儿吉湾。因为正在〔大军经过的〕路上，就躲开，逆着统格黎克河[1]迁移到塔纳小河[2]附近，不峏罕山的山怀住下。帖木真从那里举兵前来，当脱斡邻勒汗〔的〕一万〔兵〕，脱斡邻勒汗之弟札合·敢不[3]〔的〕一万〔兵〕，〔这〕两万〔兵〕在乞沐儿合小河的阿因勒—合剌合纳扎营的时候，〔和他们〕一同会师驻下。

注释

1 由本节所提到统格黎克河的方位，似可说明第一〇〇节中所说的"腾格里河"就是这统格黎克河之讹。

2 塔纳小河（Tana Ghorkhan），《黄金史》（第五十七页第十行）作 Tagh Ghokhan。Tana 是"大珠"或"东珠"。

3 札合·敢不（Jakha-Ghambu），人名。"敢不"一词，一般学者均认为是藏语的 sGam-po，但亦有谓应作 gem-bü 者。兹承欧阳无畏教授指教，谓当作 rGan-po，乃乡贤之谓。小林氏于其《元朝秘史之研究》（第四十五页）曾述各家之主张颇详。

第一〇八节

帖木真、脱斡邻勒汗、札合·敢不三个人会合从那里动身，当抵达斡难河源头孛脱罕—孛斡儿只的时候，札木合已在三天之前就到了〔那〕约定的地方。札木合看见帖木真、脱斡邻勒、札合·敢不等的这些军队，就把他自己的两万军队整列好，这方面帖木真、脱斡邻勒汗、札合·敢不等也整列了自己的军队。在到齐相认之后，札木合说："我们不曾说过：'就是有风雪，也要守约；就是下雨，在聚会的时候，也不得落后'吗？不是我们蒙古人一经应诺，就和立了誓一样吗[1]？我们不曾说过：'把不守约的从行列当中赶出去'吗?"对札木合的话,脱斡邻勒汗说:"因为耽误三天〔才到〕约定的地点,由札木合弟随意责罚吧!"〔如此〕商谈了〔违〕约的责罚[2]。

注释

1 这一个谚语,仍是现代蒙古人所共认的道德标准。
2 按蒙文原文文法,此处不能分句或分段。

第一〇九节

自孛脱罕—孛斡儿只出发,到勤勒豁河,捆好筏子渡河之后,在不兀剌—客额儿〔就像〕由脱黑脱阿·别乞的天窗上降下〔一般〕,撞塌了他紧要的帐房骨架,把他的妇人儿〔女〕掳掠尽绝。撞折了他供奉福神的门框,把他的全体百姓掳掠一空。本来可以在脱黑脱阿还睡着的时候来到,〔可是〕放在勤勒豁河捉鱼、捕貂〔和〕打猎的人们在夜里兼程报信说:"敌人来了!"得到那消息,脱黑脱阿〔和〕兀洼思—篾儿乞惕的歹亦儿·兀孙两个人一同,和少数的几个人,顺着薛凉格〔河〕,逃亡到巴儿忽真[1]去了。

注释

1 巴儿忽真(Barkhujin)在今贝加尔湖之东,巴儿忽真河流域。见卷一第八节注2。

第一一○节

篾儿乞惕百姓夜间顺着薛凉格河惊慌逃走，我们的军队在夜里也紧随着惊慌逃走的篾儿乞惕人，上前掳掠。帖木真在〔那〕惊慌逃走的百姓中喊着："孛儿帖！孛儿帖！"走的时候，遇见了〔她〕。孛儿帖夫人在那些惊慌逃走的百姓当中，听出帖木真的声音，就从车上下来，跑上前去。孛儿帖夫人〔和〕豁阿黑臣两个人〔虽〕在夜里〔也〕认出帖木真的缰辔，就〔上前〕抓住。〔那夜〕月光明亮，一看就认出孛儿帖夫人，就互相用力拥抱起来。帖木真当夜派人去告给脱斡邻勒汗〔和〕札木合"安答"两个人说："我所要找的，我已经得住了！夜间不必兼程前进，我们就在这里下寨吧！"篾儿乞惕人惊慌逃走，夜里流离失散，也在那里住下了。这是遇见孛儿帖夫人，〔和〕把〔她〕从篾儿乞惕人那里营救〔出来〕的经过。

第一一一节

当初兀都亦惕—篾儿乞惕的脱黑脱阿·别乞，兀洼思—篾儿乞惕的歹亦儿·兀孙，合阿台·答儿马剌等，这三族篾儿乞惕的三百人，为了以前也速该·把阿秃儿曾将诃额仑母亲，从脱黑脱阿·别乞的弟弟也客·赤列都抢来的缘故，前来寻仇。三次环绕不儿罕山，〔追踪〕帖木真的时候，捉得孛儿帖夫人，交给〔也

客〕·赤列都的弟弟赤勒格儿·孛阔[1]看管。就在这样继续看管的
时候，赤勒格儿·孛阔逃奔出走，他说：

　　　　"老乌鸦的命本是吃〔残〕皮〔剩〕壳的，

　　　　竟想吃鸿雁、仙鹤；

　　　　我这不能成器[2]的赤勒格儿，

　　　　竟侵犯到〔极尊贵的〕夫人！

　　　　全篾儿乞惕人的罪孽[3]，

　　　　已经临到我不肖下民[4]赤勒格儿的黔首[5]之上了！

　　　　想逃我这仅有的一条命，

　　　　我想钻进幽暗的山缝啊；

　　　　可是谁能作我的盾牌〔保护我〕呢？

　　　　坏白超[6]的命本是吃些野老鼠的，

　　　　竟想吃天鹅、仙鹤，

　　　　我这服装[7]不整的赤勒格儿，

　　　　竟收押了有洪福的夫人！

　　　　全篾儿乞惕人的灾殃，

　　　　已经临到我污秽不堪赤勒格儿的髑髅[8]之上了！

　　　　想逃我这羊粪般的〔一条〕命，

　　　　我想钻进幽暗峡谷啊！

　　　　可是谁能作我的围墙〔保护我〕呢？"

说完就逃命去了。

注释

1 赤勒格儿·孛阔（Chilger-Böke），人名。"孛阔"，力士之意。

2 原文作 "合塔儿" (ghatar)，《四部丛刊》本、叶本、钱本均无旁译。白鸟本补加 "外貌" 二字，作为旁译，似与 ghadar 误为一字。Lessing 字典（第三五四、三四三页）说此字应作 "容器" 解。

3 罪孽，原文作 "浑讨兀" (khunto'u)，旁译作 "祸"。此字在现代语中作 untoghu，《秘史》时代字首的 kh 已消失。《蒙汉满三合》（第二册第七十八页上下）有几个由此字之语根 unto 构成的字，其意大都是 "忿恼"。《黄金史》（第六十一页第二行）作 borughu [burughu]，其字义是 "罪过"。又原文在 "浑讨兀" 一字之下，似有文字脱落之处，《黄金史》此处作 borughu bolghaba。白鸟库吉氏于其《音译蒙文元朝秘史》中，补加 "孛勒罢　必" 二字亦颇正确。

4 下民，原文 "合剌出" (kharachu)，注解见卷一第二十节注 6。

5 黔首，原文 "合剌　帖里温" (khara terigün)，注解见卷一第二十一节注 4。

6 白超，原文为 "鹕剌都" (khuladu)，旁译仅作 "鸟名"，未指明其为何鸟。《蒙汉满三合》（第五册第十三页上）有 khuladu 一字其汉译为 "白超"，其注云："似鹞鹰而小，无本事。"

7 服装，原文为 "忽纳儿" (khunar)，《四部丛刊》本、叶本、钱本均无旁译，白鸟本加注 "服装" 二字于其旁，正确。

8 "豁乞埋" (khokimoi [khokimai])，原旁译为 "枯干"，这字在现代语中就是 "骷髅" 或 "髑髅"。

第一一二节

　　捉住合阿台·答儿马剌，给带上板枷解到不儿罕山去。〔有人〕告诉，别勒古台的母亲就在那个营子里，别勒古台就去，想要接回他的母亲来。别勒古台到那个房子，刚从门的右侧进去，他母亲穿着有洞的破羊皮袄，就从门的左侧出去了[1]。在外边对别人说："听说我的儿子们已经做了可汗，我在这里〔却被〕配给了[2]

坏人。如今我怎么能〔再〕见我儿子们的脸呢?"说罢就跑到树林里钻进去了。因此就没有找到。别勒古台"那颜"[3]说:"还我的母亲来!"就把篾儿乞惕各族[4]的人都用箭射〔死〕了。甚至把〔那〕曾围绕过不儿罕山的三百篾儿乞惕人子子孙孙都如扬灰一般的,给灭绝了。将所剩下妇孺们,凡可以搂抱的,都给搂抱了,凡可以叫进门里〔使用〕的,都叫进门里〔使用〕了[5]。

注释

1 这句话原总译作"自门右里入去。……自门左里出去了"。这只是描写别勒古台之母不愿与其子见面的一种笔法。按穹庐只有一个门,开向东南(因为西北风之故)。门前悬一毡帘,蒙古习俗,出入均须用右手掀帘,所以入室者均从门之右侧入,出者均从左侧出。倘颠倒左右出入,则认为不祥。此种风俗即在今日亦然。倘别勒古台之母于其子入门之时才走出,则绝无不被寻到之理。

2 原文作"土别周"(Tübe'ejü),原旁译作"配着",即"分配"之意。这是当时对女性俘虏的待遇,在被俘后分配给族内的男子作妻妾。请参照注5。

3 "那颜"(noyan),原旁译作"官人",此字在封建时代是"封主"之意。别勒古台此时似尚未用此一尊称。"那颜"当为其后日的封号。

4 原文"牙速秃"(yasutu),旁译作"骨头的"。按此一"骨"字,系指同一血缘的氏族或副氏族而言。

5 这句话就是"凡可纳为妻妾的都纳为妻妾,凡可做为奴仆的都用做奴仆"。原总译作"他的其余的妻子每(们),可以做妻的做了妻,做奴婢的做奴婢"。这也是意译。

第一一三节

帖木真感谢[1]脱斡邻勒汗、札木合两个人说："由我的汗父〔和〕札木合'安答'两个人给做伴，由天地给增加力量，被有权威的苍天所眷祐，被〔有〕母〔爱的〕大地所顾及，我们把有男儿〔必报〕之仇的篾儿乞惕百姓们的胸膛弄穿了，把他们的肝脏捣碎了！我们把他们的床位掠空了[2]，把他们的亲族毁灭了；把他们残余的人们也都俘虏了！"[3]既然把篾儿乞惕百姓这样击溃[4]，大家就说："咱们撤兵吧！"

注释

1　感谢，原文作"不识怜"，原旁译作"知感"。此字之发音《秘史》时代虽为büshiren，今已读作bishiren，意思是信仰和敬佩。

2　把床位掠空，就是把家室破坏，掠劫了他们的妻子之意。参照本卷第一〇五节注1。

3　俘虏了，原文作"阿儿必剌罢"（arbilaba），旁译作"掳要了"。此字今作"节省"或"使之增多"解。故其意当为"未予杀戮而留下使用了"或"因俘虏敌人使奴仆为之增多"之意。

4　击溃，原文为"不散合周"，是白鸟本作bosangghaju。原旁译为"教毁乱着"。《黄金史》（第六十三页第一行）作bosangghaju，并加注解talkha bolghaju，即"使其毁灭"之义。

第一一四节

当兀都亦惕—篾儿乞惕人惊慌逃走的时候，我们的军队得着一个被失落在营地的，戴着貂皮帽子，穿着母鹿皮的靴子，〔身〕穿光板皮革[1]用水獭[2]沿边的衣服，目中有火[3]，名叫曲出的〔一个〕五岁男孩，就拿来送给诃额仑母亲收养[4]了。

注释

1 光板皮革，原文"亦赤勤—札儿合黑"（ichikin jarkhagh），旁译"粉皮"。《黄金史》（第六十三页第二行）作 ilkin jarkhas。Ilkin 一字，见《蒙汉满三合》（第二册第二十二页下）作"革"字解，其注云："无毛皮也。"Jarkhagh 或 jarkhas 今已不见通用。

2 水獭，原文"兀速讷　不鲁罕"（usun-u bolghan〔bulghan〕），旁译作"水的貂鼠"。《黄金史》（第六十三页第二行）作 usun-u khalighu，即水獭也。

3 目中有火，见第六十二节注2。

4 收养，原文作"扫花"（saukha），旁译作"人事"。《黄金史》（第六十三页第四行）亦作 saukha，而加旁注 tejiye，即收养之谓。

姚师前注："人事"，原作"扫花"。"俗谓馈赠之物曰人事"，实即礼物。关于"扫花"，王国维先生在《观堂集林》卷十六《蒙古札记》对于这一术语有专条的解说。

第一一五节

　　帖木真、脱斡邻勒汗〔和〕札木合三个人，一同捣毁了篾儿乞惕[1]宽阔[2]的居室，掳获了美好的[3]妇女，从斡儿罕、薛凉格两〔河〕之间的塔勒浑—阿剌勒撒退的时候，帖木真、札本合二人一同向豁儿豁纳黑山翼退去。脱斡邻勒汗撒退的时候，靠着不儿罕山的背后，经过诃阔儿秃[4]山翼、合察兀剌秃山峡[5]，〔和〕忽里牙秃山峡，围猎野兽[6]之后，向土兀剌〔河〕的合剌屯退〔回〕去了。

注释

1　原总译作"篾儿乞惕达达"。"达达"一语并无出处。

2　宽阔，原文作"绰儿罕"（chorkhan），无旁译。此字为"洞""空"或"空隙""明亮"之意。

3　美好，原文"绰黑台"（choghtai），旁译作"固姑"，原总译作"好"字。按choghtai是"有精神的""看着顺眼的"或"伶俐的"之意，并非头戴"固姑冠"之意。《秘史》中他处名称"固姑"为"孛里答"而非"绰黑台"。

4　诃阔儿秃（kükertü），地名，地点不详。其字即今之ükertü，其意为"有牛的"。

5　合察兀剌秃—速卜赤惕（Khacha'ulatu-subchid），地名。《黄金史》（第六十三页第八行）作Khaghuratu。"速卜赤惕"（subchid）一字，原总译均未指出何谓，只云地名。查《黄金史》第六十三页第九行，此字改写为khabchil，其意为"山峡"或"山沟"。

6　围猎野兽，在当时并非仅为一种户外的娱乐，也是训练战斗和补充军粮的一种方法。

第一一六节

帖木真、札木合二人，在豁儿豁纳黑[1]山翼一起安营住下，想起以前他们结为"安答"的〔旧〕事，〔又重〕申[2]"安答"〔之谊〕说："〔咱们〕要互相亲爱！"起初互相结为"安答"之时，帖木真十一岁，札木合把一个狍子的髀骨给帖木真〔换了〕帖木真灌铜的髀骨[3]，结为"安答"。在斡难河冰上一起打髀骨玩[4]的时候，就互相称为"安答"了。第二年春天，在一起，用木头做的弓射箭〔玩〕时候，札木合将他〔用〕两岁牛角粘成钻了眼有声的髐头〔箭〕给帖木真，交换帖木真有柏木顶的髐头箭，〔又〕互相结为"安答"。这就是〔他们〕第二次互相结为"安答"的经过。

注释

1 豁儿豁纳黑（Khorkhonagh），地名，《黄金史》（第六十三页第十行）作 Khorkhogh。

2 原文"统忽勒都周"（tungkhulduju），旁译作"共重新着"。按此字之本意是声明、布告或宣言之意，此处可做"申"字解。原旁译及新译的"重"字，乃会意之词，并非原字本意。

3 原文在髀骨——"石阿"（shi'a）一字之下，似有文字脱落之处，《黄金史》（第六十四页第二行）于此处有使役格接尾语 bar 一字，以连贯之。小林于其《秘史研究》（第一一五页）亦曾提及。

4 髀骨（shi'a）是游牧地区最普遍的玩具，牛、羊及黄羊之髀骨，均为儿童及成年人的玩具之一。髀骨的四面，均作凹凸不同之状。冬季儿童或青年多在冰上投掷或踢牛髀骨为戏。黄羊髀骨最小，多于室内用手指来弹，比赛准度。羊之髀骨则多于室内抛掷，而以其所出之凹凸形状定胜负。此种游戏今在蒙古仍极普遍。

姚师前注：①《元史》卷一《太祖本纪》：莫挈伦第七子纳真诣押剌伊而（部），"至一山下，有马数百，牧者唯童子数人，方击髀石为戏。纳真熟视之，亦兄家物也"。可证击髀石确为元初蒙古人的风俗。②《契丹国志》卷二十三，宋真宗时晁回往契丹贺生辰，还言："国主皆佩金玉锥……又好以铜及石为槌以击兔。"是髀石用以击兔，契丹人已好之。③ 杨宾《柳边纪略》曰："宁古塔童子相戏，多剔獐、狍、麇、鹿腿前骨，以锡灌其窍，或三或五堆地上击之。中者尽取所堆。不中者与堆者一枚。"这是说掷的方法。《秘史》所言当亦类是。

第一一七节

〔帖木真、札木合〕说："听以前老人们的话说：'凡结为安答的，性命是一体，不得互相舍弃，要做性命的救护者'。彼此亲爱的道理，〔应〕是那样，如今〔又重〕申做'安答'，〔咱们〕要亲爱呀！"帖木真把掳掠篾儿乞惕脱黑脱阿所得的金腰带，给札木合"安答"系在腰上，把脱黑脱阿几年来不生驹的海骝马，教札木合"安答"骑上。札木合把掳掠兀洼思—篾儿乞惕的歹亦儿·兀孙所获的金腰带，给帖木真"安答"系在腰上，把歹亦儿·兀孙有角的白马[1]，教帖木真〔安答〕骑上。在豁儿豁纳黑山翼，忽勒答儿山崖前面，〔一棵〕枝叶茂盛的〔大〕树那里，彼此称为"安答"，互相友爱，大开筵会，一起享乐，夜间共被而眠。

注释

1 有角的白马，原文作"额别儿秃 兀讷昆 察合阿泥"（eber-tü unughun［onoghon］chaghan），旁译作"角有的 羖羢羔儿般 白马（行）"。原总译作"有角的白马"，并未提及"羖羢羔儿般"一语。按 unughun-chaghan 一语，是指"白马而略带黑黄色者"而言。关于"羖羢羔儿"，其本意是"山羊羔"，《蒙汉满三合》（第二册第二十四页下）有 onughun［onoghun］一字作"公黄羊"解。这可能就是《秘史》原译者所说的"羖羢"。惟所谓"有角的白马"一节，从《秘史》本文上，不能看出所指究为何种马，可能这是一匹马的马名。

第一一八节

　　帖木真、札木合二人互相友爱的〔过了〕一年，〔到〕第二年的一半，〔仍是〕彼此友爱。有一天，在〔他们〕所住的地方说"〔咱们〕起营吧"，说了就在孟夏〔四〕月十六日，"红圆光日"[1]，〔那天〕起营了。帖木真、札木合两个人一同在车辆的前边走着的时候，札木合说："帖木真、'安答'！'安答'！靠近山麓住下吧！我们放马的可以得到帐篷[2]住啊。沿着涧边住下吧！我们放羊、放羊羔的可以得到东西吃呀。"[3]帖木真不能体会札木合这句话的意思，一语不发的就停留下来，等着正在移动中落后的车辆。在移动之中，帖木真对诃额仑母亲说："札木合'安答'说：'靠近山住下吧！我们放马的可以得到帐篷住啊。沿着涧边住下吧！我们放羊、放羊羔的可以得到东西吃呀。'我不明白这话的意思，我也没有回答他什么，我来问问母亲。"诃额仑母亲还没有作声，孛儿帖夫人就说："人说札木合'安答'好厌旧。如今已经到厌烦我们的时候了。方才札木合'安答'所说的，是要图谋我们的话吧。我们别住下，就这样一面移动，一面赶快分开，夜里兼程走吧！"4

注释

1 这是此一日期在《秘史》上第二次的出现，足证这在《秘史》时代这是一个重要的节日。请参照卷二第八十一节注3。

2 帐篷，原文"阿剌出合"（alachugh-a），旁译作"帐房行"。Alachugh一字，今已不得其解。小林氏曾查明钞《续增华夷译语》之《珍宝门》，"帐房"一词当为chachir（见日译《蒙古秘史》第五十五页注二十二）。惟chachir是指举行大宴时，所张之华丽大帐，并非牧人所用者。

《黄金史》（第六十五页第九行）作ghal chogh。Ghal是火，chogh是"微火"或"火光"之谓。此语虽与原意不符；但以"靠山的易得柴烧"之理推之，则《黄金史》之说，亦未尝无理。

3 札木合的这一句话，成了他与帖木真二人分裂的原因。然其原意何在，非仅今日吾人难知其详，即在当时帖木真本人亦未能立即了解其意，足证这是一句极其费解的话了。史家随着自己的心意，加以解释，反多构成画蛇添足之谬。例如：W. Barthold氏以为从这句话中可以看出"牧马者"是代表草原贵族的，"牧羊者"是代表平民的。札木合则为倾向平民的"民主分子"。帖木真则为牧马阶级的代表。其后以《成吉思可汗传》及《蒙古社会制度史》著名的拉地米尔索夫，于其《成吉思可汗传》中（日译本第三十九页）也说："札木合所说的'牧马人'是指游牧社会或草原贵族中最上级之富者；而'牧羊人'则指彼所同情之平民而言。……听其妻孛儿帖……之言后，〔帖木真〕以为虽属至友，亦不得不与札木合分裂，盖其民主倾向，恰与己身之利益相反也。"额林沁·喀喇·达班（Erinchen-Khara-Daban）也在他的名著《成吉思可汗传》中（日译本第四二—四三页）采用了W. Barthold氏的意见，谓："牧马者即指马群之所有人，及一般上层阶级，亦即草原贵族之谓。牧羊者则指札木合衷心向往的平民而言。"因此，一般西洋研究蒙古史之学者多采此种揣测之说。近年

《蒙古与俄罗斯》的著者，沃尔纳德斯基博士则谓："拉地米尔索夫曾首肯此说（即 Barthold 之说），但后来予以更正（我们还没有看到他所作的更正）。这与著者的意见相合。事实上也找不出札木合倾向民主的证据。他们分离肇因于权力之争。"（见汉译本第一册第十八页）

斯钦生于蒙古，知牧羊亦须由乘马之牧人管理，但从未闻牧马者有何高于牧羊者之处，亦未闻马群之主人有何高于羊群之主人之处，更未闻二者之间有所谓贵族与平民之分者。马是草原动力之源，但马与羊群从不放牧于一起。故札木合之言，似以马群既应分开放牧，使其牧人各得其所，讽喻吾辈各有部属，何必混在一起，以至不能各展其长。故孛儿帖夫人指出其好厌旧之性格，而主张急速离去也。按《圣经·创世记》第四十六章说到以色列人因荒年逃入埃及时，约瑟对法老说："我的弟兄和我父的全家……他们本是牧羊的人。"对于这一句话，米勒（Miller）氏在其《圣经生活百科辞典》（*Encyclopedia of Bible Life*，Harper & Brothers，N. Y. & London，1944，第三十二页）中曾谓牧羊人在当时社会中被人所卑视，而非高贵阶级之所为者。由此可知，Barthold 一派之主张，或来自西方人士对于《圣经》故事之种种解释而非真对当时蒙古之社会实况有所了解也。

4 钱大昕十五卷本，第三卷终。

第一一九节

〔帖木真〕赞同孛儿帖夫人的话，就没有住下，夜里兼程行走的时候，路上从泰亦赤兀惕人〔的地方〕。泰亦赤兀惕人惊惶起来，也就在那夜里，交错着，向札木合那里移去。在泰亦赤兀惕的别速惕〔氏〕居住的地方，有一个名叫阔阔出的男孩子，失落在那里，我们的人〔把他〕带来，交给诃额仑母亲，诃额仑母亲就〔把他〕收养了。

第一二〇节

　　那夜兼程而行，天亮一看，札剌亦儿氏的合赤温·脱忽剌温[1]、合剌孩·脱忽剌温〔及〕合阑勒歹[2]·脱忽剌温等，这三个脱忽剌温兄弟们[3]夜里一起兼程而来。还有塔儿忽惕氏的合答安·答勒都儿罕〔等〕兄弟们，五个塔儿忽惕〔氏的人〕也来了。还有蒙格秃·乞颜[4]的儿子汪古儿[5]等，和他们敞失兀惕[6]、巴牙兀惕〔两个氏族的〕人们也来了。从巴鲁剌思氏来了忽必来、忽都思兄弟们。从忙忽惕氏来了哲台、多豁勒忽·"彻儿必"[7]兄弟二人。孛斡儿出的弟弟斡歌连[8]"彻儿必"离开了阿鲁剌惕氏，前来和他哥哥孛斡儿出相会。者勒篾的弟弟察兀儿罕[9]〔和〕速别额台[10]"把阿秃儿"离开了兀良罕氏，前来与者勒篾相会。从别速惕氏来了迭该、古出沽儿[11]等兄弟二人。从速勒都思氏赤勒古、塔乞、泰亦赤兀歹[12]兄弟们也来了。札剌亦儿氏的薛扯·朵抹黑[13]、阿儿孩·合撒儿、巴剌带着他们两个儿子也来了。雪亦客秃"彻儿必"也来自晃豁坛[14]氏。速客坚的者该〔和〕晃答豁儿[15]的儿子速客该·者温也来了。捏兀歹·察合安·兀洼[16]也来了。斡勒忽讷兀惕氏的轻吉牙歹[17]〔来了〕。薛赤兀儿从豁罗剌思[18]氏，抹赤·别都温[19]也从朵儿班氏来了。亦乞列思氏的不图正来这里做女婿[20]也〔一同〕来了。种索[21]也从那牙斤氏前来。只儿豁安从斡罗纳儿[22]氏前来。速忽·薛禅[23]〔和〕合剌察儿与他的儿子也从巴鲁剌思[24]氏前来了。还有巴阿邻氏的豁儿赤、兀孙[25]老人〔和〕阔阔搠思带[26]同他们篾年—巴阿邻[27]族的一个部落[28]也〔都〕来了。

注释

1 合赤温·脱忽剌温（Khachi'un-Toghura'un），人名，《黄金史》（第六十六页末行）作Ghachughun和Toghuraghun两个人，似属讹误。

2 合阑勒歹（Kharaldai），人名，叶本脱落"合"字。

3 《黄金史》（第六十七页第一行）虽仍称三个脱忽剌温兄弟们；惟误合赤温·脱忽剌温一人为二人，并脱落合阑勒歹（Kharaldai）一人之名。

4 蒙格秃·乞颜（Möngketü-Kiyan），人名，《秘史》卷一第五十节作"忙格秃·乞颜"。请参照同节注2。

5 汪古儿（Önggur〔Önggür〕），人名，原文作"翁古儿"，此后《秘史》均作"汪古儿"，故于此处改为"汪古儿"，以期一致。

6 敞失兀惕（Changshi'ud），氏族名。钱本正确，叶本误为"敝失兀惕"，白鸟本未加改正。《黄金史》（第六十七页第三行）作Changshighud。

7 "彻儿必"（cherbi），乃蒙古兵制中之官名。《黄金史》（第六十七页第五行）于cherbi一字之旁，补注türüküü〔türügüü〕noyan，即指挥官或司令官之谓。

8 斡歌来（Ögerei），人名，此处原文作"斡歌连"，第一二四节以后多作"斡歌来"。又此处称他是字斡儿出之弟，《秘史》第九十二节则称字斡儿出为纳忽·伯颜之独生子，与此处之记载不合。故疑"斡歌连"可能是字斡儿出的堂兄弟。否则成吉思可汗首遇字斡儿出之时，斡歌连尚未出生；但以时间推之，此时之斡歌连恐仍在十余岁左右，当不能携部众舍札木合而就帖木真。

9 察兀儿罕（Cha'urkhan），人名，《黄金史》（第六十七页第七行）作Chorkhan，恰为第一一五节无旁译的"绰儿罕"之对音。见第一一五节注2。

10 姚师前注：速别额台，即《元史》卷一二一的"速不台"和《元史》卷一二二的"雪不台"。速别额台，《元史》有两个传，大同小异。从编史的体例说自是一个缺点，但就史料说毋宁是研究上的一种方便。

11 古出沽儿（Güchügür），人名，原文此处做"窟出沽儿"，以后各节多作"古出沽儿"，故改为"古出沽儿"。

12 泰亦赤兀歹（Tayichi'udai），旁译作"人名"，原总译作"泰亦赤兀歹"。虽未明说其为人名或氏族名，但以其上下文推之，此处似可作为人名解。惟于下（第一二一）节，原旁译注"泰亦赤兀歹"一字，为种名解，其总译作"泰亦赤兀歹忽图"。这样，此一"泰亦赤兀歹"，则为忽图之姓氏。总之，此字以解为氏族名称，较为妥善。

13 薛扯・朵抹黑（Seche-Domogh），人名，《黄金史》（第六十七页第九行）作Sere-Domogh。

14 晃豁坛（Khongkhotan），氏族名，《黄金史》（第六十七页第十行）讹为Khongghatan。

15 晃答豁儿（Khongtakhor），人名，《黄金史》（第六十七页第十行）作Khongtaghar。

16 察合安・兀洼（Chaghan-u'a），人名，此处原文作"察合安・兀洼思"。此人之名再度出现于《秘史》卷四第一二九节时作"捏兀歹・察合安・兀洼"。《黄金史》（第六十七页十一行）作Chaghan-Gho'a，似为正确。兹依第一二九节改为"察合安・兀洼"。

17 轻吉牙多（Kinggiyadai），人名，《黄金史》（第六十七页末行）作Kinggedei。

18 豁罗剌忽（Ghorolas），氏族名，《黄金史》及其他蒙古文史料均多作Ghorlas，即今郭尔罗斯旗之名也。

19 抹赤・别都温（Mochi-Bedü'ün），人名。柯立夫（F. W. Cleaves）教授于其《论竹温台碑》一文（见《哈佛亚洲学报》第十四卷，一九五一年六月）中，曾就蒙文mod（木）一字，加以论述，谓此人之名"抹赤"一语，乃木匠之意云。

20 不图（Butu），人名，见《元史》作"孛秃"，卷一一八《列传第五》，有专传。《黄金史纲》（第六十八页第九行）亦曾记其娶可汗妹帖木仑事，惟称其名为Batu，称后嗣乃今喀喇沁贵族之祖。按通说喀喇沁乃者勒篾之裔。Rashipongsugh书（第一册第二十七页）亦详载其事，大致与《元史》所载者略同；惟亦称其裔为喀喇沁贵族之远祖，不知Rashipongsugh与《黄金史纲》之著者Mergen Gege'en［Gegen］何所根据，而作如是之记载。

21 种索（Jöngsö），人名，《黄金史》（第六十八页首行）作Jöngki。

22 斡罗纳儿（Oronar），氏族名，《黄金史》（第六十八页首行）作Khorokhor。

23 速忽·薛禅（Sughu-Sechen），人名，《黄金史》（第六十八页第二行）作
　　Gho'a-Sechen。

24 巴鲁剌思（Barulas），氏族名，《黄金史》（第六十八页第二行）作Barulagh，
　　可能是Barulas之讹。

25 豁儿赤（Khorchi），人名。惟叶刻本、《四部丛刊》本、钱本、白鸟本均将
　　豁儿赤与兀孙（Usun）之名，写在一起；因之而有柯凤孙、屠敬山两先生在
　　《新元史》（卷一二五）与《蒙兀儿史记》（卷二十四）中的误解。（两先生书
　　盖沿那珂通世的疏忽，均有豁儿赤兀孙传，且有谬论，颇可惜。）豁儿赤与兀
　　孙老人均为当日珊蛮（巫）教的术士，以倡言符瑞获得大汗信任。李文田先生
　　说："以本书（《秘史》）考之，豁儿赤在当时，无功可纪，而封以万户，爵赏
　　次于木华黎、博尔术，殆以阐扬符命之力，足以收罗豪杰，效命股肱也与？"
　　（见《元朝秘史注》卷四第十页）这些话甚有卓见。

26 阔阔搠思（Kököchös［Kököchüs］），人名，《黄金史》（第六十八页第二行）
　　作Köke-chogh，当为Köke-chös［chüs］之误植。

27 篾年—巴阿邻（Menen-Ba'arin），氏族名，《黄金史》（第六十八页第三行）
　　作Makha-Ba'arin，请参照卷一第四十一节注3及第四十五节注1。

28 部落，原文作"古列延"（Küriyen），旁译作"圈子"，见卷二第九十节注6。
　　此处似可译作"部落"。

第一二一节

豁儿赤来说："我们是圣贤[1]孛端察儿擒获的妇人所生的，我
们与札木合同是〔生于〕一个肚皮、一个胞衣的。我们本不应该
和札木合分离的。〔上天的〕神告临到我，使我亲眼看见了。有
〔一只〕黄白色乳牛，围绕着札木合走，把他的房子车辆[2]都撞了
以后，就撞札木合，弄折了一只犄角。还剩了一只犄角，就扬起

尘土³，连声向札木合吼叫：'把我的犄角拿来！'〔又有一只〕没有犄角的黄白色犍牛驮着、拉着大帐的桩子，在帖木真的后边，顺着大车路前来吼叫：'天地商议好，要叫帖木真做国家之主，〔我〕把国家给载来了！'〔上天的〕指示教我亲眼目睹，指教给我了。帖木真！你如果做了国家之主，因我曾经告诉过的缘故，你要使我怎样享福呢？"帖木真说："如果，真那样掌理国家的话，叫〔你〕做万户的长官。"⁴〔豁儿赤〕说："把我〔这〕曾经告诉了许多道理的人，教做个万户的长官，有什么享乐呀！教〔我〕做万户的长官，特许〔我〕自由娶三十个全国的美女做妻子⁵，还不论我所说的〔是〕什么〔都〕要倾听！"

注释

1 圣贤，原文作"孛黑多"，旁译作"贤明"。Boghda 也是"神圣"或"圣人"之意。蒙古称"圣天子"为 Boghda Khan——"博克多汗"。今日通称成吉思可汗为 Chinggis Boghda，即"圣者成吉思"之意，一如古代对孛端察儿之称谓。在佛教普及后，对于地位崇高之"活佛"，如班禅、哲布尊丹巴等均称之为 Boghda——"博克多"。

2 房子车辆，原文作"格儿　帖儿干"（ger tergen），旁译作"房子　车子"。在蒙古语中，这有时是表示所有的财产（动产）而言。

3 土，原文"失罗埃"，叶本、钱本、《四部丛刊》本之旁译均误作"上"字；惟白鸟本改正为"土"。

4 长官，原文作"那颜"（noyan），旁译作"官人"。这个字是长官，也有封主和世袭的长官之意。

5 姚师前注：豁儿赤被准许在投降的百姓内挑选三十个女子，见下文第二〇七节。后因在秃马惕人中挑选女子，曾惹起严重的民变，力战方始平定，见下文第二四一节。

第一二二节

忽难[1]等格你格思〔氏的〕一个部落[2]也来了。还有答里台·斡惕赤斤〔的〕一个部落也来了。木勒合勒忽[3]也从札答阑〔氏〕来了。还有温真〔等〕撒合亦惕〔氏的〕一个部落也来了。那么多的〔人〕离弃了札木合起营〔而来〕。在乞沐儿合小河的阿亦勒—合剌合纳住下的时候，主儿乞[4]〔氏的〕莎儿合秃·主儿乞[5]的儿子薛扯·别乞[6]、泰出二人〔等〕一个部落，和捏坤太子的儿子忽察儿·别乞〔的〕一个部落，还有忽秃剌汗的儿子阿勒坛·斡惕赤斤〔的〕一个部落，也都离弃了札木合前来。当帖木真正在乞沐儿合小河的阿亦勒—合剌合纳住下的时候，〔都〕会合一起住下了。〔随后又〕从那里起营〔到〕古列勒古〔山〕中，桑沽儿小河的合剌—主鲁格〔山〕的阔阔海子住下了。

注释

1 忽难（Ghunan），人名，三岁幼虎或三岁牛犊之意。

2 见第一二〇节注28。

3 木勒合勒忽（Mulkhalkhu），人名，《黄金史》（第六十九页第八行）作 Mokhula-Gho'a。

4 主儿乞（Jürki），氏族名。卷一第四十九节作"禹儿乞"，请参照该节注1。

5 莎儿合秃·主儿乞（Sorkhatu-Jürki），人名。卷一第四十九节作"忽秃黑秃·禹儿乞"（Khutughtu-Jürki），见该节注1。

6 薛扯·别乞，人名，此处原文作"撒察·别乞"。卷一第四十九节作"薛扯·别乞"（Seche-Beki），参照第四十九节注2。《黄金史》作 Seche-Beki。

第一二三节

阿勒坛、忽察儿、撒察·别乞共同商议好，对帖木真说：

"立你做可汗！

帖木真你做了可汗啊[1]！

众敌当前，

我们愿做先锋冲上阵去，

把姿色姣好的闺女贵妇，

把〔明朗宽敞〕[2]的宫帐房屋，

拿来给你！

把外邦百姓的美丽贵妇，

臀部完好的良驹骏马，

拿来给你！

围猎狡兽，

我们愿给你上前围堵，

把旷野的野兽〔围在一起〕，

肚皮挤着肚皮，

把谷中的野兽〔围在一起〕，

后腿挨着后腿！

厮杀之际，

如果违背了你发的号令，

> 叫我们与妻儿家属分离，
>
> 把我们的头颅[3]抛在地上！
>
> 和平之时，
>
> 如果破坏了与你的协议，
>
> 叫我们与妻妾属下[4]分离，
>
> 把〔我们〕丢弃在无人野地！"

〔他们〕议定了这些话，这样发了誓，就称帖木真为成吉思[5]可汗，奉为皇帝[6]。

注释

1 原文"字鲁阿速"（bol'asu），原旁译为"做汉"。叶本、《四部丛刊》本均如是，白鸟本亦未加更正，惟钱本作"做呵"，无讹误。

2 在"格儿"（ger）——"房子"一字之下，白鸟库吉本补加："秃里—颜　斡罗周　斡勒周　阿卜赤剌周　斡克速"（-tür-jen oržu olžu abčirazu ögžu），其旁译为"自的行　入着得　将来着　与"。不知根据何本所加，可能因觉其文词有脱落之处而增添者。查《黄金史》第七十页，其词句虽略有不同，但大致当与《秘史》相似，也没有白鸟氏所加的这一段话。斯钦在译文中补加的这句话，是按第一一五节的语气所添的，见第一一五节注2。

3 头颅，原文作"合剌　帖里兀"（khara teri'ü），原旁译"黑头"，是平民向贵族自称谦卑之词。这里是自谦说的"不值钱的头颅"之意。

4 属下，原文作"额列思　合剌"（eres khara），原旁译作"家人每（们）家活"。按 eres 是男人的复数形，khara 与 kharachu 同有平民或下民之意，似可解为"属民"或"属下人等"，也就是封建制度中的"部属"之意。

5 成吉思（Chinggis），《秘史》原旁译作"太祖帝号"。此字为研究蒙古史者应加解释而又难以解释的一个课题。此字虽是一个专有名词，甚至在蒙古人之间，是个有神圣性的人名；但其原意如何？为什么帖木真的部下用它来作他们可汗的尊号？《秘史》本身未加说明。《元史·太祖本纪》亦仅谓"诸王群臣共上尊号曰'成吉思皇帝'"，亦未加注解。鲁布鲁克（William of Rubruck）《游记》（第五十四章）所载，蒙哥可汗致法兰西王路易九世之国书中称："在天只为永生之上帝，在地除成吉思可汗、上帝之子帖木真外，别无主宰。"他又说，"成吉思"是钢铁之声，"彼等称成吉思为钢铁之声，盖因其曾为铁匠。殆其尊贵后，彼等称之为上帝之子"。蒙古史书如《黄金史》《成吉思可汗传》《蒙古源流》及《青史》等均称，可汗即位时，一鸟飞鸣"成吉思、成吉思"，众以为天意，而以此声为尊号。此说虽近于神话不可凭信，然至今仍为蒙古一般的传说。伯希和（Pelliot）氏称此字之来源系由突厥语"海洋"（dengis）一字，氏以为贵由可汗御玺上有 Dalai Kha'an 一语。Dalai 为"海"字，言其大也。故推定 dalai 一字亦必为"海洋"之意。蒙古史学家近人额林沁·喀喇·达班（Erinchen-Khara-Daban）于其《成吉思可汗传》一书中称："对'成吉思可汗'一语，从未见过有满意的解释。在西部蒙古即卫拉特——卡尔马克（Kalmuck）族之方言中，它有'巩固'或'坚强'之意；但此字不能解释为属肉体的，乃是属智能、性格或是属精神的。基于此理，有些著述家认为它是'不屈不挠'之意。实则此种解释虽与帖木真之性格相近，然亦不免仅属片面的。盖此种解释只能表示意志的强固，而不能概括智识与体力各方面。当时在蒙古贵族之尊号中，有以'把阿秃儿'（勇士）表示肉体之强健与勇敢者。有以'薛禅'（贤者）表示聪明智慧者。故其加于帖木真之'成吉思'一词，自然必须与帖木真之全面性格一致。盖帖木真除有出色属肉体的强健外，更有他人所无之智能、强固的意志、军事的及组织的天才与雄辩的才能。故认为'成吉思'一语为概括上述各种才能，而具体的显现在一个人之身上的称谓，似较妥当。"（见日译本第五十二页）惟"巩固"与"坚强"二语，在喀尔喀语系中则为 cinggha 而非 Chinggis。额林沁·喀喇·达班氏认为此系成吉思可汗崩御后，一般人避讳使用，以致其原意渐渐被人忘却。惟西部蒙古则自忽必烈时代起，即形成实际上的独立，故仍保留其原来的面目。然此说亦不免有牵强之嫌也。海尼士教授于其《蒙古秘史》（第一六一页）中称 Chinggis 一语乃汉字之"诚"字而附加 s 者，颇属妄断。

6　姚师前注：这里的记事，显与下文第二〇二节冲突。鄙人意见：这一次帖木真只是被立为蒙古本部可汗。"成吉思可汗"是后人追记往事的时候追加的。又，据《蒙古源流》卷三，成吉思可汗被推为蒙古本部可汗时，年二十八岁。是年为己酉，即金朝世宗大定二十九年、公元一一八九年。

第一二四节

成吉思做了可汗。孛斡儿出的弟弟斡歌来"彻儿必"佩带了箭筒[1]。合赤温·脱忽剌温佩带了箭筒。哲台、多豁勒忽·"彻儿必"兄弟两人〔也〕佩带了箭筒。汪古儿、雪亦客秃·"彻儿必"、合答安·答勒都儿罕三个人说："不叫早晨的饮〔食〕缺少，不教晚夕的饮〔食〕错乱。"于是就叫他们做了厨官[2]。迭该说："拿两岁的羯羊做肉汤，早晨不叫缺少，夜间不使落后。放牧花色的羊；叫〔它们卧〕满了车辆的底下；放牧黄头的羊，使〔它们〕充满了营子的周围[3]。我嘴馋又不好，就使我放羊吃肥肠吧。"于是就叫迭该管理羊群[4]。他的弟弟古出沽儿说："不叫有锁头的车辆倾倒[5]；不使有车轴[6]的车辆坏[7]在车辙之上。"〔可汗〕说："〔你〕管理帐幕车辆吧。"说："多歹·撒儿必管理家里的家人丁口[8]。"叫忽必来、赤勒古、合儿孩·脱忽剌温三个人，与合撒儿一同佩刀[9]。说："把好逞气力之人的颈项斩断[10]；把好逞雄勇之人的胸膛刺穿！"说："别勒古台、合剌勒歹·脱忽剌温两个人，调度军马做军马官[11]。"对泰亦赤兀惕氏的忽图、抹里赤、木勒合勒忽三个人说："〔你们〕放牧马群。"对阿儿孩·合撒儿、塔孩、速客该、察兀儿罕四个人说："〔你们〕当我射远程的远箭，射近程的近箭[12]。"速别额台"把阿秃儿"说："我愿做个老鼠，〔为你把东西〕

收藏起来，我愿做个乌鸦在外把所有聚集起来。我愿做披盖的毛毡，大家一同披盖；我愿当挡风的毛毡，共同遮护家乡。"[13]

注释

1 箭筒，原文作"豁儿"（khor）。使之佩带箭筒，就是使任"豁儿赤"（khorchi）之职。《元史》卷九十九《兵志二·宿卫》"四怯薛"条云："主弓矢……之事者，曰火儿赤。"又卷一一九《列传第六·博尔忽传》附《塔察儿传》称："火儿赤者，佩橐鞬侍左右者也。"

2 厨官，原文"保兀儿臣"（bo'orchin［ba'urchin］），旁译作"厨子"。《元史》卷九十九《兵志二·宿卫》"四怯薛"条称："亲烹饪以奉上饮食者，曰博尔赤。"斯钦曾作《说〈元史〉中的"博儿赤"》一文，载《田村博士颂寿东京史论丛》（第六六七至六八二页，一九六八年，日本京都）。

3 营子，原文"豁团"（khoton），旁译"圈子"，现代文言读khotan，是"村落"或"营子"之意，也作"城市"解。

4《元史》卷九十九《兵志二·宿卫》"四怯薛"条云："牧羊者，曰火你赤（khonichi）。"

5 原文叶本、钱本及《四部丛刊》本均作"不赤兀迭勒速"，旁译作"不教倒了"。白鸟本加以改正，作"不　赤兀迭兀勒速"，并在"不"字之旁补加"休"字。

6 原文作"腾吉思格台"，原旁译缺。白鸟本补加"车轴"二字于其旁。小林高四郎氏于其《蒙古秘史》（第八十五页注三十）曾论及之，谓《成吉思汗实录》译作"车轴"解，《至元译语》作tenggelig。斯钦按："车轴"在现代语中作tenggelig，乃一极普通之字。"腾吉思格台"一字之"思"字，乃"里"字之讹，当改正之。

7 叶本、钱本及《四部丛刊》本均作"不帖兀列兀勒速"。白鸟订正之作"不帖兀列兀勒速"，于"不"字之旁，补加旁译"休"字。

8 家人丁口，原文作"格儿坚秃惕合里"，旁译作"人口行"，原总译作"人口"。此处之蒙文不易了解。《黄金史》作ger-ün todghar（见第七十二页第七行）。阿

135

拉坦瓦齐尔氏之蒙文《蒙古秘史》（第四十九页第五行）作 gerchin dotugharin，其意均为"家里的人"。斯钦以为"格儿坚"（gergen）当为"格儿该"（geregei［gergei］，妻）之音变，可能是"妾媵"之谓。秃惕合里（todghar-i）就是 totughar-i 之变音。Totughar 一字是"里边的"之意，也可解为"家里的仆婢"。卷一第三十九节有"秃惕合剌"一字，其旁译为"使唤"，也就是同一的字。

9 刀，原文"兀勒都思"（üldüs），旁译作"刀每"，今读作 ildüs。《元史》卷九十九《兵志二·宿卫》"四怯薛"条云："侍上带刀……者，曰云都赤"。《辍耕录》卷一云："云都赤，乃侍卫之至亲近者……三日一次轮流入直，负骨朵于肩，佩环刀于要（腰），或二人四人，多至八人。时若上御控鹤，则在宫车之前，上御殿廷，则在墀陛之下，盖所以虞奸回也。虽宰辅之日觐清光，然有所奏请，无云都赤在，不敢进。今中书移咨各省，或有须备录奏文事者，内必有云都赤某等。"沃尔纳德斯基于其《蒙古与俄罗斯》一书中，称：佩刀与佩弓箭同为突厥与蒙古君主对于其武士之荣典（见斯钦汉译本第一册第一〇一页）。

10 斩断，原文"轻古里惕坤"，旁译作"截断您每"（按钱本）。《黄金史》（第七十二页第九行）作 gergegdekün，旁注作 oghtalughtun，即斩断之意。阿拉坦瓦齐尔氏之蒙文《蒙古秘史》（第四十九页第六行）作 chünggürigtün。此字今日已不见使用。《秘史》第一〇五节有"轻古思"一字，其旁译作"模断"，当为同字无疑。前者之"思"字，或即后者"里"字之讹。

11 军马，原文"阿黑塔"（aghta），旁译作"骟马"。此字有时为 cherig-ün aghta（军马）之略称，故译之为"军马"。"阿黑塔臣"（aghtachin），原旁译作"笼马人"，即管理军马之军马官也。

12 《元史》卷九十九《兵志二·宿卫》"四怯薛"条只言及"典车马者，曰兀剌赤、莫伦赤（morinchi）"，而未及此字。

13 对这一句话达木丁苏隆氏解释为作"远近情报之搜集者"，似属合理（见谢译达木丁苏隆本第八十七页）。又据旺钦多尔济先生见告，当解为"在近处作随从，在远处作先行"之意，似更正确。

第一二五节

成吉思可汗做了皇帝，就对孛斡儿出、者勒篾两个人说：

"你们两个，

在我除了影子，

没有别的伴当的时候，

来做影子，

使我心安！

你们要〔永远〕记在我的心里！

在〔我〕除了尾巴，

没有别的鞭子的时候，

来做尾巴，

使我心安！

你们要〔永远〕记在我的怀里！"

又说："你们两个人，既〔从〕起初就在〔这里〕，为什么不做这所有人的首长呢？"成吉思可汗〔又对众人〕说："蒙天地增加力量，保祐荫庇，你们心里想念我，远在对札木合之上，而前来给我做伴的人，为什么不做我〔那〕年长有吉庆的伴侣呢？〔我〕处处都托靠你们了！"

第一二六节

　　为了已奉成吉思可汗为皇帝，就派答孩、速客该两个人做使臣，前往客列亦惕〔部〕的脱斡邻勒汗那里。脱斡邻勒汗叫〔他们〕回来说："教我儿帖木真做可汗，是很对的。你们蒙古人，没有可汗，怎么能行呢?"

　　"你们不要破坏自己的协约；

　　不要折散自己的团结；

　　不要扯毁¹自己的衣领!"²

注释

1 扯毁，叶本原文作"谈秃鲁浑"。《四部丛刊》本作"谈秃鲁黑浑"。钱本正确作"谈秃鲁惕浑"（temtürüdkün〔tamturudkhun〕）。

2 按文法和句子的构造，此处不能分句分段。

卷　四

第一二七节

派阿儿孩·合撒儿、察兀儿罕两个人〔作〕使者，到札木合那里去。札木合说："去对阿勒坛、忽察儿两个人说：'阿勒坛、忽察儿你们两个人[1]，在帖木真"安答"我们二人之间，为什么戳"安答"的腰窝，扎〔安答〕的肋骨，使〔我们〕分裂呢[2]？在你们尚未离间"安答"我们两个人，〔我们都〕在一起的时候，为什么不立"安答"为可汗呢？你们如今打什么主意，立〔他〕为可汗呢？阿勒坛、忽察儿你们两个人，可要做到〔你们〕所说的话，使"安答"安心，好好的给我"安答"做伴吧！'"

注释

1 《黄金史》(第七四页第五、六两行)均作 Altan-Khuchar、Sechen-Beki 二人，误以阿勒坛及忽察儿两人为一人。
2 关于阿勒坛、忽察儿二人怎样离间帖木真、札木合之事，《秘史》及《黄金史》均无记载。

第一二八节

其后，札木合的弟弟给察儿，在札剌麻[1]〔山〕前，斡列该水泉居住的时候，来抢劫我们在撒阿里旷野，拙赤·答儿马剌的

141

马群。给察儿把拙赤·答儿马剌的马群劫夺而去。拙赤·答儿马剌的马群〔虽〕被劫夺，他的伴当们胆怯不敢〔去追〕；还是拙赤·答儿马剌〔一人〕前去追赶。夜间来到他马群的旁边，伏在他的〔所骑〕的马鬃上，近前把给察儿的脊骨射断杀死，赶〔回〕来他的马群。

注释

1 札剌麻（Jalama），山名，《黄金史》（第七四页末行）作 Alama。

第一二九节

因为弟弟给察儿被杀，札木合等札答阑〔氏的〕十三部[1]连合起来〔组〕成三万〔人马〕，由阿剌屼屼惕[2]，土儿合兀惕越山而来，要进袭成吉思可汗。成吉思可汗正在古连勒古〔山〕的时候，亦乞列思〔氏〕，木勒客·脱塔黑、孛罗勒歹两个人把消息给传送过来了[3]。知道了这个消息，成吉思可汗也把〔他〕十三个部族[4]，〔编〕成三万[5]〔兵卒〕，迎着札木合出发，在答阑—巴勒主惕对战。在那里成吉思可汗被札木合进迫，退到斡难〔河〕的哲列捏[6]山峡。札木合说："我们教〔他们〕躲到斡难〔河〕的哲列捏峡地去了！"回去的时候，把赤那思〔族〕[7]的孩子们[8]煮了七十锅[9]，又砍下捏兀歹·察合安·兀阿[10]的头，拖在马尾上回去了[11]。

注释

1　"部"字，《四部丛刊》本及叶德辉本均作"合邻"（Khalin），钱本及白鸟本作
　　kharin。以《黄金史》证之，后者正确。kharin是各各独立的部族，也有部属
　　之意。

2　阿刺虬虬惕（Ala'u'ud），山名，《黄金史》（第七五页第七行）作Alaghud。

3　木勒客·脱塔黑（Mülke-Totagh），人名，钱本作"木勒客·脱塔黑"，他本多作
　　"木惕客·脱塔黑"。《黄金史》（第七五页第八行）Mülke-Totugha，佐证钱本正
　　确。小林高四郎于其《元朝秘史之研究》（第九三页），谓拉施特称在泰亦兀惕部
　　之亦乞列思氏的Nekün命把鲁刺思氏的Mülke、Totaka〔Totakha〕二人告密云。

4　部族，原文"古列额惕"（küriyed，küriyen之复数形），原音译为"圈子每"，
　　也就是"部族"或"部落"之意。《黄金史》（第六九页第七行及第七五页第十
　　行）作küriye并加旁注aimagh〔ayimagh〕，字义是"部族"。其实它与注1的
　　kharin没有太大区别。请详第九十节注6。

5　"万"字，原文"土篾惕"（tümed，即tümen之复数形）。按tümen即蒙古帝国
　　时代和元朝的"万户"或万人军团。一二〇六年，成吉思可汗即大位后，始
　　编成左右中三个万户组织。因此这里的"万"（tümen），在实际上是小于"万
　　户"，而一二〇六年之tümen又是大于"万户"。总之，tümen是军队的大单位
　　组织无疑。至于其所辖士兵的数字，倒是一个值得研究的问题。

6　哲列捏（Jerene），地名，《黄金史》（第七五页第十一行）作Chirkhan。

7　赤那思（Chinos），族名，原文"赤那孙"（Chinos-un），即"赤那思"一词的
　　所有格形。原音译作"地名的"，似不甚正确。《秘史》卷八第二〇七节称"赤
　　那思"为"种名"。其前一字为"阿答儿乞讷"，原旁译为"种名的"。以此推
　　之，它可能是阿答儿斤氏族的分支或副氏族。

8　孩子们，原文"可兀的"（kö'üd-i），是可兀惕（kö'üd）的受格。"可兀惕"之
　　原意为儿子们或孩子们。此处之原旁译作"大王每"。按此字在《秘史》第
　　二六九、二七七节多译作"大王"，即"宗王"之意。惟此处译为"大王"或
　　"宗王"，似不相当。且从其上下文中，亦看不出有"宗王等"之意；但因其

为Chinos-un kö'üd，而译之为"狼子"或"狼仔"，亦属不可（蒙语称幼狼为bültereg）。此字谢译达木丁苏隆本译为"青年"（见该书第九十页）。

9《圣武亲征录》称："札木合败走，彼初军越二山，半途为七二灶，烹狼为食。"指"赤那孙"为狼（《蒙古史料四种》本总第三〇页）。

10 捏古歹·察合安·兀阿（Negüdei-Chaghan-Gho'a），人名。此人于卷三之第一二〇节作捏古台·察合安·兀洼思。《黄金史》（第六七页第十一行及七六页首行）作Chaghan-Gho'a。

11 这场战役就是《元史·太祖本纪》及《亲征录》中所载的"十三翼之战"。关于成吉思汗十三翼之战的组织，《亲征录》记载甚详。《秘史》称败绩属于成吉思可汗，《亲征录》则谓札木合败北，显有改变窜史实之嫌。关于谁煮赤那思族人一事，《秘史》与拉施特书各执一词，王国维氏曾于其《圣武亲征录校注》中，代成吉思可汗辩诬（见《蒙古史料四种》本总第三〇页）。

第一三〇节

　　札木合从那里回去以后，兀鲁兀惕氏的主儿扯歹[1]领着他的兀鲁兀惕氏，忙忽惕氏的忽余勒答儿[2]带着他的忙忽惕氏，离开札木合，来到成吉思可汗那里。晃豁坛氏〔的〕蒙力克老爹〔原〕在札木合那里，也同他的七个儿子一同离开札木合，来到那里，与成吉思可汗合在一起。成吉思可汗因为从札木合〔那边〕来了这么多的百姓，〔又〕因为百姓〔都〕到他自己这边来，就〔很〕欢喜。成吉思可汗、诃额仑夫人、合撒儿、主儿乞〔氏〕的薛扯·别乞、泰出等都说："咱们在斡难河的树林里宴会吧。"当宴会的时候，在以成吉思可汗、诃额仑夫人、合撒儿、撒察·别乞等为首的〔一席之前，放了〕一瓮〔马奶子，派人〕司酌[3]。在以薛扯·别乞的庶母⁴为首的〔一席之前，放了〕一瓮〔马奶子，派人〕司酌。因此豁里真可敦、忽兀儿臣可敦⁵两个人说："怎么不让我们为首，而叫额别该为首，给斟〔马奶子〕呢？"就打厨官失乞兀儿。厨官失乞兀儿挨了打，说："因为也速该·把阿秃儿、捏坤太子两个人都死了，我就这让人家打吗？"说了就放声大哭起来⁶。

注释

1 姚师前注：《元史》卷一二〇有传，作"术赤台"。本传说："当开创之先，协赞大业。厥后太祖即位，命其子孙各因其名为氏，号五投下。"即是因为早期来归的缘故。主儿扯歹的事迹详见本书第一七一节并注1、第二〇二节、第二〇八节等。

2 忽亦勒答儿（Khuyildar），人名。此处作"忽余勒答儿"，惟第一七一节以后均作"忽亦勒答儿"。姚师前注：《元史》卷一二一有传，作"畏答儿"，与主儿扯歹同为五投下之一。因勇决忠诚与成吉思可汗又"更名为薛禅，约为安答。薛禅者，聪明之谓也；安答者，定交不易之谓也。"事迹见本书第一七一、一七五、二〇二节及本节注1。

3 司酌，原文为"秃速儿格　秃速儿出为"（tüsürge tüsürchüküi），旁译作"瓮　倾了"。按"秃速儿格"一字在《秘史》第二一三节及其他各处之旁译均作"酒局"。按蒙古习俗，每于大宴之时，在帐幕入口处，置巨瓮，内盛马湩或酒。其旁有一小台置饮器。有官员着礼服，面北向主坐侍立或跪坐，专司进酒之事。另有二人将盛满马湩之杯，献与主坐及重要宾客。至于次要者，则由人提瓮或壶至其坐次，斟于杯中。这就是此处所说的"秃速儿出为"，故译之为"司酌"。请参照《秘史》卷九第二一三所记之故事。

4 按蒙古游牧社会，正妻与其他妻子的地位不同，所生子嗣的地位也不同；但农业社会的嫡妻庶妾的制度并不存在。因之"庶母"一词颇不适当；可是"小娘""小母"又容易使读者误解，不得已暂以极不相当的"庶母"一辞代之。

5 姚师前注：小娘，《元史·太祖本纪》说是薛彻别乞的次母，豁里真可敦是薛
彻别乞的嫡母。《证补》说，豁里真见次母的酒不与众同，故怒以掌打主膳者。
注文因说，是怒酒之异同，而非争行酒之先后，亦可参看。但就《秘史》蒙文
说，争行酒之先后，应为主因。

6 姚师前注：此节《元史·太祖本纪》叙述较详。（《元史·太祖本纪》自"当是
时，诸部之中……帝功德日盛……诸部皆慕义来降。帝会诸族……宴于斡难河
上"至"于是颇有隙"，约三四百字，可补《秘史》这一节的简略。）

第一三一节

　　那场宴会，我们〔这边〕由别勒古台主持。〔他〕牵着成吉思
可汗的马，站着。主儿乞〔那边〕由不里·孛阔〔力士〕主持那
场宴会。在我们系马的地方¹，捉住了〔一个〕偷缰绳的合答斤氏
的贼。不里·孛阔袒护那个人，就和别勒古台搏斗了很久，撕掉
〔别勒古台〕右边的袖子，赤裸了〔他的〕肩膀。不里·孛阔用环
刀把他那撕掉〔袖子〕裸露的肩膀劈开口子²。别勒古台〔虽〕被
砍伤，却不在乎，也不理睬³，正流着血走的时候，成吉思可汗在
〔树〕荫下坐着，从筵席中看见了，就出来说："怎么被弄成这个
样子？"别勒古台说："没伤着。可不要为了我，兄弟间起摩擦！
我不碍事，我不碍事。在兄弟们刚刚互相熟识的时候，哥哥可不
要〔打架〕，暂且忍一忍吧！"

注释

1 "系马的地方"，原文作"乞鲁额薛"（kirü'es），又见《秘史》第二四五节，也

就是《元史》中所说的"乞列思"。在游牧首长的宫帐，众人系马之所，是交通枢纽之区，向视为重要之地。

斯钦曾于拙作《说〈元史〉中的"乞列思"》一文中申论之，见《大陆杂志》第二十六卷第四号（一九六三年二月）。

2 "劈开口子"，原文"康合思"（khangghas），旁译作"劈开"。今字首之kh音已消失，读作angghas。

3 "襄格连"（senggeren或sengkeren），《四部丛刊》本旁译作"来"字，有讹误。按此字应作"提醒""苏醒""明白"或"醒过来"之意。故"兀禄　襄格连"，不是"不来"，而是"不介意"，钱本作"采"字，即"睬"字之意，正确。

第一三二节

别勒古台这么劝解，成吉思可汗仍是不听，就折下树枝，抽出皮桶〔里〕搅马乳的木棍[1]，撕打，制住了主儿乞〔人〕，〔并〕把豁里真可敦、忽兀儿臣可敦两个人夺过来。后来，他们说要和解。在正要交还豁里真可敦、忽兀儿臣可敦两个人，互派使臣商谈的时候，汉地[2]的金〔朝〕皇帝[3]，因为塔塔儿的篾古真·薛兀勒图[4]等，不接受他和约〔的约束〕派人教王京丞相[5]，整顿军队，切勿犹疑。〔成吉思可汗〕知道王京丞相逆着浯勒札〔河〕[6]，为了进袭篾古真·薛兀勒图等塔塔儿〔人〕，带着牲畜和食粮等物前来的消息之后[7]，

注释

1 "皮桶里搅马乳的木棍"，原文"亦秃格孙　不列兀惕"（itüges-ün büle'üd），旁译作"皮桶的　撞马乳椎"。按büle'ud是bele'ür之复数形。蒙古游牧地区大量

饮用马湩。其制造的方法，直至最近，是将鲜马乳倒入以整个牛皮制成的大皮桶里，使其发酵，并以一木棍（即 büle'ür 或 bülegür）时时搅动，以免其蛋白质凝结，并使酸度平均。此棍长约四五尺左右，故可用为武器。参照卷一第八十五节的记事。

2 汉地，原文"乞塔愓"（Kitad），即契丹（Kitan）之复数形。旁译作"契丹"。此字即元代汉人和汉地的代称。今日仍是用以称汉人、汉地的。参照卷一第五十三节注5。

3 金朝皇帝，原文"阿勒坛罕"（Altan Khan），原译"金皇帝"，即金章宗（一一九○——一二○八）

4 篾古真·薛兀勒图（Megüjin-Se'ültü），人名。姚师前注说：即是《元史·太祖本纪》（第五页）的塔塔儿部长篾兀真·笑里徒。

5 王京丞相即完颜襄，见《金史》卷九四《完颜襄传》。姚师前注说：《元史·太祖本纪》："会塔塔儿部长篾兀真·笑里徒背金约，金主遣丞相完颜襄帅兵逐之北走。"即指此事。

6 浯勒札（Ulja），河名，原文此处作"浯汋札"，以后有时亦作"浯勒札"，故改为"浯勒札河"。姚师前注说：案浯汋札河，当即《金史》卷九四《完颜襄传》中斡里札河。《金史》原文如下："追奔至斡里札河……降其部长。"

7 按文法，此处不宜分段。

第一三三节

成吉思可汗说："从早日起，塔塔儿族就是杀害祖先们和父辈[1]的仇族。我们现在趁着这个机会，夹攻吧！"说了就派使臣到脱斡邻勒汗处去传话，说："听说金国皇帝的王京丞相正逆着浯勒札河，进迫塔塔儿〔部〕篾古真·薛兀勒图等塔塔儿人。我们夹攻〔那〕曾杀害我们祖先们和父辈的塔塔儿族吧！脱斡邻勒汗父

亲，快快来！"这话传到之后，脱斡邻勒汗说："我儿叫说的〔话〕
很对。〔好〕，我们夹攻吧。"说了就〔在〕第三天，集合他的军
队，举兵急速前来²。成吉思可汗、脱斡邻勒汗二人，派人去对主
儿乞的薛扯·别乞、泰出等主儿乞人说："把早先曾杀害我们祖先
们和父辈的塔塔儿〔人〕，一起趁着这个机会，出兵夹攻吧！"派
人到主儿乞去，等了六天之后，〔仍无回信〕³，不能〔再〕等。成
吉思可汗、脱斡邻勒汗二人就一同举兵，顺着浯勒札河，与王京
丞相一同前进夹击。这时，塔塔儿〔部〕篾古真·〔薛兀勒图〕⁴
等塔塔儿人，已经在浯勒札〔河〕忽速图—失秃延〔和〕纳剌
秃—失秃延地方，建立了营寨。成吉思可汗、脱斡邻勒汗二人，
从他们的营寨中，捉住了那些建立营寨的人和篾古真·薛兀勒图。
就在那里把篾古真·薛兀勒图杀了。成吉思可汗在那里获得了
〔小孩睡〕的银摇篮〔和〕有大珠的被子。

注释

1 "祖先们和父辈"，原文作"额不格思　额赤格思"（ebüges echiges），都是复
  数形。似在说明，在前被塔塔儿人杀害的，除俺巴孩、也速该之外，恐怕尚有
  他人。

2 "急速前来"，原文作"斡帖儿连　亦克秃捏周"（Ödterlen igtünejü），叶本、钱
  本、《四部丛刊》本均无旁译，白鸟本补加"作急""赴着"二语为旁译。按
  igtünejü亦有"直前不回"之意，故译为"急速前来"。

3 姚师前注：《元史·太祖本纪》也说："仍谕薛撤别吉，帅部人来助。候六日不
  至。"盖犹记第一三二节中所说争吵的仇恨。

4 原文作"篾古真"，为前后一致计，补加"薛兀勒图"一词。

第一三四节

　　篾古真·薛兀勒图被杀。王京丞相知道成吉思可汗、脱斡邻勒汗二人杀了篾兀真·薛兀勒图，非常喜慰，赠给成吉思可汗"札兀惕—忽里"[1]的名分。对客列亦惕的脱斡邻勒汗赠以王号。王汗[2]之名，就是在那里由王京丞相所赠给的名号而来的。王京丞相说："你们夹击〔塔塔儿〕，杀死篾古真·薛兀勒图，为金国皇帝立了大功。我要把你们这个功劳上奏金国皇帝，请金国皇帝给成吉思可汗加赠比这个名分更大的招讨[3]的名分吧。"王京丞相就从那里很欢喜的，撤〔兵〕回去了。成吉思可汗、王汗两个人在那里掳掠塔塔儿人，〔把〕所得的〔战利品〕分了之后，各自回家去了。

注释

1　"札兀惕—忽里"（ja'ud-khuri〔khori〕），无原译。白鸟本补加"官名"二字于其旁。钱本作"扯兀惕忽里"。《黄金史》（第八二页第四行）作 chagh-un türü，似为 chaghud khuri 之讹写。

　　姚师前注说："札兀惕—忽里"注者甚多，但罕得真解。伯希和先生译注《圣武亲征录》（第九节），说是：这个字的真正意思，我们还是不能确定；连王国维先生所说的"百夫长"也在内。大约是"一个有威权的部落首长"。（李文田在《秘史注》卷四中说"札兀忽里，部长也"，但解释则不佳。）按此字也作"察兀惕—忽里"，见下文第一七九节，旁译"官名"。第一七九节警告阿勒坛、忽察儿二人说："休让人家议论，说你们全倚仗着察兀惕—忽里呢！"这里指的即是帖木真。如是则伯希和"有威权的部落首长"的说法，自可相信（参看下文第一七九节注3）。

2 "王汗"，"王"即汉语的王爵，"汗"蒙古语的可汗。《秘史》原文作"王罕"，其对音为 Ong Khan（现在语的写法是 Wang Khan。《秘史》自本节以后，改称脱斡邻勒汗为王汗）。

3 招讨，金官名，《金史》卷五十七《百官志三》"诸府镇兵马等职"条云："招讨司（三处，置西北路、西南路、东北路）使一员，正三品。副招讨使二员，从四品，招怀降附，征讨携。"（百衲本第十一页上）姚师前注说：由文意观之，"札兀惕—忽里"自然尚在招讨使之下。

第一三五节

　　在破坏塔塔儿人建立营寨的纳剌秃·失秃延地方的屯营地之时，我们军队在营盘里，拣到一个被抛弃的小男孩儿。成吉思可汗就把〔这〕戴着金耳环〔金项〕圈[1]，穿着金花纻丝缎子，用貂皮做里子小袄[2]的小男孩儿，带回来，交给诃额仑母亲收养[3]。诃额仑母亲说："这必是好人〔家〕的儿子，是有好渊源人家的子孙啊！"于是就收养做她五个儿子们的弟弟，第六个儿子，起名叫失吉刊·忽都忽[4]。

注释

1 "耳环项圈"，原文"额额篾克"（e'emeg），旁译仅作"圈"字及"环子有的"，总译则作"鼻上带一个金圈子"。但蒙文原文，并无"鼻上"一语。e'emeg 一字在现代语中，作"耳环"解。故按今意译之。恐原总译之"鼻"字亦为"耳"字之讹。此处所说的"圈子"似乎是一个"项圈"。

2 小袄，原文"赫里格卜赤"（keligebchi），即现代语之elikebchi。原译为"兜肚"。此字亦可作"小袄"解。以貂皮作"兜肚"一事，似不合理，故译为"小袄"。

又以此儿身着貂皮小袄一事推断，此一战役之时间，似在寒冷的季节之内。

3 收养，原文"扫花"（saukha），原旁译为"人事"。此字在现代语中已不使用，《黄金史》于第八三页首行saukha一字之旁，加注asara（阿撒剌）一语，即"关照""扶养"之意。"扫花"一语，在卷三第一一四节，诃额仑收养阔阔出时，曾见过一次，请详同节注4。

4 失吉刊·忽都忽（Shigiken-khutughu），人名，《秘史》又作"失吉·忽秃忽"。shigi、shikiken在蒙语中有"小"的意思，khutughu乃"吉祥福泽"之意。

姚师前注：一作"失吉·忽秃忽""失吉"或"失吉刊"。这是成吉思可汗幕府中一个了不起的人物。他的事迹也见本书第二〇二、二〇三节等。我们怀疑他不但曾创立了蒙古写青册子的记事制度（见下文第二〇三节），并相信我们译注的这一部《蒙古秘史》，也许就是他的作品。他也就是彭大雅、徐霆合著《黑鞑事略》（第二十七节）中的胡丞相。又南港史语所新到德文书，一九五六年出版，捷克包哈（Prof. P. Paucha）教授所著《蒙古秘史是史源也是古典文学》（die Geheime Geschichte der Mongolen als Geschichtsquelle und Literaturdenkmal）第一八七到一九一页中，即有同样的推论，认为失吉·忽秃忽应当就是《蒙古秘史》的作者。（斯钦本人对于《秘史》的著者，不敢有所假设，也找不出可靠的证据来说明它的著者是谁。对于姚师前列的意见愿持保留的意见。在这个注释之外，姚师曾于一九五七年发表《〈黑鞑事略〉中所说窝阔台汗时代胡丞相事迹考》一文，见《"中央研究院"历史语言研究所集刊》第二八本《庆祝胡适先生六十五岁论文集》下册。Paul Ralchenvsky也曾写过一篇专论失吉·忽秃忽的文章（"Sigi-Qutugu Ein Mongolischen Gofolgsmann in Jahrunder," Central Asiatic Journal，Vol. 10，1965）。

第一三六节

成吉思可汗留守的老营[1]在哈澧汋秃[2]海子。主儿乞人〔袭劫〕在老营里留守的人员，抢夺了五十个人的衣服，杀死了十个人。因被主儿乞人那样蛮干，留守在我们老营里的人〔就去〕报告成吉思可汗。成吉思可汗听了这话，非常忿怒，说："我们为什么要被主儿乞人弄成这样呢？〔先前〕在斡难河树林里宴会的时候，打厨官失乞兀儿的是他们，砍别勒古台肩膀的也是他们。因为他们说要和解，我们就交还了豁里真可敦、忽兀儿臣可敦两个人。那以后要一同出兵，夹攻素有怨仇，并且曾杀害我们祖先父辈们的塔塔儿人，等待六天，也没有把主儿乞人等来。现在又向敌人靠拢，他们也就是敌人了！"说罢，成吉思可汗就向主儿乞族出发。当主儿乞族正在客鲁仑河的阔朵额—阿剌勒[3]的朵罗安—孛勒塔兀惕[4]的时候，攻掠了他们的部众。薛扯·别乞、泰出二人仅与少数随从逃出。〔我军〕随后追赶，在帖列秃山口赶上，擒获了薛扯·别乞、泰出两个人。捉住之后，成吉思可汗对薛扯·〔别乞〕、泰出两个人说："早日我们大家是怎么说的？"薛扯·〔别乞〕、泰出两个人说："我们没有实践我们所说的话，〔现在〕就按我们的话办吧！"说完，知道自己的话，就任凭处分[5]了。〔成吉思可汗〕使〔他们〕知道他们自己〔所说〕的话，之后，就按他们的话处分，〔把他们〕结果了，撇在那里。

注释

1 老营，原文"阿兀鲁兀惕"，旁译作"老小营"。白鸟本于其下补加一"每"字，即a'urugh之复数形，亦即《元史》上的"奥鲁"。此字在今日已不见通用，但若干旧文典中仍可看出，它在蒙古帝国建立前，曾具备"留守司"的作用。在元朝建立后，就成为每个军团兵源物资供应基地。日本岩村忍教授于其巨著《蒙古社会经济史》兵员之补充与物资之补给一章中论之甚详。见第二四五至二六○页（一九六八年，京都大学版）。

2 哈澧汹秃（Khariltu），湖名，钱本作"哈澧惕秃"。《黄金史》（第八三页第四行）作Arghalitu-naghur。

3 阔朵额—阿剌勒（Kudö'e［Köde'e］-aral），地名，字义是"野河"。

4 朵罗安—孛勒塔兀惕（Dolo'an-boltagh-ud［bolta'ud］），地名，字义是"七个小丘"。

5 "任凭处分"，原文"土失周"（tüshijü）。原旁译作"伸颈着"，似是按全文情节所作的意译，而非该字的本意。这字的本意是"依靠"或"委托"，故译为"任凭处分"。

第一三七节

处置了薛扯·〔别乞〕、泰出两人以后，回来移动[1]主儿乞百姓的时候，札剌亦儿〔氏〕帖列格秃·伯颜[2]的儿子古温·兀阿[3]、赤剌温·孩亦赤[4]、者卜客三个人正在主儿乞族那里。古温·兀阿教他的两个儿子木合黎[5]、不合[6]拜见〔可汗〕说：

"我教〔他们〕做你门限里的奴隶；

若〔敢〕绕过你的门限啊，

就挑断他们脚筋！

　　　我教〔他们〕做你梯己[7]的奴隶；

　　　若〔敢〕离开你的〔大〕门啊，

　　　就剜出他们的心肝！"

说着，就献给了〔可汗〕。

　　赤刺温·孩亦赤也教他的两个儿子秃格[8]、合失[9]谒见成吉思可汗，说：

　　　"我把〔他们〕献给你，

　　　看守你的黄金门限；

　　　若敢离开你黄金门限，

　　　到别处去啊，

　　　就断他们的性命，撇弃〔他们〕！

　　　我把〔他们〕献给你，

　　　抬起你的宽阔大门；

　　　若敢越出你宽阔大门，

　　　到别处去啊，

　　　就踏他们的心窝，撇弃〔他们〕！"[10]

　　〔古温·兀阿〕把者卜客给了合撒儿。者卜客从主儿乞营盘里，带来〔一个〕名叫孛罗兀勒[11]的小男孩儿，拜见诃额仑母亲，献给〔她〕了。

注释

1 这里所谓移动，就是把新征服的部族，予以新的安排，整编到自己的旧部中去的意思。

2 帖列格秃·巴颜（Telegetu〔Telegetü〕-Bayan），人名。Bayan 是"富"或"富

翁"之意。

3 古温·兀阿（Kü'ün［Gü'ün］-Gho'a），人名，《元史》卷一一九《木华黎传》
  作"孔温·窟哇"。

4 赤剌温·孩亦赤（Chila'un-khayichi），人名，其字义是"石剪"或"石钳"。

5 木合黎（Mukhali），人名，惟此处原文作"模合里"，第二〇二节以后均作"木
  合黎"。

  姚师前注：模合里即是木华黎，《元史》卷一一九有传。模合里的异译甚多。
  赵珙《蒙鞑备录》所谓："元勋乃彼太师国王没黑肋者，小名也。中国人呼为
  摩睺罗，彼诏诰则曰谋合理。"模合里的事迹，见本书第二〇二、二〇六节。
  比较上，《元史》中的木华黎最为通行。

6 不合（Bukha），人名，其字义为"牡牛"或"牡鹿"。

7 梯己，原文"奄出"（ömchi），旁译为"梯己"，即个人的或私人的之意。
  Ömchi 一语在现用之蒙语中极普通。"梯己"一词在华北之地方语中亦极普通。

8 秃格（Tüge），人名，原文此处作"统格"（Tüngge）。《黄金史》（第八五页第
  三行）作 Tüge。《秘史》于第二〇二节也作"秃格"，故改正之。

9 合失（Khashi），人名，《黄金史》（第八五页第三行）误作 Khasar。合失，就
  是河西的转音，是指唐兀惕（Tangut）人说的。

10 拉地米尔索夫曾以这一段故事，来说明封建关系中亲兵—伴当（nökör）与领
   主间的誓约（见日译本第二〇四、二〇五两页）。姚师在前注中说："门限里
   的奴隶"，即"贴身家将"的意思。

11 孛罗忽勒（Boroghul），人名，《元史》卷一一九有博尔忽专传。

第一三八节

诃额仑母亲把从篾儿乞惕营盘里得来，名叫古出的小男孩；从
泰亦赤兀惕里边，别速特〔氏〕营盘里得来，名叫阔阔出的小男
孩；从塔塔儿营盘里得来，名叫失吉刊·忽秃忽的小男孩；从主儿

乞营盘里得来的，名叫孛罗兀勒的小男孩，〔他们〕这四个，收养在家里。诃额仑母亲〔想〕："叫谁来给〔我〕儿子们做白天看望的眼睛，夜里听闻的耳朵呢？"因此就在家里〔把他们〕收养大了[1]。

注释

1 姚师前注：收养古出见上第一一四节，阔阔出见第一一九节，失吉·忽秃忽见第一三五节，孛罗兀勒见第一三七节。这四个人就是著名的诃额仑的四养子，就中忽秃忽与孛罗兀勒尤为有名。参看下文第二〇三、二一四节等。

第一三九节

这些主儿斤百姓，成了主儿勤〔一族〕的缘故是：当初合不勒汗七个儿子之中，最年长的是斡勤·巴剌合黑[1]，他的儿子是莎儿合秃·主儿乞[2]，因他是合不勒汗诸子中最年长的，就从百姓当中，拣选肝强胆壮，拇指善射，满怀雄心，满口傲气，有丈夫技能，有力士强力的人给他，成为有傲气，有胆量，有勇敢，无人能敌的〔部众〕。因此就被称为主儿斤[3]族。成吉思可汗制服了那样刚勇的百姓，灭亡了主儿勤〔族〕。成吉思可汗将〔主儿斤〕的百姓部众，变成了属于他个人梯己的百姓[4,5]。

注释

1 斡勤·巴剌合黑（Ökin-Barkhagh），人名。《黄金史》（第八十六页首行）作Ökin-Baragh。

2 莎儿合秃·主儿乞（Sorkhatu-Jürki），人名。《秘史》卷一第四十九节称之为

"忽秃黑秃·主儿乞"（Khutughtu-Jürki）。

3 主儿斤，原文作"主儿勤"，兹依他节改为"主儿斤"。Jürki、Jürkin 是"心脏"之意，现代文言写作 jirüke，口语读作 jürki 的。因之"主儿斤"一族之名，似有"中心"或"心脏"之意。

4 "梯己的百姓"，原文"奄出 亦儿坚"（Ömchü〔Ömchi〕irgen），旁译作"梯己 百姓"，原总译作"自己的百姓"。关于 ömchü（梯己）一字，已见前第一三七节注7，兹不赘述。所谓 ömchü irgen，可能是这一部百姓不是国家所有，也不是皇室所有，而是可汗个人所私有的。在近代封建制度中，封主在其旗内，有时另有 ömchü khariyatu，是属于他个人的百姓，与全旗行政无关。他们的义务是配给封主个人服务。

5 姚师前注：成吉思可汗能制服蒙古内部的主儿斤人，也是他统一内部成功的一个重要因素。

第一四〇节

一天，成吉思可汗说："我们教不里·孛阔[1]、别勒古台两个人摔跤[2]吧！"不里·孛阔原来在主儿斤族〔那边〕。不里·孛阔曾〔有一次〕将别勒古台，用一只手抓着，用一只脚绊倒，压着〔他〕使〔他〕不能动。不里·孛阔是〔全〕国〔有名〕的力士。就在那里教别勒古台、不里·孛阔两个人掼跤。无敌的不里·孛阔故意倒下。别勒古台压不住〔他〕，就抓住〔他〕肩膀，骑上〔他的〕臀部。别勒古台回头看成吉思可汗。可汗咬了咬自己的下嘴唇。别勒古台明白〔可汗的〕意思，就骑在他身上，从两边交错地扼住他的颈项，〔向后〕扯，用膝盖按住，折断了他的脊骨。不里·孛阔断了脊骨说："我本是不会被别勒古台所胜的！因为怕可汗，故意倒下，我在犹疑之间，丧了性命!"说完就死了。别勒古台把他脊骨折断，拖了一下撇下走了。

　　合不勒可汗七个儿子的长兄是斡勤·巴儿合黑。次为巴儿坛·把阿秃儿；他的儿子是也速该·把阿秃儿。再其次是忽秃黑图·蒙古儿[3]，他的儿子是不里·〔孛阔〕。因为疏远巴儿坛·把阿秃儿的子嗣，而去给〔斡勤〕·巴儿合黑骄猛的子嗣们作伴，所以〔全〕国〔有名〕的力士不里·孛阔，被别勒古台折断脊骨而死[4]。

注释

1　不里（Büri），人名，字义是"全备"或"完美"之意。孛阔（böke），是"力士"，也是"掼跤者"之意。"孛阔"一字此处作"孛可"；第五十节及一三一节均作"孛阔"，故改作"孛阔"。

2　"教摔跤"，原文"阿巴勒都兀鲁牙"（abaldu'ulya〔abuldu'ulya〕），原旁译为"教厮搏咱"。因别勒古台、不里二人均以"孛阔"（böke）——力士称著。按蒙古习惯，力士角力，多采�跤方式，所以改译为"摔跤"。

3　忽秃黑图·蒙列儿，人名。《秘史》卷一第四十八、五十两节均作"忽秃黑秃·蒙古儿"，《黄金史》（第八十七页第七行）也作Khutughtu-Mönggür，足证此处"列"字乃"古"字之讹也。

4　十五卷本，第四卷于此终了。

第一四一节

　　其后鸡儿年（辛酉，一二〇一年），合答斤、撒勒只兀惕〔两族〕连合，合答斤的巴忽·搠罗吉[1]等合答斤〔人〕为首，撒勒只兀惕的赤儿吉歹·把阿秃儿[2]等为首，与朵儿边、塔塔儿〔两族〕和好。朵儿边的合只温·别乞等，塔塔儿〔部〕的阿勒赤—塔塔儿[3]的札邻·不合[4]等，亦乞列思的土格·马合等，翁吉剌惕的迭儿格克[5]、额篾勒、阿勒灰等，豁罗剌思的绰纳黑·察合安[6]等，乃蛮的古出兀惕，乃蛮的不亦鲁黑汗，篾儿乞惕〔部〕脱黑脱阿·别乞的儿子忽秃[7]，斡亦剌惕[8]的忽都合·别乞，泰亦赤兀惕的塔儿忽台·乞邻勒秃黑，豁敦·斡儿长、阿兀出·把阿秃儿[9]等泰亦赤兀惕〔人〕，这〔十一个〕部族，在阿勒灰—不剌黑[10]聚集，说是要拥立札只剌歹〔氏的〕札木合[11]为汗，一同砍杀牡马、牝马，立誓结盟[12]。从那里顺着额峏古涅河[13]前进，到刊河水注入额峏古涅河之处的三角洲地方，在那里拥立札木合为"古儿"[14]汗。拥立古儿汗之后，大家〔一致〕说："〔咱们〕向成吉思可汗、王汗两个人进攻吧！"当成吉思可汗正在古连勒古的时候，豁罗剌思〔族〕的豁里歹，把这话给传送来了。这话传来之后，成吉思可汗就把这话转达到王汗那里。王汗得了〔此〕讯之后，就举兵，急速来到成吉思可汗那里。

注释

1　巴忽·搠罗吉（Bakhu-Chorogi），人名，钱本作"巴忽搠浑吉"。《黄金史》（第八十七页末行）作Bakhu-Chorokhu。

2　赤儿吉歹·把阿秃儿（Chirgidei-Ba'atur），人名，《黄金史》（第八十七页末行末字）作Irgidei-Ba'atur。

3　阿勒赤—塔塔儿（Alachi-Tatar），部族名。原文此处之旁译误以阿勒赤为人名。《秘史》第一五三节对塔塔儿内部三个氏族有比较详细的记载，其处阿勒赤—塔塔儿作种名解，是正确的。

4　札邻·不合（Jalin-Bukha），人名，《黄金史》（第八十八页首行作）Jali-Bukha。
　　按蒙文 jali 同 jalin 为一字的两个形态，Jali-Bukha 的字义是"狡黠的牡牛"。如
　　此人为 Jali-Bukha，卷一第五十八节之曾记塔塔儿人札里·不花事，可能是一
　　个人。

5　迭儿格克（Dergeg），人名，《黄金史》（第八十八页第二行）作 Terge。这与
　　《秘史》第一七六节所说的"帖儿格"同。

6　绰纳黑·察合安（Jonagh-chagha'an），人名。Jonagh 字义是"拙笨"，chagha'an
　　是"白"。《黄金史》（第八十八页第二行）作 Chinden-chaghan。

7　忽秃（Khodu），人名，今读作 odu，字义是"星"。

8　斡亦剌惕（Oyirad），部族名。这就是明代的瓦剌和清代的卫喇（拉）特蒙古。

9　阿兀出·把阿秃儿（A'uchu-Ba'atur），人名。《黄金史》（第八十八页第四行）
　　在其名上加 Mongghol 一字，足证泰亦赤兀惕氏曾为蒙古族之代表氏族。又
　　《黄金史》于此处之后，称此人为 Naghuchu-Ba'atur。

10　阿勒灰—不剌黑（Alakhui-Bulagh），地名。阿勒灰不知何解，不剌黑是水泉。

11　此处称札木合为札只剌歹氏。惟第四十、一二九节均称"札答阑氏"。

12　关于这一段故事，冯译《多桑蒙古史》（上册第一卷第二章第四十八页）
　　称："其他诸蒙古部落，哈塔斤、撒勒只兀、朵儿边、弘吉剌诸部，及塔塔儿
　　之一部落，见铁木真又胜，皆不自安，乃聚而会盟。诸部长共举刀斫一马、
　　一牛、一羊、一狗、一山羊，为誓曰：'天地听之，吾人誓以此诸牲之长之血
　　为誓，设有背盟者，死与诸牲同！'"凌纯声教授于一九五七年，在《"中央
　　研究院"民族学研究所集刊》第三期中发表《古代中国与太平洋区的犬祭》
　　一文，曾论及东北地方，长城以北、大兴安岭以东之地及契丹女真等族（第
　　六页）及西伯利亚东北地区（第二十二页）之犬祭习俗。故疑十二世纪之
　　时，此种犬祭的习俗，或曾一度传入蒙古。惟蒙古人立誓或祭祀用犬一事，
　　只见多桑书一处，故亦无法使人深信不疑。英国 John A. Boyel 教授曾写 "A
　　Form of Horse Sacrifice Amongst the 13th and 14th Century Mongols" 一文，见
　　Central Asiatic Journal，Vol. 10，1965。

13　额峏古涅（Ergune［Ergüne］），河名，即今黑龙江上流，西伯利亚与内蒙古
　　呼伦贝间之额尔古纳河。

14 "古儿汗"，原文"古儿　合"（Gür Kha）的讹误，其旁注为"可汗名"。Gür或
　　Güür一语在现代语中已不使用。此一尊号，即西辽（Kara［Khara］-Kitai）皇
　　帝耶律大石的尊称"葛儿罕"（《辽史》卷三十第六页上），字义是一切的可汗。

第一四二节

　　等王汗到来之后，成吉思可汗、王汗两个人会师，一同
说："迎着札木合出发吧！"就顺着客鲁涟河行军。成吉思可汗派
阿勒坛、忽察儿、答里台三个人做先锋；王汗派桑昆[1]、札合·敢
不[2]、必勒格·别乞三个人做先锋。在这些先锋的前面，还派出哨
望，在额捏坚—归列秃[3]放置一队哨望。在他们那边的彻克彻列放
了一队哨望。在更那边的赤忽儿忽[4]放了一队哨望。我们的先锋阿
勒坛、忽察儿、桑昆到了兀惕乞牙[5]，刚说要下寨的时候，有人从
放在赤忽儿忽的哨望那里，跑来报告，说："敌人来啦！"那消息
到来，就不驻营，说："迎着敌人〔去〕讨个回话吧。"〔双方〕相
遇就问："〔来者〕是谁？"札木合的先锋〔回答说〕："蒙古[6]的阿
兀出·把阿秃儿、乃蛮的不亦鲁黑汗、篾儿乞惕的脱黑脱阿·别
乞的儿子忽秃、斡亦剌惕的忽都合·别乞，这四个人来做札木合
的先锋。"我们的先锋对他们喊话说："天色已晚，明天厮杀！"说
着就退回大营一同住下了。

注释

1 桑昆（Sengküm），是王汗脱斡邻勒之子。

162

2　札合·敢不（Jakha-Gembo［Ghambo］），是王汗之弟。Gembo是藏语"长老"
之义。

3　额捏坚—归列秃（Enegen-Güiletü），地名。《黄金史》（第八十九页第五行）只
称Güiletü，而无Enegen一字。

4　赤忽儿忽（Chikhurkhu），地名，《黄金史》（第八十九页第六行）作Chokhurkhu。

5　兀惕乞牙（Udkiya），地名，《黄金史》（第八十九页第八行）作Edüküye。

6　蒙古，原文"忙豁勒"（Mongghol），旁译作"达达"。《黄金史》于第一四一
节之处，在"阿兀出·把阿秃儿"一名之上，已冠以Mongghol一词，足证泰
亦赤兀惕人曾是代表蒙古部的主要氏族。参照第一四一节注9。

第一四三节

次日出发〔两军〕相接，在阔亦田[1]列阵，在互相向上向下对
峙[2]，双方剑拔弩张之际，对方不亦鲁黑汗、忽都合·〔别乞〕二
人懂〔用"札答"石〕招致风雨的法术[3]，就施此术；〔不意〕风雨
逆袭他们，以致不能走脱，倒在沟壑之中。〔他们〕说："上天不
喜悦我们。"于是就溃散而去。

注释

1　阔亦田（Küyiten［Küiten］），地名，其字义为"寒凉"。这一个战场可能是一
个寒冷的高原。现代蒙古地名中，凡以此字为名的，都是指高空之地而说的。
姚师前注：阔亦田，《元史·太祖本纪》作"阙奕坛"。此一战役，《元史·太
祖本纪》说是乃蛮部卜鲁欲罕约朵鲁班诸部来侵。依这里所述，则主兵者是札
木合，应当是札木合联结卜鲁欲罕等人合兵寻隙。

2　对峙，原文"亦忽里合勒敦"（ighurighaldun），旁译作"相梆"。这是一个有

问题的字。《黄金史》（第九十页第二行）于该书本节之处作ighurildun，也就是nighurildun一字，字义是"面对面"，与"相栂"同。所以《秘史》之ighurighaldun，可能就是nighurighaldun。在蒙古旧文献中n音多不加标记，时与代表母音之字母相混。例如：《秘史》中常见的"亦出牙"（ichuya，退），就是现代文语中之nichuya。

3 "札答"（jada），原旁译作"能致风雨的事"。此种萨满巫术，在蒙古一般地区，自佛教普及之后，已经绝迹；惟新疆天山北路之蒙古地方，仍有人自称能致风雨，而行"札答"之术。其法大致为将若干经过咒炼的小石块置于水中，施行法术，使该地之龙王（loos）降风雨；但其术因人因地而异。藏族中之信奉"黑教"（Bon）之徒，常有类似萨满之sangaspa，施展此种巫术，且常有人来至蒙古地区，作法谋生。

第一四四节

〔溃退中，〕乃蛮的不亦鲁黑汗向阿勒台山[1]前兀鲁黑—塔黑[2]离去。篾儿乞惕的脱黑脱阿·〔别乞〕的儿子忽秃，向薛凉格[3]〔河〕去了。斡亦剌惕的忽都合·别乞，为要争夺森林，向失思吉思[4]去了。泰亦赤兀惕的阿兀出·把阿秃儿，〔溃〕向斡难〔河〕去了。札木合把曾经拥立他自己做可汗的百姓们掳掠之后，顺着额泐古涅〔河〕回去了。那般击溃他们〔之后〕，王汗顺着额泐古涅〔河〕，去追击札木合。成吉思可汗向斡难〔河〕去追击泰亦赤兀惕的阿兀出·把阿秃儿。阿兀出·把阿秃儿回到他自己的百姓那里，〔却〕使他的百姓惊惶逃走。阿兀出·把阿秃儿、豁敦·斡儿长〔等〕泰亦赤兀惕〔人〕，在斡难〔河〕的那一边，整顿剩余的军队[5]准备厮杀。成吉思可汗到达以后，〔就〕与泰亦赤兀惕厮杀起来，互相反复冲杀非常激烈，天色已晚，就在那厮杀之地，互相对峙着住宿下来。〔泰亦赤兀惕〕百姓惊惶逃走，也就在那里，与他们的军队，围成一个圈寨，一同住下了。

注释

1　阿勒台（Altai），原旁译作"地名"，即今之阿尔泰山。《黄金史》（第九十页第五行）作 Alta。Alta、altan 皆"黄金"之意。

2　兀鲁黑—塔黑（Ulugh-tagh），地名，是突厥语"大山"之意。

3　薛凉格（Selengge）河，就是现在叶尼塞河上游，蒙古境内的色楞格河。

4　失思吉思（Shisgis），地名，《黄金史》（第九十页第七行）作 Shigshig。

5　原文在这句话中，有"秃剌思"（turas）一字，旁译作"方牌"。原总译中未提及此字。按托钵僧迦比尼（John of Pian de Carpini）《游记》第十五章，虽列举蒙古兵士之武器及用具甚多，独无"盾牌"一物。此处蒙文的 Turas 及汉文的"方牌"，均甚费解。小林教授于其《元朝秘史之研究》（第四十六页），批评海尼士德文本《蒙古秘史》译作"有盾牌装备的战士"之误，并指出《亲征录》有"月良兀秃剌思之野"一词，拉施特书（第二卷第一一八页）作 Engut-Turas 的反证。《黄金史》（第九十页末行）作 Onan-u chinachi eteged Ulghud-Turas cherig-üd ayan jasaju，其意为"在斡难河的那边 Ulghud-Turas 整顿军队"，恰与《圣武亲征录》的"月良兀、秃剌思（Uriyangghud-Turas）之野"相对。但笔者为慎重计未敢将秃剌思作为专有名词插入，亦不能不把原旁译中的"方牌"一词去掉。

第一四五节

成吉思可汗在那次战斗中，颈项脉管受了伤，血流不止，慌忙中太阳落下，就在那里相对峙着住下了。者勒篾不停的用嘴咂吮〔那〕淤塞的血，他的嘴都染满了血。者勒篾不肯委托别人，相守直到半夜，把满口淤塞的血咽的咽了，吐的吐了。到了后半夜，成吉思可汗心里清醒过来说：“血都干了，我很渴！”于是者勒篾把帽子、靴子、衣服都脱下，只〔剩〕裤子，赤裸着〔身体〕，跑进正相对峙的敌〔营〕里面，上了在那边围成圈寨的百姓们车里，〔却〕没有找到马奶子。原来在惊惶中，〔他们〕没挤奶，把牝马¹都放出去了。寻不到马奶子，就从他们车里扛出一大桶酪²来。来去之间，都未曾被人看见。啊！这真是上天的保祐！

把成桶的酪拿来之后，者勒篾自己又去找水，把酪调和好，教可汗喝了。可汗一边喝着，一边休息了三次，说：“我心里〔清醒〕，眼睛〔也〕看清楚了。”说着就探身坐起来。〔这时〕天才放晓，一看，在那坐的周围，者勒篾咂吮所吐出来的淤血，把〔那〕四周〔都〕弄成泥浆了。成吉思可汗看了就说：“这怎么行，为什么不吐得远些呢？”者勒篾说：“当你正慌迫的时候，〔我〕如果远去，怕你难过。忙得我咽的咽，吐的吐了。在慌忙中，也有好些进到我肚子里去了。”成吉思可汗又说：“我〔伤〕了这个样子，躺着的时候，你为什么赤身跑入〔敌营〕里头去？若是被捉着，你不会把我这个情形告诉〔他们〕吧！”者勒篾说：“我想，赤着身子去，若被捉住，我就说：我打算来投降你们，可是〔他们〕发觉了抓住〔我〕要杀，把我的衣服都给脱光了，只剩下裤子还没有脱完的时候，我突然逃脱，就这样赶到你们这里来了。〔他们必〕信以为真，给我衣服，收容我。我骑上马，看看这么近，我还不会回来么？我那么想，是要安可汗干渴的心，我就不顾一切的[3]，这样想着就走下去了。"成吉思可汗降圣旨说："现在〔我〕还有什么可说呢？以前三部篾儿乞惕〔人〕前来〔袭击我〕，三次围绕不峏罕〔山〕的时候，你曾救过我的性命一次。你现在又用嘴咂吮要淤塞的血，救了我的命。又在〔我〕干渴发慌的时候，你又不顾一切的舍着性命，跑到敌〔营〕里边，〔拿来酪浆〕，使我苏醒过来。你这三次的大恩，我当〔永远〕记在心里！"

注释

1 牝马，原文"格兀"（geü〔gegü〕），旁译"骒马"，也就是华北俗语的"牝马"，钱本"骒"字讹为"骒"字。

2 酪，原文"塔剌黑"（taragh），是用牛奶略微发酵而作成的半流质食品，类似欧美人所吃的yogurt。吃的时候，可以用水调稀食之。在蒙古草原上，这多半是阴历四月间的食物。由"塔剌黑"这个字和者勒篾脱衣前往一事推测，这一个战事的发生，可能是在初夏。

3 "不顾一切"，原文"你敦—合剌"（nidün khara），旁译作"眼黑"。此处暂译作"大胆"或"不顾一切"解。

第一四六节

天亮之后，相对峙着住宿的〔敌〕军，已经在夜间溃散了。围成圈寨住下的百姓们，因为不能逃出，就没有从那围成圈寨住下的地方移动。成吉思可汗为要截回那些惊惶已经逃走的百姓，就从那住宿之地出发，正追赶那些惊惶逃走的百姓时，在岭上有一个穿红衣服的妇人，大声哭着喊叫："帖木真啊！"成吉思可汗自己听见了。就派人去问："什么人的女人那样喊叫？"〔派〕人去一问，那妇人说："我是锁儿罕·失剌[1]的女儿，名叫合答安。这些军人抓着我的丈夫要杀！我的丈夫要被杀啦！我哭着、喊叫，〔求〕帖木真救我的丈夫！"去的人回来，把这话报告成吉思可汗。成吉思可汗听罢，就骑马小跑着到〔她那里〕。成吉思可汗在合答安〔前面〕下马，〔与她〕拥抱〔为礼〕。〔可是〕在那以前，我们的军队已经杀死了她的丈夫。把那些〔逃散的〕百姓追回来之后，成吉思可汗〔的〕大军就在那里下寨住宿。〔可汗〕把合答安唤来，叫她并坐在旁边[2]。

第二天，曾为泰亦赤兀惕〔氏〕脱朵格[3]家人的锁儿罕·失剌、者别两个人也来了。成吉思可汗对锁儿罕·失剌说："把〔我〕颈项上沉重的木头，给扔在地上；把〔我〕脖领上枷锁的木头，给卸下撤开，你们父子都是有大恩〔于我〕的。您为什么〔来〕迟了呢？"锁儿罕·失剌说："我想，心里有现成的倚仗，忙什么？若是忙着先来，泰亦赤兀惕的'那颜'们就会把我所留在后面的妻子、马群、食粮，如扬灰一般的毁掉。因此没有忙。我们如今赶来，与我们的可汗合在一起了。"等〔他〕把话说完，〔可汗〕说："对！"

注释

1 锁儿罕·失剌（Sorkhan-Shira），人名，已见第八十二节注1。《黄金史》及其他蒙文史书多作Torkhan-Shira。

2 合答安搭救帖木真的故事，见卷二第八十五节。《秘史》卷五第一五五节记述成吉思可汗纳也速干、也遂两夫人的故事，其中所说的坐次问题。欧洲传教士鲁布鲁克（William of Rubruck）《游记》第二十三章也记载，大汗宫廷中，可汗与后妃们并坐的席次。此处所说"教坐在旁边"可能就是叫她坐在后妃们应坐的席位之上，而纳为夫人的意思。《元史·后妃表》，太祖第四斡耳朵之哈答皇后，也许就是这里所说的合答安。

3 脱朵格（Tödöge），人名，似即卷二第七十二节所说的脱朵延·吉儿帖（Tödögen-Girte）。

第一四七节

　　成吉思可汗又说："〔在〕阔亦田[1]作战互相对峙[2]，持械待发之际，从那山岭上〔射〕来了〔一支〕箭，把我那匹披甲的[3]白口黄马锁子骨给射断了。是谁从山上射的？"对这句话，者别说："是我从山上射的。如今可汗若要教〔我〕死，不过是使手掌那么大的〔一块〕土地染污。若被恩宥啊，愿在可汗面前横渡深水[4]，冲碎坚石。在叫〔我〕前去的地方，愿把青色的磐石给〔你〕冲碎！在叫我〔进攻的〕[5]地方，愿把黑色的矾石给〔你〕冲碎！"成吉思可汗说："凡曾是对敌的，都要把自己所杀的和所敌对的事隐藏起来。因惧怕而讳其所为。这个〔人〕却把所杀的所敌对的事，不加隐讳，告诉〔我〕，是值得做友伴的人。〔他〕名字叫只儿豁阿歹，因为射〔断〕了我那披甲白口黄马的锁子骨[6]，就给〔他〕起名叫作者别[7]。教他披起铠甲，名为者别，在我跟前行走！"〔这样〕降下了圣旨。这是者别从泰亦赤兀惕前来，成为〔可汗〕伴当的经过。

注释

1 阔亦田（Küyiten），地名，已见第一四三节注1。

2 对峙，原文作"亦忽里合勒敦"，此字曾见第一四三节。请参照该节注2。

3 原文"者别列古"（jebelekü），原旁译作"战的"。《黄金史》第九十五页第十行在此字之旁，补注 khuyaghlakhu，即披"铠甲的"之意。迦比尼《游记》第十五章中，亦曾提及披甲的蒙古战马。

4 深，原文为"彻额勒"（che'el），旁译作"深"。此字在现代文语中，作"不涸的泉水"解。

5 此处原文似有一二字脱漏。

6 原文作"阿蛮—你鲁兀"（aman niru'u），旁译作"锁子骨"。此字在本节出现两次，前者作"阿蛮—你里兀"，"里"字为"鲁"字之讹。

7 者别（Jebe），人名，原总译末尾称："者别，军器之名也"。此字在一般语汇中，作"箭镞"解。《蒙汉满三合》（第十一册第二十页下）称jebe为梅针箭。

卷　五

第一四八节

　　成吉思可汗在那里俘虏泰亦赤兀惕〔人〕，把泰亦赤兀惕氏[1]的阿兀出·把阿秃儿、豁敦斡儿长、忽都兀答儿等的子子孙孙，都如吹灰一般杀尽，把〔他们〕的人民徙来，成吉思可汗在忽巴合牙[2]过冬。

注释

1　原文作"牙速秃"（yasutu），原旁译作"骨头有的"，即氏族之谓。
2　姚师原注：《圣武亲征录》作"忽八海牙"，约在大肯特山东南，克鲁伦河发源的近处。李文田氏原注说："地在客鲁涟河源头"。海尼士在德译本（第一七七页）说在克鲁伦源头附近，盖出自李氏译文。

第一四九节

　　你出古惕—巴阿邻〔氏〕的失儿古额秃老人同他的儿子阿剌黑[1]、纳牙阿[2]等，在泰亦赤兀惕的"那颜"塔儿忽台·乞邻勒秃黑正要走入森林的时候，因为〔他〕是〔可汗的〕仇人，就把〔这〕不能骑着马走路的塔儿忽台·乞邻勒秃黑[3]捉住，放在〔他们的〕车上。失儿古额秃老人与他儿子阿剌黑、纳牙阿一同捉住塔儿忽台·乞邻勒秃黑前来时，塔儿忽台·乞邻勒秃黑的儿子们、弟弟们就来追赶，要夺〔他〕回去。当他的子弟们赶上来的时候，失儿古额秃老人把不能起来的塔儿忽台翻过来脸向上，骑在他〔身〕上，拿出刀子来说："你的子弟们来了，要把你抢回去。因为已经对你——我自己的可汗——动过了手，虽然没杀死你，也会因为对自己可汗下了手，而杀我。杀了〔你〕，也是被杀，反正是死。我找个垫背的⁴死吧！"说罢，就骑着〔他〕，拿把大刀子，要割他的喉咙。塔儿忽台·乞邻勒秃黑用〔很〕大的声音，对他的弟弟们儿子们喊叫着说："失儿古额秃要杀我啦！若是杀死，你们把我没命的身子拿去作什么！趁着还没有杀我，赶快回去吧！帖木真不会杀我的。帖木真小的时候，因他眼里有火，脸上有光的缘故，被撇弃在没有主的地方。〔我〕曾去把〔他〕带回来。一教训，就有能学的样子。〔我〕就像训练两三岁新马驹一般的教训〔他〕来呀。〔有人〕说弄死他吧；可是我不忍弄死他⁵。如今听说他还记得，心里也渐渐明白。帖木真不会教我死的。你们，我的孩子们、弟弟们啊！快回去吧！小心失儿古额秃杀死我呀！"如此大声的喊叫。他的子弟们彼此说："我们是来救父亲的命，若是失儿古额秃要了他的命，我们空空的〔拿〕他没命的〔尸〕体做什么呀？趁着还没有杀死，赶快回去吧！"〔他们〕大家〔这样〕说着就回去了。当〔他们追〕来的时候，失儿古额秃老人的儿子阿剌黑、纳牙阿等不曾在一起的人〔也〕来了。等他们来了就〔向前〕走，路间在忽秃忽勒—讷兀惕，纳牙阿说："若是咱们捉住这塔儿忽台·乞邻勒秃黑前去，成吉思可汗以为我们是向正主、自己的可汗动了手而来的，〔必〕说：'对自己的正主下了手而来的，是怎能是可信任的人呢？这些人又怎能给我们做伴当呢？把

174

这些不能做伴当，〔而且〕对自己的可汗正主动过手的人斩了吧！'
〔这样〕我们岂不就被斩了吗？我们还是在这里把塔儿忽台·乞邻
勒秃黑放掉，去说：'我们前来，献身给成吉思可汗效力！我们曾
经捉住塔儿忽台前来，〔因为〕舍不得自己的正主，怎么能看着教
〔他〕死呢？就放〔他〕走了。请相信我们是前来效力的。'我们
就〔这样〕说吧！"父子们都赞同纳牙阿的话，就在忽都忽勒——讷
兀惕，把塔儿忽台·乞邻勒秃黑放回去了。失儿古额秃老人和他
儿子阿剌黑、纳牙阿们一同来到之后，〔可汗〕就问〔他们〕是怎
么来的？失儿古额秃老人对成吉思可汗说："捉住塔儿忽台·乞邻
勒秃黑前来的时候，却因怎能看着自己的正主叫他死呢？舍不得，
就放〔他〕走了。前来给成吉思可汗效力。"成吉思可汗说："如
果你们是对自己的可汗，塔儿忽台·乞邻勒秃黑动手〔捉〕来的
人，就把你们〔这些〕对自己正主下了手的，全族斩首！你们舍
不得正主的心是对的！"因此恩赏纳牙阿。

注释

1　姚师原注:《元史》卷一二七《伯颜传》："蒙古八邻部人。曾祖述律哥图事
　　太祖，为八邻部左千户。祖阿剌袭父职，兼断事官，平忽禅有功，得食其
　　地。……"传中所说的"述律哥图"，应当即是这里的"失儿古额秃"，"阿剌"
　　应即"阿剌黑"。

2　纳牙阿事迹，后见《秘史》第一九七、二○二、二二○等节。

3　Targhun 是"胖"字。Targhutai（塔儿忽台），是"肥胖的"之意。此处谓不能
　　骑马，并未说出他不能骑马的原因。可能是因他过于肥胖的缘故，也可能乞邻
　　勒秃黑（Kiriltugh）是他本名，而"塔儿忽台"则是个绰号。

4　"垫背"一语，是华北俗话，意思有时是"替死鬼"。这里是说他们要杀我一

175

个，我就是杀死他们一个。同一字"迭列"（dere），在第一五四节旁译，误作
"借背"。

5 关于这一段故事，《秘史》前无记载，可能就是指第七十九节所说塔儿忽
忽台·乞邻勒秃黑率泰亦赤兀惕人突袭并掳走帖木真之时的故事说的。

姚师原注说：《元史·太祖本纪》对此事也有记述："族人泰赤乌部旧与烈祖
（也速该）相善，后因塔儿不（忽）台用事，遂生嫌隙，绝不与通。"可与上述
《秘史》各节参看。

第一五〇节

其后，成吉思可汗在帖儿速惕的时候，客列亦惕的札合·敢
不前来作伴。在他来了以后，篾儿乞惕〔人〕前来厮杀，被成吉
思可汗与札合·敢不杀退。在那里有许多土棉—秃别干、斡栾—
董合亦惕〔等氏族〕溃散的客列亦惕人，都来归附了成吉思可汗。
客列亦惕的王汗以先在也速该可汗的时候，友好共存，与也速该
可汗互称"安答"。他们互称"安答"的经过是：〔当初〕因为王汗
杀死他父亲忽儿察忽思·不亦鲁黑汗的诸弟，而与他叔父古儿汗[1]
交恶，被赶进了哈剌温[2]山峡，〔仅〕与一百人〔逃〕出，来到也
速该汗那里。也速该汗因他来到自己这里，就亲自率军前去，把
古儿汗赶到合申[3]〔之地〕，把〔王汗的〕百姓带回来交给了王罕，
因此互结"安答"。

注释

1 古儿汗（Gür Khan），即"可汗之汗"的意思，已见第一四一节注14。

2 哈剌温（Khara'un）山，通常以为是兴安岭山脉。今据外蒙古学人普尔赖
（Perlee）氏的考证，此一哈剌温山峡当在色楞格（即《秘史》薛凉格）河流域
的境内。

3 合申（Khashin），即"河西"之转音，系指西夏（唐兀惕）之地而言。

第一五一节

其后，王汗之弟额儿客·合剌，在几乎被他的哥哥王汗所杀
的时候，逃亡，归附了乃蛮的亦难察汗[1]。亦难察汗派兵前去，把
王汗沿着三座城[2]，赶到合剌——契丹的古儿汗那里[3]。〔不久又〕在
那里〔和古儿汗〕反目，经过畏兀儿、唐兀惕的诸城，挤干了五
只山羊的奶吃，刺出了骆驼的血吃着，〔很〕困顿的，来到了古
泄兀儿湖[4]，成吉思可汗因〔他〕曾与也速该汗互称"安答"，派
塔孩·把阿秃儿、速客该·者温两人为使者前去〔慰问〕。成吉
思可汗自己从客鲁仑河的源头亲去迎接。因〔他〕饥饿消瘦而
来，就〔从自己的百姓〕征收科敛赠给〔他〕，叫进入营里，养
活〔他〕。那年冬天〔与他〕在一起游牧；成吉思可汗在忽巴合牙[5]
过冬。

注释

1 根据De Rachewiltz教授的考证，亦难察汗的全名是Inach-bilge-bügü-khan。他
是不亦鲁黑汗（Buyirukh-Khan，见第一五八节）、塔阳汗（Tayang Khan）两
人之父。（见澳洲国立大学 *Far Eastern History* 第十三号，一九七六年三月。）

2 姚师前注："三座城池"，原汉文总译省略。那珂通世《成吉思汗实录》卷五

说，即是唐兀惕、畏兀儿及哈剌鲁兀惕三国的地域。

3 姚师前注：古儿汗，应即《辽史》卷一一六《国语解》的"葛儿罕"。西辽耶律大石建国以后的称号，意即"汗中之汗"。考西辽后都虎思·斡儿朵，应即八剌沙衮，详王国维《西辽都城考》。如此，所谓古儿汗处者，应当是指虎思·斡儿朵。

4 古泄兀儿（Güse'ür）湖，据普尔赖氏的考证，在今外蒙古东戈壁部 Ghurban Köbesgöl 山附近，今已干涸。

5 已见第一四八节注2。

第一五二节

王汗的弟弟们和"那颜"〔官人〕们都说："我们这个可汗哥哥，吝啬小器，怀着臭心肝，把兄弟们都毁掉了。又投降合剌—契丹，又使百姓受苦。如今，我们把他怎么办呢？若从早先说起呀，〔他〕七岁的时候被篾儿乞惕人掳去，穿上有黑花的山羊羔皮皮袄，在薛凉格〔河〕的不兀剌旷野给篾儿乞惕人舂米[1]。等他父亲忽儿察忽思·不亦鲁黑汗破篾儿乞惕人，才把他救出来。十三岁的时候，塔塔儿的阿泽汗，又把〔他〕连〔他〕母亲〔都〕掳去，教他放骆驼。后来阿泽汗的牧羊人带〔他〕逃出来。其后又惧怕乃蛮，躲避到回回[2]的地方，在垂河[3]去投靠合剌—契丹的古儿汗。在那里不等到一年，又叛变而去，沿着畏兀儿、唐兀惕诸地〔逃〕走，穷乏到抓着五只山羊挤奶，刺出骆驼的血来吃，只有〔一匹〕瞎眼黑鬃黑尾的黄马，〔很〕穷困的来到帖木真那里。〔帖木真〕就给征收科敛来扶养他。如今〔却〕忘记帖木真儿子对他所作的那些事，怀起来臭心肝来，我们怎么办呢？"把大家这样所说的话阿勒屯·阿倏黑告密给王汗。阿勒屯·阿倏黑说："我也曾参与商量，只是舍不得你，我的可汗。"于是王汗就把曾说这样话的人，额勒·忽秃儿、忽勒巴里、阿邻太子等诸弟，和"那颜"们，都捉拿起来。诸弟之中〔只有〕札合·敢不逃亡，投降了乃蛮。〔王汗〕把他们捆绑起，叫到屋里，说："我们从畏兀儿、唐兀惕的地方来的时候，彼此是怎么说的？我怎能像你们这样打算呢？"说完就唾在他们的脸上，叫人放开他们的捆绑。被〔王〕汗这样唾了，在屋里的人也都起来唾〔在他们脸上〕。

注释

1 蒙古的米春，用树干制成，高约二尺，一端挖成深穴，置谷其中，另以一长约三四尺的木棍捣之，以去谷皮。蒙古人以谷子（即小米）为食物一事，曾见迦比尼及鲁布鲁克两传教士之《游记》中（见 Christopher Dawson ed., *The Mongol Mission S & W*, London & New York，pp.17 & 100）。宋赵珙在他的《蒙鞑备录》中亦有类似的记载；但是他的同时人彭大雅在他的《黑鞑事略》里则说："其食肉而不粒。"（见王国维笺证本《蒙古史料四种》总第四四七及四七页）。北亚游牧民族以谷类为食物一事起源甚早，并未因其不事耕耘，而不食用。不然从汉与匈奴对立时代，由南向北的输出品中，就不会包括大量的粮食了。

2 回回，原文作"撒儿塔兀勒"（Sarta'ul），这是当时对信奉回教的西亚和中亚人的总称。今日新疆地区之蒙古人，仍称缠头之回教徒为 Sartaghul，称其不缠头者为 Chaghan Malghai，亦即戴白帽子的人之意。维吾尔人（即畏兀儿人）称波斯一带之回教徒为 Sartaghul。一般蒙古语称回教徒则为 Khotang，俗语为 Chaghan Malghai。

3 垂河，又名吹河，唐时称为碎叶河，在中亚锡尔河之北。

第一五三节

那〔年〕冬天过了冬。狗儿年〔壬戌，一二〇二〕秋天，成吉思可汗在答阑—捏木儿格思[1]，对察阿安—塔塔儿、阿勒赤—塔塔儿、都塔兀惕—〔塔塔儿〕、阿鲁孩—塔塔儿等诸塔塔儿部作战。事前，成吉思可汗当众讨论军法[2]，说："战胜敌人，不得贪恋战利品。一战胜那些财物就是我们的。我们共同来分。倘若战友被〔敌〕人赶退，就要翻过来，冲到原来突击的地方。凡不翻过来冲到原来突击之地者，斩首！"如此共同定立了军法。〔在〕答阑—捏木儿格思厮杀，击败塔塔儿〔人〕。乘胜迫使〔他们〕集合在兀勒灰〔河〕[3]失鲁格勒只惕地方他们的国〔土〕里，加以掳掠。在那里征服了察罕—塔塔儿、阿勒赤—塔塔儿、都塔兀惕—塔塔儿、阿鲁孩—塔塔儿的主要百姓[4]。对于共同所议定军法，阿勒坛、忽察儿、答〔阿〕里台三个人没按照所说的做，逗留在战利品那里。因为没有按照所说的去做，〔可汗〕就命者别、忽必来两个人，把〔他们〕所掳获的牲畜等等，全部没收。

注释

1 答阑—捏木儿格思（Dalan-nemürges），其地在今喀尔喀河（Khalkha-yin ghol）附近。喀尔喀河曾于日本侵占东北之际，一度成为日本军与外蒙古、苏俄军交战之地。

2 军法，原文作"札撒黑"（jasagh），突厥语作 yasa。因之西方史学家多称蒙古帝国之基本大法为"大雅撒"（the Great Yasa），军法为其中的一部。此字在现代语中作"政治"解。清代各旗的首长均称之为"札萨克"，也就是这一个字，其意为"治理者"。《秘史》本节的总译为"号令诸军"。其原文"鸣诂列勒都论"，原旁译为"共说"。这个字是相互动词，换言之，就是互相讨论。正合"忽剌儿台"会议的制度。原总译"号令诸军"一词，似与原意相距甚远。

3　兀勒灰（Ulkhui），河名，可能即今锡林郭勒盟乌珠穆沁左旗境内之Olghai河，其地离捕鱼儿海子并不过远，当为塔塔儿人所据之地。

4　原总译此处作"并四种奥鲁掳尽"。按"奥鲁"，《秘史》原文中作"阿兀鲁黑"（a'urugh），其旁译多为"老小营"。此字之原意为"大本营"或"军需供应基地"。请详卷四第一三六节注1。

第一五四节

　　既把塔塔儿覆灭掳掠完毕，为了怎样处理他们的国家人民，成吉思可汗召开大会，叫自己亲族〔都〕进一间房里，共同商量。说："早先，塔塔儿人就杀害了〔我们的〕祖宗〔和〕父辈。要给祖宗和父辈们报仇雪恨。〔把〕凡比车辖〔高〕的，杀个尽绝[1]。把剩下的，作为奴隶，分散到各处。"商讨完了，一从房子出来，塔塔儿的也客·扯连就问别勒古台："商定了什么？"别勒古台说："大家说把你们凡比车辖〔高〕的全杀尽！"为了别勒古台这句话，也客·扯连就〔把消息〕传遍给他塔塔儿人，立起了营寨。我军攻打立起营寨的塔塔儿人很受损伤。克服了立起营寨的塔塔儿人，要〔把他们〕与车辖相比，杀绝的时候，塔塔儿人说："每个人在自己袖子里藏把刀，找个垫背的死吧！"〔这〕也很使〔我们〕很受损伤。把那些塔塔儿人与车辖相比，杀绝之后，成吉思可汗就降圣旨说："因别勒古台泄漏了我们全族大会所议定的事，我们士兵很受损失。今后的大会，不许别勒古台参加，在商量完了之前，要在外面'整备'（弹压）一切，审判斗殴、窃盗、说谎的人们。等商讨完毕，喝盏[2]之后，才许别勒古台、答阿里台两个人进去！"

注释

1 原总译（两处）作"将他男子似车辖大的尽诛了"。按蒙语原文并无"男子"（ere）一字。又从成吉思可汗纳也速干为夫人一事观之，亦可知女子高于车辖的，并未被杀。

2 原文作"斡脱克"（ötög），旁译作"进酒"，总译作"一钟酒"。此字卷七第一八七节，译为"喝盏"。钱大昕本误为"唱盏"。陶宗仪《辍耕录》卷二十一"喝盏"条称："天子凡宴飨，一人执酒觞，立于右阶，一人执柏板，立于左阶。"西洋旅行家鲁布鲁克《游记》及奥多里克（Odoric）《游记》之第十一章及第十四章中均记之至详。

小林高四郎于其《元朝秘史之研究》第四一五页中，列举：（一）孔齐《至正直记》卷三"张昱论解"条，谓："江西张昱（光弼）尝与予言，其乡先生论解'管氏反坫'之说，便如今日亲王贵卿饮酒，必令执事者唱一声，谓之'喝盏'。饮毕则别盏斟酌，以饮众宾者。浙江行省驸马丞相相遇贺正旦及常宴，必用此礼，盖出于至尊以及乎王爵也。"（二）虞集《道园学古录》卷十六《孙都思氏世勋之碑》谓："国家凡宴飨，自天子至亲王，举酒将醮，则相礼者赞之，为之'喝盏'，非近臣不得其执政。"（三）马祖常《石田文集》卷十四《敕赐太师秦王佐命元勋之碑》（元四大家本所收）谓："至顺元年，将命王有大勋劳于天下，凡饮宴赐以月脱之礼，国语'喝盏'也。"

一九四九年夏，斯钦曾陪同乌兰察布盟盟长林沁僧格（Rinchensengge）氏（合撒儿之后裔），于兰州兴隆山，正式献祭于成陵。献爵时，取一盛满约二斤余酒之巨大赤铜镶以银花之酒盏，献于祭棹之上。于仪礼将终之时，由司祭者将该巨盏交与主祭者。主祭以极谨慎之态度饮酒一口，然后交与陪祭。陪祭者各按其官级，依次饮酒。最后仍将该巨盏交还司祭员，同向陵寝行三跪九叩之礼，礼遂告成。此或元代喝盏的遗规。

伯希和（P. Pelliot）曾作专文论之，见《通报》第二十七号（一九三〇年）。

第一五五节

成吉思可汗纳了塔塔儿人也客扯连的女儿也速干夫人[1]，因被宠幸，也速干夫人说：“如蒙可汗恩典啊，请叫我确确实实受人抬举。我姐姐名叫也遂，比我强，〔更〕配得上可汗。〔她〕才有了夫婿。如今在这离乱中不知到什么地方去了。”为了这句话，成吉思可汗说：“若是你姐姐比你还好，〔我〕就叫人去找。若是你姐姐来，你把〔这〕位子让给〔她〕吗？”也速干夫人说：“如蒙可汗恩典，只要看见我姐姐，我就让给她。”因此成吉思可汗传圣旨，叫人寻找，当〔也遂〕正和〔她〕所许配的夫婿一同进入森林的时候，遇到我们的军队，她丈夫逃走了，〔他们就〕把也遂夫人从那里带回来。也速干夫人一看见她姐姐，就实践前言，站起来，叫她坐在自己的坐位上。自己坐在下边。正像也速干夫人所说的一样，〔她〕很合成吉思可汗的心意，于是就娶了也遂夫人，叫〔她〕坐在列位里[2]。

注释

1 原文作“合敦”（khatun），亦即其他汉文史料中之“可敦”，原旁译作“娘子"，实则此字即"贵妇人"或"夫人"之意。无论皇后、王妃或夫人，在蒙古语中都是khatun。在十三世纪初期"兀真"（üjin）这一个外来语，原是"夫人"一词的讹转。蒙古帝国时代，一夫多妻制虽是通行；但于汗室制度中，并无皇后与妃嫔的严格分别，一律称为khatun。今暂译为"夫人"。《元史》卷一〇六《后妃表》，也速干夫人列于第四大斡耳朵首位。

2 原旁译作："列位里教坐了。"按元代旧俗，每于式典之中，可汗多与皇后诸妃并坐于大"斡儿朵"之中，可汗面向南居中央，其左侧为后妃之席位，其地位愈尊贵者，距可汗愈近。此种情形，详载于迦比尼《游记》第二十章、鲁布鲁克《游记》第二十一章及第二十三章，并奥多里克（Friar Odoric）《游记》第十二章。

第一五六节

把塔塔儿百姓俘虏完毕后，一天成吉思可汗在外面饮宴[1]。坐在也遂夫人、也速干夫人两个人中间同饮的时候，也遂夫人大大的叹了一口气。成吉思可汗心里疑惑，就叫孛斡儿出、木合黎等"那颜"们前来，降圣旨说："你们叫这些聚会的人，都按各个部族[2]〔聚〕在〔一起〕从自己人当中，把其他部族的人，孤立出来！"于是各个都按部族〔聚〕在〔一起〕。有一个年青苗条的人，〔孤立〕在各部族之外。问〔他〕："你是什么人？"那个人说："我是塔塔儿也客·扯连名叫也遂的女儿所许配的夫婿。被敌人俘虏的时候，害怕逃走。以为现在安定，就来啦。〔我〕想在众人当中，怎能被认出来呢？"把这话奏禀成吉思可汗。〔可汗〕降旨说："仍怀造反之心，流为劫贼，如今窥伺什么？像他这样的人，

〔还不〕比着车辖〔斩了〕，迟疑什么！在眼目所看不到的地方杀掉！"于是马上〔把他〕斩了。

注释

1 原文只说"饮"或"与人共饮"，但未说饮酒还是喝什么。又按其他记载，可汗似乎不是喜欢饮酒的人，极可能是在喝马湩（kumis）。为了存真，只有省略"酒"字。

2 这一个悲剧说明当时氏族组织的严密，任何一个外族人都无法羼入。又这里所说的"部族"，原文是"阿亦马黑"，旁译是"部落"。按aimagh〔ayimagh〕一字，就是散见于《元史》中的"爱马"，其字义是部族、种类或类别。

第一五七节

也在〔这〕狗儿年〔壬戌，一二〇二〕，成吉思可汗征伐塔塔儿人的时候，王汗去攻篾儿乞惕人，向巴儿忽真平滩地[1]方面，追赶脱黑脱阿·别乞，杀死脱黑脱阿的长子脱古思·别乞，要了脱黑脱阿的两个女儿，忽秃黑台、察阿仑，和他的夫人们，还掳获了〔他〕两个儿子忽图、赤剌温和他们的百姓；对成吉思可汗什么也没有给[2]。

注释

1 巴儿忽真—脱窟木（Barkhujin Tököm），地名。Tököm是平滩、洼地或两河夹心地。Barkhujin水自东注入贝加尔湖。已详卷一第八节注2、注3。

2 从这个记录，似可推知当时部族（或氏族）间，如有军事同盟的关系，彼此似应互赠所掳获的战利品。可是成吉思可汗是否曾把掳自塔塔儿部的战利品赠给王汗，因无记载，只得从缺。

第一五八节

其后成吉思可汗与王汗两个人去征乃蛮古出古惕〔氏族〕的不亦鲁黑汗。当〔他〕在兀鲁黑—塔克[1]的涘豁黑—兀孙[2]的时候〔杀〕到。不亦鲁黑汗[3]不能对抗，就越过阿勒台〔山〕退却了。从涘豁黑—兀孙追赶不亦鲁黑汗，越过阿勒台〔山〕，顺着忽木升吉儿[4]〔地方〕兀泷古〔河〕[5]追袭的时候，有个名叫也迪·土卜鲁黑〔乃蛮〕的"那颜"做哨望，被我们哨兵所追，正要上山逃走，〔马〕肚带断了！就在那里被擒。顺着兀泷古〔河〕去追击，在乞湿泐—巴失湖[6]，赶上不亦鲁黑汗，就在那里使〔他〕陷于绝境。

注释

1 兀鲁黑—塔克（Ulugh-tagh），突厥语"大山"之意。姚师前注说：《元史·太祖本纪》："〔元年〕遂发兵复征乃蛮。时卜欲鲁罕猎于兀鲁塔山，擒之以归。"即指此山，并见第一四四、一七七节。

2 涘豁黑—兀孙（Sokhogh-usun），是河名或水名。

3 不亦鲁黑汗已见前第一五一节注1。根据 De Rachewiltz 教授之说他是塔阳汗之兄（？），出处同前。

4 忽木升吉儿（Khumsinggir、Kömshinggir），地名。《元史》卷二《定宗本纪》说："三年戊申（一二四八）春三月，帝崩于横相乙儿之地。"当即此地。据 De Rachewiltz 之推断，当在乌伦古河上游之地。

5 兀泷古（Ürünggü）河，即今乌伦古河，有东西二源，皆出于阿尔泰山。东源名布尔干（Bolghan）河，西源曰青吉尔（Chinggir, Shinggir？）河。二河相汇向西流，是为乌伦古河。其水注入乌伦古湖，又名赫萨尔巴什（乞湿泐—巴失，Keshilbash）湖。此湖今又名布伦托海。

6 乞湿泐泐—巴失湖，即今乌伦古湖，已见注5。

第一五九节

　　成吉思可汗、王汗两个人，回来的时候，乃蛮善战的可克薛兀·撒卜剌黑[1]，在巴亦答剌黑—别勒赤儿[2]整备军马，准备厮杀。成吉思可汗、王汗两个人，为要厮杀也整备军队前往。天色已晚，因明晨将要厮杀，就并列住宿。王汗在他自己安营的地方，烧起〔营〕火，夜里〔却〕溯着合剌—泄兀泐泐[3]〔河撤〕走了。

注释

1 可克薛兀·撒卜剌黑（Kögse'ü-Sabragh），人名，其事另见第一六二、一八九、一九〇节。

2 巴亦答剌黑—别勒赤儿（Baidaragh〔Bayidaragh〕-belchir），地名，Belchir乃两河会流地之意。《圣武亲征录》作"边只儿—别勒赤儿"。据普尔赖氏之研究，此地今名Jagh-Baidaragh-yin〔un〕belchir，地在杭爱山脉之南，Baidaragh河流入札克（Jagh、Zag）之处。

3 根据普尔赖氏，此河在Baidaragh-belchir的东北。

第一六〇节

　　那里札木合与王汗一同移动，走的时候札木合对王汗说："我安答帖木真从早就有使臣〔驻〕在乃蛮。现在〔他〕还没有来。可汗、可汗！我是在〔这儿〕的白翎雀儿，我'安答'是失散的告天雀儿[1]。〔怕〕是要投降乃蛮〔故意〕落后的吧。"对札木合那句话，兀卜赤黑台〔氏的〕古邻·把阿秃儿说："为什么心怀奸诈，对自己正直[2]的兄弟进谗言呢？"

注释

1 白翎雀儿，原文为"合翼鲁合纳"（khayirukhana），今作khayiraghuchai。《蒙汉满三合》（第四册第四十五页下）即有此字，其汉译为"百灵"，鸟名。此鸟在蒙古草原，到处皆是，极其普遍。"告天雀儿"，原文为"鹎勒都兀儿"（bildughur），疑即现代语之biljuumar。此字在一般通用语中，与biljukhai，同为"麻雀"之总称。惟《蒙汉满三合》（第五册第六十一页下）称之为"虎头雀"。其注云："仿佛家雀，身小，其头眼独大。"姚师于其前注之中，亦曾列李文田、海尼士等人之说，但均不中肯，从略。姚师在这里的前注中又说：《元史·太祖本纪》："札木合言于汪罕曰：'我于君是白翎雀，他人是鸿雁耳。白翎雀寒暑常在北方，鸿雁遇寒则南飞就暖耳。'意谓帝心不可保也。汪罕闻之疑，遂移部众于别所。"

2 原文"识理温"（shili'un），旁译"君子"。在现代语汇中，shilughun是"正直"之意。

第一六一节

成吉思可汗夜间还住在那里，为要厮杀，明天早晨天将亮的时候，一看王汗所安营的地方，〔什么都〕没有了。〔成吉思可汗〕说："这些人要拿我们当做烧饭[1]啊！"说了，就从那里移动，渡过额垤儿—阿勒台的谷口，到撒阿里旷野住下。从那时起，成吉思可汗、合撒儿两个人，晓得了乃蛮的大概情形，就不把〔他们〕当作人〔看〕了。

注释

1 "烧饭"已见卷二第七十节注2，兹不赘述。惟"烧饭"一字，该节作"亦捏鲁"（inerü），本节作"土烈食连"（tüleshilen）。inerü一语现代已不使用。tüleshi一字则极普通，有两种意思：一是燃料；二是为死人所烧的物品，包括食物、衣服等等。在这里的意思就是"要拿我们做祭鬼的牺牲"。

第一六二节

可克薛兀·撒卜剌黑从王汗后面追袭，掳获桑昆的妻儿人口百姓，又掳掠了王汗在帖列格秃山口的一部分百姓，家畜〔和〕食粮而去。其间[1]篾儿乞惕脱黑脱阿的两个儿子，忽图〔和〕赤剌温，〔也〕趁机带着他们在那里的百姓离去，顺着薛凉格〔河〕与他们的父亲会合去了。

注释

1 梭斡儿（so'or或soghor），旁译作"引斗"（钱大昕本误作"引门"），原总译中作"初"字。其字义不详。《黄金史》（第一二一页第八行）于该当《秘史》此处之句中作khoghor，并加旁注为jabsar，即"间隙"之谓，故译为"其间"。

第一六三节

被可克薛古·撒卜剌黑掳掠之后，王汗差使臣于成吉思可汗，说："我百姓人口妻儿〔都〕被乃蛮俘虏了。我派〔人〕去求我儿，差你的四杰来救我的百姓吧！"成吉思可汗就叫他的四杰孛斡儿出、木合黎、孛罗忽勒〔和〕赤剌温·把阿秃儿整备军队前去。在这四杰到达之前，桑昆在忽剌安—忽惕[1]作战，马的大腿被射中，几乎被擒的时候，这四杰赶到营救。将百姓人口妻儿〔也〕都给〔他〕解救了[2]。于是王汗说："先前他的贤父曾把我这样溃散的百姓给搭救过；如今他儿子又派他的四杰来，把我溃散的百姓给搭救了。〔我应〕报恩，愿天地垂鉴吧！"

注释

1 忽剌安—忽惕（Khula'an-khud），据普尔赖氏的考证就是现在的Ula'an-khus，地在外蒙古巴彦—斡罗吉（Bayan-ölgii）部境内。

2 姚师前注：王汗遣使向成吉思可汗求援，请派四良将（即四杰）率师来救事，《元史》卷一《太祖本纪》也有类似的记载。《元史·太祖本纪》《圣武亲征录》与《秘史》的关系，这里拟略加声明，以示体例。就大体说，《太祖本纪》与《亲征录》甚相近，但二书与《秘史》则出入甚大。三书的关系，他日将专文论之。今注释《秘史》，凡是与《太祖本纪》没有显著的差别者，即不特别举出，以省篇幅。

第一六四节

　　王汗又说："我的'安答'也速该勇士曾把我散失的百姓给搭救过一次。〔如今〕帖木真儿子又把我散失的百姓给搭救了。这父子两个人把走散了的百姓，给我收复了。究竟为谁收复，而受辛苦呢？我现在老了，要登高山，成为过去。倘若我一旦成了过了，上了山崖¹，由谁来管理全国百姓呢？我弟弟们没有品德。我仅有独子桑昆，〔也〕和没有一样²。教帖木真当桑昆的哥哥，〔我若〕有两个儿子，也就安心了。"

　　成吉思可汗与王汗一同在土兀剌³河的黑林聚会，互相称为父子。〔他们〕互相称为父子〔的缘故〕是因早先汗父也速该曾与王汗互称"安答"，同父亲一样，所以互相称为父子。同时一起说："征伐众多的敌人，要一同出征；围猎狡猾的野兽，要一同围猎。"成吉思可汗、王汗两个人又说：

　　　　"我们两个人受人嫉妒，
　　　　若是被有牙的蛇所挑唆，
　　　　不要受它挑唆；
　　　　要用牙用嘴互相说明，
　　　　彼此信赖。
　　　　若是被有齿的蛇所离间⁴，
　　　　不要受它离间；
　　　　要用口用舌互相对证，

191

　　　　彼此信赖。"

那样把话说定，就互相亲睦的过活。

注释

1　这句话的意思就是说，我已经年老，倘若有个山穷水远的话……《秘史》第
　　一七五节曾记成吉思可汗的"安答"忽亦勒答儿死后，成吉思可汗追念前劳，把
　　他的尸骨安葬在山崖之上。这似乎是说明当时贵族们有把尸骨葬于山崖的习惯。

2　《四部丛刊》本、叶德辉本、钱大昕本均作"失图"。白鸟库吉本改为"箴图"。
　　《黄金史》（第一二二页末行）该书《秘史》此句之处作 shitü，足证旧有诸本
　　并无讹误，亦察知在《秘史》时代 shitü 与 metü 是可以互相通用的。

3　原文"土屼剌"，兹按第九十六节改作"土兀剌"。

4　原文"阿答儿答阿速"（adarda'asu）及"阿答儿合泥"（adarkhan-i），叶德辉
　　本、《四部丛刊》本均无旁译，总译均作"离间"。白鸟本根据总译，补加旁
　　译。以上均证明卷一第四十六节之"阿都鲁黑赤"一字的旁译"间谍"，当解
　　为"离间"。请参照第四十六节注8。

第一六五节

　　　　成吉思可汗想在亲睦之上再加上一层亲睦，要给拙赤求桑昆
的妹妹察兀儿·别乞，同时把自己的〔女儿〕豁真·别乞¹嫁给
桑昆的儿子秃撒合²，做为交换。一求〔亲〕，桑昆就妄自尊大的
说："我们的亲人若是到他们那里去，就要站在门后，专心的向着
正坐看；他们的亲人若是到我们这里来！就要坐在正面向着门后
看！"³这样妄自尊大，说卑视我们的话，不肯给察兀儿·别乞，不
同意〔这件事〕。为了那些话，成吉思可汗对王汗、你勒合·桑昆⁴

192

两个人寒了心。[5]

注释

1 别乞（Begi、Beki），是男女贵族通用的尊称，加之于女子则有"公主"或
"翁主"之意。

姚师前注：豁真·别乞，太祖（成吉思汗）女，后嫁驸马不图。《元史》卷
一〇九《诸公主表》："昌国大长公主帖木伦，烈祖（也速该）女，适昌忠武王
孛秃。主薨，继室为昌国大长公主火臣别吉。"《蒙鞑备录》也说："（成吉思皇
帝）女七人，长公主曰阿真·鳌拽，今嫁豹突驸马。"火臣·别吉、阿真·鳌
拽均应是这里的豁真·别吉。（王国维《蒙鞑备录笺证》"太子诸王"条注文，
并参考李文田《元朝秘史注》卷六第十二页以下。）

2 姚师前注：秃撒合，《元史·太祖本纪》认为是王汗的儿子，因说："汪罕之子
秃撒合亦欲尚帝女火阿真·伯姬，俱不谐；自是颇有违言。"

3 这一句话，按蒙古穹庐的构造，门向东南开，室内北面正中与门相对处是主人
坐位。离门不远的左边是年辈身份较低者谒见长亲或长官时站立的地方。桑昆
这句话的意思就是我们亲人到他家去作仆婢；他们亲人到我家来作主人。

4 在桑昆之名，原无"你勒合"（Nilkha）一字，惟从这时起，《秘史》就给他加
上了 Nilkha 一字。此字义为"赤子""孺子"或"黄口孺子"。可能这是成吉思
可汗与王汗交恶之后，卑视他，而给他的绰号。

5 从这一段婚姻安排的内容来看，两对的辈分都有相当的差别，好像当事人的辈
分完全被忽视似的。这正是族外婚制的一个特征。婚姻是氏族与氏族间的事，
个人的辈分是无关重要的。

第一六六节

那样寒心的事被札木合察觉了。猪儿年〔癸亥，一二〇三〕[1]

春天，札木合、阿勒坛、忽察儿〔和〕合儿答乞歹、额不格真、那牙勤〔三族的人，〕雪格额台、脱斡邻勒²、合赤温·别乞等一同说妥，移动到者者额儿—温都儿³山后的别儿客—额列惕⁴，"孺子"桑昆那里去。札木合进谗言说："我的安答帖木真和乃蛮的塔阳汗有约定，也派有使臣。他口里叫着父子，心里却另有打算。你们还信靠〔他〕呢，如不趁先〔下手〕，你们还想怎样？若是攻打帖木真安答，我从横里一同〔杀〕入。"阿勒坛、忽察儿两个人说："把诃额仑母亲的诸子我们为〔你〕杀其兄，灭其弟！"额不格真、那牙勤、合儿答乞惕〔三氏的人〕说："我们为〔你〕用手捉他们的手，用腿绊他们的腿。"脱斡邻勒说："想法子夺取帖木真的百姓，若能把他百姓夺掉，他们失去百姓，还能怎样呢？"合赤温·别乞说："你勒合·桑昆〔我〕儿，〔无论〕你打算做什么，我们就与〔你〕一同到长的梢儿、深的底儿。"⁵

注释

1 姚师前注：这一次的"猪儿年"应当是癸亥年、一二〇三年，即是金章宗泰和三年、南宋宁宗嘉泰三年。这一年即是王汗被灭的那一年。但《元史》卷一五〇《耶律阿海传》则说"壬戌（一二〇二），王可汗叛盟"，则先此一年，容待详考。

2 脱斡邻勒（To'oril），此人与王汗同名，原为成吉思可汗一家奴仆，其事见第一八〇节。

3 温都儿（öndör），字义是"高"或"高地"，有时也是"山"字的代称。

4 别儿客—额列惕（Berke-Eled），沙丘名。Berke 是"困难"，Eled 是沙漠的复数。从字义来看，可能是一处难于通行的沙漠。据普尔赖氏的考据，地在南巴颜乌拉山区，约东经一〇九、北纬四七度之地。

5 姚师前注："长的梢头、深的水底"，应是当年蒙古的俗话，意即"赴汤蹈火，休戚相共"。

第一六七节

你勒合·桑昆听到这些话，就叫撒亦罕·脱迭额到他父亲王汗那里去述说。听到这些话，王汗说："你们为什么对我儿帖木真那样想呢？如今〔我们〕还拿他当做倚仗[1]呢。现在若对吾儿怀那样怀险恶的心呀！我们必不为〔上〕天所庇祐！札木合好说没有准的话。对不对都〔乱〕说。"就不赞同，打发〔他〕回去了。桑昆又使人〔给他父亲〕带话来说："有口有舌的人都说着为什么不相信啊？"如此反复的叫人去陈说，都不听从，于是自己亲身去劝，说："当你还在的时候，就看不起我们。如果，汗父你〔万一〕被白的戕着，被黑的噎着[2]的话，你父亲忽儿察忽思·不亦鲁黑汗辛辛苦苦所收聚的，你这些百姓，是叫我们管，还是教谁怎样来管理呢？"对那些话王汗说："怎能把我赤子〔一样〕的儿子舍弃呢？到今还拿他做倚仗，往坏处去想，是应该吗？〔上〕天必不庇祐我们。"〔听了〕那话，他儿子你勒合·桑昆恼怒着，摔门出去了。可是王汗疼爱他儿子桑昆，就叫他回来说："我们果真能为上天所祐护吗？怎能舍弃〔我〕儿〔帖木真〕呢？你们尽所能的去做吧。随你们的便！"

注释

1 原文作"秃鲁黑"（turugh），原旁译作"倚仗"。此字再见于本节时，则作

"秃鲁黑"（tulugh），前者似误。Tulugh 或即现代语 tulgha、tulghaghur 的来由。

2 原旁译作："父自的〔行〕 你行白行 抢着呵 黑行 噎着呵"。原总译
为："若父亲老了呵"。这里的新译是："汗父你〔万一〕被白的戕着，被黑的
噎着的话"。按蒙古语称乳食品为 chaghan idegen，称白水为 khara usun，此处
所说的"白的"是指奶子，"黑的"是指水说的，意思就是："万一你将来连
乳水都不能喝的时候"。姚师前注说：这是《秘史》中一个难解的句子（也是
蒙古味最浓厚的句子），特提出加以研究。（1）德文译本，海尼士先生只译汉
文总译"若父亲老了呵"为"Wenn Du einmal alt geworden bist"（即是"一旦
你老了"，没有译"白的呛着，黑的噎着"）。（2）田清波神父据鄂尔多斯方
言说："白指马奶，黑指肉类。"札奇君认为这里的"肉类"，也是指纯净的肉
（即瘦肉）说的。

第一六八节

于是桑昆说："他们曾要我们的察兀儿·别乞，现在约定日
子，请〔他们〕来吃许婚的筵席¹，在那里捉拿〔他〕。"〔众人〕
都说："好。"商议既定，就派〔人〕去说："把察兀儿·别乞许给
〔你们〕，来吃许婚的筵席吧！"成吉思可汗既被邀请就同十个人前
来，路间住在蒙力克老爹²的家里。蒙力克老爹说："以前求察兀
儿·别乞，他们曾卑视我们，不肯许给；现在怎么反到请去吃许
婚的筵席？妄自尊大的人为什么反到说要许给，又来邀请呢？说
不定是什么心？〔吾〕儿可以明白。〔莫如〕以春天到了，我们的
马瘦，要养养马为词，派人去推辞掉。"说着〔可汗〕就没有去，
派不合台、乞剌台两个人去吃许婚的筵席。成吉思可汗就从蒙力
克老爹的家里回去了。不合台、乞剌台两个人一到，〔桑昆等人〕

就一起说："我们〔的计策〕被发觉了，明天早晨去包围，捉拿〔他〕吧！"

注释

1 "不兀勒札儿"一字，意指"羊的颈喉"。羊颈喉的筋肉，坚韧、耐嚼，意示坚久不离，用以象征夫妻百年好合。此俗如今尚流行，此语今犹存。蒙古青年男女从结婚之日起，连吃三天，用为祝贺。因而"吃羊颈喉肉"即成为"男女成婚的喜筵"，也成了"许婚的筵席"，略有内地"奠雁"的意义。

2 哈佛大学本蒙文《黄金史纲》下卷（第一六六页第六行），记达延可汗（Dayan Khaghan）时代事迹，曾称一个名叫Oyaghtai的老者为echige（额赤格），就是对老年人的一种尊称，可以作为这里的旁证。姚师前注说：蒙文译音作"蒙力克·额赤格"。"额赤格"，旁译"父"。但这里应当只是对长辈或老者的尊称，故用国语译作"老爹"。

第一六九节

　　把那样议定要包围捉拿的话，阿塔[1]的弟弟也客·扯连〔带〕回他家里说："大家说好明天早晨，去捉拿帖木真。若是有人把这话告诉帖木真，〔不知〕将会怎样呢？"他的妻子阿剌黑赤惕[2]说："你怎么泛言滥语？当心会有人当作真的！"正那样说话的时候，他的放马人巴歹来送奶子，听见这话就回去了。巴歹回去对〔他〕伙伴放马人乞失里黑[3]述说〔也客〕·扯连所说的话。乞失里黑说："我也去察听察听。"说了就去〔也客·扯连〕的家。〔这时也客〕·扯连的儿子纳邻·客延，正坐在外面磨着箭说："方才我们说的什么？要把舌头去掉吗？〔这〕当得住谁的嘴呢！"说完，纳邻·客延又对他放马的乞失里黑说："把篾儿乞惕的白马和白嘴的枣骝马两匹，〔从马群里〕抓来拴上，夜里早早要骑。"乞失里黑回去对巴歹说："方才你的话，体察过了，是真的。现在我们两个去告诉帖木真吧。"把话说定，就去把篾儿乞惕的白马和白嘴的枣骝马两匹抓来拴起。晚上在自己的帐棚⁴里，杀了一只羊羔，用自己的凳子⁵煮熟，把现成拴住的篾儿乞惕的白马〔和〕白嘴的枣骝马骑上，连夜赶到成吉思可汗那里。巴歹、乞失里黑两个人从帐房后面⁶，把也客·扯连所说的话，〔他〕儿子纳邻·客延坐着磨箭所说的话，〔还有〕"把篾儿乞惕的白马〔和〕白嘴的枣骝马两匹抓着拴起来！"等等的话，都述说了。巴歹、乞失里黑两个人又说："如蒙成吉思可汗信任，就请不要疑惑。〔他们〕已经议定包围捉拿〔你〕了！"

注释

1 阿塔（Ata），人名，钱大昕本作"阿勒塔"。"阿塔"可能是"阿勒塔"的讹误。《黄金史》（第一二七页第六行）作Altan。

2 阿剌黑赤惕（Alaghchid），人名，《四部丛刊》本及叶德辉本作"阿剌黑亦惕"，白鸟本改"亦"字为"赤"字，较为妥善，其字义为"花色的"。《黄金史》（第一二七页第八行）称此妇人之名为Alaghud，其字义仍是"花色的"。

3 姚师前注：乞失里黑的事迹也见于《元史》与《西游记》卷下。《元史》卷一三六《哈剌哈孙传》："曾祖启昔礼，始事王可汗脱斡璘。王可汗与太祖约为'兄弟'（安答），及太祖得众，阴忌之，谋害太祖，启昔礼潜以其谋来告。……还攻灭王可汗并其众，擢启昔礼为千户，赐号答剌罕。"启昔礼即此乞失里黑，传中所叙即此事也。（以上李文田案语）丘处机、李志常《西游记》

卷下："上猎东山下，射一大豕，马踣失驭，豕傍立不敢前，左右进马，遂罢猎还行宫。师（丘长春）闻之，入谏曰：'……宜少出猎……'……上顾谓吉息利·答剌汗曰："但神仙劝我语，以后都依也。"吉息利即启昔礼，也就是乞失里黑。答剌汗亦即答剌罕，见上第五十一节注6。乞失里黑与巴歹事迹也见于下边的第一八七与二一九两节。

4　原文为"豁室"（khoshi），原旁译作"房子"。小林高四郎于其《蒙古秘史》中译为"房车"，又于其第一三九页，引元杨允孚之《滦京杂咏》之诗一首："先帝妃嫔火失房，前期承旨达滦阳。车如流水毛牛捷，鞲缕黄金白马良。"其原注谓"毛牛，其毛垂地。火失毡房，乃累朝后妃之宫车也"。

按此字曾见卷二第八十节作"豁失里浑"，其原旁译为"帐房的"。又彭大雅《黑鞑事略》云："穹庐有二样……草地之制，以抑木织成硬圈，径用毡鞑定，不可卷舒，车上载行。"（《蒙古史料四种》本总第四七四页）可能就是杨允孚所说的"火失房"。惜此字与此种车帐，均不存于现代，颇难考明。请参照卷二第八十节注2。杨氏诗中的"毛牛"，蒙语为sarlagh，英语作yak。

5　原文"亦薛里"（iseri），旁译"床"字，也就是古代文献中，所说的"胡床"。可译为"凳子"或"椅子"。

6　按成吉思可汗的营规，夜间凡有禀告者应于帐幕之后（即帐幕之北外面）禀告之。请详卷九第二二九节。

卷　六

第一七〇节

被劝说之后，成吉思可汗相信巴歹、乞失里黑两个人的话〔是真的〕，当晚传话给跟随的亲信们，就减轻〔驮载〕，抛掉一切，〔赶快〕躲避，连夜动身。沿着卯温都儿[1]〔山〕的背后移动的时候，在卯温都儿的山后，托付兀良合〔氏〕的者勒篾·豁阿[2]在后面殿后，放出哨望而走。如此继续走着，第二天〔过〕午，太阳偏〔西〕时，到合刺—合勒只惕沙碛[3]停下歇息。在午间歇息的时候，给阿勒赤歹放马的赤吉歹、牙的儿〔两个人〕，正在各种青草里，放着他们的马走，看见了从后面沿着卯—温都儿山前经过忽刺安—不鲁合惕[4]前来的敌人所〔扬起的〕尘土，说："敌人来了！"就赶着他们的马回来。〔大家〕听说敌人来了，一看，就望见了沿着卯—温都儿山前，经过忽刺安—不鲁合惕〔起来的〕尘土。说："那是王汗追上来了！"成吉思可汗在那里看见灰尘，就叫抓马来驮上〔东西〕出发。如果不曾看见那些〔灰尘〕，必然遭受意外。那次〔他们〕前来的时候，札木合和王汗在一同。王汗问札木合说："在帖木真〔那里〕能厮杀的有哪些人？"札木合说："那里有称为兀鲁兀惕〔和〕忙忽惕的百姓。那些是能厮杀的，愈转战愈能守着阵势，愈翻旋愈能显出技能[5]，是从小熟练刀枪的百姓，他们有黑的和花的旗帜。他们是应该当心的百姓。"王汗听了这〔些〕话，就说："如果那样，我们就叫合答黑，统领〔他〕只儿斤氏的勇士们，去冲〔杀〕。叫土绵—土别干〔氏〕的阿赤黑

203

失仑作只儿斤的后援，冲向前去。继土别干之后，教斡栾—董合亦惕〔氏〕的勇士们去冲。继董合亦惕之后，由豁里·失列门太子，所指挥我们的⁶一千护卫⁷去冲。继一千护卫之后，叫我们的大中军去冲吧！"王汗又说："札木合兄弟，你调度我们的军队。"于是札木合独自出去对他自己的伙伴们说："王汗叫我调度这支军队。我以前厮杀就敌不过'安答'。说叫我整备这军队，〔可见〕王汗还远不如我。〔不过〕是个普普通通⁸的伙伴啊。叫〔人〕去给'安答'传话，叫'安答'坚持吧！"说着，札木合就暗中叫人去传话给成吉思可汗说："王汗问我：'在帖木真儿子那里能厮杀的有谁和谁？'我说：'以兀鲁兀惕〔和〕忙忽惕领头。'按照我的话，他们调动他们的只儿斤〔氏〕领头作先锋，以土绵—土别干〔氏〕的阿赤黑失仑为只儿斤的后援⁹。以王汗一千护卫的长官豁里·失列门太子为董合亦惕的后援。他们的后继就是王汗的大中军了。王汗又托付我说：'札木合兄弟你调度这支军队。'由此可知〔他〕是个普普通通的伙伴，怎能一同调度军队呢？以前我与'安答'厮杀，就敌不住。王汗比我还差，'安答'不要怕〔多〕坚持吧！"

注释

1 卯—温都儿（Ma'u-öndör），山名。"卯"，不好之谓。"温都儿"是高山或高地之意。卯—温都儿就是"不好的高山"。

2 姚师前注：者勒篾，原为成吉思可汗四杰之一，战功最著。这里蒙文称他是"者勒篾·豁阿"。豁阿，意即美好或漂亮，有称赞夸美的意思。

3 合剌—合勒只惕—额列惕（khara-Khaljid eled），原译作"沙碛名"，意思是"黑秃秃的一堆沙丘"。

4 忽剌安—不鲁合惕（Khula'an-buraghad），地名。字义是"红色的柳条子"。

5 原蒙音，读如"点"（dem）。但旁译"次序"，似不甚合。若读如dem，意思不是秩序，而是"技巧"或"才能"。若为"次序"则当读如des。两字用蒙古字写之，区别甚小。《黄金史》第一三〇页第五行第八字正作dem，可知汉文作"点"字是正确的，但旁译则应作"技能"。

6 原文作"王罕的"；但此处就文法而言，仍是王汗自述的语气，不应自称"王罕的"，故改为"我们的"。

7 原文作"土儿合兀惕"（turghagh-ud），乃"土儿合"之复数形，原旁译为"护卫"，即《元史》之"秃鲁华"军。《元史》卷九十八《兵志一》有云："或取诸侯将校之子弟充军，曰质子军，又曰秃鲁华军。"（百衲本卷八九第二页下）又"兵制"条云："世祖……（中统）四年二月，诏统军司及管军万户、千户等，可遵太祖之制，令各官以子弟入朝充秃鲁花。"（同书第五页下）关于"秃鲁花"，请详拙著《说〈元史〉中的"秃鲁花"（质子军）与〈元朝秘史〉中的"土儿合黑"（散班）》一文（华冈学报第四期，一九六七年十二月）。

8 原文"察黑图"（chaghtu），旁译"酌中"。按chaghtu一字的否定形chaghlashi ügei是"无限的""不变的"之意。因此可以测知"察黑图"的字义是"普普通通"，而非优等的意思。小林高四郎氏于其《元朝秘史之研究》（第三十九页）中，曾详论此字，引海尼士诸家之说，证其正误，并解"酌中"一语，为"中等的"之意。谢再善译达木丁苏隆本（第一四五页）作"平常不中用的"，虽属正确，但嫌过火。

9 原文似乎脱落一句话。伯希和氏于其法译本中补加"Tübegän-ü gäjigä Olon-Dongqayïd-kö, äldübä"一句，意思是说："派众董合亦惕为土别干的后援"。这是很正确的。

第一七一节

这话传来后，成吉思可汗说："兀鲁兀惕〔氏〕的主儿扯歹伯伯[1]，你有什么说的吗？你做先锋吧！"在主儿扯歹作声之前，忙忽惕〔氏〕的忽亦勒答儿·薛禅[2]说："在'安答'面前，我去厮杀，自今以后请安答关照我的孤儿们吧！"主儿扯歹说："在成吉思可汗面前，我们兀鲁兀惕、忙忽惕当先锋厮杀！"说罢，主儿扯歹、忽亦勒答儿两个人就把他们兀鲁兀惕、忙忽惕〔两族人马〕在成吉思可汗前面，排立阵势。才立好，敌人就以只儿斤〔族〕当先锋〔冲〕过来了。〔他们〕一来，兀鲁兀惕、忙忽惕〔两族〕就迎着冲上前去，压制了只儿斤。正乘胜前去的时候，土绵·土别干〔氏〕的阿赤黑·失仑冲过来了。冲杀间，阿赤黑·失仑把忽亦勒答儿刺下〔马〕来。忙忽惕〔氏的兵丁〕就在忽亦勒答儿〔落马之处〕翻转。主儿扯歹〔领着〕他兀鲁兀惕〔氏〕，冲杀过去，压制了土绵—土别干〔族〕，正乘胜前进，斡栾—董合亦惕〔族〕迎面冲杀过来。主儿扯歹又把董合亦惕压服。乘胜前进的时候，豁里·失烈门太子带着千名护卫冲过来了。主儿扯歹又把豁里·失烈门太子击退。乘胜前进时，桑昆未得王汗同意，就迎面冲过来，〔这时〕桑昆红色的脸腮被射中，倒下〔马〕来。桑昆既被〔射〕倒，客列亦惕〔人马〕全都翻回到桑昆那里，站下来。战胜了他们，在日落衔山的时候，我们的〔人马〕翻回去，把倒地受伤的忽亦勒答儿带回来。成吉思可汗〔和〕我们的人〔马〕从与王汗厮杀之地撤离，夜间移动，到他处住宿。

注释

1 原文"额宾"（ebin），旁译、总译均作"伯父"。谢再善汉译达木丁苏隆之《蒙古秘史》（第一四六页）亦译为"主儿扯歹伯父"。伯希和氏于其法译本（第一八五页）作Oncle。按兀鲁兀惕氏与忙忽惕氏同为纳臣·把阿秃儿之裔，但降至成吉思汗时代，亲属关系已甚疏远，而成吉思汗仍称主儿扯歹为"伯父"，对忽亦勒答儿则称为"安答"。《元史》卷一二○，有术赤台（主儿扯歹）传。

2　忽亦勒答儿·薛禅（Khuyildar-Sechen），《元史》卷一二一有畏答儿传。又《元史》卷九五《食货志三》"岁赐"条作"愠里答儿·薛禅"（百衲本第二十页上）。姚师前注说：此事《元史》卷一二○《术赤台传》、卷一二一《畏答儿传》与《牧庵集》卷十四《平章政事忙兀（蒙古）公神道碑》所载事迹视《秘史》为详，兹略采之：（1）《元史》卷一二一《畏答儿传》："畏答儿（即《秘史》忽亦勒答儿）……与兄畏翼俱事太祖。……时大畴强盛，畏翼率其属归之，畏答儿止之，不听……无以自明，取矢折而誓曰：'所不终（身）事主者，有如此矢！'太祖（成吉思汗）察其诚，更名薛禅，约为按达。薛禅者，聪明之谓也；按达者，定交不易之谓也。"（2）《牧庵集》卷十四：辉和尔（即忽亦勒答儿）兄威伊特（即畏翼）叛去，苦止之，不归。乃折矢誓不贰，"帝（成吉思汗）感其诚，易名希禅（即薛禅），约为按答。盖'明秉儿先，与友同死生'之称。"沈子培曰："明炳儿先，释希禅（薛禅）；友同生死，释按答。"（《元秘史补注》卷第七二页）（3）《元史》卷一二一《畏答儿传》："太祖与克烈（部）王罕对阵于哈刺真，师少不敌。帝命兀鲁一军先发，其将术赤（彻）台横鞭马鬣不应。畏答儿奋然曰：'我犹凿也，诸君斧也；凿匪斧不入。我请先入，诸军继之。万一不还，有三黄头儿在，唯上念之！'遂先出陷阵，大败之。至晡时，犹追逐不已。敕使止之，乃还。脑中流矢，创甚。（此事当以《秘史》中枪为可信。）帝亲傅以善药，留处帐中，月余卒。帝深惜之。"（忽亦勒答儿的死，亦当从《秘史》。）（4）同上本传："太宗思其功，复以北方万户封其子忙哥为郡王。岁丙申（一二三六），忽都忽大料汉民，分城邑以封功臣，授忙哥泰安州（山东）民万户。帝讶其少，忽都忽对曰：'臣今差次，惟视旧数多寡。忙哥旧才八百户！'帝曰：'不然，畏答儿封户虽少，战功则多。其增封二万户，与十功臣同。为诸侯者，封户皆异其籍。'兀鲁争曰：'忙哥旧兵不及臣之半，今封顾多于臣？'帝曰：'汝忘而先（人）横鞭马鬣时耶？'兀鲁遂不敢言。"（以上旧《元史》卷一二一本传，参考《牧庵集》卷十四《平章政事忙兀公神道碑》，《四部丛刊》本，第三页以下。）（以上帖木真、王汗在合刺—合勒只惕的恶战。）

第一七二节

停〔在那里〕过了一夜，天明点视〔人马〕不见斡歌歹、孛罗忽勒、孛斡儿出三个人。成吉思可汗说："斡阔歹与可信赖的孛斡儿出、孛罗忽勒两个人一同落后，或生、或死，他们怎能相离呢？"我〔军〕夜间把马匹备好住下。成吉思可汗说："如果从我们的后边追来，就厮杀！"于是调度齐备，停在〔那里〕。等到天亮一看由后边来了一个人。来到时原是孛斡儿出。孛斡儿出到达后，成吉思可汗捶着胸说："愿长生天作主[1]！"孛斡儿出说："冲〔出〕来的时候，马被射倒，徒步跑着，趁客列亦惕〔人〕翻回到桑昆那里的机会，见有〔一匹〕驮着东西的马，弄歪了它所驮的东西，我就把它所驮的东西割断，骑在驮东西的鞍架上，〔跑〕出来，踏着我们分离后的踪迹，找来了。"

注释

1 原蒙古文汉字译音是"蒙客·腾格理·篾迭秃该"，旁译汉字是"长生天知道者"。"篾迭秃该"（medetugei［medetügei]），原总译"知道者"，也有"听凭"或"依赖"的意思。

第一七三节

过了一会儿，又有一个人前来，将到的时候，〔见〕他下边垂着〔两只〕腿看来好似只有一个人。来到后乃是孛罗忽勒与斡歌歹叠骑着〔一匹马〕，从〔孛罗忽勒的〕嘴角还有血流出。原来斡阔台的项脉，为箭所中。〔淤〕血凝塞，孛罗忽勒用嘴来咂，那凝塞的血〔还〕从他的嘴角流着就来到了。成吉思可汗一看，心里难过，从眼里流出泪来，赶快叫〔人〕烧火，用热烙烙过〔伤口〕，叫拿〔喝的东西〕来给斡阔台止渴。说："如敌人前来，就厮杀！"孛罗忽勒说："敌人沿着卯—温都儿山怀，向忽剌安—孛鲁合惕扬起〔很〕高的尘土，向那边退去了。"〔听了〕孛罗忽勒的那一番话，〔成吉思可汗〕说："如果来，就厮杀！如果敌人躲避，我们就整补咱们的军队〔再行〕厮杀！"说着就动身出发，朝着浯泐灰、湿鲁格泐只惕〔两条河〕，进了答阑—捏木儿格思¹〔地方〕。

注释

1 "答阑"之意为"七十"，"捏木儿格思"意思是"许多可披盖的东西"。又见于第一五三、一七五、二〇五节。

第一七四节

不久合答安·答勒都儿罕抛下了他的妻儿回来了。合答安·答勒都儿罕到后，转述王罕的话，说："王汗当他儿子桑昆的红脸，被马箭¹射中倒地，翻回到〔那里的时候〕时，说：'招惹那不当招惹的；格斗那不可格斗的！使我爱儿的脸〔上〕钉了钉子，为〔我〕儿索命，向前冲吧！'于是阿赤黑失仑说道：'可汗！可汗！不要如此！〔记得以前〕求子的时候，我们曾在柳条上拴了小布条[2]，"阿备、巴备"[3]的说着祈求祷告。现在要爱护这已经生了的儿子桑昆呀！蒙古人的大部分跟札木合、阿勒坛、忽察儿在一起，是属于我们的。与帖木真在一起反抗的蒙古人，能到哪儿去！马驹成了他们的坐骑，树木成了他们的掩蔽[4]，他们如果不来，我们去把他们像用衣服下摆兜干马粪一般的捉来吧。'[5]王汗听了阿赤黑失仑的这话，说：'好！那么就小心儿子难受，不要叫儿子受苦，〔好好〕照顾〔他〕吧！'说罢，就从厮杀的地方退回去了。"

注释

1 原文"兀出马"，旁译"射名"。Uchuma，"短箭"之谓，当即马箭。详见第二〇八节注1。

2 原文"额勒别孙　札剌麻"（elbesün jalama），无旁译。白鸟库吉氏补以"祷祈"二字。elbesün，不知何谓。惟jalama一字在《蒙汉满文三合》（第十一册第七页上）作"柳枝上拴的纸条子"。这是古代萨满教仪之一，今已不存。惟蒙古各地之"敖包"（obogha、oboo），原系萨满教之遗迹，祭祀地方神祇之所，其上仍插柳条，柳条之上系各色布块，当即由此一习俗蜕化而来的。又蒙古地方每于秋季家畜肥壮、乳食丰盛之时，举行dalalagha，是一种招福的祭祀。祭祀时户主用箭一支，其上系五色的绸条，自左向右转动，同时口中祝祷，祈求他所希望的财富，包括子嗣在内。今内蒙古东北角的达呼尔族，仍信奉萨满，每于术士（idghan）跳神之时，必在树枝上，挂着绸缎布纸各色条子，以为献神之礼，也可能就是这里所说的"札剌麻"。

3 原文"阿备、巴备"，无旁译，似为当时萨满祷祝之词"bö'e-yin daghudalgha"的一部分。

4　意思是落荒而走，既无骟马可骑，又无庐舍可住。

5　干马粪是蒙古草原上的燃料之一。拣拾时，多用衣服的下摆兜起来拿走。这句
　　话的意思正合于汉语中的"探囊取物"之意。

第一七五节

　　于是成吉思可汗自答阑—捏木儿格思，顺着合勒合〔河〕[1]移
动的时候，点数〔全军〕，计有两千六百〔人〕。成吉思可汗〔率〕
一千三百名，沿着合勒合〔河〕西边前进。兀鲁兀惕、忙忽惕
〔两部率〕一千三百名沿着合勒合〔河〕东边移动。一面打猎储备
食粮。这时忽亦勒答儿的伤痕尚未痊愈，〔他〕不听成吉思可汗的
劝戒，冲向野兽奔驰，〔创伤〕重发而死。成吉思可汗命将他的尸
骨，安放在合勒合〔河〕的斡峏讷屼〔山〕半斜的山崖之上。

注释

1　合勒合（Khalkha），河名，即今内蒙古呼伦贝尔与外蒙古间的喀尔喀河。
　　一九三八年，日苏两军激战的诺们坎（Nomunkhan）草原，就是这条河的流
　　域，所以也称为Khalkha河之役。

第一七六节

　　〔成吉思可汗〕知道在合勒合〔河〕注入捕鱼儿海子[1]的地方，
有帖儿格、阿筬勒[2]等翁吉剌惕〔人〕，就命主儿扯歹率领兀鲁兀

惕〔族人〕前去。去的时候〔可汗指示〕说："翁吉剌惕人如果说'从昔日就按着外甥的容貌，女儿的颜色³'，就收降他们；如果要反抗，我们便与厮杀！"说罢叫他去了。〔翁吉剌惕人果然〕向主儿扎歹投降。既然归顺，成吉思可汗一点也没有惊动他们。

注释

1 捕鱼儿海子，即今呼伦贝尔地区的贝尔湖。

2 帖儿格、阿篾勒二人之名，均见第一四一节。此二人与另一翁吉剌惕的氏族长阿勒灰，共同参加支持札木合反成吉思可汗的战争。惟第一四一节称帖儿格为迭儿格克，阿篾勒为额篾勒。就蒙文正写法，Amele 是误写，Emele 是对的，字义是"马鞍"。与《黄金史》对照，本节所说的帖儿格（Terge）是正确的，字义是"车"。

3 这句话就是顾念旧日姻娅关系的意思。请参照前第六十四节的记事。姚师前注说：姻亲，如当时成吉思可汗的母亲诃额仑与他的皇后孛儿帖，都是广义的翁吉剌氏。《元史》卷一一四《后妃传》序曰："太祖光献翼圣皇后，名旭真，弘吉剌氏，特薛禅之女也。特薛禅与子按陈从太祖征伐有功。……有旨：'生女为后，生男尚公主，世世不绝。'"与上文合看，可知两族间的姻亲关系。此处所谓"旭真"，就是"兀真"之讹。

第一七七节

收抚了翁吉剌惕以后，就到统格〔黎克〕¹小河的东边住下。成吉思可汗〔差〕阿儿孩·合撒儿、速客该·者温二人，〔去向王汗〕送话的时候说：在统格〔黎克〕小河东边住下了。这里草很好，我们的马也吃肥了。〔你去〕对我的汗父说：

"我的汗父啊！

为什么嗔怒，

恐吓我呀！

如果要使〔我们〕警惕，

为何不在你不肖的儿子们，

不肖的媳妇们，

睡足的时候怪责呢？

你为什么那样把平平的[2]坐位给弄塌了，

把上升的云烟给弄散了一般的恐吓我呢？

我的汗父啊！

莫非你从旁受了别人的刺激，

莫非你横着受到别人的挑拨吗？

我的汗父啊！咱们两个是怎样说〔定〕的？我们两个在勺峏
合勒忽〔山〕的忽剌阿讷岘惕、孛勒答岘惕的时候不曾一起说过：

'若是被有牙的蛇所挑唆，

不要受它挑唆，

要用牙用嘴对证才相信'吗？

如今我的汗父啊！

你是经过口齿对证，

才和我分裂吗？

〔我们〕不曾一起说过：

'若是被有齿的蛇所离间，

不要受它离间，

要用口用舌对证才相信'[3]吗？

213

　　如今我的汗父啊！

　　你是经过口舌对证，

　　才和我分离的吗？

　　我的汗父啊！

　　我的〔人〕虽少，

　　没使你找过那多的；

　　我虽不好，

　　没叫你求过那好的。

　　有两根辕条的车，

　　如果一根辕条折断，

　　牛就不能向前拉。

　　我不是曾和你那根辕条一样吗？

　　有两个轮子的车，

　　如果一个轮子折断，

　　〔车〕就不能〔再〕移动。

　　我不是曾和你那个车轮一样吗？

　　"若是谈早先的话，在你汗父忽察儿忽思·不亦鲁黑〔死〕后，因你是四十个儿子的长兄，立〔你〕为汗。你做了汗，就把你弟弟帖木儿太子、不花·帖木儿两个人杀掉。你弟弟额儿客·合剌将要被杀的时候，亡命逃走，投靠乃蛮的亦难察·必勒格汗。因你是残杀诸弟之人，你叔父古儿汗前来征讨。你〔只带〕一百个人亡命，顺着薛凉格〔河〕[4]逃走，钻进了合剌温〔山〕的隘口。从那里出来，为了通融，你把女儿札兀儿·兀真，献给了篾儿乞惕的脱黑脱阿。从合剌温隘口出来，到我汗父也速该跟前，

214

你在那里说：'请从我叔父古儿汗那里营救出我的百姓吧。'我汗父也速该因你那样前来求告，为要替你营救你的百姓，就从泰亦赤兀惕〔族〕中率领忽难、巴合只两个人，调动军队前往，把正在忽儿班—帖列速惕〔地方〕的古儿汗〔和他的〕二三十个人，赶入合申[5]地方，救出了你的百姓，〔交还〕给你。从那里前来，在土兀剌〔河〕[6]的黑林，我的汗父啊！〔你〕和也速该汗结为'安答'。那时我父——王汗你曾感激着说：'上天〔大〕地祐护垂鉴！把你这恩典报答给你的子子孙孙吧！'

　　"后来，额儿格·合剌向乃蛮的亦难察·必勒格汗求到〔援〕兵，前来攻打你。你仅仅保全自己的性命，抛弃了自己的百姓〔和〕少数人逃出。〔投奔〕合剌—乞塔惕[7]的古儿汗，去到在垂河[8]的回回[9]地方。不到一年，你又背叛了古儿汗，经过秃兀惕[10]、唐兀惕[11]地方〔回〕来的时候，穷困得挤干了五只山羊的奶吃，刺出了骆驼的血吃。仅剩下〔一匹〕瞎眼黑鬃黑尾的黄马。听说汗父你那样穷困而来，想念你昔日与我汗父也速该结拜'安答'的缘故，〔叫〕塔孩、速客该二人作使臣前去迎接。我自己也从客鲁涟〔河〕的不峏吉—额峏吉[12]前往迎迓，在古泄兀儿湖我们相遇。因你穷困而来，〔我向百姓〕征收科敛给你。按照昔日曾与我父结拜'安答'的道理，我们两个人在土兀剌〔河〕的黑林互称父子。〔我称你为父〕其理由不是那样吗？那年冬天，〔我〕叫你进入围子里，扶养你。住过了冬天，又住过夏天，到秋天进攻篾儿乞惕的脱黑脱阿·别乞，在合迪黑里黑山岭[13]的木鲁彻—薛兀勒厮杀，把脱黑脱阿·别乞赶到巴儿忽真平滩[14]之地，掳掠篾儿乞惕人，把所获的许多马群、穹帐、粮食，我都给了汗父〔你〕。我没有叫你的饥饿挨过中午；没有教你的消瘦到过半月。我们又迫使古出古儿台·不亦鲁黑汗从兀鲁黑—塔黑的莎豁黑水越过阿勒台山[15]，顺着浯笼古〔河〕[16]追赶，在乞赤渤巴石湖[17]使〔他〕穷促。我们从那里回来的时候，乃蛮的可克薛兀·撒卜剌黑从拜答剌黑—别勒赤儿[18]整备军队，〔前来〕对阵。因天色已晚约定明早厮杀。在彼此调度住宿时候，我的汗父啊！你在你的营里多处点起火来，夜间却溯着合剌—泄兀勒〔河〕[19]走了。次日早晨一看，发现〔你们〕已经不在你们的阵营。那时迫于你〔的行动〕，我说：'这些人要把我们当做烧饭啊！'[20]也随即移动，经过额迭儿—阿勒台山的川口[21]，来到撒阿里旷野驻下。

"可克薛兀·撒卜剌黑追袭你，把桑昆的妻儿、百姓、人家全都掳去。为你所俘的篾儿乞惕脱黑脱阿的两个儿子，忽都、赤剌温也乘机〔带〕他们的百姓人家背叛你，〔遁〕入巴儿忽真〔平滩〕与他们的父亲会合去了。那时，我的汗父啊！你的百姓被乃蛮的可克薛兀·撒卜剌黑掳去，你〔差人〕来说：'吾儿！把你的四杰派来吧！'我不像你那样做想，就遣孛斡儿出、木合黎、孛罗忽勒、赤剌温勇士这四杰，整备军队前去〔支援〕。〔在他们到达〕之前，桑昆在忽剌安—忽惕与〔敌〕对阵，他所骑的马，后腿被射中，几乎被擒。我这四杰赶到，救了桑昆，〔还〕把他的妻儿、百姓、人口等等都给搭救了。那时我的汗父，你曾感激的说过：'吾儿帖木真啊！差遣四杰来搭救了我走散的百姓！'如今，我的汗父啊！你为了什么过错，怪罪我呢？派使者来〔说明〕怪罪的原因吧。可以派巴里·忽里、亦都儿坚两人前来；不然另派别人前来〔亦可〕。"说罢就派〔他们〕去了[22]。

注释

1 原文作"统格",总译作"统格黎小河"。此河已见卷一第五、三十节等。《元史》卷一《太祖本纪》作"董哥泽"(百衲本第十页下)。

2 原文作"丁",无旁译,当为"平等的"或"平坦的"之意的teng字。白鸟本的罗马字音译为den,伯希和本作ding,并加注解,谓之Peut-être altere(第五十八页)。

3 这一段话原是成吉思可汗与王汗在土兀剌河的合剌屯(黑林),互称为父子之时所说的。已见第一六四节,只是该节所说的地点与本节不同。

4 薛凉格(Selengge),即今色楞格河。

5 合申(Khashin),就是河西,指西夏之地而言。

6 原文作"秃浯剌",兹按第九十六节的写法,改为"土兀剌"。此河就是现在的土拉河。

7 合剌—乞塔惕(Khara-Kitad),字义是"黑契丹",就是耶律大石所建的西辽。

8 "垂河"亦作"吹河",唐代称为碎叶河,在中亚锡尔河之北。

9 撒儿塔兀勒(Sarta'ul),这是当时蒙古人对信奉回教的中亚、西亚人的总称。

10 委兀惕(Uighud),即畏兀儿(Uighur)的复数形。

11 唐兀惕(Tangghud、Tangut),即西夏国。蒙古人今仍称青海、甘肃之藏语民族为Tangghud。

12 客鲁涟(Kerülen),即今克鲁伦河。不峏吉—额峏吉,地名。卷二第九十八节作"不儿吉—额儿吉"。额儿吉(ergi)是"河湾"或"河岸"之意。

13 原文"你鲁兀"(niru'u,niru'un),字义是"山岭"或"分水岭"。第一八三节作"你鲁虮惕"(niru'ud),是复数形,旁译为"岭每"。

14 巴儿忽真—脱古木(Barkhujin-tököm),Tököm是河滩地或两河夹心地。巴儿忽真水在贝加尔湖之东。

15 阿勒台(Altai),即阿尔泰山。

16 浯笼古(Ülünggü),即今北疆的乌陇古河。

17 乞赤泐巴石(Kichilbash)湖,即今布伦托海子。

18 别勒赤儿（belchir），指两河汇流之地而言。

19 合剌—泄兀勒（Khara-se'ül），旁译"水名"，字义是"黑尾巴"，地点待考。

20 已详卷二第七十节注2及卷五第一六一节注1。

21 原文"别泐赤儿"，此字与注18之"别勒赤儿"同属一字，是川流汇聚之地，故译为"川口"。

22 关于本节之记事，请参照第一五〇、一五一、一五八、一五九、一六一、一六二、一六三、一六四等节。姚师前注说：这一节即是有名的成吉思可汗对王汗的五大控诉。《元史》卷一《太祖本纪》说是"大有功于君一也"，至"大有功于君五也"。《亲征录》说是"有造于汝一也"，至"有造于汝五也"。《译文证补》卷一上说是"此有德于汝者一也"，至"有德于汝者五也"。内容大同小异，应与此节所说，作一比较研究，说明他们间因袭的关系。〔其他转录的书，如《元史类编》《元史新编》《新元史》《蒙兀儿史记》（在《王汗传》）等，也说到上述的五点，均从略。〕

第一七八节

王汗听了这些话，说"嗳¹！我违背了与我儿不可违背的道理，违背了〔与我儿〕不可违背的事情！"说着就心里很难过起来，又说："如今，看见我儿若是再生恶念啊，就和我这血一样，被他人〔刺〕出！"²说着发誓，就用剜箭扣的刀子，刺破他的小指，教血流出，盛在〔一个〕小桦木皮桶里说："交给我的儿子！"〔这样〕就叫〔使臣〕回去了。

注释

1 原文"唉 莎亦鲁黑"，无旁译。钱大昕本作"索赤鲁黑"，亦无旁译。现代语

中，süyilekü〔suyilakhu〕是"喘息"或"叹气"之意，如为sochikhu，则为
"惊讶"之意。暂从缺。

2 按古代蒙古习俗和萨满教的信仰，认为流血而死，其灵魂必受痛苦。故元代
皇族之被处死者，多不流其血。即在今日，"流血而死的"（chisu-bar ükügsen）
一语仍是一种可怕的咒诅。《秘史》第二〇一节记述札木合希望不流血而死，
即是为此。

第一七九节

成吉思可汗又说："去对札木合'安答'说：在我汗父〔前〕，
你嫉妒〔我〕，叫〔我们〕分裂了！〔以前〕我们谁先起来，就
〔从〕汗父的青钟〔喝马奶子〕¹。我起的早〔先〕喝，你就嫉妒。
如今〔你〕把汗父的青钟喝干！你又能耗费多少呢！"

成吉思可汗又说："去对阿勒坛、忽察儿两个人说：你们两个
人背弃我。你们想公然离开吗？还是想暗中²离开吗？忽察儿，因
你是捏坤太子的儿子，我们教你做可汗！〔但〕你不肯。阿拉坛，
因为你〔父〕忽秃剌汗曾治理过〔国家〕，〔你〕父亲是〔怎样〕
治理，叫你做可汗，你也不肯。又我因为在上还有巴儿坛·把秃
儿的子嗣，就对撒察、泰出两个人说：'你们做可汗吧'〔他们〕
也不肯。我〔一再〕的说'你们'做可汗吧！〔都〕不肯答应。
你们教我做可汗，我这才做了。如果你们做了可汗，差我去做先
锋，突击众敌，得天之祐，掳掠敌人，我就把面貌美丽的闺女、
妇人，后胯美好的骟马，给〔你们〕拿来。如果教我围猎野兽，
我就把山崖上的野兽给〔你们〕围得前腿挨前腿，把旷野里的野

兽给〔你们〕围得肚皮挨肚皮[3]。如今〔你们〕好好的给我汗父做伙伴吧！小心让人家说你们好怠慢！可不要让人家说你们就是倚仗察兀惕—忽里[4]。不要让外人在三河的源头[5]安营啊！"

注释

1 原文"阔阔 充"（kökö chung），旁译作"青钟"。按kökö、köke是"青色"。"充"（chüng或jüng）今已不知何谓，但由上下文推之，可知其为酒器。同时也可猜测这是由汉地进来的外来语。原总译说是"喝马奶子"，虽不见原文，但似正确，故将这三字加入。

2 原文"主合主 兀"（jaghaju'u），旁译作"对付着"，意义不明。兹按上下文语气，暂译为"暗中"。谢再善根据达木丁苏隆蒙文本也译为"暗中"（见该译本第一五五页）。

3 原是阿勒坛、忽察儿两人对成吉思可汗所发的誓言。请参照第一二三节。在这里却是可汗所说的一段反话。

4 察兀惕 忽里（Cha'ud khuri〔khori〕），原旁译"官名"。这是金朝由王京丞相赠给成吉思可汗的官爵，事见卷四第一三四节。其详待考。

5 "三河"似指今鄂尔浑（Orkhon）、土拉（Tuula）、克鲁伦（Kerülen）三河而言。此三河之源向为北亚游牧民族称雄的基地。姚师前注说：直译应作"三河源头休教任何人下营者！""三河"有二说：一、即土拉河、鄂尔昆河、色楞格河，代表王汗所居的黑林；二、即斡难河、克鲁伦河、土拉河，指成吉思可汗的居地。《元史·太祖本纪》述此语说："三河，祖宗肇基之地，毋为他人所有！"则这里的三河应当是指后者说的。

第一八〇节

成吉思可汗又说："对脱斡邻勒弟说：称〔你〕为弟弟的缘由

〔是〕：秃必乃·〔薛禅〕、察剌孩·领忽俘虏斡黑答来作〔他们〕二人的奴隶。斡黑答奴隶的儿子是速别该奴婢。速别该奴婢的儿子是阔阔出·乞儿撒安。阔阔出·乞儿撒安的儿子是也该·晃塔合儿。也该·晃塔合儿的儿子就是你脱斡邻勒。你奸妄的要想把谁的百姓〔拿去〕送人呀！我的百姓不会任阿勒坛、忽察儿两个人管理的[1]。称你为弟的缘由，因〔你〕本是我高祖门限〔里〕的奴隶，〔是〕我曾祖门里边的私奴。这就是我叫人去告诉〔你〕的。"

注释

1　这一句话原总译作："我的百姓，阿勒坛、忽察儿必不教别人管。"原文也似有这种意思，但反复详读，似以新译为妥。谢译达木丁苏隆本为："我的部众阿勒坛、忽察儿二人谁也管不了吧？"（见该书第一五七页）伯希和本译作："阿勒坛、忽察儿两个不会让任何人管理我的百姓。"（见该书第一九三页）

第一八一节

成吉思可汗又说："去对桑昆安答说：穿着衣服生的儿子是我；赤裸着身子出生的儿子是你。我们的汗父曾同样地看待我们。桑昆安答，你怕我介入〔你父子之间〕，嫉恨我把我赶走了。如今〔你〕可不要使我们汗父心里难过，早晚出入，〔晨昏〕定省。〔你〕不放下你旧日的〔私〕心，莫非是想在汗父还在的时候，就做可汗吗？不要叫我们汗父内心难过不安。"

还说："桑昆安答，向我派使臣的时候，可以叫必勒格·别乞、脱朵延两个伴当来。"还说："向我派使臣来的时候，汗父派两个使臣来。桑昆'安答'也派两个使臣来。札木合安答也派两个使臣来。阿勒坛也派两个使臣来。忽察儿也派两个使臣来。阿赤失仑也派两个使臣来。合赤温也派两个使臣来。"说着就叫阿儿孩·合撒儿、速格该·者温去，转达这些话。

听了这些话，桑昆说："〔他〕几时称过汗父，不是叫做好杀的老头子吗？几时叫过我'安答'，不说是脱黑脱阿巫师随着回回羊的尾巴走吗[1]？〔我〕察觉了这些话的用意。〔这〕是厮杀以前要说的话！必勒格·别乞、脱朵延两个人竖起厮杀的战旗，养肥战马，不得踌躇！"

阿儿孩·合撒儿从王汗那里回来的时候，速格该·者温的妻儿正在脱斡邻勒那里，不敢回来，就落在阿儿孩·〔合撒儿〕之后。阿儿孩·〔合撒儿〕回来，把这些话都对成吉思可汗述说了。

注释

1 这一句古代谚语的意思颇为费解。这句话里有"主卜赤周"一字，旁译作"续着"。此字今已不用。《蒙汉满三合》（第十一册六十五页下）有jubchimüi〔jubchimui〕一字，其汉译为"舍脸"。因此可能这句话是："脱黑脱阿师公舍着脸跟着回回羊的尾巴走。"谢译达木丁苏隆本（第一五八页注三）称："随羊尾后走，是随在羊尾后取乳之意，喻成吉思合罕说桑昆天天想害王罕。"颇近情理。李文田《元朝秘史注》卷七（第十六页上）也作如此解释。但它也可能是说萨满以羊为牺牲祭神，在宰杀之前，先予选择。所谓追随其后，即表示将予杀害。

姚师前注：这句话应当是当时的俗语，今已不得其解。《圣武亲征录》述此语说："彼何尝诚意待我为按答，特以觊视我耳！"盖有轻视意味（引见那珂通世《成吉思汗实录》卷六第二四〇页的小注）。

第一八二节

不久成吉思可汗到巴勒渚纳湖¹住下，就在那里遇到了豁鲁剌思²部的搠斡思·察罕〔等〕。那些豁鲁剌思人不曾冲突，前来投降。从汪古惕〔部〕³的阿剌忽失·的吉惕·忽里⁴那里，有〔一个〕骑白骆驼的回回阿三⁵赶着〔一〕千只大羊，顺着额沲古捏河⁶来买貂鼠和灰鼠，〔也〕在巴泐渚纳〔湖〕饮〔牲畜〕的时候，遇见了〔可汗〕。

注释

1 此湖之名已见第二十四节，作"巴勒谆"。《黄金史纲》(Altan Tobchiya)
称："彼时帖木真为王汗所迫，来至巴勒渚纳〔河〕。合撒儿亦至彼处，与帖木真相会。彼时该河涸干，只剩下这里那里有些水流，行粮已尽，该地又无人烟，什么都得不到。……成吉思汗由那河中掬水而饮，向天明誓说：'我如登大位，愿与尔众同甘共苦！如食此言，愿同此河断源绝流！凡共饮此河之水而明誓者，直至子子孙孙，尽予〔重〕用！'"（见同书第七十九页）

洪钧《元史译文证补》称："汪罕军势仍盛，帝见不敌亟引退。退后部众涣散，帝乃避往巴儿渚纳。是地有数小河，而是时水涸流浊，仅可饮浑水。帝慷慨酌水，与从者誓。当日从者无多，称之曰巴儿渚纳特，延赏及后世焉。"〔斯钦按：巴儿渚纳特（Baljunad），即巴儿渚纳诸人之谓。〕

其注释称："《史录》言班朱尼河，饮水誓众，在遣使后，《秘史》同，此在战后独异。然观《札八儿传》，似战后即至此矣。《秘史》称为海子。考之俄图，斡难河北，俄罗斯界内有巴儿渚纳泊。俄音似巴勒赤诺泊。北有河曰图拉，入音果达河。就俄图观之，河泊不相连属，或水涨时通入于河，或近地尚有小河，而图未载。故《史录》以为河名。俄人游历至此，谓其地多林木，宜驻夏，可避兵。蒙古人尚指是地为成吉思汗避难处也。巴儿渚纳为淖尔名。《秘史》独是。"〔见那珂通世校订本《证补》卷一上第四十三、四十四页，《史录》即拉施特（Rashid al-Din）书 *Jami'al Tawarikh*。〕

《元史·太祖本纪》称："行至班朱尼河，河水方浑，帝饮之以誓众。……时汪罕形势盛强，帝微弱，胜败未可知，众颇危惧。凡与饮河水者，谓之饮浑水，言其曾同艰难也。"（百衲本卷一第十二页上下）

2 豁鲁剌思（Ghorulas〔Ghorolas〕）部，今称为郭尔罗斯（Ghorlos），清代分为两旗，位在内蒙古东北地方。

3 汪古惕部曾游牧于今内蒙古乌兰察布盟南部及伊克昭盟北部大青山脉南北地区。其都城遗址，在今百灵庙西南七十余华里之地，是一个信奉景教的部族。樱井益雄曾作《汪古部族考》（见《东方学报》第六册，东京，一九三六年）。

4 《元史》卷一一八有《阿剌兀思·剔吉·忽里传》。

5 "阿三"似为回回人名 Hassan 或 Asam 之对音。原文称他是"撒儿塔黑台"（Sartaghtai）人，即当时中亚或西亚回教徒之意。他的出现，说明当时塞北经济活动范围的宽广。

6 即额尔古纳河。

第一八三节

　　成吉思可汗还在巴泐渚纳〔湖〕饮〔牲畜〕的时候，合撒儿把他的妻子〔和〕也古、也松格[1]、秃忽等三个儿子，〔都〕丢在王汗那里，只身带了少数的几个伴当〔逃出〕，沿着合剌温—硪都山的诸山岭[2]，寻找他的哥哥成吉思可汗。未能寻觅，穷困〔乏粮〕就吃着生牛皮〔和〕〔牛〕筋，走到巴泐渚纳，〔才〕和成吉思可汗相遇。合撒儿来了，成吉思可汗大喜，商量向王汗派遣使臣，就命沼兀里耶歹〔氏的〕合里兀答儿、兀良合歹〔氏的〕察忽儿罕[3]两个人前去，当作合撒儿的话，去对汗父说："'遥望我哥哥，看不见他的形影；踏踪找不到他的道路；喊叫〔也〕听不见我的声音了！我望着星宿辗转，枕着〔土块〕[4]躺卧。我的妻儿〔都〕在汗父那里；若得信任，我愿到汗父那里去。'你们就如此说吧。"又说："我们随即动身，在客鲁涟〔河〕的阿儿合勒—苟吉相会。你们到那里来！"如此约会好，就差合里兀答儿、察忽儿罕两个人前去。命主儿扯歹、阿儿孩两人当前锋。成吉思可汗随即从巴渤渚纳湖一同上马出发，到客鲁涟河的阿儿合勒—苟吉去了。

注释

1　成吉思可汗曾为其侄也松格勒石记事，今人称其碑为《成吉思可汗石》。小林高四郎氏曾于其《元朝秘史之研究》（第三一一、三一五及三一九页）中记述其事。又爱宕松男于《东洋史研究》第四卷第三号、村山七郎亦于《东洋语研究》第四号中皆为文论之，咸称此一石刻为蒙古史料中第一个用蒙文的记载。这一个文献称也松格亦是一名善射者。澳洲国立大学Igor de Rachewiltz也发表 "Some Remarks on the Stete of Yisünge" 详论之（见 *Tractata Altaica*，Wiesbaden，1976）。姚师前注说：哈撒儿（百衲本《元史》卷一〇七《宗室世系表》作"搠只哈儿"）三子，见《元史》卷一〇七《宗室世系表》。也古，表作"淄川王也苦"；也松格，表作"移相哥大王"；秃忽，表作"脱忽大王"。上述三人中以也古事迹较多，详见李文田《元朝秘史注》卷七第二十页，这里从略。

2　谢再善译达木丁苏隆本第一五九页注解，称之为"肯特山的一个支脉"，当属正确。

3　察忽儿罕（Chaghurkhan），者勒篾之弟。

4　原文这里似乎脱落了一个"土"（shiroi）字。

第一八四节

　　合里兀答儿、察忽儿罕二人到了王汗那里，〔伪〕称合撒儿的话，把这里让〔他〕去说的话〔都〕说了。王汗毫不介意的，正立起了金撒帐¹，举行宴会。对合里兀答儿、察忽儿罕两个人〔所说〕的话，王汗说："如果那样，就叫合撒儿来吧。我派亲信亦秃儿坚去。"说罢就叫〔他们〕一起前去。将到约定的地方阿儿合勒—苟吉的时候，看见阵势强大，使臣亦秃儿坚就往回逃走。合里兀答儿的马快，赶上了，〔却〕不敢拿〔他〕，就在前前后后截着他跑。察忽儿罕的马慢，就在后边从一箭远的地方，把亦秃儿坚〔备〕有金鞍的黑马的臀尖给射坐了。合里兀答儿、察忽儿罕两个人这才把亦秃儿坚拿住，带到成吉思可汗那里。成吉思可汗不与亦秃儿坚说话，就说："拿去给合撒儿，叫合撒儿发落！"送去后合撒儿〔也〕不和亦秃儿坚说话，就在那里砍死了。

注释

1　原文"帖儿篾"（terme），旁译"撒帐"。按terme是细毛布。所谓"立起金撒帐"，可能是立起以细毛布做成金碧辉煌的巨帐而说的，似乎就是近代蒙古贵族举行盛宴之时，所立起的大帐幕（chachir）。此处的"金"（altan）亦有表示尊贵的意思，例如Altan Ordo之类。

第一八五节

　　合里兀答儿、察忽儿罕两个人对成吉思可汗说："王汗未加提防，〔现在正〕立起金撒帐，举行宴会。我们赶快侦察[1]，夜里兼程而行，掩袭围攻吧！"〔成吉思可汗〕同意此说，派主儿扯歹、阿儿孩两个人当先锋，夜里兼程前进，赶到者折额儿—温都儿山的折儿山峡[2]的山口，包围了〔王汗〕。包围着厮杀了三夜三日。第三天他们不能抵抗，便投降了；但不知王汗、桑昆两个人在夜间是怎样〔逃〕出去的。这次〔敌方〕战将是只儿斤〔氏〕的合答黑勇士[3]。合答黑勇士前来投降，说："厮杀三夜三日，怎能眼看着自己的正主被人拿去杀死呢？不忍舍弃。为了叫〔他〕脱逃，保全性命，我就〔给他〕杀出个〔脱逃〕的机会。如今，命死便死。如被成吉思可汗恩赦，愿为效力！"成吉思可汗嘉纳合答黑勇士的话，降圣旨说："不忍舍弃正主，为要叫他脱逃，保全性命，而厮杀的，岂不是〔大〕丈夫？倒是个可当做伴当的人。"遂恩准不杀。为了忽亦勒答儿曾舍性命的缘故，降下恩旨说："叫合答黑勇士和〔他〕一百名只儿斤〔氏族的〕人，为忽亦勒答儿的妻儿们效力！如果生下男儿，〔世世〕要为忽亦勒答儿的子子孙孙效劳。如果生下女儿，她父母不能随意聘[4]人。由忽亦勒答儿的妻儿们在她们的前前后后使唤。"〔又〕为忽亦勒答儿·薛禅先开口〔请缨〕的缘故，成吉思可汗〔特〕降恩旨说："为了忽亦勒答儿的功勋，忽亦勒答儿的子子孙孙，都可以请求孤儿们应得的[5]〔恩偿〕。"[6]

227

注释

1 原文"亦古勒古周",无旁译,得不到适当的解释,似乎有脱漏之处,可能是khaighlghuju〔khayighulghuju〕一字之讹。故译为"侦察"。

2 原文"折儿—合卜赤孩"（Jer-khabchighai），"合卜赤孩"是山峡之意。

3 只儿斤氏的合答黑勇士是王汗部下的一员勇将,见前文第一七〇节。

4 原文为"忽答剌秃孩"（khudalatughai）,旁译"聘者"。谢再善译达木丁苏隆本（第一六一页）译为"不能自由出卖（出嫁）",似有讹误。按khuda是"亲家",khudalakhu是"结为亲家",khudalatughai是希望（第三身）与人成为亲家,khudaladutughai才是"卖给人家"之意。

5 原文"阿卜里合"（abligha或ablagha）,旁译为"请受"。在现代语中,此字是应当索取之财物。例如债权人向债务人索取的"债"。但在债务人方面则称为öggölige〔öglige〕——即理应给人家之物。此字见《秘史》卷八第二〇四节第三十四页上第四行末字,原文作"斡克里格",原旁译为"支请"。

《元史》卷九十五《食货志三》"岁赐"条云:"……其亲亲之义若此,诚可谓厚之至矣。至于勋臣亦然,又所以大报功也,故详著其所赐之人,及其数之多寡于后。……愠里答儿·薛禅,五户丝,丙申年分拨泰安州二万户。延祐六年,实有五千九百七十一户,计丝二千四百二十五斤。江南户钞,至元十八年分拨桂阳州二万一千户,计钞八百四十锭。"（百衲本第二十页上）

6 姚师前注:前文第一七〇节,作"只儿斤勇士哈答黑",同上第一七一节并述及鏖战情形,可以参看。"忽亦勒答儿"即"畏答儿",《元史》卷一二一有传。忽亦勒答儿与克烈部大战,为只儿斤所伤,因而致死,所以成吉思可汗即将只儿斤勇士合答黑赐给他的后人。《元史》卷一二一《畏答儿传》曰:"太祖与克烈王罕对阵……畏答儿……脑中流矢,创甚。帝亲傅以善药,留处帐中,月余卒,帝深惜之。及王罕灭,帝以其将只里吉实抗畏答儿,乃分只里吉（只儿斤）民百户隶其子,且使世世岁赐不绝。"可与此节参看。

卷　七

第一八六节

　　征服了那些客列亦惕百姓，向各方分配俘虏。因为孙勒都歹〔氏的〕塔孩勇士有功，〔赐〕给一百名只儿斤〔族〕人。王汗之弟札合·敢不有两个女儿[1]。成吉思可汗又降圣旨，可汗自己娶了他的长女亦巴合·别乞，把他的次女莎儿合黑塔泥·别乞[2]，给了拖雷。因此恩赐札合·敢不，叫他以他自己所辖的梯己[3]百姓，来作另一只车辕[4]，未加掳掠。

注释

1　姚师前注：《元史》卷一二〇《术赤台传》作"扎哈·坚普"，并说二女是术赤台（主儿扯歹）俘虏来的。

2　姚师前注：即是《元史》卷一一六《后妃传二》的睿宗显懿庄圣皇后唆鲁帖尼，怯烈氏。她是宪宗（蒙哥汗）、世祖（忽必烈汗）、伊尔汗国创立人旭烈兀汗的母亲。（可惜本传中的事迹甚简略，尚待补充。）

　　斯钦按：刘光义《记蒙古庄圣皇后莎儿合黑塔尼事》（《出版月刊》第十三号，一九六六年六月），可参照。

3　姚师前注："梯己"，一作"体己"，指自己私有的东西或亲信的人。《辞海》（辰集）说"谓私于己"，不甚切合。（1）元人谓自己物曰"梯己物"，见郑所南（思肖）《铁函心史》。（2）杨瑀《山居新语》："尝见周草窗（密）家藏（宋）徽宗在五国城写归御批数十纸，中间有云'可付体己人者'，即今之所谓梯己也。"梯己指个人私有的财物，这句话在现在中国的北方犹通行。梯己人指自己亲信可靠的人，梯己百姓指自己私有的百姓。

4　用现代语来说，就是来充当另一根支柱。其意义请详卷六第一七七节，成吉思

231

可汗对王汗所说的那一篇话。

第一八七节

成吉思可汗又降圣旨说："为了巴歹、乞失里黑二人的功勋，〔将〕王汗的金撒帐、全部家具、金酒碗器皿，连同管理人员等，〔都赐给他们〕。叫客列亦惕〔部〕汪豁只惕〔族人〕给〔他两人〕做宿卫[1]，使〔他二人〕配带箭筒[2]，〔饮宴时〕教〔他们〕喝盏[3]。直到子子孙孙，都为答儿罕〔免除赋役〕，享受幸福！进攻众敌，获得财物，可以随得随取。杀获野兽，可以随杀随拿！"成吉思可汗又降圣旨说："因为巴歹、乞失里黑两个人，在〔我〕生命危急之中，救助〔我〕；〔且〕蒙长生天祐护，征服客列亦惕百姓，登了高位。今后，我子子孙孙，凡坐我〔这大〕位的，都要多多想到这样建立功勋的人们！"

俘虏客列亦惕百姓，分配给众人，不使任何人缺少。分配土棉—秃别坚〔氏族〕人口，使大家都分得足够。〔分配〕斡栾—董合亦惕〔氏族〕人口，不到整天就分配完了。把〔性好〕血战掠夺的只儿斤氏的众勇士解散，〔但〕不够均分。那样消灭了客列亦惕百姓以后，那年冬天在阿卜只阿—阔迭格里〔山〕[4]过冬。

注释

1 原文"客失克田"，旁译为"宿卫的"。按 keshigten 就是"有福分的"或"分享在上者的福泽之人"的意思。今内蒙古昭乌达盟之克什克腾旗之字义即是如此。如为 kesegten，则与"怯薛"之音相近。keseg 在现代语中是"硙"字，也是军队中的"班"。所以 kesegten 一字可译为"值班的人"。《元史》卷九十九《兵志二·宿卫》条有详细记载。关于成吉思可汗之"客失克田"的制度，请详《秘史》卷九第二二四节至卷十的二三四节。日本箭内亘博士曾作《怯薛考》一文，论之甚详，见《蒙古史研究》（第二一一至二六二页）。汉文有陈捷的译文，商务出版。姚师前注说：伯希和先生对于元初宿卫也有很精邃的意见，见冯承钧译《西域南海史地考证译丛三编》（第二二至二四页），可参考。

2 原文"豁儿赤剌兀勒周"（khorchila'ulju），旁译"教带弓箭着"。《元史》卷九十九《兵志二·宿卫》"四怯薛"条（百衲本第一页下）云："〔怯薛〕非甚亲信，不得预也。其怯薛执事之名，则主弓矢……之事者，曰火儿赤。"如是则有使巴歹、乞失里黑二人为怯薛之意。但使武士佩带弓矢箭筒亦为荣典之一。据沃尔纳德斯基博士于其巨著《蒙古与俄罗斯》（*The Mongol and Russia*）一书中，曾说："各军团单位之首长，均依其阶级授予标帜，在古代突厥人——蒙古人可能也是这样——弓矢都是权威的标志。按古突厥之历史传统，弓曾为其右翼指挥官之标帜，矢则为左翼指挥官标帜。五世纪阿提拉（Attila）之匈奴帝国，亦曾以金弓为其将帅权威之象征。据《蒙古秘史》，成吉思汗曾许其最亲近的功臣佩箭囊及弓矢，以所有蒙古骑兵均佩箭囊及弓矢，故此处所说的弓矢，必非普通武器，乃一种代表品，用以象征免除纳税或其他义务之'答儿罕'权利者。"见札奇斯钦汉译本上册第一〇九页（一九五五年，台北）。

3 喝盏是蒙古朝廷中的一种荣典。请参照卷五第一五四节注2。

4 达木丁苏隆氏称此地为王汗故地（土拉河）黑林（Khara-tün）附近地方（见谢再善译本第一六四页）。

第一八八节

王汗、桑昆两个人罄身逃出，走到的的克—撒合儿的涅坤水，王汗口渴，前去〔喝水〕，就进了乃蛮哨望豁里·速别赤那里。豁里·速别赤，就把王汗拿住。〔他〕虽然说"我是王汗"，可是〔豁里·速别赤〕不认识他，〔也〕不相信，就在那里〔将他〕杀死。桑昆没有走进的的克—撒合儿的涅坤水。〔从〕外边走，进入荒野¹寻水。有野马被虻蝇所咬，站〔在那里〕。桑昆下马去窥觑。桑昆同他的伴当管马的阔阔出和他的妻子三个人同在一起。〔桑昆〕叫他管马的阔阔出牵着马。〔不料〕管马的阔阔出牵着他的马，竟放步小跑回去了。他的妻子说："穿着金花儿〔衣裳〕的时候，吃着好吃的食物的时候，〔他不〕是常说'我的阔阔出'〔吗〕？你怎么可以这样把你的〔可〕汗桑昆撇弃了〔逃〕走呢？"他的妻子说着就在那里站下不走。阔阔出说："你想拿桑昆当丈夫吗？"他的妻子说："〔你〕说我女人的脸跟狗脸皮一样了！〔你去〕把他的金盂²给〔他〕，叫〔他〕舀水喝吧。"于是管马的阔阔出说："给〔你〕的金盂！"就向后撇给〔桑昆〕，放〔开马〕小跑着走了³。不久管马的阔阔出前来，〔见〕成吉思可汗述说怎样把桑昆撇在旷野而来的经过，和在那里一同所说的话都说了。成吉思可汗降圣旨，恩赐他的妻。因这管马的阔阔出，把他正主——他自己的可汗这般撇弃而来，就说："这样的人，如今要给人作伴，谁敢信任！"〔就叫人把他〕砍死了。

注释

1 原文"川勒"（chöl），原旁译作"地名"解。按chöl为荒凉而无人烟的旷野，并非地名。《秘史》第二七九节说"川勒地面先因无水，止有野兽无人住……教穿井者"，也是指无人地区而言。原译"地名"，似误。
2 原文为"盏讨兀"，旁译作"盂"字。今不知何解。现代语"盂"或"杯"为khundaghan。

234

3 关于桑昆之结局,《元史·太祖本纪》云:"汪罕与亦剌合（即 nilakha 之转音）挺身遁去,汪罕叹曰:'我为吾儿所误,今日之祸悔将何及。'汪罕出走,路逢乃蛮部将,遂为其所杀。亦剌合走西夏,日剽掠以自资。既而为西夏所攻,走至龟兹国,龟兹国主以兵讨杀之。"（百衲本卷一第十二页下至第十三页上）

第一八九节

乃蛮塔阳汗[1]的母亲古儿别速[2]说:"王汗是先前的长老,伟大的可汗,把他的头拿来〔看看〕,如果真是,咱们就祭奠一番吧!"说着就差人去到豁里·速别赤那里将他的头割下拿来,一经认出,就放在白色大毡子上,叫她媳妇们行儿妇之礼,斟酒,拉琴[3]献爵祭奠[4]。〔王汗的〕头在那里被那么样祭奠的时候,笑起来了。因为〔他〕笑了,塔阳汗就〔把他的头〕践踏粉碎。可克薛兀·撒卜剌黑说:"您把已死做〔过可〕汗之人的头,砍下拿来,然后您又〔把它〕弄得粉碎,是应当的么? 我们狗吼的声音不好[5]。亦难察·必勒格汗曾说:'〔我的〕妻年青,做丈夫的我已经老了。这个塔阳〔虽〕是由祈祷神灵[6]而生的,可是我儿生来懦弱[7],能够照料管理众多族类下等不良的百姓吗?'现在狗吼的声音〔很〕不对。我们夫人古儿别速的法令倒是锋锐。我的可汗,懦弱的塔阳,你柔弱得除了放鹰猎兽两事之外,再没有别的心志和技能了。"被〔这样〕说了之后,塔阳汗说:"听说,这东边有少数的蒙古人。那些百姓曾用他们的箭筒,恐吓以前老大的王汗,使〔他〕出走死亡。如今他们也存心要做可汗吗? 在天上有日月两个有光的⁸，这是为了要照亮〔人间〕而有的日月。〔可是〕在地上怎能有两个可汗呢？我们去⁹将那些蒙古人掳来吧！"〔他〕母亲古儿别速说："干什么呀！那些蒙古百姓是气味不好的，衣服破烂的，叫〔他们〕特别离开远远的！但把清秀的媳妇们女儿们带来，教她们洗了手脚，〔再〕去挤咱们的牛奶羊奶吧！"塔阳汗说："那么不论怎样，就去蒙古人那里，把他们的箭筒掳来吧！"

注释

1《多桑蒙古史》称塔阳汗之名为"台·不花"（见冯承钧译本上册第五十六页）。

2《元史译文证补》称古儿别速为塔阳汗之妻（见日本那珂本《证补》卷一上第五十六页）。

3 原文"忽兀儿答兀勒周"（khu'urda'ulju），旁译作"教弹着"，是由名词khu'ur转成的动词，意思是"叫拉胡琴"。在蒙古游牧地区，khu'ur就是专指蒙古特有的乐器马头琴而言。它的下端作铲形，蒙以皮革，上端刻一马头，长约三四尺，有弦两条，是用马尾做的。拉它的弓弦，也是马尾做的。它的音调很低，合于与高音的歌声相配。

4 西洋史家多谓乃蛮、客列亦惕两部均奉景教。此说出于当时传教士之记载。然以此节之记事证之，则与前说大相径庭。至少可以说明客列亦惕与乃蛮，仍有奉其旧时之萨满者甚多。

5 蒙古人认为夜里犬吼而不吠，是不祥之兆。

6 原文"额勒别速　额儿"（elbesü-eyer〔iyer〕），无旁译，白鸟库吉氏补加"祷神依着"四字于其旁。请详卷六第一七四节注2。

7 原文"脱儿鲁黑"，无旁译，总译此处作"弱"字解。达木丁苏隆于其蒙文复原《秘史》第七卷中作doromishi，又注为doroi，意思是"弱"（见达木丁苏隆编《蒙古文艺作品一百选》，一九五九年，乌兰巴托版，第一五页），而谢再善译达木丁苏隆本以"脱儿鲁黑"一字竟误为塔阳汗之名。可见谢氏译本颇不可靠。阿拉坦瓦齐尔复原本，将此一字分作töröl mashi两字，又于其下加olan一语。如此成了"族类非常众多"之意。

8 原文"格列田",旁译为"光有的每",似为"格列勒田"（gerelten）之讹。

姚师前注说：孟子说"天无二日，民无二王"，与这里所说微有不同。《秘史》
此节日与月并举，可知与中原天无二日之说，并无因袭关系。

9 原文"斡克抽",旁译"与着"。这与上下文均不合。似为"斡惕抽"（odchu）、
"去着"之讹。钱大昕本作"斡惕抽",但旁译仍误为"与着"。

第一九○节

听了这些话，可克薛兀·撒卜剌黑说："嗳！您说大话吧。
嗳！懦弱的可汗啊！〔这〕是应该的吗？〔还是把这些话〕藏[1]起
来吧！"被可克薛兀·撒卜剌合劝谏之后，〔塔阳汗〕派名叫脱儿
必·塔失的使者，往汪古惕〔部〕[2]阿剌忽石·的吉惕·忽里[3]那
里去说："听说，这东边有少数的蒙古人。你做右翼。我从这里夹
击，〔把〕那些蒙古人的箭筒掳夺来吧！"阿剌忽石·的吉惕·忽
里回答那话说："我不能作〔你的〕右翼。"说着就教〔使者〕去
了。阿剌忽石·的吉惕·忽里〔立刻〕派一个名叫月忽难的使者，
去对成吉思可汗说："乃蛮的塔阳汗要来夺你的箭筒。〔派人〕来
劝我做右翼。我不曾答应。如今我派〔人〕去提醒你。当心你的
箭筒被人家来拿去呀！"[4]

这时成吉思可汗正在帖篾延—客额儿[5]〔和〕秃勒勤—扯兀惕
围猎，阿剌忽石·的吉惕·忽里派来的使者月忽难前来转达这话。
因此便在围猎之中商议怎样应付。许多人说："我们的马瘦弱，如
今怎么办呢？"斡惕赤斤"那颜"说："怎么能拿马匹瘦弱来推

辞！我的军马肥壮。听见这样的话，怎能还坐着〔不动〕呢！"别勒古台"那颜"也说："还活着的时候，就让人家把自己的箭筒夺去，活着还有什么用！生为男子，死也要跟自己的箭筒、弓和骨头躺在一起，岂不〔更〕好！乃蛮人因为国家大百姓多！就说大话。我们就紧趁着〔他〕说大话，前去进攻！去〔夺〕取他们的箭筒，〔又〕有何难！〔我们马上〕前去！

当心他们大量的马群不会站在那里，

等我们去掠取；

当心他们把宫帐驮走⁶不会留在那里，

等我们去占有；

当心他们百姓躲到高处不呆在那里，

等我们去俘虏。

他们既然说这样大话，〔我们〕怎能坐得着呢？就进攻吧！"

注释

1 原文作"你兀惕浑"（ni'udkhun），白鸟本补加旁译"隐匿您"。

2《元史·太祖本纪》云："时乃蛮部长太阳罕心忌帝能，遣使谋于白达达部主阿剌忽思。"此处所称之"白达达"者，即指汪古部而言（见百衲本卷一第十二页上）。

3《元史》卷一一八有《阿剌兀思·剔吉·忽里传》。传中不再称白达达部，而称为汪古部（百衲本第十页上）。

4 姚师前注：《元史》卷一一八《阿剌兀思·剔吉·忽里传》、《元文类》卷二十三阎复《高唐王阔里吉思碑》等，均说将乃蛮的使臣送交给成吉思可汗。据《秘史》此节，乃蛮使臣实已复回。乃蛮大国，汪古部应无执使之事。

此事可参看上述《元史》卷一一八本传及苏天爵《元文类》卷二十三阎复《高

唐王阔里吉思碑》。"阿剌忽失·的吉惕·忽里"，碑与《元史》均作"阿剌
兀思·剔吉·忽里"。碑与传均述及汪古部拒绝乃蛮与联结成吉思可汗事。碑
云："汪古部人，系出沙陀雁门节度之后。金源氏堑山为界，以限南北，阿剌
兀思·惕吉·忽里以一军扼其冲。太祖起朔方，并吞诸部。时西北有国曰乃
蛮，其主太阳可汗，遣秃里必答思（原文误为卓忽难，今从《秘史》）来谓
曰：'天无二日，汝能为吾右臂，朔方不难定也。'阿剌兀思执其使，即遣卓
忽难奉酒六尊，且以其谋来告太祖。时朔方未有酒醴，太祖祭而后饮，三爵
而止。曰：'是物少则发性，多则乱性。'"（编辑按：此段引文与《元文类》卷
二十三碑文颇有出入，不详何据。）

5　姚师前注：帖篾延—客额儿（Temegen Ke'er），地名。"帖篾延"意思是"骆
驼"，"客额儿"是"平野"。《元史·太祖本纪》作"帖麦该川"，《亲征录》作
"帖麦垓川"。这里的川，也即是平野。清高宗《御批历代通鉴辑览》卷九十说
在和林西南，当可信。时议伐乃蛮，《元史》本纪中并略述皇弟斡赤斤与别勒
古台的言论，主旨与《秘史》所言相似，也可参看。

6　原文"额兀列周"（e'ürejü），无旁译，白鸟本补加"空着"二字似误。按此字
当为"抬着""背着""举着"或"扛着"解，故译为"驮着"。

第一九一节

　　成吉思可汗同意别勒古台"那颜"的话，自围猎中回来，从
阿卜只合—阔帖格儿起营，〔到〕合勒合〔河〕的斡儿讷兀的客勒
帖该—合答[1]住下，数点自己的〔人马〕。〔每〕千人，组成千户。
〔在〕那里委派了千户、百户和十户的那颜[2]。〔又在〕那里委派了
朵歹"扯儿必"，多豁勒忽"扯儿必"，斡格列"扯儿必"，脱仑
"扯儿必"，不察阑"扯儿必"，雪亦客秃"扯儿必"等六名"扯
儿必"[3]。编成了千户、百户和十户之后，〔又设置〕八十名宿卫，

七十名散班〔护卫〕[4]。〔在〕那里拣选怯薛，入〔队〕的时候，选拔千户、百户那颜〔首长〕的子弟，和家世清白之人[5]的子弟中有才能身体矫健的入〔队〕。又降恩诏给阿儿孩·合撒儿说："选拔一千名勇士，厮杀的日子，站在我前面厮杀！平常的日子做我的散班护卫！"〔又〕说："斡歌列'扯儿必'做七十名散班〔护卫〕的首长，〔并〕要与忽都思·合勒潺一起共同商议〔行事〕！"

注释

1 "客勒帖该　合答"，地名，已见卷六第一七五节注3（编辑按：无注3）。姚师前注说：哈勒哈河斡儿讷兀地方的"客勒帖该（斜）·合答（峰）"，意即斜峰。见本书第一七五节，卷六第十九页。原文汉译为"半崖"，即忽亦勒答儿（即《元史》卷一二一的畏答儿）的殡葬处。李文田说："地在今喀尔哈（即哈勒哈）河的南岸。"（李氏《元朝秘史注》卷八第十三页）

2 元初以十进位之法，编组军队。《元史》卷九十八《兵志一》（百衲本第一页下）有云："国初典兵之官，视兵数多寡为爵秩崇卑。长万夫者，为万户。千夫者，为千户。百夫者，为百户。"又（同第二页上）云："蒙古军皆国人。……其法，家有男子，十五以上，七十以下，无众寡，尽签为兵。十人为一牌，设牌头。上马则备战斗；下马则屯聚牧养。孩幼稍长，又籍之，曰渐丁军。"可知这是国家总动员举国皆兵的制度。所谓"十人为一牌"，这便是最低层的军事单位。属于这十个兵丁的家庭，就是供给这十名士兵的后勤单位。它所供给的除人源之外，还包括一切物质上的需要在内。所以与其称为万户、千户、百户和牌头，诚莫如称为万人军团、千人军团、百人军团、十人军团为正确。但为维持《元史》记载的旧观，仍用旧名。

沃尔纳德斯基博士于其《蒙古与俄罗斯》一书中，论述成吉思汗法典——*The Great Yasa* 时，在军事制度中，引阿布法剌只（Gregory Ab-ul Faraj）书第五章及第七章称："战士征自二十岁以上的男子，每十人、百人、千人、万人各设队长一人。……任何人不可擅离其所属的千、百、十而入于其他的单位，如有违者，必予处死，其予以收容之队长亦然。"又引术外尼（Juwaini）书第五章云："每人的工作都平等，不因其人之财富及重要性而有差别。"更引马克利兹（Makrizi）书第十九章云："他〔成吉思汗〕命令妇女，随军前进，当男子作战时，代做其工作，并代尽其义务。"他说："在普遍服役上，每人都有特定而不得离开的职守。这原则不仅成了蒙古军的且成为蒙古帝国行政的基础，这可以称为服役束缚制。在马克利兹的记录中，这种制度不仅限于兵役，对国家之负担，必须平等的分配给可汗所有的臣民。"（见札奇斯钦汉译本上册第八十四至八十五页）可见这一次的编组军队，对于蒙古帝国的建立，是如何的重要了。

3 扯儿必（cherbi），旁译作"官名"，总译仍作"扯儿必"。小林高四郎于其日译《蒙古秘史》称：那珂通世之《成吉思汗实录》（第二七二页）作"侍从官"。《至元译语》"君臣门"称"阇里必"，译为"宰相"。明茅元仪《武备志》称把总为"扯力宾"。（第一八九页注五）又 Lessing《蒙英字典》（第一七二页）称为侍奉于成吉思可汗陵园的官员。另详第一二〇节注7。此字似宜作"司令官"解。

4 原文"土儿合兀惕"（turkhagh-ud），即"土儿合黑"之复数形，旁译作"散班"。《元史》卷九十八《兵志一》云："或取诸侯将校之子充军，曰质子军，又曰秃鲁华军。"请参照札奇斯钦《说〈元史〉中的"秃鲁花"（质子军）与〈元朝秘史〉中的"土儿合黑"（散班）》（《华冈学报》第四期，一九六七年十二月）。

5 原文为"都鲁　因　古温"（dürü-yin kuun〔küün〕/kümün），旁译为"白身的人"。第九卷第二二四节则称为"白身人"。关于"白身人"，小林高四郎氏于其《蒙古秘史》（第一七四页）译为"自由人"。拉地米尔索夫（B. Vladimirtsov）氏于其《蒙古社会制度史》中，亦称之为"自由人"（见日译本第二三七页）。此处所谓"都里—因　古温"（düri-yin kü'ün），当与平民略有不同。倘白身人即为一般的自由民，则其人数恐将太多。又按《秘史》第二二四节所说："白身人的子嗣入队时，要带三名伴当，和他一个弟弟。"从这三名伴当看来，也不是一般所谓自由民或平民可能负担的。又《元史》卷九十八《兵志一》"兵制"条，中统四年二月诏书中有："……千户见管军五百，……虽所管军不及五百，其家富强子弟健壮者，亦出秃鲁花一名。……

同万户千户子弟充秃鲁花者……从人不拘定数。"（百衲本卷四十六第五页下）因之此处所说的"白身人"，大概是指平民中家世清白富有者说的，似乎不是一般的平民。

第一九二节

成吉思可汗又降圣旨说："佩弓箭的扈卫、散班〔护卫〕、司厨、门卫〔和〕管马人[1]白昼值班。在日落前交代给宿卫，〔骑〕自己的马出去住宿。宿卫夜间要在房子周围〔布岗〕。〔该〕值宿的，教〔他们〕值宿；应守门的，教〔他们〕轮班站守！佩弓箭的扈卫〔和〕散班[2]们第二天早晨，在我们吃汤[3]的时候，向宿卫交接。佩弓箭的扈卫、散班、司厨、门卫都要在自己的岗位上行走，在自己的坐位上坐候。〔值〕班三夜三日，期满也要按照规矩，住三夜后更替。夜间要有人宿卫！周围要有人值宿！"这样编成了千户，委派了"扯儿必"，教八十名宿卫，七十名散班，轮流值班；〔教〕阿儿该·合撒儿选拔勇士〔之后〕，就从合勒合〔河〕的斡儿讷兀的客勒帖该—合答〔斜崖〕向乃蛮出发。

注释

1《元史》卷九十九《兵志二·宿卫》"四怯薛"条："其它预怯薛之职，而居禁近者，分冠服、弓矢、食饮、文史、车马、庐帐、府库、医药、卜祝之事悉世守之。虽以才能受任，使服官政贵盛之极，然一日归至内庭，则执其事如故，至于子孙无改。非甚亲信，不得预也。其怯薛执事之名，则主弓矢……之事者，曰火儿赤……亲烹饪以奉上饮食者，曰博尔赤。……典车马者，曰……莫

242

伦赤。"

姚师前注:《元史》卷九十九《兵志二·宿卫》"四怯薛"条:"凡宿卫,每三日而一更。申酉戌(三)日,博尔忽(即孛罗忽勒)领之,为第一怯薛,即'也可·怯薛'(大怯薛)。博尔忽早绝……太祖以自名领之,其云'也可'者,言天子自领之故也。亥子丑日,博尔术(即孛斡儿出)领之,为第二怯薛。寅卯辰日,木华黎领之,为第三怯薛。巳午未日,赤老温领之,为第四怯薛。"

2 散班,原文作"土儿合兀惕"(turkhagh-ud),旁译作"宿卫的",有误,宜改为"散班"。"客卜帖兀勒"(kebte'ül)才是"宿卫"。

3 原文"暑涟"(shülen、shilün),旁译"汤"。此字今作"肉汤"解。在蒙古人大量用茶后,早餐均饮奶茶,不再用肉汤。

第一九三节

鼠儿年〔甲子,一二〇四〕孟夏〔四〕月十六"红圆光日"[1],洒〔马奶子〕祭了大纛旗出发。命者别、忽必来两人做先锋,溯客鲁涟〔河〕前行,到撒阿里—客额儿〔旷野〕,在康合儿罕的〔山〕头,遇到了乃蛮的哨望,就与我们的哨兵互相追逐起来。乃蛮的哨望从我们的哨兵捉去一匹备有破鞍子的白马。乃蛮的哨望们捉到那匹马之后,都说:"原来蒙古人的马瘦。"我们的〔大军〕到撒阿里—客额儿,在那里停下,商讨怎样进行〔作战〕。朵歹"扯儿必"对成吉思可汗建议:"我们〔人〕少。不仅少,并且还疲劳而来。因此停军在这撒阿里旷野,〔要〕散开安营,使我们的马匹吃饱;使每一个人都点火五处。用火来惊吓〔敌人〕。听说乃蛮人多,他们的可汗是个从未出过家〔门〕的弱者。在用火使他们惊疑之间，我们的马匹也就吃饱了。叫我们的马吃饱，〔再〕追赶乃蛮的前哨，紧紧迫随，〔使他们〕和他们的中军汇合，乘那慌乱之间厮杀，如何？"成吉思可汗同意这话，降圣旨对士兵传令，就那样点起火来。于是就在撒阿里旷野散开住下。教所有的人，都燃起五处火来。夜间乃蛮的哨望从康合儿罕的〔山〕头，看见许多火〔光〕说："不是说蒙古人少吗？火〔怎么〕比星还多啊！"因此就把备有破鞍子的那匹小白马差人送到塔阳汗那里去，说："蒙古的军队布满了撒阿里旷野，莫非是日间增多的吗？〔他们的营〕火比星星还多呀！"

注释

1 请详卷二第八十一节注3。

第一九四节

这哨兵的消息到达〔时〕，塔阳汗〔正〕在康孩[1]〔山区〕的合池儿水。这消息到达后，就派〔人〕去向他儿子古出鲁克汗[2]说："蒙古人的战马消瘦。听说〔他们的营〕火比星星还多。蒙古人〔必〕是〔很〕多了。现在我们如果交兵，〔想〕再脱开恐怕很难。如果互相交兵，他们会〔杀得〕目不转睛，刺在脸上流出黑血，也不躲避。与刚硬〔如此〕的蒙古人还能交兵吗？听说蒙古人的马匹瘦弱。我们将百姓退过阿勒台〔山〕，将我们的军队整顿好，再像逗狗走一样的，逗引他们，一直到阿勒台山前。我们的马匹肥壮，正吊起肚子来，〔那时〕蒙古人的马已经疲乏，我们〔就〕予以迎头痛击！"对那些话，古出鲁克汗说："好像妇人一般的塔阳害起怕来，说了这些话。蒙古的大众从何而来？大多数的蒙古人跟札木合一起，在我们这边。连孕妇小解之地都没到过，连牛犊吃草之地都没去过的妇人，塔阳〔岂〕不是害了怕，差人来说这些话〔吗〕？"就叫使臣去，把他的父亲说个痛心。在这话里，既被比做妇人，塔阳汗说："有力量有勇气的古出鲁克，临〔敌〕厮杀的日子，可不要把这勇气放下！一旦临〔敌〕，两相交兵，〔再〕想脱开，必定困难啊！"对那句话，塔阳汗下边执政的大官豁里·速别赤[3]说："你父亲亦难察·必勒格汗，从来没有把男子的脊背、战马的后胯给同等的敌人[4]看过。如今还在清早，怎么害起怕来呢？如果知道你这样胆怯，你母亲古儿别速虽然是个妇人，还不如叫她来治军呢[5]！可惜可克薛兀·撒卜剌黑老了！为什么我们军队的法度懈怠了呢？这是蒙古人的时运来了！唉！不成了！懦弱的塔阳你算不成了！"说罢就拍着自己的箭筒，〔骑着马〕向别的〔方向〕走了[6]。

注释

1　康孩，即杭爱（Khangghai）山，姚师前注说："《元史》卷一《太祖本纪》作"沆海山"，卷一二八《土土哈传》作"杭海岭"，卷一三八《康里脱脱传》等均作"杭海"。方观承《松漠草诗注》则作"颃岭"。"杭爱"当即上述"杭海""颃岭"的异译。《大清一统志》卷五四四以为即古之燕然山。（以上采自《蒙古游牧记》卷七，第一五九页，台北市"蒙藏委员会"重印本，及《中国地名大辞典》"杭爱山"条）。多半是一个比较高的山或山峰之名。

2　姚师前注：古出鲁克，《元史·太祖本纪》作"太阳罕子屈出律罕"。《辽史》

卷三十《天祚皇帝本纪》也作"屈出律",或作"曲书律"(《元史》卷一二一《抄思传》)。

3 豁里·速巴赤(Khori-subachi),就是前第一八八节擒杀王汗的乃蛮哨将。

4 原文为"那可儿"(nökör),旁译作"伴当",总译作"敌"字。此处以"伴侣或朋友"代"敌人",或有讥诮之意。

5 这里在原文中有"赤马"(chima)一字。原旁译作"叹声",白鸟本改正为"你"字。按chima乃第二身代名词的役格(accusative case),作"你"字是正确的;不过在这里只是加强语调而已。

6 钱大昕本,此节脱落塔阳汗遣使给他儿子所说的话和其子古出鲁克所答的话。

第一九五节

于是塔阳汗生了气,说:"该死的性命,受苦的身子,〔反正〕都是一样!那么就厮杀吧!"说了就从合池儿水出发,顺着塔米儿〔河〕[1],渡过斡儿浑〔河〕[2],经过纳忽山崖的东山脚,将要到达察乞儿马兀惕的时候,被成吉思可汗的哨兵发现了,就报告说:"乃蛮人来了!"这个消息传达后,成吉思可汗降圣旨说:"多就使他们多折损;少就使他们少折损!"说完就迎上前去,追赶他们的哨兵。在布置军队的时候,〔将士们〕都说:"像草丛一般的前进,像湖泊一般的摆阵,像凿子一般的与他们厮杀!"说完,成吉思可汗就自己做先锋,命合撒儿统领中军,命斡惕赤斤管理从马〔前进〕。乃蛮人自察乞儿马兀惕退却,缘纳忽山崖的前山脚立下阵势。那时我们的哨兵追赶乃蛮的哨兵,一直追入在纳忽山崖之前的他们大中军里。那般追迫的〔情形〕，塔阳汗都看见了。

当时札木合正与乃蛮一同起兵，也一同来到那里。塔阳汗就问札木合说："他们怎么像狼追羊群，一直追到人家³附近一般的追赶前来呢？那样追赶前来的是些什么人？"札木合说："我'安答'帖木真用人肉喂养，用铁索拴着四只狗。那追赶我们哨兵前来的就是他们。那四只狗

> 额似青铜，
>
> 嘴如凿子，
>
> 舌像锥子；
>
> 有铁一般的心肠，
>
> 拿环刀来当鞭子；
>
> 吃着朝露〔充饥〕，
>
> 骑着疾风而走。
>
> 他们在厮杀的日子，
>
> 所吃的是人肉；
>
> 他们在交绥的日子，
>
> 拿人肉当行粮。

如今挣脱了自己的铁索，那些曾受捆索的，还不高起兴，垂涎而来吗？若问那四狗是谁？两个是者别、忽必来，两个是者勒篾、速别额台。就是他们〔这〕四个人。"

塔阳汗说："离开那些下等人远点吧。"说着就往后撤退，跨⁴山立阵。其后〔又〕看见从他们的后边还有些跳跃着审绕着冲上前来的。塔阳汗又问札木合说："他们为什么〔这么〕早就放开了〔马〕呢？他们怎么像要咂吮母奶，在他们母亲周围跳跃⁵奔跑的

马驹一样，窜绕着前来呢？"札木合说："听说他们是追赶有长枪的好汉，〔把他们〕带血掠夺，追杀有环刀的男子，〔把他们〕砍杀抢劫的，兀鲁兀惕、忙忽惕〔两族的战士〕。现在他们不是正在欢腾跳跃着〔杀上〕前来吗？"于是塔阳汗说："若是那样就离开那些下等人远点吧！"说着又往后〔退〕，上山立下阵势。

塔阳汗问札木合说："在他们的后边，冲上前来的，〔那〕如贪食的饿鹰一般垂着涎，张开尖嘴上来的是谁？"札木合说："那前来的就是我帖木真'安答'。

　　　　他全身是用生铜炼成的，

　　　　就是用锥子去扎，

　　　　也找不出空隙；

　　　　〔他全身〕是用精铁锻成的，

　　　　就是用大针去刺，

　　　　也找不出空隙。

您看见〔他〕像饿鹰一般，垂着涎前来了吗？这就是因为〔您〕曾说过：'乃蛮的战士如果看见蒙古人，连山羊羔的蹄皮〔也〕不许剩下'6的缘故啊。您看着吧。"塔阳汗说："好可怕！上山立住阵脚吧！"说着就上山立下了阵。

塔阳汗又问札木合说："那又从后边〔气势〕雄厚，前来的是谁？"札木合说："诃额仑母亲曾把她一个儿子

　　　　用人肉养大，

　　　　身长足有三度7，

　　　　能吃三岁小牛；

　　　　身穿三层铠甲，

能拽三只犍牛。

把带弓箭的人整个咽下，

也噎不着他的喉咙；

把〔活着的〕男子整个吞下，

也解不了腹中饥饿。

发怒弯弓，

射出他的叉箭，

能翻过远山，

把十个人、二十个人一起射穿；

〔发怒〕张弓，

射出他的飞箭[8]，

能越过旷野，

把搏斗的战士[9]一贯射穿。

大拽弓能射九百度；

小拽弓能射五百度。

他就是与众人迥异，生如巨蟒的拙赤·合撒儿[10]。"于是塔阳汗说："若是那样，就赶紧上高山，往上爬吧。"说罢就上了山立下阵势。塔阳汗又问札木合说："在他的后边前来的是谁？"札木合说："那〔是〕称为诃额仑母亲最小的儿子，心爱的斡惕赤斤。〔他〕早睡晚起，〔可是〕在众人之中，从不落后，在战阵之上，也不落后。"塔阳汗说："要是那样〔我们〕就上山顶去吧！"

注释

1 即外蒙古西部的塔米尔（Tamir）河。

2 即鄂尔浑（Orkhon）河。

3 原文"豁团"（khotan），旁译为"圈子"，总译作"圈"字。但khotan一字原
   指几个立在一起的庐帐而言。它有"人家""村落"之意，在现代语中作"城
   市"解，但无"羊圈"或"牛圈"之意。平时很少有狼到人家附近来袭杀羊群
   之事。只是在风雪之夜，才有这种可怕的现象。因此这句话的意思，是对狼的
   大胆和凶猛，有些惊畏之意。

4 原文作"阿三"（asan），原旁译作"担"。原总译作"跨"。伯希和氏疑为
   aqsan（见伯希和本第七十页注一），*Mongol helnii tobchi toli*（《蒙语简要字
   典》，乌兰巴托，一九六六，第五八页）chin一字作"跨"字解。可能"阿三"
   是"阿臣"之讹。

5 原文"脱罗仑"（torolun），旁译作"疾灵"，总译作"喜跃"。按"疾灵"一
   语，在华北的俗话中，是"聪明""活泼"之意。小孩和小马的跳跃或淘气，
   在蒙古语中是togholun，可能这里的"罗"字是"豁"之讹。

6 《元史·太祖本纪》称："时札木合从太阳罕来，见帝军容整肃，谓左右
   曰：'乃蛮初举兵，视蒙古军若粘刓羔儿，竟谓蹄皮亦不留。今吾观其气势，
   殆非往时矣。'遂引所部兵遁去。"（百衲本卷一，第十四页上）

7 姚师前注："身长三度"，"三度"蒙文作"忽儿班·阿勒答"。"阿勒答"在
   《秘史》同第一九五节中即三见。这里之外，下边两见，即：（1）"也孙　札
   兀惕　阿勒答"，原旁译"九百度"。（2）"塔奔、札兀惕、阿勒答"，原旁译
   "五百度"。这两处的"度"字，原总译，均作"步"，即是"大拽弓，射九百
   步；小拽，射五百步"。按"阿勒答"乃蒙古尺度的名称，今天仍用之。即伸
   张双手，从左手尖端到右手的尖端，是一个"阿勒答"，约当内地的五尺或六
   尺。北平话也叫作"一拖"，字或作"庹"。则这里的三庹，约为一丈五尺或一
   丈八尺（札奇）。从吾按：李文田《元朝秘史注》卷八文中也有小注说："伸手
   为度，度约六尺，是丈八也。"伸手为度云云，不如札奇解释的详明。又：满洲
   文作da，《清文鉴》即译为"庹"。两手横伸其长度（五尺）曰da，也可参考。

8 原文"客亦不儿"，当为"客亦思不儿"（keisbür［keyisbür］）之讹。字义是"飞"
   或"飘"。

9 原文作"那可里"（nökör），旁译作"伴当行"。此处所说的，当然是敌方的战

士，而非自己的伴当。

10 拙赤·合撒儿，即成吉思可汗之次弟合撒儿，这个名字已见卷一第六十节。
在许多蒙文史书中有时称他为Jochi-Khasar，有时称他为Khabtu Khasar。后
者的意思是"善射者合撒儿"。伯希和氏于其法译本（第七十一页）中作
gü'ün gü'ün-äcä busu gürälägü manqus töräksän Joci. Qasar kä'äkdäyü tere büi-jä
kä'äjü'üi，于Joci与Qasar之间加了一个句点，以致误为二人。

第一九六节

札木合对塔阳汗说了这些话之后，就和乃蛮分开，叫人去告
诉成吉思可汗说："对'安答'说：塔阳汗因我的话〔吓〕得昏
瞆，惊慌着退上高地，〔他们〕已经被〔我〕口伐舌诛，害着怕爬
上山去。'安答'〔你〕要坚定。他们已经〔退〕上山了。这些人
没有迎击的胆量。我已经离开乃蛮。"说着就派人前去。成吉思可
汗因天色已晚，就摆阵围困纳忽〔山〕崖住下。那夜，乃蛮人逃
走的时候，从纳忽〔山〕上坠下，乱跌在一起[1]，摔得骨骼毛发尽
碎，如朽木[2]一般互相压踏而死。翌晨擒获了穷途末路的塔阳汗[3]。
古出鲁克汗另在他处，〔与〕少数人脱逃。当〔他〕在塔米儿河[4]
扎下扎营的时候，几乎被赶上。在那围营里，〔他〕立不住阵，就
出去逃走了。〔成吉思可汗〕在阿勒台山前征服了乃蛮人的国家，
收服了与札木合在一起的札答阑、合塔斤、撒勒只兀惕、朵儿边、
泰亦赤兀惕、翁吉剌惕等〔诸族〕[5]。〔他们〕也都在那里归降了。
成吉思可汗叫人把塔阳的母亲古儿别速带来，〔对她〕说："你不
是说过蒙古人有臭味儿吗？现在你怎么来了？"说着成吉思可汗就

〔把她〕纳了[6]。

注释

1 原文"忽塔黑剌勒都周"（khutaghlalduju），无旁译。白鸟本补加"堆积着"一词于其旁。这一个字的本意是"乱屑混杂"。

2 原文"浑只兀"（küngji'ü），无旁译。白鸟本补加"烂木"一词为旁译。此字已见卷一第二十七节，作"洪只兀列思"（küngji'üles），其旁译为"干树每"。

3 姚师前注：太阳汗被擒因伤而死，以《元史》卷一《太祖本纪》所记最为明白："帝与乃蛮军大战至晡，擒杀太阳罕。诸部军一时皆溃，夜走绝险，坠崖死者不可胜计，明日余众悉降。"《多桑蒙古史》（冯承钧译本上册第五十七页）也说："乃蛮王负伤，退之一山，昏绝。"

斯钦按：谢译达木丁苏隆本（第一八二页末行）说："拉施特书称塔阳罕因为受了重伤，立刻丧命。"

4 原文"塔浭儿河"，依前第一九五节，改为"塔米儿河"。

5 这里所说的诸部与《元史》卷一《太祖本纪》所列举者，略有出入。《本纪》说："朵鲁班、塔塔儿、哈答斤、散只兀四部亦来降。"（百衲本第十四页上）

6 姚师前注：纳了，即是"取（通娶）了"。古儿别速不见于《元史》的《后妃表》，当被列入妃子们的一群中。

第一九七节

那鼠儿年〔甲子，一二○四〕，秋天，成吉思可汗在合剌答勒—忽札兀儿，与篾儿乞惕的脱黑脱阿·别乞对阵，击败脱黑脱阿，并在撒阿里旷野掳获了他的国土人烟。脱黑脱阿和他的儿子忽都、赤剌温等几个人罄身逃出。在掳获那些篾儿乞惕百姓的时候，豁阿思—篾儿乞惕的答亦儿·兀孙，正带着他的女儿忽阑夫人[1]来，要献给成吉思可汗。途中，被军队拦着，遇见了巴阿邻〔氏〕的纳牙阿[2]·"那颜"。答亦儿·兀孙说："我是来要把我这个女儿献给成吉思可汗的。"纳牙阿·"那颜"就停止前进说："我们一同去把你的女儿献上吧。"叫〔他们〕停住的时候，〔纳牙阿〕对答亦儿·兀孙说："你如果独自前去，在路上兵荒马乱之中，恐怕你活不成。也许会把你的女儿糟踏了。"说着就停了三日三夜，纳牙阿·那颜才把忽阑夫人和答亦儿·兀孙带到成吉思可汗那里。成吉思可汗对纳牙阿说："你为什么停下？"在盛怒之下，正要仔细的严格讯问，加以处分的时候，忽阑夫人奏禀说："纳牙阿曾劝〔我们〕说：'我是成吉思可汗的大官。我们一同把你的女儿献给可汗吧。路上兵马〔很〕乱。'假如遇见的是纳牙阿以外的其他军队，在混乱中不就不堪设想[3]了吗？没想到[4]，我们幸亏遇见这纳牙阿。现如蒙可汗恩典，与其问纳牙阿，莫如按照天命，向〔我由〕父母所生的肉体查问吧。"纳牙阿被诘问的时候，说："除可汗以外没有我所仰望的。我曾说过：'若是遇见外邦人脸子美好的闺女贵妇，后胯健好的〔良驹〕骏马！就〔献给〕我的可汗。'如有他心，请〔赐〕我死！"成吉思可汗同意忽阑夫人的奏请，就在那天验视。果然一如忽阑夫人所奏禀的。成吉思可汗恩赐忽阑夫人，〔非常〕宠爱。〔又因〕纳牙阿的话都对，就恩赐〔他〕说："说话诚实，可以托付大事。"

注释

1 姚师前注：这里称忽阑为"哈敦"（皇后或妃子），自是事后的追称。忽阑皇后位列第二大斡耳朵的首位，见《元史》卷一〇六《后妃表》。

2 在这一节里，有处作"纳牙"，有处作"纳牙阿"，宜改作"纳牙阿"。

3 原文"推恢"，旁译作"生"。伯希和氏改为tüitküi，意思是"糟糕"或"不堪设想"。

4 原文作"孩"，旁译"不知"，即"不料""正巧""奇怪"或"想不到"之意。

卷　八

第一九八节

　　掳获篾儿乞惕百姓，就在那里把脱黑脱阿·别乞长子忽都的夫人，秃该〔和〕朵列格捏[1]两个人，其中的朵列格捏，给了斡歌歹可汗。一部分篾儿乞惕人叛变，〔到〕台合勒〔山〕[2]把住山寨。成吉思可汗降圣旨命锁儿罕·失剌的儿子，沉白做长官，率领左[3]翼诸军去进攻扎下营寨的篾儿乞惕〔人〕。成吉思可汗〔自己〕追袭那仅跟他的儿子，忽都、赤剌温，和少数的几个人罄身脱逃的脱黑脱阿，在阿勒台〔山〕前过冬。

　　牛儿年〔乙丑，一二〇五〕春天越过阿来〔山〕[4]，〔那时〕已经失掉百姓的乃蛮古出鲁克汗，和那仅与少数人脱逃亡命出来的篾儿乞惕的脱黑脱阿两个人合流一起，在额儿的思河[5]的不黑都儿麻源头，一起整备他们的军队。成吉思可汗前来攻打。脱黑脱阿在那里被流矢射倒。他的儿子们不能收殓[6]他的骸骨，〔也〕不能把他的尸体搬去，就把他的头割下来拿走了。乃蛮、篾儿乞惕〔两部〕不能共同作战，〔相率〕逃亡，在横渡额儿的思〔河〕的时候，多半沉没，死在水里。少数逃出的乃蛮〔人，和〕篾儿乞惕〔人〕，渡过额儿的思〔河之后〕，便〔各自〕分离而去。乃蛮的古出鲁克汗，经过委兀儿〔和〕合儿鲁兀惕[7]，前去到回回地方，与在垂河[8]〔流域〕的合剌—乞塔惕[9]的古儿汗[10]相合。篾儿乞惕的脱黑脱阿的儿子，忽都、合勒[11]、赤剌温等〔一部分〕篾儿乞惕〔人〕，经过康里[12]、钦察[13]人〔之地逃〕去。成吉思可汗就从那里回〔师〕，越过阿来山，在老营[14]里住下。沉白征服了〔在〕台合勒〔山〕扎下营寨的篾儿乞惕人。成吉思可汗降圣旨叫把那该杀的杀了，把那剩下的，教兵士们掳掠。以前投降的篾儿乞惕人又在老营里起事。我们在老营的家丁[15]们把他们压服。于是成吉思可汗降圣旨说："使他们全在一起，他们就造反。"因此叫人把篾儿乞惕人向各方尽数分了[16]。

注释

1　朵列格捏（Dörgene），《元史》卷一一四有传云："太宗昭慈皇后，名脱列哥那，乃马真氏，生定宗。岁辛丑（一二四一）十一月，太宗崩，后称制，摄国者五年。丙午（一二四六），会诸王百官，议立定宗。朝政多出于后。至元二年（一二六五），崩，追谥昭慈皇后，升祔太宗庙。"（百衲本第十一页下）

2　台合勒（Taikhal〔Tayikhal〕），山名。原旁译诩为"山顶"。《亲征录》及《元史》均作"泰寒"。

3　原文"沼温"（jeün〔je'ün〕），旁译"左"字。但总译则谓："成吉思命……沉白领右手军去攻。""右"字当为"左"字之讹。惟《元史》卷一《太祖本纪》说："帝至泰寒寨，遣孛罗欢〔Boro'ul〔Borokhul〕〕、沉白〔Chimbai〕二人领右军往平之。"（百衲本第十四页下）

4　姚师前注：阿来山名，海尼士德译作Arai，是一个山的口子，在俄国境内的阿尔泰山山脉中，并见于第二五七节。蒙音汉字作"阿剌亦"，德文作Arai-pass（口子）。

5　额儿的思（Erdis）河，即今源出于新疆伊犁地区，流入中央亚细亚宰桑诺尔，并继续北流的额尔齐斯河。

6　"殓"字，蒙古语为"牙速　把邻"（yasu barin），原旁译作"骨头　拿"，反增误解。原总译未提及。

7　合儿鲁兀惕（Kharlu'ud）是突厥系诸族之一，位于中亚巴尔喀什湖之东。唐、宋时，称为葛逻禄。见后文第二三五节。

8 原文误作"乘"字。白鸟本改为"垂"字。"垂河"亦作"吹河",唐代称为"碎叶水",位于中亚锡尔河之北。

9 合刺—乞塔惕(Khara-Kitad),黑契丹,就是耶律大石所建的西辽。

10 这时的古儿汗当即西辽末帝直鲁古。古出鲁克来归后,直鲁古曾以其女妻之。

11 原文"合惕",第一九九节作"合勒"(Ghal),白鸟本改正为"合勒"。

12 "康里"是按原总译写的。原文为"康里泥"(Khanglin-i),虽应写为"康邻",兹为保持其原形,仍作"康里"。

　　姚师前注说:"康里",亦作"康邻",古高车的后裔(见《元史》卷一三〇《不忽木传》等)。地域在咸海的北部偏西,一直到达里海与钦察为邻,南与花剌子模接壤(洪钧《元史译文证补》卷二十四有《康里补传》,可参看)。

13 姚师前注:钦察,一作"乞卜察克"(Kipchak),部族名;在乌拉岭西,里海、黑海以北,即今俄国南部多瑙河入黑海一带之地。洪钧《元史译文证补》卷二十六上有专条考证,甚佳。

14 姚师前注:这里的"老营",蒙文作"阿兀鲁·兀惕"(Aurug-ut〔a'urugh-ud〕),旁译"家每",意即老家。一译"奥鲁",即"老大营"的意思,引申之为"亲军"或"家乡兵""子弟兵"。《元文类》卷四十一《经世大典序》"军制"条:"军出征戍,家在乡里曰奥鲁。"日本岩村忍先生有《元朝奥鲁考》,对它的语源、意义、屯田与经济的关系,均有简要的说明〔见昭和十八年(一九四三)出版的《蒙古史杂考》,第一一九到一四四页〕。并见第一三六节注1。

15 原文"阔脱臣"(kötöchin),旁译作"家臣"。此字普通作"从马"解。

16《元史》及《圣武亲征录》之记载,与《秘史》本节及前第一九七节之记载,互有异同,如下:

　　《元史·太祖本纪》称:"是日,帝与乃蛮军大战至晡,擒杀太阳罕。……明日余众悉降。于是朵鲁班、塔塔儿、哈答斤、散只兀四部亦来降。已而复征蔑里乞部,其长脱脱奔太阳罕之兄卜鲁欲罕。其属带儿兀孙献女迎降,俄复叛去。"(百衲本卷一第十四页上)

　　《亲征录》说:"兀花思蔑儿乞部长带儿兀孙献女忽兰哈敦于上,率众来降。为彼力弱,散置军中,实羁縻之。其人不自安,复同叛,留复辎重,我大兵与战,复夺之。上进军,围蔑儿乞于泰寒塞,尽降麦古丹、脱脱里、掌斤蔑儿乞诸部而还。部长脱脱挟其子奔盃禄可汗。带儿兀孙既叛，率余众至薛良格河哈剌温隥，筑室以居。上遣孛罗欢·那颜及赤老温·拔都弟闯拜二人领右军讨平之。"（《四部丛刊》本总第一四四至一四六页）

第一九九节

就〔在〕这牛儿年〔乙丑，一二〇五〕，成吉思可汗降圣旨，命速别额台〔携带〕铁车追袭脱黑脱阿之子忽都、合勒、赤剌温等。临行，成吉思可汗对速别额台降圣旨，说："脱黑脱阿的儿子忽都、合勒、赤剌温等，〔一面〕惊慌逃走，〔一面〕翻身射箭，好像带着套马竿子〔逃〕的野马，被箭射中的牡鹿一般〔逃〕跑了。他们如果变成鸟飞上天去，速不台，你要变成海青¹飞起去捉捕；他们如果变成土拨鼠²钻进地里，〔速不台〕，你要变成铁锹刨挖去擒拿；他们如果变成鱼〔泳〕入海³中，速不台，你要变成网罗去捞获；岂不就捉获他们吗？再者，叫〔你〕前去越过高岭，渡过大江。你要注意路途遥远，在军马尚未消瘦之前，要爱惜军马；在行粮尚未用尽之前，要节省〔军粮〕。军马消瘦之后，再加爱护，〔已〕是不中⁴；行粮耗尽之后，即使节省仍是无功。在你路上有许多野兽，你要当心〔路途〕遥远，不要叫军人放马冲向野兽奔跑；不要叫他们无限的围猎。如果为了添补士兵的行粮，壮其行色⁵，围猎的时候，〔也〕要立定限制，才许围猎。除有限度的围猎以外，不许士兵们套上鞍鞯搭上辔头走。若是那样号令，士兵们怎能放马奔跑呢？这样号令之后，凡是违了号令的，〔你〕就拿着责打。凡违背我圣旨，若是我们所认识的，〔你〕就给我们送来；若是一般我们所不认识的，〔你〕就可以在那里斩首！您离开〔我们，到大〕江的那边，还要照样的去做；您离开我们到，〔高〕山的那边，也不要怀念其他。如蒙长生天增添气力，擒获脱黑脱阿的儿子们，用不着给我们送来。您就在那里杀掉！"

成吉思可汗又对速别额台说："送你出征，使我〔想起〕小时候三部篾儿乞惕的兀都亦惕〔部〕把不峏罕山围绕三次，来威吓于我。那样有仇的人们，现在又发着誓[6]〔逃〕走了。即便到长的梢头，深的尽底，也要〔和他们〕周旋到底。因此在〔这〕牛儿年，打成铁车，叫〔你〕出征，追赶到底！〔你〕虽在背处，也要如同〔与我〕面对面，虽在远处，也要如同在〔我〕跟前一样的想着走吧！上天必定祐护您！"如此降下了圣旨[7]。

注释

1　姚师前注：海东青，原文作"海青"，蒙文作"升豁儿"（shingkhor）。意指辽金元时期，我国东北区域五国城沿海一带所产的名鹰。契丹人喜飞放，故对名鹰中的海东青尤为重视。叶隆礼《契丹国志》卷十说："女真东北与五国为邻，五国之东邻大海，出名鹰，谓之海东青。小而俊健，能擒鹅鹜，爪白者尤以为异。""一飞千里，非鹰鹘雕鹗之比。"（并参用王称《东都事略》卷一二四）这里的海青（升豁儿），即是指海东青说的。

2　土拨鼠，拨土而居。原文作"塔儿巴罕"，故亦称"塔儿鼠"。初见蒙文《秘史》第八十九节。大如猫，毛暖略次于貂，可食。详第八十九节注3。

3　原文"腾吉思　答来"（tenggis dalai），旁译作"水名　海"。总译作"海"。"腾吉思"一字，此处当指一般的海而言，并非专有名词。请参照卷一第一节注5。

4　原文"孛鲁宜"，原音译为"中有"。"宜"为"由"字之讹。

5 原文"汪格古颜"，旁译为"增盖自的行"。总译将这一句话，作"若要回猎做行粮呵"，而未提及此字。"增盖"二字，已为研究《秘史》者所不解，可能有误写之嫌。前与姚师同译《秘史》之际，曾推测"增盖"二字为"增益"之讹。今以钱大昕本作"增益"，证实以前的假设尚无讹误。

6 原文"阿蛮　客连　阿勒答周"（aman kelen aldaju），总译作"发言语"，其意不明。其实这是"发誓"的成语。

7 《元史》卷一《太祖本纪》称："乙丑，帝征西夏，拔力吉里寨，经落思城，大掠人民及其橐驼而还。"（百衲本卷一第十四页下）《亲征录》的记载与《元史》完全相同（《蒙古史料四种》本总第一四六页）。《秘史》未记此事。

第二〇〇节

在征服乃蛮〔和〕篾儿乞惕〔的时候〕，札木合〔因〕与乃蛮〔人〕在一起，他的百姓〔也〕被俘获。〔他〕和五个伴当流为亡命之徒，〔逃〕上倪鲁[1]〔山〕上，杀了〔一只〕羱羊[2]烧着吃，札木合对他的伴当说："谁的儿子们今天杀了羱羊这样吃呢？"[3]在正吃那羱羊肉的时候，五个伴当们就动手把札木合捉住，送到成吉思可汗那里。札木合被他自己的伴当拿住送来，〔就使人去〕对可汗"安答"说："乌鸦竟捉住了黑鸭子，下民奴隶竟敢向他们的可汗动手。我的可汗'安答'，〔你〕怎么讲[4]呢？灰鹞[5]竟捉住了野蒲鸭[6]，奴婢家丁竟敢陷害本主[7]，围困捉拿。我圣明[8]的'安答'，〔你〕怎么说呢？"对札木合的那些话，成吉思可汗降圣旨说："怎能叫向自己的正主可汗动过手的人生存呢？那样的人能跟谁做伴呢？将〔那些〕向己正主可汗下手的人，连同他们的亲族，〔一律〕斩首!"就当着札木合的面,将向他动手的人都给杀了。

成吉思可汗说:"〔去〕对札木合说:如今我们两个人〔又〕相合了,可以做伴。我们两个曾做〔一辆车的〕两根车辕;你却另有打算分离了。现在让我们住在一起,互相提醒所忘记的,互相唤醒〔那〕瞌睡的吧。即使〔你〕曾〔离我〕他去,〔却〕仍是我吉庆有福气的'安答'。在真⁹互拼死〔活〕之日,你却心疼起来。虽然分裂,在厮杀之日,你还是痛彻心肺。若问何尝〔如此〕:那就是在合剌—合勒只惕—额列惕与客列亦惕人厮杀的时候,〔你〕曾把对王汗所说的话,派人来叫我注意。〔这〕是你的恩惠。〔你〕又把乃蛮人用言语置于死地,用口〔吓〕杀了〔他们〕。又派人来叫〔我〕与被你所惊吓的〔人们〕作个较量,〔这也〕是你的恩惠。"¹⁰

注释

1 偿鲁,旁译作"山名",即阿尔泰山以东之唐努山。现在的Tangnu,当为Tanglu的转音。

2 源羊,今称为大青羊,色青黑,是一种有大盘角的野山羊。毛长绒厚,轻而且暖,为防寒上品。

3 感慨身世有穷途末路,感叹的意思。这或者即是随从五人将他执送给成吉思可汗的原因。

4 原文"额克迭古",旁译是"差的"。其实是被动的"说"或"讲"的意思。

5、6 灰鹳,原文"孛罗忽剌都"(boro khuladu),《蒙汉满三合》(第五册第十三页上)说是"似鹳鹰而小,无本事"(即是无用)。据本书第一一一节,只吃野鼠。野蒲鸭,原文"孛儿臣莎那"(borchin-sono),旁译"鸭名"。据《蒙汉满三合》(第五册第七十页上)解作"蒲鸭",当即较大的鸭子。(北平人说"秦琼死在武大郎的手里",应即是这里的意思了。)

263

姚师前注：这里的比喻，须加以解说，方能明白。"黑老鸦"，即是通常说的"乌鸦"（黑老鸹）。"大鸭子"即是较大的鸭子，非乌鸦所能捕拿。据本书第一一一节"黑老鸦"是只有吃残皮剩雀的命，不配吃天鹅和仙鹤的。因此，部曲不能背叛主人。

7 姚师前注：本主，原文作"不敦额者　你颜"，旁译"本主自的行"。又有"图思　罕都里颜"，旁译"正主皇帝"。这是当年蒙古草原社会的"伦常"习惯，当另文讨论。

8 原文"孛黑答"（boghda），旁译为"贤明"，此字宜作"圣明""圣者"或"神圣"解，蒙古人向称成吉思可汗为 Chinggis Boghda，即"圣者成吉思可汗"之意。

9 原文《四部丛刊》本作"元年"，旁译为"真实"，故知其为"兀年"之讹。钱大昕本及白鸟本均作"兀年"。

10 按蒙古语法，此处非仅无法分段，即分句亦不可能。这字与下一节的"鸣沽列额速"（ügüle'esü［ögüle'esü］）相连，不应分段。

第二〇一节

说完，札木合说："早年幼小之时，在豁儿豁纳黑—主不儿与〔可〕汗结为'安答'之际，一起吃不可消化的食物，一起说不可忘记的言语，一起住着，盖用〔一床〕被子。因被旁人挑唆，受奸人刺激，以致分手，互相说了刚硬的话。因此除非剥掉我的黑脸皮，我不能〔再〕接近[1]看我可汗'安答'温和的面孔了。因为共同说下不可忘记的言语，除非剥掉我的红脸皮，我不能〔再〕见鸿图大志'安答'真实的面孔了。如今我可汗'安答'恩赐我，叫我作伴，我在〔应当〕作伴的时候，未曾做伴。现在'安答'你已经把整个国家平定了，把一切外邦统一了。在汗位已经指向了你，现在天下已成定局的时候，我来做伴，还有什么益处呢？反倒在黑夜入你的梦，白日扰你的心，成为你领子〔上〕的虮子，你底襟上的〔草〕刺。我诡计太多[2]，我想远离'安答'，构成了过错。如今，在这一生里，'安答'我们两个人的大名，从日出之地已经一直传到日落之地了。'安答'有贤明的母亲，生来俊杰，有干才的诸弟，〔有〕豪强的伙伴，〔有〕七十三匹骏马。〔所以我〕为'安答'所胜。我从小父母就弃养，没有弟兄，我妻好说闲言闲语，没有可信赖的伙伴。所以〔我〕为有天命的'安答'所胜。如蒙'安答'恩赐，请速赐我死。'安答'你也可以安心。'安答'赐死的时候，请不要使〔我〕流血而死。死后〔请〕将我的骸骨〔葬〕于高地。我必永远祐护祝福你的子子孙孙。我生来另有源流，〔可是〕被生来多〔福〕的'安答'的威灵所压服。你们不要忘记我所说的话，早晚想起大家说说。现在叫我快一点〔死〕吧！"

对这些话，成吉思可汗说："我的'安答'虽然独行，但没听见他满口说想害我们性命〔的话〕，是个可学的人。他〔既〕不肯〔听从〕，要叫〔他〕死；占卜[4]又卜不出〔什么〕。无缘无故害〔他〕性命，是不应当做的。〔他〕是个大有来历的人。去〔对他〕说。莫非这可以称为〔杀〕他的理由吗？在前因为搠只·答儿马剌、台察儿两个人[5]互相抢夺马群，札木合'安答'你主谋反叛，在答阑—巴勒渚惕厮杀，迫〔我〕躲到者列捏狭地。你不曾〔在〕那里威吓我么？如今叫做伴，〔你又〕不肯，虽爱惜你的性命，你〔也〕不听从[6]。现在依你的话，叫〔你〕不流血而死。"说了就降圣旨〔说〕："叫〔他〕不流血而死。不要把他的骸骨弃在露天，好好殓葬。"于是就处死札木合，殓葬了〔他的〕骸骨[7]。

注释

1 原文"合里敦"，旁译"亲近"，似为 khanidun 或 khanildun〔khaniladun〕之讹。

2 原文"阿儿宾　额篾格秃"（arbin emegetü），旁译"宽广婆婆有的"。原总译未译此语。按"阿儿宾"不是"宽广"，而是"许多"。"额篾格"是"祖母"或"老太婆"，"秃"是所有格格助词。因此这一句话的意思是："有许多祖母"，或是有"有许多老太婆"。都不能适合上下文的关联。这也不是华北俗语所说的"有许多婆婆"（即有许多上司之意）。蒙古俗语常说"ere kümün ghurban mege〔meke〕-tei"，意思是"男子汉有三条诡计"，也就是"狡兔三窟"之意。因此这里的"额篾格秃"极可能是"篾格秃"之讹。因此译作"我诡计太多"。谢译达木丁苏隆本作"由于听信长五舌老婆的话"，似乎也不太妥善。

3 流血而死是萨满教的大忌。十三世纪蒙古对皇族有罪者，不斩首，多用此刑。当时若用于皇族以外的人，自应视为一种恩典。参看上文第一七八节注2。

4 原文为"脱勒格"（tölege〔tölge〕），旁译作"卦"字。按当时萨满教之占卜法，常以羊肩胛骨置火烬中，以其所烧出之纹，作为占卜吉凶的依据，亦有不烧而能占卜的。

5 第一二八节作"拙赤·答儿马剌"与札木合之弟"给察儿"两个人。

6 从这一句话可以看出当时蒙古人对权威的观念。凡可汗命令不得拒绝，拒绝则能构成死刑的理由。

7 关于札木合之死，多桑书称："其后未久，铁木真得其劲敌之一人，盖札木合为其左右执以献也。铁木真以其为安答，不欲杀之。然诛执献之从者，罪其卖主也。以札木合并其亲属以及所余之从者，付其侄阿勒赤台，已而阿勒赤台杀札木合。闻曾先后斩其肢体。札木合言斩之诚当，设其得敌，待之亦如是也。自呈其四肢关节于行此毒刑者，促速断之。"其小注云："见剌失德书语列亦惕（Djouriat）条。剌失德在《成吉思汗传》中未言札木合之死，而在本条中亦未指明其死确在何时。"（冯译本上册第五九页）

第二〇二节

绥服了所有居住毡帐的百姓，虎儿年〔丙寅，一二〇六〕[1]，在斡难〔河〕源头，召集〔大〕会，立起九脚白旄纛[2]，〔共〕上成吉思可汗以可汗之〔尊〕号[3]。〔封〕给木合黎国王的名分。又命者别出征，追袭乃蛮的古出鲁克汗[4]。将所有蒙古[5]人民整编之后，成吉思可汗降下圣旨，任命一同参与建立国家的人们，来做按照以千为单位所组成的千户的那颜们，又说恩赐他们的话，〔加以褒扬〕。任命为千户"那颜"的是：蒙力克〔老〕爹、李斡儿出、木合黎国王、豁儿赤、亦鲁该、主儿扯歹、忽难、忽必来、者勒篾、秃格、迭该、脱栾、汪古儿、出勒格台、李罗忽勒、失吉·忽秃忽、古出、阔阔出、豁儿豁孙、许孙、忽亦勒答儿、失鲁该、者台、塔孩、察合安·豁阿、阿剌黑、锁儿罕·失剌、不鲁罕、合剌察儿、阔可搠思、速亦客秃、乃牙阿、冢率、古出古儿、巴剌、斡罗纳儿台、答亦儿、木格、不只儿、蒙古兀儿、朵罗阿台、李坚、忽都思、马剌勒、者卜客、余鲁罕、阔阔、者别、兀都台、巴剌·扯儿必、客帖、速别额台、蒙可、合勒札、忽儿察忽思、苟吉、巴歹、乞失里黑、客台、察兀儿孩、翁吉阑、脱欢·帖木儿、篾格秃、合答安、抹罗合、朵里·不合、亦都合歹、失剌忽勒、倒温、塔马赤、合兀阑、阿勒赤、脱卜撒合、统灰歹、脱不合、阿只乃、秃亦迭格儿、薛潮兀儿、者迭儿、斡剌儿驸马[6]、轻吉牙歹、不合驸马、忽邻勒、阿失黑驸马、合歹驸马、赤古驸马、阿勒赤驸马〔辖〕翁吉剌惕三个千户、不秃驸马〔辖〕亦乞列思两个千户、汪古惕的阿剌忽失·的吉惕·忽里驸马〔辖〕汪古惕五个千户。除林木中的百姓以外，〔他们成为〕成吉思可汗所指名的蒙古人的九十五个千户的那颜们[7, 8]。

注释

1 姚师前注：虎儿年是公元一二〇六年，金章宗（一一八九——二〇八）的泰和六年、南宋宁宗（一一九五——二二四）的开禧二年。《秘史》未言月，陶宗仪《辍耕录》（卷一第一节）补月，称为十二月。（然若为十二月，则很可能已为公元一二〇七年了。）《多桑蒙古史》（冯译上册第六十一页）说是"春季"。斯钦按：蒙古地方向以十二月十六日为成吉思可汗登基之日。

2 姚师前注：蒙古风俗尚白，重九，以白色代表"元始"与"幸福"；以九为数目的极高，故名"九脚白旄纛"。就是象征至高无上、幸福吉祥的可汗座旗（札奇）。但九脚白旄纛究为何种形状，实物既不存在，自然也不容易加以确定。《秘史》蒙文原音及旁译，改写如下，"也孙（九）阔勒秃（脚有的）察合（白）安秃黑（旄纛）"，故汉字旁译为"九脚白旄纛"。洪钧《元史译文证补》说是"九脚白旗"，并加解释说："《秘史》谓'九脚白旄纛'最合。盖以白马尾为旄纛，非旗也。"洪氏的话，也仍是揣测之词。南宋赵珙《蒙鞑备录》："成吉思之仪卫，建大纯白旗以为识认，外此并无其他旌幢。"又说："今国王止建一白旗，九尾，中有黑月，出师则张之。"这一九尾白旗，据《元史》卷一一九《木华黎传》，就是成吉思可汗赐给他的。鄙意：大白旗上端悬白马尾九束，理或近是。

3 姚师前注："成吉思"一名的试解：关于"成吉思"一名的涵义与前人的研究，鄙人不揣冒昧欲另作一文，加以叙述。兹略述个人认为可信或可资研究的几点如下，作为本书这一节的初步注解。（一）截至现在止，我是相信法国已故名汉学家与蒙古史家伯希和教授（Prof. P. Pelliot, 1878—1945）的说法的。伯希和教授说：（成吉思可汗）就字面说，意思即是"海洋皇帝"。他以为（1）Cingiz 或者就是 tengiz（畏兀儿语）或 dengiz（Osmanli 语）之颚音化的字；其意义犹言海洋，与蒙古语的 dalai 意同。"成吉思可汗"（Čingiz-Khan）一辞的构成，恰同蒙古语与西藏语合称的 Dalai-lama（达赖喇嘛）此言"海洋喇嘛"来源一样。（2）成吉思汗第二代继承人贵由（Guyuk）大汗致教皇书，即自称为"海洋可汗"。蒙古语作 dalai Kaan，突厥语作 talai Kaan。〔以上采自法国已故东亚史家格鲁赛教授（Prof. René Grousset）一九二九年出版的《远东史·蒙古篇》；冯承钧中译《蒙古史略》第一卷《成吉思汗》第十五页，民国二十三年上海商务印书馆出版。〕（二）海洋可汗的说法，在蒙音汉字《蒙古秘史》第二八〇节中也是有证据的，只是改为"海内皇帝"而已。《秘史》第二八〇节（《秘史》续卷二第五十二页上）说："为了供应海内可汗〔汉音作"答来因　合罕"（dalai-in Khan），旁译"海内的皇帝"〕的汤羊，每群每年献纳一只二岁的羯羊，是可以的。……""答来可汗"，汉文译意说是"海内皇帝"，应当即是公元一二〇六年以后，蒙古大汗所用的称号。对外说是 Tengiz Khan（成吉思可汗），对蒙古内部即叫作"答莱可汗"，译成汉文即是"海内皇帝"。或者因时代的关系，初期叫做 Tengiz Khan（成吉思可汗），后来成吉思可汗崩逝以后，继任的可汗，从第一代斡歌歹（太宗）起，即叫作"答莱因合罕"（达赖可汗）。为尊敬先可汗计，改用"答来"代替"成吉思"，甚至也有避讳的意思。〔但是这里有个困难，即是《秘史》第一九九节（卷八第七页上）有一句话说："变成（大）鱼跃入腾吉思海呵，你就作旋网，拖网，捞着打着捉出来！"原汉音即作"腾吉思答来突儿"，旁译"腾吉思海里"，则这里的"腾吉思"与"答来（海）"连用，"腾吉思"犹像一个专名了。〕（三）法国蒙古史家格鲁赛教授的解说。格鲁赛在《远东史·蒙古篇》中又说：敌人既已破灭，帖木真遂成为蒙古全境的主人，他在一二〇六年于斡难河源召集大会（Kuriltai），由大会推他为一切突厥蒙古部落的成吉思汗（Cingiz-Khan），质言之，推他为"宇宙皇帝"（伯希和说就字面说，意为海洋皇帝）。〔冯承钧译《蒙古史略》第十页。）（四）洪钧《元史译文证补》的解释。《证补》卷一下《太祖本纪译证下》引西域史说："虎（儿）年（一二〇六）大会部族于斡难河，建九脚白旗，即皇帝位。群下共上尊号，曰成吉思汗，从阔阔出之请也。阔阔出，晃豁坛氏，蒙力克额·赤格（老爹）之子，好言休咎，形如

269

（疯）狂。众称之曰'帖卜·腾格理'。成，为坚强之义；吉思，为众数。亦犹哈剌契丹（西辽）之称古儿汗。古儿，普也；古儿汗，众汗之汗也。"这一说不见于《蒙古秘史》，当不可信，可姑备一说。洪文卿也说："此节当非'脱必（卜）察（赤）颜'原有，当是拉施特增入。"（五）其他传述中的解说。洪钧氏又说：西人曾荟萃众说以考"成吉思"称名之义，约有以下六种。（1）"一曰：成，大也；吉思，最大也。"（2）"即天子之义。"（3）别有蒙古人云："即位时有孔雀飞至，振翅有声，似'成吉思'音，故以定称。"（4）作《蒙古源流》的小彻辰·萨囊台吉云："有鸟鸣声，似'成吉思'。鸟集方石，于石中得玉印，印背有龟龙形。"（5）"一曰：成吉思即腾吉思，言海也。"（上述伯希和的说法，或即与此说有关。）（6）西域人（波斯人）志费尼之书则云："曾遇蒙古人知掌故者告我。昔时有阔阔出其人，似有前知。冬令极寒，时裸体而行，大呼于途。谓：闻天语，将畀帖木真以天下，其称号为'成吉思'。别无解释。"又说："案志费尼、拉施特皆元时西域人，仕于宗藩，撰著《史录》，亲见国史。其言如是，夫复何疑。……有元一代，大典所关，故备载其说。"（以上《元史译文证补·太祖本纪译证下》）。从吾案：这里诸说，除第五外，均于《秘史》无征，盖不可信。特选录以广异说。（屠敬山先生《蒙兀儿史记》卷三元年下注文，全抄录洪氏；那珂通世《成吉思汗实录》卷八，只讨论是否即位两次，对"成吉思"的解说似未注意。）

"建号成吉思汗"：我是相信，虎儿年（一二〇六）库里尔台大会以后，帖木真才宣布建号为成吉思可汗的。《秘史》是颂扬先可汗建国大业的"诗史"，故文中除最初三卷（第一二三节以前）和追述旧事时称帖木真以外，大部《秘史》中说到帖木真事迹时，均追称为"成吉思 合罕"，旁译"太祖皇帝"。但是在这一节中，曾特标"建号"以示郑重。"建号"，原蒙文汉音则说是"九个脚的白旄纛（那里）立了；成吉思可汗的汗号那里与了"。这显然是上文（卷三）第一二三节各小部落头目推立帖木真为蒙古本部可汗的时候所没有的。

关于一二〇六年成吉思汗在斡难河建号与即位时的情况，记载流传，自以《秘史》第二〇二节以下所说最为可信。这是世界史中的一件大事，兹选录比较同时人的记录，代表一方面的看法，如《圣武亲征录》、《元史·太祖本纪》、《多桑蒙古史》（上册第一卷）、《元史译文证补》（卷一下）、《黄金史》、《蒙古源流》等所记的要点如左，以资参考。

（1）《圣武亲征录》："丙寅（一二〇六），大会诸王百官于斡难河之源，建九
　　　游（旒）之白旗，共上尊号曰'成吉思皇帝'。"（王静安氏校注本）

（2）《元史》卷一《太祖本纪》："元年（一二〇六）丙寅，帝大会诸王群臣，
　　　建九游白旗，即皇帝位于斡难河之源。诸王群臣共上尊号曰'成吉思皇
　　　帝'。是岁实金泰和之六年也。"（百衲本《元史》卷一第十四页下）

（3）洪钧《元史译文证补·太祖本纪译证下》："虎（儿）年大会部族于斡难
　　　河，建九脚白旗，即皇帝位。群下共上尊号曰'成吉思汗'，从阔阔出之
　　　请也。"（以下已见注4，从略）

（4）蒙文默尔根活佛著的《黄金史纲》（Altan Tobčiya）："丙寅年（一二〇六）
　　　蒙古诸部落聚会，建白纛九方（？）于斡难河之源，奉帖木真为全族的可
　　　汗。别勒古台、合撒儿等率众上帖木真以'成吉思'之尊号。"（原书第
　　　八十四页，札奇）

（5）蒙文《黄金史》（Altan Tobči）："丙寅（一二〇六）大聚会，于斡难河建
　　　九斿白纛，向永生上天献洒马之祭礼。以帖木真生而贤明，奉上全国可汗
　　　之王玺（Qasboa tamaga〔tamagha〕）。时忽然有黑褐色之鸟，落于天窗之
　　　上，鸣曰：'成吉思！成吉思！'众以为祥，遂上'成吉思'之号，奉为可
　　　汗！时年四十五。"（札奇）

（6）《蒙古源流》卷三："于克噜伦河北郊即汗位。前三日，每清晨，室前方石
　　　上有一五色鸟鸣云：'青吉斯！青吉斯！'叶其祥号，称索多博克达青吉斯
　　　汗。"（惟《源流》说是在帝二十八岁的那一年，自不可信。）

斯钦补注：

（1）在姚师前注中之（3）原引自多桑书，而多桑又引自竹外尼（Ata-Malik
　　　Juvaini）之《世界征服者之历史》。此书已于一九五八年由 John A. Boyle
　　　教授全部英译出版（Manchester Univ.），故将多桑书之记载删除，而以竹
　　　外尼之原记载补充于下，他说："我不断听到可以信靠的蒙古人说，有一
　　　个人能在极寒冽的气温下，在沙漠与山岳中裸体行走。他回来说：'上帝
　　　对我说：我已经将地上之权交给了帖木真和他的子嗣，称他为成吉思可汗。
　　　叫他如此如此的公平执掌。'他们称此人为帖卜·腾格里（Teb-Tenggeri

[Tngri]）。凡他所说的成吉思可汗一向听从。"（上册第三十九页）

（2）拉希彭苏克（Rashipongsugh）之《水晶素珠》（又称《蒙古国史》）说："〔帖木真〕四十五岁，丙寅年……十二月，蒙古……诸部之长集会，与帖木真诸弟暨群臣……奏请帖木真，选择吉日于斡难河之源，立斡儿朵，建九游白纛，全体奉帖木真于'永固吉祥金位'（Batu Öljeyitü altan tabchang）之上，奉为可汗。"（第一册第五五至五六页）

（3）《成吉思可汗传》称："〔帖木真〕年四十五岁，丙寅年，于斡难河源，建九游白纛旗，即可汗之大位。"（第十一页上）

（4）亚美尼亚史家Grigor of Akanc'在他的《弓手国族史》中说："上帝遣一天使化为金鹰，以彼之语言，告其首领成吉思。成吉思乃立于化为金鹰之天使约一箭之遥处，天使尽以上帝戒命谕之。"（见斯钦汉译，《大陆杂志》第二十二卷第一期，一九六一年一月，第七页）此说与《蒙古源流》《黄金史》、拉希彭苏克等书所说：有鸟飞翔上可汗头上，连叫"成吉思，成吉思"，众以为天意，遂以"成吉思"为"号"之号，颇为相似。可能此说在十三世纪蒙古势力膨胀时期一般的传说。

4 关于成吉思可汗即位后追袭乃蛮之事，《亲征录》说："丙寅，大会诸王百官……共上尊号曰：'成吉思皇帝'。复发兵征乃蛮盃禄可汗，猎于兀鲁塔山（Ulugh-Tagh）莎合水（Sokhogh-Usun）上擒之。是时，太阳可汗子屈出律可汗与脱脱遁走，奔额儿的石河。"（《蒙古史料四种》本总第一四七至一四八页）《元史·太祖本纪》所记与《亲征录》同（见卷一第十四页下）。

5 原文"忙豁勒真"（Monggholjin），旁译"达达"。此字的本意是"属于蒙古族的"，当指全体蒙古人而言。

6 原文为"古列坚"，旁译作人名之一部分解，总译则作"驸马"；但其本意则为"女婿"，无论可汗的女婿，或平民的女婿，都称为kürgen。贵族的女婿到十六世纪以后来才称为tabunang——塔布囊。

7 姚师前注：关于成吉思汗九十五千户的名单，因人数众多，一时不易清理，容他日另文详加考定。兹略举近日研究的结果如下。（一）有以八十八千户，再加上弘吉剌额外二千户、亦乞列思一千户、汪古部四千户，共七千户，合为九十五千户者。那珂通世（《实录》卷八）、屠敬山先生（《蒙兀儿史记》卷三）

272

主之。谢再善所译达木丁苏隆编译本，相同而微异（仅将第八十一名轻吉牙歹与不合古列二人并为一人，与叶刻本微异；余全同）。但这一说，有误一人为二人者，也有误二人为一人者。若一人有出入，则合计为九十五人之说，即不能成立，况共有三处乎？（二）认为止有九十人者，沈子培主之。见《海日楼元秘史补注》卷首所列"九十五功臣名"。然亦未说明何以《秘史》蒙文第二〇二节、第二〇三节一再的说有九十五人的不同。兹先列举已有功臣名单，并略加解释，疑难不能知者暂缺。又，作者颇倾向于下列一说：即依叶刊本名单，合并五三与五四蒙可与合刺札为一人，而定为八十五千户。再加阿勒赤驸马的弘吉刺部三千户、不秃驸马的亦乞列思部二千户、阿刺忽失·的吉·忽里汪古部五千户，共十千户，再与上八十五千户相加，共为九十五千户。至于各千户的事迹，及有无错误或遗漏，容再详考。余若原总译说："除驸马外"一句，为当年译者一时错误加进去的，事很显明，不待再辨。又《元史》卷一二〇《术赤台传》也说："朔方既定，举六十五人为千夫长，兀鲁兀台之孙曰术赤台（即主儿扯台），其一也。"此六十五人，当为九十五人之误。

8　姚师曾对九十五个千户作详细的考证如下。

（1）蒙力克老爹：晃豁坛氏。《亲征录》作"篾力也赤可"，《元史》卷一九三《忠义·伯八传》作"明里也赤哥"，初见蒙文《秘史》第六十八节（卷一末节）。斯钦按：帖卜·腾格里之父。

（2）孛斡儿出：阿鲁刺惕氏，纳忽伯颜之子，四杰之一，《元史》卷一一九有传，作"博尔术"。初见蒙文《秘史》第九十节（卷二第二十九页）。

（3）木华黎国王：札刺亦儿氏，古温·兀阿之子，四杰之一，《元史》卷一一九有传。初见蒙文《秘史》第一三七节（卷四第二十一、二十三页）。《秘史》蒙文汉音原作"木合黎"（又作"模合里"），兹因习见改从《元史》。木华黎封国王在一二一七年，此盖追称。

（4）豁儿赤：巴阿邻氏。初见本书卷三（第三十六页）第一二〇、一二一等节。豁儿赤曾与兀孙额不干（老人）共倡言符瑞，拥戴帖木真为蒙古本部可汗，盖亦当年沙曼（巫）教中的人物。

（5）亦鲁该，见《秘史》第二二六、二四三节。第二二六节说："护卫散班……添至一千，教亦鲁该亲人阿勒赤歹管者。"这里亦鲁该的名字与孛斡儿出、木华黎·主儿扯歹并列，地位的重要可知，惜事迹不详于《秘史》。（那珂说即是"阿儿孩·合撒儿"。屠敬山先生说是"吉鲁根"之声转，似均不合。）

（6）主儿扯歹：兀鲁兀惕氏。初见《秘史》卷四第一三○节。《元史》卷一二○有传作"术赤台"，班术尼河誓友之一，与王汗决战时，连胜强敌，成吉思汗仰之如泰山北斗，以妃子赐之。他实在是重要的战将，功勋在四杰四狗之上。

（7）忽难：格你格思氏。初见《秘史》卷三第一二二节。大太子拙赤位下的万户，与阔阔搠思、迭该、兀孙四人，敢言直谏（见第二一○、二一六节），甚受称誉。

（8）忽必来：巴鲁剌思氏，四狗之一。初见《秘史》卷三第一二○节。《亲征录》《元史·太祖本纪》均作"虎必来"，重要战将之一。四狗犹俗称五虎将，忽必来即是其中的一位。

（9）者勒篾：兀良哈氏，四狗之一。初见《秘史》卷二第九十七节。《元史》卷一二四《忙哥撒儿传》作"兀良罕·哲里马"，《亲征录》《元史·太祖本纪》作"折里麦"，《蒙古源流》卷三作"济勒墨"，当年重要战将之一。

（10）秃格：一作"统格"，札剌亦儿氏，木华黎的从弟。初见《秘史》卷四第一三七节，这里即作"统格"。

（11）迭该：别速惕氏。初见《秘史》卷三第一二○节。直言敢谏，与下面第三十千户阔阔搠思齐名。又见第二一○、二一六节。

（12）脱栾：即是脱仑扯儿必（武官或参军），晃豁坛氏，蒙力克老爹的儿子。初见《秘史》卷七第一九一节。

（13）汪古儿：一曰"翁古儿"，乞颜氏，蒙格秃·乞颜的儿子。初见蒙文《秘史》卷三（第三十四页）第一二○节，这里即作"翁克儿"。《亲征录》作"雍古儿·宝尔赤"（御厨子）。

（14）出勒格台：一作"赤勒古台"，速勒都思氏。初见蒙文《秘史》卷三（第三十五页）第一二○节，这里即作"赤勒古台"。

（15）孛罗忽勒：一作"孛罗兀勒"，许兀慎氏，诃额仑太后四养子之一（第四养子），也是四杰之一。初见蒙文《秘史》卷四（第二十三页上）第一三七节。《元史》卷一一九有传，作"博尔忽"，称为"第一千户"。元明善《淇阳忠武王碑》作"许慎氏"。《元史》卷一《太祖本纪》作"博罗浑"或"孛罗欢"等。他不但战功卓著，也忠贞可嘉，是一位可爱的得力的战将。

（16）失吉·忽秃忽：一作"失吉刊·忽都忽"或"忽秃忽"，塔塔儿人，诃额仑太后四养子之一（第三养子）。初见蒙文《秘史》卷四（第十七、十八页）第一三五节。《亲征录》作"忽都忽·那颜"，《黑鞑事略》作"胡丞相"，成吉思可汗的大断事官。初用文字记述重要政事，很可能他也即是《秘史》一书的作者。

（17）古出：一作"曲出"，篾儿乞人，诃额仑太后四养子之一（第一养子）。初见蒙文《秘史》卷三（第二十三、二十四页）第一一四节。他在四养子当中，比较上事迹少一点。

（18）阔阔出：别速惕氏，诃额仑太后四养子之一（第二养子）。初见蒙文《秘史》卷三（第三十二到三十三页）第一一九节。他在四养子之中也是比较事迹少见的一位。

（19）豁儿豁孙：又见蒙文《秘史》第二四三节（卷十第二十五页）作"豁儿合孙"。成吉思可汗选任他为长子拙赤的傅佐。

（20）许孙：那珂通世《成吉思汗实录》卷八（第三一九页）说："即是《元史》卷一二二《哈散纳传》的哈散纳，怯列亦氏，为成吉思可汗同饮班术尼河水的盟友之一。"斯钦按：沈曾植于其《元秘史补注》中称为"讫孙"，又于其小注中称之为"兀孙"。达木丁苏隆本作"兀孙"。《秘史》写作时期正值蒙古语中若干第一音节前的kh或k音逐渐开始消失的时期，所以"许孙"（Küsün）就是"兀孙"（Üsün），字义是"羽毛"。这一个变化，与"忽亦勒答儿"（Khuyildar）之变为"畏答儿"（Uyildar）相同。那珂似有将Küsün与Hassan相混之嫌。

（21）忽亦勒答儿：一作"忽余勒答儿"，忙忽惕氏。初见蒙文《秘史》卷四（第五页下）第一三〇节。《元史》卷一二一有传，作"畏答儿"，又卷九十五《食货志三》作"温答儿·薛禅"，又见姚燧《牧庵集》卷十四《平章忙兀公博罗欢碑》。他与王汗决战时，奋不顾身，重伤致死，成吉思汗以安答称之（参看卷六第一七一节并注2）。忽亦勒答儿死于一二〇三年。屠敬山先生说：这里列名为千户，盖因功追赠（《蒙兀儿史记》卷三第二页）。

（22）失鲁该：沼兀列亦惕氏。屠敬山先生认为也见于《元史》卷一三三中的《麦里传》，并说麦里，彻兀台氏，他的祖父"雪里坚"那颜，即是"失鲁该"的声转。成吉思可汗班术尼河饮水盟友之一（那珂先生主张相同），"彻兀台"也即是"沼兀列亦惕"。

（23）者台：一作"哲台"，忙兀氏。初见蒙文《秘史》卷三（第三十四、三十六页）第一二〇、一二四节等。

（24）塔孩：一作"答孩"，速勒都思氏，赤勒古台之弟。初见蒙文《秘史》卷三（第四十七页上）第一二四节。《元史》卷一二九《阿塔海传》："祖塔海·拔都儿，骁勇善战，尝从太祖同饮黑河（班术尼河）水，以功为千户。"

（25）察合安·豁阿：一作"察罕·豁阿"（卷九第二一八节），又作"察合安·兀洼"（捏古思氏）。初见蒙文《秘史》卷三第一二〇，第一二九节（卷三第五页上）十三翼战争时，被札木合所杀。据第二一八节（卷九第二十一到二十二页）知一二〇六年得任千户，乃系追封，实任千户者为他的儿子纳邻·脱斡邻。

（26）阿剌黑：一作"阿里黑"，你出古惕族巴阿邻氏，失儿古额秃的儿子。初见蒙文《秘史》第一四九节（卷五第一到八页）。又见《元史》卷一二七《伯颜传》："伯颜，蒙古八邻部人。曾祖述律哥图，事太祖，为八邻部左千户。祖阿剌（即阿剌黑），袭父职。……"按"阿剌"下应有"黑"字。《秘史》汉字蒙音本"黑"字多小字侧写，容易省略，故仅有"阿剌"二字。

（27）锁儿罕·失剌：速勒都思氏。初见蒙文《秘史》第八十二节等（卷二第十八到二十六页）。因功封答剌罕（自在汗），四杰赤老温的父亲。九十五千户中无赤老温，或者即是他与父同任本族千户的缘故。

（28）不鲁汗：巴鲁剌思氏。初见蒙文《秘史》第二〇一节。《元史》卷一三五《忽林失传》说："曾祖不鲁罕·罕札（火者），事太祖从平诸国，充八鲁剌思千户。"

（29）合剌察儿：巴鲁剌思氏，速忽·薛禅的儿子。初见蒙文《秘史》第
一二〇节（卷三第三十六页）、第二四三节（卷十第二十五页）说他在察
合台处任职。

（30）阔可搠思：即阔阔搠思，巴阿邻氏。初见蒙文《秘史》第一二〇节（卷
三第三十六、三十七页），又见第二四三节（卷十第二十五页等）。他深
明政治的原理，与忽难、兀孙、迭该四人均能直言敢谏，匡正得失；因
此成吉思可汗特别任他为察合台的傅佐。

（31）速亦客秃：一作"雪亦客秃扯儿必"，晃豁坛氏。初见蒙文《秘史》第
一二〇节（卷三第三十五页）。

（32）乃牙阿：一作"纳牙阿"，你出古惕族巴阿邻人。上列第二十六千户阿剌
黑的弟弟，失儿古额秃的儿子。初见蒙文《秘史》第一四九节（卷五第
一至八页）。因忠慎，甚得成吉思可汗的信任，后又命为中军万户。

（33）冢率：一作"种索"，又作"种筛"等，那牙勒氏。初见蒙文《秘史》第
一二〇节（卷三第三十五页），又见第二四三节（卷十第二十五页）。

（34）古出古儿：一作"窟出沽儿"，别速惕氏，第十一千户迭该的弟弟。初见
蒙文《秘史》第一二〇节（卷三第二十五页）。

（35）巴剌：札剌亦儿氏。初见蒙文《秘史》第一二〇节（卷三第三十五页
上）。那珂、屠敬山先生均以"巴剌"与下文"斡罗纳儿台"为一人（见
《实录》卷八第三二一页与《蒙兀儿史记》卷三第二页下），而沈曾植
《元秘史补注》"九十五功臣名"中则分为两人。今与札奇斯钦研究，也
认为应当是两个人。

（36）斡罗纳儿台：应与上文第三十五千户"巴剌"分离为二人。事迹待考。

（37）答亦儿：一作"答亦儿·兀孙"，篾儿乞人。初见蒙文《秘史》第一九七
节（卷八第四十五页下、四十六页上等）。曾以忽阑女子献于成吉思可
汗。（屠敬山先生说："《元史译文证补》卷一下《太祖本纪下》：进攻布
哈尔，前锋将塔亦儿·把阿秃儿。"洪（钧）氏即注云："《秘史》九十五
功臣中有'答亦儿'，当是此人。"）

（38）木格：待考。

（39）不只儿：一作"布智儿"。《元史》卷一二三有传。说："蒙古脱脱里台氏……父子俱事太祖……从征回回、斡罗思等国。……宪宗（一二五一—一二五九）以布智儿为大都行天下诸路也可扎鲁忽赤。"《元史》卷三《宪宗本纪》中即作"不只儿"。（沈子培说，即是第二七七节随速不台西征的不者克，也颇有可能。）斯钦按：二者之名相异甚显。

（40）蒙古兀儿：一作"蒙客兀儿"。《秘史》第二四三节（卷十第二十五页）说，蒙客兀儿与忽难、客帖，同时为拙赤的辅佐。

（41）朵罗阿歹：沈子培说："宿卫人，（太宗）后因私恨害之者。"（"九十五功臣名"）惜没有更详的说明，稍欠完备。查《秘史》续二第二八〇节，太宗因私恨所害者为"朵豁勒忽"，与此"朵罗阿歹"对音相差甚远，恐不可能。

（42）孛坚：屠敬山先生《蒙兀儿史记》卷二说：《元史》卷一三五《忽都传》："忽都，蒙古兀罗带氏，父孛罕，事太祖备宿卫。""孛罕"或即此"孛坚"。（那珂通世《成吉思汗实录》卷八第三二二页同）

（43）忽都思：巴鲁剌思氏，四狗之一忽必来之弟。初见蒙文《秘史》第一二〇节（卷三第三十四页上）、第一九一节作"忽都思·合勒潺"，与斡哥列扯儿必同管征伐乃蛮以前时候的散班，或即一人。

（44）马剌勒：沈子培疑惑即是第一二八节的"拙赤·答儿马剌"（见《元秘史补注》卷首"九十五功臣名"），待考。斯钦按：沈氏的假设似难成立。

（45）者卜客：札剌亦儿氏，古温兀阿之弟。初见蒙文《秘史》第一三七节（卷四第二十三页）。曾随侍成吉思可汗的弟弟哈撒儿。又见第二四三节（卷十第二十六页）。

（46）余鲁罕：疑即是"阿剌罕万户"（沈子培"九十五功臣名"）。斯钦按：沈氏之说待考。

（47）阔阔：那珂说即"阔阔·不花"之略。待考。

（48）者别：一作"哲别"，别速惕氏，四狗之一。初见蒙文《秘史》第一四七节（卷四第五十、五十一页）。西征大将之一，与速不台齐名，洪钧《元史译文证补》卷十八有补传甚佳。〔者别原名"只儿豁阿

278

歹"（卷四第五十页下），因诚实不弃，改为"者别"。者别者，军器之

名也。〕

（49）兀都台：沈子培疑惑他即是第一二四节（卷三第四十六页）总管家内人

口的多歹。

（50）巴刺·扯儿必：与上第三十五千户"巴刺"同名，故称官以别之。当即

拖雷的辅佐，见第二四三节（卷十第二十六页上）。

（51）客帖：大太子拙赤的辅佐。见蒙文《秘史》第二四三节（卷十第二十五

页下）。

（52）速别额台：兀良哈氏，《元史》卷一二一作"速不台"。初见《秘史》蒙

文汉音本第一二○节（卷三第三十四页下）叫作"速别额台·把阿秃儿"

（勇士速不台）。四狗之一，为灭金和西征名将，在普通欧洲史中与拔都、

者别齐名。《元史》中有两个速不台的传，一为卷一二一《速不台传》，

一为卷一二二《雪不台传》，均欠佳。洪钧《元史译文证补》目录卷十九

有《速不台传注》，惜已不传。

（53）蒙可·合勒札：那珂通世的《实录》卷八、屠敬山先生的《蒙兀儿史记》

卷三均说是一个人。伯希和先生也说是一个人，译音写作Mongko-qalja

（但他在注文中也说："或为二人？"）。曾与札奇斯钦研究，也不能确定。

白鸟本，达木丁苏隆编谢再善中译本第二○五页均作两人。究竟是否一

人，待考。（那珂与屠先生均说蒙可·合勒札即是功臣忽亦勒答儿的儿子

忙哥，《元史》卷一二一《畏答儿传》有附传。）

（54）忽儿察忽思：事迹待考。

（55）掌吉：原作"荀吉"，依那珂通世说改正（《实录》第二十六页）。《秘

史》第二七七节（卷十二第三十二页）中的"官人掌吉"即此人。屠敬

山先生说：《元史》卷三《宪宗本纪》："叶孙脱、按只带、畅吉……坐诱

诸王为乱，并伏诛"（第三页上）。文中的"畅吉"，或者也即是这里的

"掌吉"。

（56）巴歹：《元史》卷一《太祖本纪》作"把带"。初见蒙文《秘史》第

五十一节（卷一第三十一、三十二页）。事迹见第一六九节（卷五第

四十七到五十一页）。成吉思汗所封答剌罕（自在官人）之一。他是报告

王汗桑昆突袭消息的人，功勋甚著。(《亲征录》以巴歹为乞失里黑之弟，与《秘史》异。)

（57）乞失里黑：斡罗纳儿氏。初见蒙文《秘史》第五十一节（卷一第三十一、三十二页），事迹见第一六九节（卷五第四十七到五十一页），答剌罕（自在官人）之一，密告王汗突袭的功臣。《元史》卷一三六《哈剌哈孙传》作"启昔礼"，《长春西游记》作"吉昔利·答剌罕"。《元史·太祖本纪》误倒为"乞力失"（第十页）。

（58）客台：兀鲁兀惕氏，主儿扯歹之子。《元史》卷一五○《郝和尚拔都传》作"郡王迄忒"，应即此客台。那珂通世、屠敬山先生均说即是术赤台（主儿扯歹）之子怯台（见《实录》卷八、《蒙兀儿史记》卷三），今从之。

（59）察兀儿孩：一作"察兀儿罕"，兀良哈氏，四狗者勒篾之弟。初见蒙文《秘史》第一二○节（卷三第三十四页下），又第二四三节（卷十第二十五、二十六页）。《亲征录》作"抄儿寒"。

（60）翁吉阑：事迹待考。

（61）脱欢·帖木儿：《秘史》中只一见。（那珂通世《成吉思汗实录》卷八与屠敬山先生《蒙兀儿史记》卷三均认为是两个人，即是脱欢与帖木儿，不合。）

（62）篾格秃：当即第二七○节（续二第十五、十八页等）派往西征的"蒙格秃"。斯钦按：待考。

（63）合答安：塔儿忽惕氏。初见蒙文《秘史》第一二○节（卷三第三十三页）。（屠敬山先生认为即是第一二○节之"合答安·答勒都儿罕"，今从之。说详屠氏著的《蒙兀儿史记》卷三下小注。）事迹除《秘史》第一二○节、本节以外，尚见于第一二四、一七四节，他是掌管成吉思汗饮膳人员之一。

（64）抹罗合：那珂、屠敬山两氏均无考。沈子培疑即《元史》卷一三三《失里伯传》中，失里伯之父"莫剌合"（"九十五功臣名"）。

（65）朵里·不合：沈子培疑即第二四○节与第二六一节派往征西之"朵儿伯·朵黑申"，恐不合。因"朵里·不合"用拉丁字母写之，为Dori

［Dura］-bukha。Dori 是"志愿"或"喜爱"之意，bukha 为公牛，则已确
　　知。至于朵儿伯是姓氏，朵黑申为"粗暴"，两人自然是全然没有关系。

（66）亦都合歹：又作"亦多忽歹"，见第二四三节（卷十第二十五页）。据
　　《秘史》第二四三节，亦多忽歹是二太子察阿歹的辅佐。

（67）失剌忽勒：那珂说即是《元史》卷一三四《也先不花传》中的"失勒斡
　　忽勒"，蒙古怯列氏，也先不花之祖。"兄弟四人，长曰脱不花，次曰怯
　　烈哥，季曰哈剌忽剌。方太祖微时，怯烈哥已深自结纳，后兄弟四人皆
　　率部属来归。太祖以旧好遇之，特异他族，命为必阇赤长，朝会宴飨，
　　使居上列。"

（68）倒温：待考。屠先生说或者即是《元史》卷四《世祖本纪》中统元年
　　（一二六〇）八月"赐必阇赤塔剌浑银二千五百两"的"塔剌浑"。待考。
　　斯钦按：屠氏之说不能成立。

（69）塔马赤：疑即《元史》卷一三二中的"探马赤"，但传文不言曾事太祖，
　　而时代也稍迟。

（70）合兀阑：待考。

（71）阿勒赤：又见《秘史》第二二六节（卷九第三十九页上、四十页上）与
　　第二五三节（续卷一第十九页上）。曾与合撒儿、主儿扯歹、脱仑三人平
　　定大宁城（今热河大名城），在众千户中他也是比较亲信的一员。

（72）脱（卜）撒合：待考。

（73）统灰歹：屠先生怀疑即是"耶律秃花"（《元史》卷一四九有传）。

（74）脱不合：应即《元史》卷一三四《也先·不花传》之伯祖"脱不花"。

（75）阿只乃：沈子培怀疑即是《元史》卷一二二的"哈散纳"，或《元史》卷
　　一三一《怀都传》中的"阿术鲁"。斯钦按：以上两说似均难成立。

（76）秃亦迭格儿：待考。

（77）薛潮兀儿：即《秘史》第一二〇节（卷三第三十五页）的"薛赤兀儿"，
　　豁罗剌思氏。

（78）者迭儿：当即《元史》卷一二三《直脱儿传》的"直脱儿"，事迹亦合。

（79）斡剌儿·古列坚（驸马）："斡剌儿"待考。"古列坚"，蒙古话是女婿，
　　并无贵贱的分别。驸马是汉文中专指帝王的女婿说的，惟这里译"驸马"

甚合。

（80）轻吉牙歹：斡勒忽讷人，初见蒙文《秘史》第一二〇节（卷三第三十五、三十七页）。

（81）不合·古列坚（驸马）：上列第三千户木华黎之弟，初见蒙文《秘史》第一三七节（卷四第二十二到二十三页）。

（82）忽邻勒：待考。

（83）阿失黑·古列坚（驸马）：豁儿赤万户位下，与塔孩共管辖三千巴阿里人的千户（见第二〇七节，卷八第四十一、四十二页）。

（84）合歹·古列坚（驸马）：《元史》卷一〇九《公主表》延安公主位下，"火鲁公主适哈答驸马"，即此"合歹·古列坚"。又据卷九十五《食货志三》"火雷（火鲁）公主位：五户丝"，丙申年（一二三六）与赵、鲁诸公主同分拨，因知她也是太祖的女儿（沈子培"九十五功臣名"）。

（85）赤古·古列坚（驸马）：应即《元史》卷一《太祖本纪》八年（一二一三）下之"驸马赤驹"。（屠敬山先生有详考，见《蒙兀儿史记》卷三第四页下。）

（86、87、88）阿勒赤·古列坚（驸马），统辖弘吉剌部族三千户。"阿勒赤"应即《元史》卷二《太宗本纪》中的"按赤·那颜"。《元史》卷一一八《特薛禅传》的国舅"按陈·那颜"，衡以弘吉剌氏"生女世以为后，生男世尚公主"，则国舅按陈·那颜当亦尚公主。或者因为是太祖时的驸马，故《元史》失载。

（89、90）不秃·古儿坚（驸马），统辖亦乞列思部族二千户。即《元史》卷一〇九《诸公主表》昌国公主位下，"大长公主帖木伦……适昌忠武王孛秃"的"孛秃驸马"。（余详屠先生《蒙兀儿史记》卷三小注。）

（91、92、93、94、95）汪古部阿剌忽失·的吉惕·忽里·古列坚（驸马），统辖汪古部五千户。初见蒙文《秘史》第一八二节（卷六第四十四页），《元史》卷一一八有传。"西域书谓太祖欲以女适阿剌兀思·剔吉·忽里，辞以年老，请以兄子订婚。"（编辑按：洪钧《元史译文证补》卷三《后妃公主表补辑》）因阿里黑·别吉嫁其侄镇国，证以许高昌尚主，列于第五子为例，事极可信。（余详屠敬山先生《蒙兀儿史记》卷三，第五页

282

汪古部下面的小注，第五至六页。）除林木中的百姓以外，蒙古的千户那颜们，被成吉思可汗任命为千户的共为九十五人。

第二○三节

对驸马们和同等的〔那颜们〕成吉思可汗降下圣旨，将这些被提名的，都任命为九十五个千户的那颜。成吉思可汗〔又〕降圣旨说："对有勋劳的要加给恩赐，叫孛斡儿出、木合黎等那颜们前来！"说的时候，失吉·忽秃忽正在室内，就对失吉·忽秃忽说："你去叫来。"失吉·忽秃忽说："孛斡儿出、木合黎他们比谁多立过功，比谁多出过力？若是给恩赐啊，我怎么不曾立过微功，怎么不曾效过微力呢？我从还在摇篮里的时候，就在你高贵的门限[1]里，直到颚下长了这些胡须，未曾想过别的。我从裆里还有尿布时候，就在你黄金的门限里，直到嘴上长了这些胡须，未曾做过错事。〔你〕叫我在你腿上躺着，把我当做儿子养大了，〔你〕叫我在你跟前躺着，把我当做弟弟养大了。如今〔你〕给我什么恩赐呢？"成吉思可汗对失吉·忽秃忽说："你不是第六个弟弟吗？恩赐你，我晚生的弟弟，可按照〔我〕弟弟们的份子，共同分份儿。又为了你的功劳，九次犯罪不罚。"〔又〕降圣旨说："蒙长生天的祐护，安顿所有的百姓；你做着望的眼睛，察听的耳朵，将全国百姓按照他们的名字，把凡有毛毡帐幕、木板门户的，都分配妥当，以便分〔封〕给我们的母亲、弟弟们和儿子们。但凡你的言语，任谁不许违反！"又任命失吉·忽秃忽为最高断事官[2]，说："惩治全国盗贼，追查惑众谣言，依理该杀的杀，该罚的罚！"又降圣旨说："把全国百姓分成份子的事，〔和〕审断词讼的事，〔都〕写在青册³上，造成册子，一直到子子孙孙，凡失吉·忽秃忽和我商议制定，在白纸上写成青字，而造成册子的规范，永不得更改！凡更改的人，必予处罚！"失吉·忽秃忽奏讲说："像〔我〕这样最小的弟弟，怎敢要平等的份子呢？如蒙恩赐，请可汗从〔那些〕以泥土为墙的城市中，随意赐给我些。"⁴〔可汗〕说："你自己斟酌，你随意吧！"失吉·忽秃忽在〔接受了〕那样的恩赐之后，才出去叫孛斡儿出、木合黎等那颜们进来。

注释

1 姚师前注：蒙音"孛莎合"，汉译"门限"，实即"屋里""贴身"的意思。意谓"自孩提就到你身边，直到生须"。忽秃忽自被收养，至一二〇六年〔约自壬子（一一九二，金章宗明昌三年）到丙寅（一二〇六年）〕至少已历十五年以上。这时候的失吉·忽秃忽当在二十（五）岁左右。他自称是最小的弟弟，则孛罗兀勒等，犹比失吉·忽秃忽年长了（沈子培《元秘史补注》卷九第四页）。忽秃忽被诃额仑收养见上文第一三五节（卷四）。

斯钦补：关于这一个名称，详参照卷四第一三七节并注10。

2 姚师前注：《元史》卷八十五《百官志一》说："太祖起自朔土，统有其众；部落野处，非有城郭之制；国俗淳厚，非有庶事之繁；惟以万户统军旅，以断事官治政刑；任用者不过一二亲贵重臣耳"（第一页上）。可知失吉·忽秃忽在成吉思汗时代地位的重要，故汉籍中如《黑鞑事略》等都称他为胡丞相（参看拙著《〈黑鞑事略〉中所说窝阔台时代胡丞相事迹考》，《庆祝胡适先生六十五岁论文集》，集刊第二十八本下册，第五六七到五八二页）。

斯钦补：请参阅拙著《说〈元史〉中的"札鲁忽赤"并兼论元初的尚书省》，《政治大学边政研究所年报》第一期，一九七〇年。

3 姚师前注：写青册子云云，这一点在本节中叙述的甚为明白，事迹也至关重要。约而言之，有下列三事，值得注意。（一）这是十三世纪蒙古人自有文字的开始。《元史》卷一二四《塔塔统阿传》很明白地说为成吉思汗之傅，"教太子诸王以畏兀字书国言"，事在一二○四年灭乃蛮之后。就关系说，失吉·忽秃忽应为当时诸王受教者之一人。（二）这也是十三世纪蒙古人自己有记载的开始。"青册"，原蒙古音作"阔阔　迭卜帖儿"，即《元史》卷二十二《武宗本纪》至大元年（一三○八）所说的"户口青册"，应为后来《脱卜赤颜》（《史纲》）的肇端。

4 姚师前注：意即要求将来有权可以管理汉地（有城圈子的地方）的事务，是为后来忽秃忽管理汉地民户的张本，参看本节注2所引拙著《胡丞相事迹考》。

第二○四节

成吉思可汗降圣旨对蒙力克老爹说："出生，生在一起；长大，长在一起。你〔这〕有福分吉庆之人，〔对我〕的恩庇护助难以指数！其中王汗桑昆'安答'父〔子〕两个人，要用计谋骗我前去的时候，路间住在蒙力克老爹的家里，如果不是你蒙力克老爹谏阻的话，恐怕就落在正打漩的水里，正发红的火里了[1]。适才想起那个恩德，就是直到子子孙孙怎能忘记呢？追念那个功勋，现在教你坐在这坐位的头上[2]，年年月月要议论〔这功勋〕给你赏赐，直到你子子孙孙〔不绝〕[3]。"

注释

1 关于这一段故事，请参照卷五第一六八节。
2 原文"忽札兀剌"，旁译"根行"，其实是"顶头"，也就是上席之意。按蒙古习俗是坐在一排席位的右上方。

3 姚师前注：蒙力克后因第四儿子阔阔出（帖卜·腾格里）挑拨成吉思汗与皇弟
　们冲突，曾被处死。但他本人因这里曾有子子孙孙不令断绝的诺言，终被宽宥
　（详下第二四五、二四六等节）。

第二〇五节

　　成吉思可汗又对孛斡儿出说："年幼的时候，八匹银合色的骟马，被〔人〕劫去。〔我〕在路间住了三宿，追踪前去的时候，与〔你〕相遇。你〔在〕那里说：'给困顿〔远〕来的朋友作个伴吧。'你连对在家里的父亲都没有说，就把挤马[1]奶的皮袋皮桶盖起，〔放在〕旷野；叫我把我的秃尾巴甘草黄马放了，叫我骑〔你〕黑脊梁的白马。你自己骑上那匹快淡黄马，把自己的马群放下不顾，急急忙忙就在〔那〕旷野给我一同做伴，又追上三宿，〔才〕到了那劫夺银合色骟马之人的圈子[2]。我们两个人就夺了〔那〕正在圈子边上的〔马〕，赶着逃〔回〕来。你父亲是纳忽·伯颜[3]。你是他的独生子，为什么肯给我作伴呢？是由于〔你〕心胸豪杰而愿与〔我〕做伴。那以后我一直念念不忘，叫别勒古台去唤〔你〕来做伴，你就骑上〔一匹〕拱脊的甘草黄马，驮上你的灰色毛袄，就前来做伴。恰值三部篾儿乞惕〔人〕，来〔侵袭〕我们，把不峏罕〔山〕围困三次。你也一同受围困了。其后与塔塔儿人在答阑—捏木儿格思，互相抗拒住宿的时候，昼夜不停的霖雨，夜间为要叫我能安睡，不使雨水落在我的身上，你

就披着你的毡衫站着，一夜只把一只脚换了一次，〔这〕是你英豪的实证⁴。其他你勇武之事⁵，又岂能尽述呢。孛斡儿出、木合黎两个人催促我做正当的事，直到做了为止；劝阻我做错误的事，直到罢了为止。〔这样〕使我坐在这个〔大〕位里。如今〔你们〕要坐在众人之上，九次犯罪不罚。孛斡儿出掌管右翼，做以阿勒台山为屏蔽⁶的万户！"

注释

1　原文作"格兀"（geü），旁译"骒马"。骒不生殖，何来骒奶可挤，且蒙古游牧地方至今亦不养骒；"格兀"应译为"牝马"。就华北方言来说，"骒"字是"騍"字之讹。

2　参照卷二第九十节注6。

3　伯颜（Bayan），字义是"财富"，这里似有"财主"之意。

4　姚师前注：关于孛斡儿出协助成吉思汗找回八匹骟马及投效作伴的事，参看第九十节（卷二第二十七到三十七页）、第九十一节（卷二第三十二到三十三页）、第九十二节（卷二第三十四页）、第九十三节（卷二第三十四到三十六页）、第九十五节（卷二第三十八页）。

此事下列记载，也有述及。（一）《元史》卷一一九《博尔术传》述此事时说："顿止中野，会天雨雪，失牙帐所在，卧草泽中，与木华黎张毡裘蔽帝，通夕植立，足迹不移。"（二）苏天爵《元文类》卷二十三阎复《太师广平贞宪王（玉昔）碑》，述其祖博尔术事，略同《元史》。（三）《元文类》卷二十四元明善《丞相东平王碑》说："太祖战失利，单走泽中。天大雪，忠武（木华黎）与博尔术张马鞯蔽太祖卧。旦起视迹，二人之足不移。"

5　参照《秘史》第九十、九十一、九十二、九十三、九十五、九十八至一〇三、一五三等节。

6　原文"迭列"（dere），字义是"枕头"。就其语意则可译为"屏蔽"。

第二〇六节

成吉思可汗又降圣旨对木合黎说:"我们在豁儿豁纳里—主不儿枝叶繁茂的〔大〕树下,忽秃剌汗欢跃的地方[1]住下的时候,因为上天指示给〔你〕木合黎的言语和示启[2],我想起〔你父亲〕古温豁阿[3],就在那里和〔你〕木合黎〔深〕谈。因此〔我才〕坐在'大'位之上。为了要叫木合黎的子子孙孙都做全百姓的国王,封给〔你〕国王的名号[4]。木合黎国王〔你〕掌管左翼,做以合剌温—只敦〔山〕[5]为屏蔽的万户。"[6]

注释

1 姚师前注:忽图剌可汗即位时,蒙古人在大树下庆贺的情形,见第五十七节。

2 原文作"忝帖昆"(temdeg-ün),旁译作"明白的"。此字的意思是"记号"或"标帜",所以译为"示启"。

3 姚师前注:见第一三七节,大意:嘱咐木华黎永远效忠作仆,若离了,便将脚筋挑了,心肝割了。

4 木合黎(木华黎)封为国王是在一二一七年,成吉思可汗开始征金的军事行动以后。《元史》本传说:"丁丑八月,诏封太师、国王、都行省承制行事,赐誓券、黄金印曰:'子孙传国,世世不绝。'"(百衲本卷一一九第四页上)

5 合剌温—只敦山,即兴安岭。原文作"合剌温—只都泥"(Khara'un-jidun-i),在"泥"字之旁,加一"行"字,说明那一个"i"是格助词。所以改写为"只敦"。

6 关于这一段故事,姚师曾补加注释,说:《元文类》卷二十三阎复《广平王碑》:"国初官制简古,置左右万夫长,位诸将之上。首以武忠(博尔术)居右,东平忠武王(木华黎)居左,翊卫宸极;犹车之有轮,身之有臂;电扫荒屯，鳌奠九土，柱天之力竞矣。"旧《元史》卷一一九木华黎本传也说："丙寅（一二〇六）太祖即皇帝位，命木华黎、博尔术为左右万户。从容谓（之）曰：'国家平定，汝等之力居多。我与汝犹车首之有辕，身之有臂也。汝等切宜体此，勿替初心！'"《元史》本传所记事迹甚详，正补《秘史》记述木华黎言行的不足，可以参看。

第二〇七节

　　成吉思可汗对豁儿赤说："你预知征兆[1]，从我年少时，直到现在，永远〔与我〕潮湿〔中〕一起〔受〕潮湿，寒冷〔里〕共同〔受〕寒冷，作〔我的〕福神[2]。那时豁儿赤你曾说过：'若是豫兆应验，上天满足〔你的〕心愿，就让我娶三十个妻子。'如今〔话〕已应验，恩赐〔你〕从这些入降的百姓中，好看的妇人，美丽的女子里，挑选三十个妻子娶吧！'[3]又降圣旨说："在豁儿赤〔所辖〕巴阿邻族三千户之外，〔再〕与塔孩、阿失黑二人一起，把阿答儿斤氏和[4]赤那思、脱斡劣思、帖良古惕〔等部〕凑成〔一个〕万户，〔由〕豁儿赤管辖，做万户，在沿着额儿的思〔河〕林木中百姓之地，自由扎营居住，镇抚林木中的百姓。"〔还〕降圣旨〔说〕："未得豁儿赤的同意，林木中的百姓不得做任何行动；〔对〕未得同意而有所行动的，〔即予处分〕何须迟疑！"

注释

1 原文"庄列周"（jönglejü），旁译"先兆着"，当为jöngnejü之讹。见 *Mongol English Practical Dictionary*（1953，TEAM），p.586。关于此处所说的征兆，

见卷二第一二一节。

2 原文"年都 忽秃黑"（Nemdü Khutugh），旁译"福神"。按 khutugh 是"福"，也是后日蒙古信奉佛教后，给所谓"活佛"的尊称"呼图克图"的起源。Nemdü 在当时，似乎也是福神，后来在有的地方当作猎神。在佛教普及之后，这一类的萨满神祇都逐渐消失了。

3 姚师前注：豁儿赤要求挑选三十个美女做妻，与后来引起秃马惕人的反抗，见第一二一节（卷三）与第二四一节（卷十）。

4 原文为"阿答儿乞讷"，原旁译为"种名的"。惟其下文则为"赤那思、脱斡劣思、帖良古惕"三个族名。但这三族均不属于阿答儿斤氏，故译为"和"字。

第二〇八节

成吉思可汗又对主儿扯歹说："你主要的功绩〔是〕：与客列亦惕在合剌—合勒只惕沙丘厮杀的时候，正忧愁间，忽亦勒答儿'安答'〔先〕开口〔请缨〕；但〔战〕功却〔是〕你主儿扯歹立的。那时主儿扯歹你冲上前去，把只儿斤、秃别坚、董合亦惕〔等族〕，忽里·失列门千人护卫〔等〕主力军，都压制住，〔杀〕到〔他们的〕大中军，用'兀出马'[1]〔箭〕，射中桑昆的红腮。啊！长生天给我们敞开了门闩！若非〔你射〕伤桑昆，不知道我们变成什么样子了？那就是主儿扯歹主要的勋功[2]！离开〔那战场〕，顺着合勒合〔河〕移动的时候，我把主儿扯歹当做高山屏障。从那里去到巴勒渚纳湖〔驻马〕饮水[3]。后来从巴勒渚纳湖出发，教主儿扯歹当先锋，征伐客列亦惕。蒙天地增添气力，征服俘获了客列亦惕人。主要的国家被削平，乃蛮、篾儿乞惕〔相顾〕

290

失色，不敢作战，为〔我〕所破。在击溃篾儿乞惕〔和〕乃蛮的时候，客列亦惕的札合·敢不，为了〔献出〕他两个女儿的缘故，保全了他自己所统属的百姓，其后又叛。主儿扯歹用计引诱，擒获已经叛离的札合·敢不，处死。再次俘获了札合·敢不的百姓。这又是主儿扯歹的另一勋功。"

　　因为在厮杀之日，不顾性命，在死战之日〔尽力〕鏖战的缘故，成吉思可汗把亦巴合·别乞赐给主儿扯歹的时候，对亦巴合·〔别乞〕说："我不是说你没有品德，〔不是说你〕姿容不好，而把你这曾在我怀里，曾在我腿旁，曾按〔尊卑〕次序并列着扎下〔斡儿朵的夫人〕⁴赐给主儿扯歹。〔这〕是为了很大的道理。〔我〕想念着主儿扯歹，〔在〕厮杀之日，成为盾牌，在〔遇〕敌〔之时〕，成为屏蔽，把分离的百姓给统合了，把溃散的百姓给收复了，诸多功勋的缘故，把你赐给〔他〕了。"降圣旨〔说〕："今后我的子孙，坐在我们的位子〔里〕，要想着这样立过勋劳的道理，不要违背我的话，直到子子孙孙都不得断绝亦巴合的位子。"⁵成吉思可汗又对亦巴合说："你父亲札合·敢不，曾给你二百户从嫁⁶，〔和〕阿失黑·帖木儿、阿勒赤黑两个司厨。如今你到兀鲁兀惕族去，给我作为遗念，由你从嫁之中，把司厨阿失黑·帖木儿，〔和〕一百户留给〔我〕吧。"说着就留下了〔他们〕。成吉思可汗对主儿扯歹说："把我的亦巴合给你了！"如此恩赐〔又〕降圣旨说："你管辖你四千户⁷兀鲁兀惕〔族〕吧！"

注释

1 兀出马箭，原蒙音作"兀出马"，旁译"箭名"，也见于第一七四节。《至元译语》作"遏曹马",汉译为"三尖钯子",似乎"兀出马"乃是一种短箭,当即马箭。

2 姚师前注:主儿扯歹在合剌—合勒只惕沙碛对抗王汗的战功与射中桑昆的经过,详见上文第一七一节(卷六)、第一八五节(卷六)。主儿扯歹即"术赤台",《元史》卷一二〇有传。传中所述重要事迹,多与《秘史》符合。如曰"朕之望汝,如高山前日影也",正可与这里所说"望你如高山屏藩一般",互相比证。又如:"赐媵御木八哈·别吉,引者思百"与"俾统兀鲁兀四千人,世世无替"等,两相比较,意义也更为明白。

3 原文"兀速剌剌",旁译"饮水";但usulara是"为了要给牲畜饮水"或是"饮牲畜"之意。按华北方言,"饮"字读第四声,这不是"人去饮水"之意,而是使牲畜饮水。姚师前作"驻马饮水",既顾到字义,又顾到饮班术尼河水的故事,甚佳。

4 原文此处只有"保兀黑三"(bo'ugsan〔ba'ugsan〕)一字,其旁译为"下了的"。这是指游牧移动时下营而言。按可汗驻跸之所,各后妃之斡儿朵是依其地位之尊卑,而定其与可汗宫帐(即斡儿朵)之间的距离及等次。关于可汗及后妃"斡儿朵",请参照箭内亘博士之《元朝斡耳朵考》(见《蒙古史研究》第六六三至七六八页)。

5 是指为亦巴合夫人业经设立的"斡儿朵"及其席次而言。按"斡儿朵"的制度,即使可汗或可敦崩逝,而对该斡儿朵的财产及供应,仍是照常维持的。可参照《元史》卷四四《食货志三》"岁赐"条,后妃公主部分。

6 百户,原文为"札温"(复数"札兀惕");惟以原文过于简单,无法断定其究竟是二百户,还是两百个人,更无法窥知客列亦惕人在被成吉思可汗征服之前,已否实行过以百户为单位的组织。关于从嫁"引者思"(yinjas〔injes〕),请参照卷一第四十三节注4。

卷　九

第二〇九节

成吉思可汗又对忽必来说："你给〔我〕压住了强汉的颈项，力士的胯骨[1]。忽必来、者勒篾、者别、速别格台，我这四只〔猛〕狗，凡〔我〕想着要叫去的〔地方〕，一说上，就〔去，将〕巨石撞碎；一说攻，就〔去把〕岩石撞裂。你们曾钻破明石，横断深水。叫忽必来、者勒篾、者别、速别额台你们〔这〕四狗，到〔我〕指向的地方去；〔叫〕字斡儿出、木合黎、字罗忽勒、赤剌温·把阿秃儿，我这四杰，在我自己的跟前；在厮杀之日，叫主儿扯歹、忽亦勒答儿两个〔率领〕他们兀鲁兀惕、忙忽惕〔两族〕人站在我的前面，我就完全安心了！"[2]于是恩赐〔他〕，降圣旨〔说〕："一切军务〔以〕你忽必来为长。"又说："因为别都温[3]性情悖拗，我不喜欢。没有给〔他〕千户。你对他有办法，叫〔他〕与你一同管理一个千户，商量行事。"又说："今后我们留心别都温〔久后如何？〕"

注释

1 原总译作："将刚硬不服的人服了"，是切合的意译。
2 姚师前注："四狗"，蒙文作"朵儿边·那海思"，喻四人临敌勇猛，在游牧社会最为得力。略如前人所说五虎将的意思。"四杰"，蒙文作"朵儿边·曲鲁（克）"，译言"四骏"，用以比喻字斡尔出等四人谋勇的兼备、善战之外，兼长谋略。主儿扯歹、忽亦勒答儿所统兀鲁兀惕与忙忽惕人，均勇悍善战、所向无敌。成吉思可汗举出这些人，自承可以使他心安，也可以见他真能知人善任，确有领袖的卓识。

3 别都温（Bedü'ün），似即第一二〇节所说朵儿边氏的抹赤·别都温。

第二一〇节

成吉思可汗又对格你格思〔氏〕的忽难说："孛斡儿出、木合黎等'那颜'们，朵歹、朵豁勒忽等'扯儿必'们！这忽难在黑夜是雄狼，在白天是乌鸦。你们与这移动时不曾停住，住下时不曾动移，与外人在一起从来不改脸，与仇人在一起从来不丢脸[1]的忽难、阔阔搠思两个人，未曾商议，不要去做。你们要与忽难、阔阔搠思两个人商量着行事！"降圣旨〔说〕："拙赤是我诸子之长。忽难领着你格你格思〔族〕，在拙赤之下，做万户的'那颜'。"〔又说〕："把所看见的从不隐讳，把所听见的从不匿藏的，就是忽难、阔阔搠思、迭该、兀孙老人，这四个人。"[2]

注释

1 原文"主卜赤克先"，旁译"安来的"，不明其意。原总译作"不曾肯随歹人"。《蒙汉满三合》（第十一册六十五页下）有 jübchimüi 一字，解为"舍脸"。

2 姚师前注：原总译转述大意"但曾闻见的事，不曾隐讳"，也没有原文并举的亲切。凡此均可见成吉思可汗的注重贤才、留心纳谏与亲贤；并对于直言敢谏的贤臣，有很妥善的安排。

第二一一节

成吉思可汗又对者勒篾说："札儿赤兀歹老人背着他的风箱，带着在摇篮里的者勒篾，自不峏罕山走下来。当我在斡难〔河〕迭里温—孛勒答黑出生的时候，给了〔我一件〕貂皮的褯裸。〔从〕那时做伴[1]以来，〔你〕就成了〔我〕门限〔里〕的奴婢，门内自己的仆从[2]。者勒篾的功劳多了。"降圣旨说："出生时一同出生的，长大时一起长大的，有貂皮褯裸源缘的，有福泽吉庆的者勒篾，九次犯罪，不加处罚。"

注释

1　事见卷二第九十七节。
2　原文"俺出"（emchü［ōmchi］），旁译"梯己"，即"私人的"或"个人的"之谓。《黄金史》（第一四一页上第四行）于emchü一字之旁，补注jaruchi，字义是"仆从"。

第二一二节

成吉思可汗又对脱仑[1]说："你们父子，为什么各辖千户呢？乃是因〔你〕做了〔你〕父亲的一只膀臂，共同努力，收抚百姓，所以给〔你〕'扯儿必'的名分。"降圣旨〔说〕："现在将你所收抚的〔百姓〕，做成〔你〕自己的千户，与脱鲁罕商议着管理吧！"

注释

1 姚师前注："脱仑"亦作"脱栾"，即是蒙力克的儿子第十二千户。《元史》卷
一九三《伯八儿传》："祖明里也赤哥……父脱仑阇里必，扈从太祖征西域，累
立奇功。"传中的脱仑，即是《秘史》这一节中的脱仑。

第二一三节

成吉思可汗对司厨[1]汪古儿说："蒙格秃·乞颜[2]的儿子汪古
儿，你曾与脱忽剌兀惕氏的三个〔弟兄〕[3]、塔儿忽惕氏的五个
〔弟兄〕[4]。敞失兀惕[5]、巴牙兀惕〔两族〕，为我组成一个圈子[6]。
汪古儿你在雾里不曾迷途，你在叛乱中不曾离去，潮湿〔你〕就
共受潮湿，寒冷你就同受寒冷，现在你要什么恩赐？"汪古儿
说："如果命〔我〕选择恩赏，我巴牙兀惕〔氏〕的弟兄都散在各
部族之内；如蒙恩赐，请叫我把我巴牙兀惕弟兄〔们〕聚集起来
吧。"〔可汗〕就降圣旨说："好。你就〔把〕巴牙兀惕弟兄们聚集
起来，成为千户[7]管辖吧。"成吉思可汗又降圣旨说："汪古儿、孛
罗兀勒两个人〔分为〕右左〔两〕边。你们两个司厨分发食物的
时候，不要缺坐立在右边的，〔也〕不要缺排列在左边的。你们
二人那样分发，我的喉咙就不发涩，心里也就安定了。现在汪古
儿、孛罗兀勒两个人前去给众人发放食粮吧。"又指给〔他们〕坐
位说："坐席位的时候，〔你们〕要坐在大酒局的右左，料理食物，
与脱仑等一同面北居中坐下[8]。"

注释

1　司厨，原文为"保兀儿赤"（bo'urchi [ba'urchi]），《元史》作"博儿赤""博尔赤"或"宝儿赤"，为"怯薛"中重要职守之一。《元史》卷九十九《兵志二·宿卫》"四怯薛"条，说："亲烹饪，以奉上饮食者，曰博尔赤。"（第二页上）但其职务并非只此一项。请参照拙著《说〈元史〉中的"博儿赤"》，《田村博士颂寿东洋史论丛》（一九六八年，京都），第六六七至六八二页。

2　蒙格秃·乞颜就是第五十节中的"忙格秃·乞颜"。他是成吉思可汗的伯父。

3　脱忽剌兀惕氏的三弟兄，是指第一二〇节的札剌亦儿族的合赤·脱忽剌温、合剌孩·脱忽剌温、合剌勒歹·脱忽剌温三个弟兄而言。

4　塔儿忽惕氏的五个弟兄，是指第一二〇节的合答安·答剌都儿罕等五个弟兄而言。

5　敞失兀惕（Changshi'ud），叶德辉本误作"敞失兀惕"。《四部丛刊》本、钱大昕本则作"敞"字。

6　事见第一二〇节。这时正是帖木真方与札木合分手，互相争夺对蒙古诸氏族的领导权之际。组成一个圈子，就是组成当时军事防御上的一环。在当时而言，这对帖木真是一大支援。

7　原文在"敏罕"（千户）之下，似脱落一个命令形的动词boltughai（成为）。

8　直到最近蒙古贵族举行盛大宴会时，犹保持若干古代宴会的旧习惯。宴会的地点，通常为一巨大而华丽的长方形帐幕（Chachir）。主人坐于北端正中之一高台上，各贵族及高级僧侣则依其尊卑坐于左右两旁。南面成为一排，排前分成左右相对的两组，各设若干排毛毡低棹，为各官员席位。每排均由北而南，以北端之席位，为最高的座位（此或即是《秘史》第二〇四节成吉思可汗指给蒙力克老爹的座位）。正中主人之前，留一宽广的通路。通路尽处（即南端大帐幕正入口处），置巨大酒瓮数个，即是此节所说的"大酒局"（Yeke Tüsürge，也客　秃速儿格）。其中盛满马湩。酒瓮之后，有官员一人或数人正装面北而坐（或跪坐），监管酒局。此即本节成吉思可汗指给汪古儿等人的席位。惟时至近代，掌此类职务者大率皆为专业，多非亲信勋贵，这些地方与《秘史》所述已有显然的不同。

第二一四节

成吉思可汗又对孛罗忽勒说："我母亲把失吉·忽秃忽、孛罗忽勒、古出、阔阔出，你们四个人，从〔敌〕人的营盘里，从野地里拣回来，放在自己的膝下，当做儿子抚育[1]，提着你们的项颈，使〔你们〕与别人一般〔高〕，提着〔你们的〕肩膀，使你们与男子汉一样〔大〕。为要给她的儿子们做伴侣，把你们养育〔成人〕了。你们把我母亲养育之恩，报答了多少？孛罗忽勒给我作伴以来，在紧急的征战中，阴雨的黑夜里，你不曾教〔我〕空腹过夜；在与敌人互相抗拒的时候，你不曾叫我没有肉汤住宿。又当征服〔那〕伤害〔我〕祖先、父亲的塔塔儿人，以仇报仇，以冤报冤，把塔塔儿人与车辖相比，赶尽杀绝之时，塔塔儿的合儿吉勒·失剌，变成劫贼逃出，却因困乏饥饿，混入〔营内〕，进了母亲的房子里说：'我是求衣食的[2]。'〔母亲〕说：'若是告帮的，就坐那儿吧。'当〔他〕正坐在西边木床靠门后〔那一〕头[3]的时候，五岁的拖雷[4]从外边进来。刚要跑出去，合儿吉勒·失剌就站起来，把〔这个〕孩子夹在他的腋下向外走，用手摸他的刀子。在〔他〕抽着刀走的时候，孛罗忽勒的妻子阿勒塔泥正在母亲屋里的左边坐着[5]，随着母亲喊叫：'孩子完了！'阿勒塔泥就跟着〔他〕一同跑出去，从后边赶上合儿吉勒·失剌，〔一只手〕抓住他的练椎[6]，另一只手抓住他那正抽刀的手，扯掉了他的刀子。哲台、者勒篾两人正在房后宰杀〔一只〕秃犄角的黑牛，〔听见〕阿勒塔泥的声音，哲台、者勒篾两个人就拿着斧子，〔攥〕红了拳头，跑上前去，用斧子、刀子把塔塔儿〔族〕的合儿吉勒·失剌在那里杀死。阿勒塔泥、哲台、者勒篾三人互争救了儿子性命的头功。哲台、者勒篾两个人说：'我们若不在〔那里〕，不快跑去杀死〔他〕，阿勒塔泥〔一个〕妇人〔又〕能怎样？〔他〕早就害了小孩的性命。头功〔应〕是我们的。'阿勒塔泥说：'如果没听见我的声音，你们怎能来？如果我没跑着赶上〔去〕，抓住他的练椎，拉住〔他〕正抽刀的手，〔弄〕掉了刀，等哲台、者勒篾到的时候，〔还〕不〔早〕害了小孩的命。'说完，头功就归了阿勒塔泥。孛罗忽勒的妻子能做孛罗忽勒的另一只车辕，救了拖雷的性命。还有在合勒—合勒只惕沙碛与客列亦惕厮杀的时候，斡歌歹颈项脉中箭倒地。孛罗忽勒也一同下马，用嘴咂去凝血。夜间宿在一起。翌晨叫〔他〕上马，〔因为〕坐不住，就〔两个人〕叠骑，从斡歌歹的后边抱着，咂去凝塞的血，口吻都红了。使斡歌歹得以活着回来[7]。〔你把〕我母亲养育的辛劳，报答在救护我两个儿子的性命之上了。孛罗忽勒给我做伴〔以来〕，在召唤时候，从未落后。孛罗忽勒九次犯罪，不加罪罚！"[8]

注释

1　姚师前注：失吉·忽秃忽被拾，见上第一三五节；孛罗忽勒，见第一三七节；曲出（一作"古出"），见第一一四节；阔阔出，见第一一九节。

2　原文为"撒亦　额里兀勒孙"（sai eri'ülsün），旁译"好　寻的"。总译作"寻衣食的"，即"告帮的"之意。

3 在穹帐之中，西边或右手方靠门后的那一端，是来客中最卑微者的席位。左边或东边靠门后的位子，是仆婢们、子侄们或妇女中卑微者的席位。

4 姚师前注：拖雷年岁考。沈子培先生说："族灭塔塔儿之年，岁在壬戌（一二〇二）金泰和二年，是时拖雷年五岁，则当生于戊午（一一九四），金章宗承安三年。《元史》卷一一五《睿宗传》，卒年四十有□（原阙一字）。自大安三年戊午（一一九三）至元太宗四年壬辰（一一三二），实得年三十五岁，无四十也。又《元史》卷三《宪宗本纪》，帝生于戊辰（一二〇八），唆鲁禾帖尼后来归在癸亥（一二〇三）。十岁娶妻，十六生子，非事理也。则《元史》卒年四十余者，较为近理。"疑族杀塔塔儿事，当在壬戌年以前。

5 已见注3。

6 原文"失必勒格儿"，旁译为"练椎"，总译作"头发"。按《蒙鞑备录》等书之记载推之，当为垂在脑后的辫发或发结。已详卷一第五十六节注3。

7 事见《秘史》第一七三节。

8 《四部丛刊》本此处多了一句话，把下面第二一五节写在这里。为避免重复删除。钱大昕本无此错误。

第二一五节

〔成吉思可汗〕又说："给本族的女子们恩赏吧！"

第二一六节

成吉思可汗又对兀孙老人说："兀孙、忽难、阔阔搠思、迭该这四个人，把所见所听见的，都不隐藏的告诉〔我〕；把所想念

的，都〔不保留的〕说出来。〔兀孙〕有理由成为蒙古人的模范
‘那颜’，有来历[1]的别乞。〔你〕是巴阿邻〔氏〕长房的子孙。在
我们的体例里，以‘别乞’为重。命兀孙老人为‘别乞’。既然推
〔你〕做‘别乞’，就叫〔你〕穿白色的衣服，骑白色的骟马[2]，坐
在众人之上，议论年月〔的吉凶〕，加以敬重。”如此降下了圣旨。

注释

1　原文“抹儿”（mör），旁译为“道子”，总译略。此字在卷八第二○一节，旁
　　译仍作“道子”，总译则作“他又是大名头的人”。此字可作“来历”“踪迹”
　　或“征象”解。陶宗仪在他的《辍耕录》中曾论及此字，谓之“白道子”（世
　　界书局版，卷一第三十二页）。

2　蒙古人色尚白，以白为诸色之首，象征元始、幸福和丰富。蒙古王公之正式坐
　　骑多用白色的骟马。马哥孛罗称忽必烈汗于元旦御白衣受诸臣之朝贺（见冯
　　承钧译本第三五六页），足证成吉思可汗对兀孙之恩宠有加，亦足以证明称为
　　“别乞”的萨满，是如何地为可汗及一般人所尊敬。

第二一七节

　　成吉思可汗又降圣旨说：“因为忽亦勒答儿‘安答’在厮杀的
时候牺牲自己性命，首先开口〔请缨〕的功勋，直到‘他’子子
孙孙都要领遗族的赏赐。”[1]

注释

1　姚师前注：这一节参看第一七一节、第二○二节九十五千户忽亦勒答儿下的小

注。这里所说"忠烈遗孤的赏赐"，原旁译及总译均说是"孤独的"赏赐，当有特殊的规定，惟《秘史》虽再三提及（本节及下一节），但并未明言，这种赏赐都是些什么，当再详考。

斯钦补注：《元史》卷九五《食货志三·岁赐》"勋臣"条，说："愠里答儿·薛禅（Uyildar Sechen）：五户丝，丙申年（一二三六），分拨泰安州二万户。延祐六年（一三一九），实有五千九百七十一户。计丝二千四百二十五斤。江南户钞，至元十八年（一二八一），分拨桂阳州二万一千户。计钞八百四十锭。"（百衲本卷九五第二十页上）

第二一八节

成吉思可汗又对察罕·豁阿的儿子纳邻·脱斡里勒说："你父亲察罕·豁阿在我前面谨作战，在答阑—巴勒渚惕厮杀时候，被札木合所杀。现在脱斡里勒因他父亲的功勋，要遗族的赏赐吧。"脱斡里勒说："我捏古思〔氏〕的弟兄〔们〕散在各部族里，如蒙恩典，请准〔我〕聚集捏古思〔氏〕弟兄们。"成吉思可汗降圣旨说："那么你就集合你捏古思〔氏〕弟兄〔们〕，直到〔你〕子子孙孙都〔世袭〕管辖吧。"[1]

注释

1 姚师前注：参考上文第二〇二节（卷八）第二十五千户察合安·豁阿名字下的小注。那里作"察合安·豁阿"，又作"察合安·兀洼（思）"。

第二一九节

　　成吉思可汗又对锁儿罕·失剌说："我小时候，被泰亦赤兀惕的塔儿忽台·乞邻勒秃黑兄弟〔们〕所嫉妒，而被擒拿。那里您锁儿罕·失剌〔说〕：'你被弟兄们嫉妒¹了。'就叫你儿子赤剌温、沉白，女儿合答安关照〔我〕，隐藏〔我〕，把我放回来了²。不忘您的那个恩惠和好处，我黑夜在梦里，白日在心里，总是想念着。可是您〔很〕晚才从泰亦赤兀惕来到我这里。如今我若赏赐，您喜欢什么恩赏呢？"锁儿罕·失剌和他的儿子赤剌温、沉白说："如蒙恩典，封赐分地³，请将篾儿乞惕地方薛凉格〔河〕封赐给我。其他恩赐请成吉思可汗随意吧。"于是成吉思可汗降圣旨说："以篾儿乞惕的地方薛凉格〔河〕做为你的封地。使你做答儿罕⁴，直到你子子孙孙，都叫配带弓箭⁵，〔饮宴时〕喝盏⁶。封为答儿罕，九次犯罪，不科刑罚。"

　　成吉思可汗恩赐赤剌温、沉白二人说："想念着赤剌温、沉白两个人以前所说的话⁷，〔我〕应怎样酬答你呢？"就降圣旨说："赤剌温、沉白你们两个人，心里如有要说的话，如想请求所缺少的〔东西〕，不用向中间人去说，你们自己亲身亲口向我说出，〔你们〕所想要的；请求〔你们〕所缺少的。"

　　又降圣旨说："再恩赐锁儿罕·失剌、巴歹、乞失里黑，你们〔这〕'答儿罕'们；再增加〔你们〕'答儿罕'的权利。剿捕众敌，如得财物，可随得随取；如围猎野兽，可随杀随拿。"降圣旨说：“锁儿罕·失剌本来是泰亦赤兀惕脱迭格的属民。巴歹、乞失里黑两个人本来是〔也可〕扯连的放马人。如今〔是〕我所倚仗〔的〕，叫〔你们〕佩带弓箭，〔饮宴时〕喝盏，封为答儿罕，享受快乐！”

注释

1 原文“乃亦塔黑答木”（nayidaghdamu），旁译为“被嫉妒有”。这本是一个字，惟各本于钩划时，把它误为两字，宜加更正。

2 事见卷二第八十二至八十七节。

3 原文为：“嫩秃黑 答儿合剌速”（nontugh darkhalasu），旁译为“营盘 自在我”，原总译作“俺欲要篾儿乞的薛凉格地面自在下营”。此语即“封赐封地”之谓。清廷对于蒙古王公分封各旗土地之举，在一般的蒙古语中，即称为nutugh darkhalakhu或nutugh khairalakhu〔khayialakhu〕，其意义与此处所说的完全相同。

4 姚师前注：“答剌罕”是当时一个特殊的封号，即是“自由自在者”。被封为答剌罕的人享有若干特权，如（1）可以在特许分地内，自在下营。（2）战争时所得的战利品，打猎时所得的野兽，可以自由的要，不必分给别人，等等。成吉思可汗时代封答剌汗者，即此节所说的锁儿罕·失剌、巴歹、乞失里黑三人。参看上文第五十一、一八七节及有关各节。

5 配带弓箭是一种荣典，请详卷七第一八七节注2。

6 饮宴时喝盏也是一种荣典，请详卷五第一五四节注2。

7 见卷二第八十五节。

第二二〇节

成吉思可汗又对纳牙阿说：“失儿古额秃老人与他儿子阿剌

黑、纳牙阿，你们一同，将塔儿忽台·乞里勒秃黑给我们捉来的时候，路间到了忽秃忽勒讷兀。〔在〕那里，纳牙阿说：'我们怎能背弃自己的正主，拿住〔送〕去呢？'说着不忍背弃就放走了。失儿古额秃老人与他儿子阿剌黑、纳牙阿一同前来，纳牙阿·必勒只兀儿[1]说：'下手把正主塔儿忽台·乞里勒秃黑〔捉住〕前来的时候，我们却不忍背弃，放〔他〕走了。我们给成吉思可汗效力来了。如果对自己的〔可〕汗动了手而来的话，那么必被〔人〕说，这些对自己〔可〕汗下过手的人，今后怎能被信任呢？'因为说：'不忍背弃自己的可汗'，〔我〕赞许〔你〕不忍弃掉〔你〕自己的正主〔可〕汗是本乎大义的话，曾说过：'要委托〔你〕一件事[2]。'如今命孛斡儿出管辖右翼万户；给木合里国王名分，管辖左翼万户；现在叫纳牙阿管辖中军万户。"如此降下了圣旨。

注释

1 纳牙阿·必勒只兀儿（Naya'a-Bilji'ur），就是纳牙阿。"必勒只兀儿"是"麻雀"之意，可能是他的幼名。《黄金史》（第一四八页第十二行末尾）称之为 Naya'a-Bildaghur-Bildaghur，也是"麻雀"之意。

2 关于这一段故事，请参照卷五第一四九节。

第二二一节

又说："者别、速别额台两个人，把〔你们〕自己收抚的百姓，〔各自〕编成千户管辖吧[1]！"

注释

1 者别、速不台二人是成吉思可汗的两员大将，从这句话上，可以看出他们在战争的过程中，已经俘获或收抚了许多的百姓。现在把他们自己所"置了的"（原文 jögegseger eyen）百姓，编成千户，各自管辖。

第二二二节

又命牧羊的迭该，将没有户籍的百姓，聚集起来，做千户管辖[1]。

注释

1 姚师前注："迭该"，已见上文第一二四节（卷三），曾任牧羊官（火你赤），管理收放羊只。

第二二三节

再者木匠[1]古出古儿缺少百姓，就从这里那里抽取〔人丁给他〕。因为木勒合勒忽曾由札答阑氏前来做伴当就说："古出古儿、木勒合勒忽[2]二人一起，成为〔一个〕千户，商议着〔管理〕吧。"

注释

1 原文"抹赤"（mochi），白鸟本按现代语改为"抹多赤"，伯希和本仍作 mochi，原旁译为"木匠"。《黄金史》（第一四九页第十二行）作 Güchü〔Küchü〕-gür

möchi。美国柯立夫教授（W. Cleaves）于一九五一年六月在《哈佛亚洲学报》中发表其有关竹温台碑之论文（"The Sino-Mongolian lnscription of 1338"）。在论及蒙文碑文第三十二行之 mod 一字时，曾提及此"抹赤"一字，并称蒙古语极可能称"木"为 mo，称"木匠"为 mochi。若按《黄金史》之 Mochi 言之，则非"木匠"，乃"四肢"或树木的"大枝"之意。

2　木勒合勒忽（Molkhalkhu），柯绍忞《新元史》卷一二八说："迭该，别速氏。……弟古出古儿，太祖车工也，与木勒合勒忽同管一千户。木勒合勒忽，札答剌氏，掌牧养有功。"（开明版第六八七四页）

第二二四节

以一起建国共尝辛苦的人们，任命为千户的"那颜"；组成千户，委派各千户、百户、十户的"那颜"[1]；组成万户，任命万户的"那颜"。对各万户、千户"那颜"之中，应予恩赏者，降圣旨赐予恩赏。

成吉思可汗降圣旨说："以前〔我仅〕有八十名宿卫，七十名散班扈卫[2]。如今在长生天的气力里，天地给增加威力，将所有的百姓纳入正轨，置之于独一的统御[3]之下。现在给我从各千户之内，拣选扈卫、散班入〔队〕。宿卫、箭筒士、散班要满一万名。"为拣选护卫入〔队〕，成吉思可汗又降圣旨，通令各千户说："给我们选护卫。凡万户、千户、百户'那颜'的子嗣们，并白身人[4]的子嗣们入〔队〕之时，要叫有技能，身体健好，能在我们跟前行走[5]的入〔队〕。千户'那颜'们的子嗣入〔队〕时，要带十个伴当，〔和〕他一个弟弟前来。百户'那颜'的子嗣入〔队〕时，要带五名伴当〔和〕他一个弟弟前来。十户的那颜的子嗣入队，〔并〕白身人的子嗣入队时，要带三名伴当〔和〕他一个弟弟〔前来〕。〔各〕由〔其〕原在之地，准备骑乘马匹⁶，并所需之物⁷前来。支援前来我们跟前之人的时候，对于各千户'那颜'的子嗣们，由〔其〕原属之千户、百户内给他抽拨十名伴当。如果有他父亲所分给的〔百姓〕⁸，或他本身⁹有得来的一些男丁、军马，则除由其本身所出之部分外，仍要按照我们所定的限度，给〔他〕抽拨，〔给他〕准备。给百户'那颜'们的子嗣五个伴当；给十户那颜们的子嗣及白身人的子嗣三个伴当；也均按这办法，在他自己所有的部分之外，照样给〔他〕抽调。"降圣旨说："千户、百户、十户的'那颜'们及众人，奉到或听到我们这圣旨后，凡违背的，列为罪犯！应该入我们宿卫，而躲避不肯〔充当〕的；刁难应来我们跟前之人的；〔或〕使人顶替入〔队〕的；均应判罪，发配到眼睛所看不到的远处去！"〔又〕说："不要阻挡，愿到我们这里，在我们跟前行走共同学习的人。"

注释

1 姚师前注：即"排头"，十人之长，一曰"班长"。

2 原文"秃儿合黑"（turkhagh），旁译"散班"，已详卷七第一九一节注4。

3 原文"只鲁阿"（jilu'a），旁译"调度"。此字之原意为"轡"字，但有"操纵"或"指挥"之意。

4 "白身人"已详卷七第一九一节注5。

5 原文"迓步浑"（yabukhun），旁译"行的每"。字义是"走"或"行走"。在这里有"侍奉"或"服务"之意，正与清代官制中的"行走"或"××上行走"之意相同，如"乾清门行走"等。

6 原文"兀剌阿"（ula'a），旁译"骑坐马匹"。按ula'a、ulagha是指专为公务旅行所预备的马匹车辆而言。

7 原文："古出"（güchü［küchü］），旁译"气力"。为使其与上下文符合，只得译意为"所需之物"。

8 原文："忽必　客失克"（khubi keshig），旁译"分子"。盖指由可汗、封主或长辈所分给的属民而言。在今日则为"福泽"或"由其父母所分给的财产"。

9 原文"合的　牙儿"（ghad-ayar［iyar］），旁译为"独自　自的行"。《黄金史》（第一五一页第六行）在ghad一字之旁，补加ghar一字为其注释。按ghar-ayar是"亲手"之意。亦可知ghad是ghar的复数，但在今日已不使用。

第二二五节

依着成吉思可汗的圣旨，从各千户里挑选"宿卫"，各百户、十户"那颜"的子嗣们，也依照这圣旨进行挑选。将以前原有的八十名宿卫，"扩充"为八百名。〔成吉思可汗〕说："把八百名添满为一千名吧。"降圣旨说："不要阻挡应入宿卫的人。"降圣旨说："以也客·捏兀邻为宿卫之长，管辖〔这〕一千人。以前所选出的四百名佩带弓箭的扈卫[1]，由者勒篾之子也孙·帖额为长，与秃格之子不吉歹〔共同〕商议管理。"降圣旨说："带弓箭的扈卫与散班们，分作〔四〕班入值。一班以也孙·帖额为长入值，一班以不吉歹为长入值，一班以火儿忽答黑为长入值，一班以剌卜剌合[2]为长入值。要如此使佩带弓箭的扈卫们带上弓箭，使散班们分班[3]值守，派定首长入值。把佩带弓箭的扈卫添满一千名，以也孙·帖额为长。"

注释

1 原文"豁儿赤"（khorchi）。《元史》卷一一九《博尔忽传·塔察儿附传》
说："火儿赤者，佩囊鞬侍左右者也。"（百衲本第二十五页下。请参照拙著
《〈元史〉"火儿赤"考》，《边政汇刊》，中国文化学院，一九六六年，十月。）

2 姚师前注：这些宿卫千户中，如也客·捏兀邻、也孙·帖额、不吉歹·剌不剌
合等，均不在上述九十五千户的名单以内，应该都是新添的千户。这里分四班
入值，《元史》卷九十九《兵志二·宿卫》"四怯薛"条下有很详细的规定。

3 原文"客失克"，旁译为"班"。在现代语中，如为 keseg 则为军队中的"连"
字，如为 keshig 则是"福分"之意。《黄金史》于此处亦均作 keseg（第一五
二页）。

第二二六节

〔成吉思可汗〕说："将以前与斡哥列'扯儿必'一同入值的
散班，添至一千名，〔仍〕由字斡儿出的亲族斡歌列统辖。一千散
班由木合黎的亲族不合统辖；一千散班由亦鲁孩的亲族阿勒赤歹统
辖；一千散班由朵歹'扯儿必'统辖；一千散班由朵豁勒忽'扯儿
必'统辖；一千散班由主儿扯歹的亲族察乃统辖；一千散班由阿勒
赤的亲族阿忽台统辖。阿儿孩·合撒儿统辖一千拣选的勇士，在
平常的日子做散班，在厮杀的日子做站在〔我〕前面的勇士。"以
各千户选拔出来的，〔编〕成了八千散班，二千宿卫与佩带弓箭的
扈卫，共一万名护卫。成吉思可汗降圣旨说："加强我们贴身的
一万户护卫，作为大中军。"

第二二七节

　　成吉思可汗又降圣旨，任命散班四班护卫首长之时说："不合管辖一班护卫，整顿护卫入值。阿勒赤歹管辖一班护卫，整顿护卫入值。朵歹'扯儿必'管辖一班护卫，整顿护卫入值。朵豁勒忽'扯儿必'管辖一班护卫，整顿护卫入值[1]。"如此任命四班首长值班之时，宣布圣旨说："值班的时候，各班长官应将自己该值班的护卫点全人数入值。三宿〔后〕交换。如应当值班而脱班，将该值班而脱班的〔人〕，责打三下〔柳〕条子[2]。这个护卫如再脱第二班，责打七条子。若是这人身体无病，又无该班长官的许可，三次脱了应值的班，责打三十七条子。〔他〕既然不愿意在我们这里行走，就流放〔他〕到遥远的地方去吧！"

　　降圣旨说："各班首长们在各班之内，要再三再三的叫护卫们倾听这道圣旨；如不叫〔他们〕听明白，〔该〕班首长要受处罚。听了圣旨仍行越犯，就按圣旨的规定，处罚脱班的护卫。即使各班的首长，未得我的许可，〔也〕不要叱责同等〔为〕我值班的护卫们。如动用法令，〔须先〕告诉我。有当斩之理的，我们斩决；有当打之理的，可叫〔他〕卧倒责打。〔不要〕以为当了首长，就对都是我同等的护卫，自己〔随意〕动手动脚。凡是用条子打的也用条子〔罚他〕，〔用〕拳头打的也用拳头罚〔他〕！"

注释

1 《元史》卷九十九《兵志二·宿卫》条称："宿卫者，天子之禁兵也。……方太祖时，以木华黎、赤老温、博尔忽、博尔术为四怯薛，领怯薛歹，分番宿卫。"（见百衲本卷四十七第一页上）与本节所述略有出入。

姚师前注：《元史》卷九十九《兵志二·怯薛》"四怯薛"条："怯薛者，犹言番直宿卫也。凡宿卫，每三日而一更。申酉戌日，博尔忽（字斡忽勒）领之，为第一怯薛，即也可怯薛。……亥子丑日，博尔术（字斡儿出）领之，为第二怯薛。寅卯辰日，木华黎领之，为第三怯薛。巳午未日，赤老温领之，为第四怯薛。"

2 原文"别里额思"（beriyes），旁译"条子"。此字在第二七八节旁译作"杖子"。如作条子解，当指"柳条子"——即灌柳条杖之意。清代蒙古游牧地区各旗，对于犯人，除重囚外，均不用皮鞭，而以柳条责打。

第二二八节

成吉思可汗又降圣旨说："比在外边千户的'那颜'们，我的护卫在上；比在外边百户、十户的'那颜'们，我护卫的随从[1]在上。在外的千户如与我的护卫同等比肩，与我的护卫斗殴，则处罚在外的千户！"

注释

1 原文"阔脱臣"（kötöchin），旁译作"伴当"，原总译作"家人"。此字有时译为"从马"。此字的语根是 kötöl，乃"牵拉"之意。所以"阔脱臣"正是拉马的或马弁的意思。前所述凡参加护卫之人，要携带他们的"伴当"〔nökör〕同来。在这一节中则称之为"阔脱臣"——家人、从马。可知当时的 nökör 并不全是平等结合的友人或战友，而是古代封建制度中的一种从属关系。

第二二九节

　　成吉思可汗又对各班的长官们宣谕圣旨说："带弓箭的扈卫与散班们入值，白天的事务，处处要照自己的规矩去做，〔趁〕有阳光的时候，让给宿卫，出外住宿。夜间宿卫为我们值宿。带弓箭的〔把〕箭筒，司厨〔把〕碗〔和〕器皿交付宿卫。住在外边的带弓箭的扈卫、散班〔和〕司厨，〔次日早晨〕在我们吃肉汤的时候，要坐在系马的地方¹〔等候〕，通报给宿卫。肉汤吃完，带弓箭的要〔佩带〕箭筒；散班要〔到〕自己岗位；司厨〔司理〕自己的碗〔和〕器皿，〔各〕司其职。进来〔值〕班的〔人〕，也按这规矩，依照体例²去做！"

　　说："日落之后，宿卫逮捕在斡儿朵前后横越行走的人。经宿〔后〕，翌晨〔由〕宿卫问他的话。宿卫换班时，要交验牌符³〔后〕进来。交替出去的宿卫，也要交验〔牌符〕外出。宿卫夜间〔在〕宫帐周围躺卧。守门站立的宿卫，要去打破夜间进来之人的头，砍断他的肩膀。如有送急信之人，夜间前来，〔先〕要说给宿卫，〔再〕叫〔他〕在房子的后面，与宿卫站在一起回话。"

　　降圣旨说："谁也不要坐宿卫以上的坐位。没有宿卫的话，谁也不得进来。谁也不要在宿卫的右上方⁴行走。不要在宿卫们的中间行走。不要问宿卫的数目。宿卫要逮捕在宿卫附近行走的人。对问数目之人，宿卫将那人那天所骑的马和鞍子、辔头，连所穿的衣服一同没收。额勒只格歹[5]虽是亲信晚间在宿卫附近行走，〔不〕是〔也〕被宿卫逮捕了吗？"[6]

注释

1 姚师前注：原汉字蒙音作"乞鲁额　突儿"（kirüge-dür），旁译"聚马处"。即是旧《元史》卷一《太祖本纪》中的"乞列思"；原小注说"禁外系马所也"。关于此一专词，卷十第二四五节注1，有较详的解说，可参看。

  斯钦补：请详拙著《说〈元史〉中的"乞列思"》，《大陆杂志》第二十六卷第四期（一九六三年二月）。

2 原文"合兀里"（kha'uli〔khauli〕），旁译"体例"。今此字作"法律"或"律例"解。

3 原文"别勒格"（belge），旁译"符验"。这字还有"印记""图记""预兆"等意。按元代之"牌札"（paiza〔payiza〕），既为历史上之名物，则"别勒格"当然也是"牌札"的一种，故译之为"牌符"。惟paiza是来自汉地的外来语，而belge则是原来的蒙古话。

4 原文"迭格温"（dege'ün），旁译"从上"。按蒙古习惯，所谓dege'ün就是指右上方而言。

5 额勒只格歹（Eljigedei），复见于第二七八节斡歌歹可汗重新公布宿卫制度之时，称为额勒只吉歹，非仅称为亲信，并使其为众"那颜"之长。在定宗古余克可汗时代，奉派远征西亚的野里知吉带（《元史》卷二《定宗本纪》第九页上）和后来为宪宗蒙哥可汗所杀的宴只吉带（《元史》卷三《宪宗本纪》第三页下），似乎就是这个人。

6 关于元初之护卫亲军的制度，日本箭内亘博士曾作《元朝怯薛考》一文，论之甚详（见《蒙古史研究》第二一一至二六二页）。

  姚师前注：自第二二四节起，到此节，叙述蒙古可汗宫帐护卫制度的组织、护卫选拔的方法与轮流值宿的细则，极为难得。与卷十第二三四节以前合看，更可了解北方草原社会一种力量形成的实在情形。这一点在我国边疆史上，极有价值。

卷　十

第二三〇节

成吉思可汗说：

　　"在黑暗阴霾的夜里，

　　环绕我穹帐[1]躺卧，

　　使〔我〕安宁平静睡眠的，

　　叫〔我〕坐在这大位里的，

　　是我的老宿卫们。

　　在星光闪耀的夜里，

　　环绕我宫帐[2]躺卧，

　　使〔我〕安枕不受惊吓的，

　　叫〔我〕坐在这高位上的，

　　是我吉庆的宿卫们。

　　在风吹雪飞的风雪中，

　　在使人发颤的寒冷中，

　　在倾盆而降的暴雨中，

　　站在我毡帐[3]周围，

　　从不歇息的，

　　叫〔我〕坐在这快乐席位里的，

　　是我忠诚的宿卫们。

在众敌环伺扰攘中，

站在我毡帐周围，

目不转睛阻敌而立的，

是我所信赖的宿卫们。

在桦皮箭筒摇动时，

绝不迟误守卫的，

是我敏捷的宿卫们。

在柳木箭筒摇动时，

从不落后守卫的，

是我快速的宿卫们。"

降圣旨说："称我吉庆的宿卫们为老宿卫；称与斡歌来'扯儿必'一同入队的七十名散班为大散班；称阿儿孩[4]的勇士们为老勇士[5]；称也孙帖额、不吉歹等佩弓箭的虎卫们为大弓箭手。"

注释

1 原文作"斡鲁格台　格儿"（örögetei［erüketei］ger），旁译"天窗有的房"。

2 原文作"斡儿朵　格儿"（ordo ger），旁译"宫室"。

3 原文作"失勒帖速台　格儿"（shiltesütei ger），旁译"编了壁子有的　房"。按所有的穹帐，都有天窗，也都有用桦木枝条编成网状可以伸缩安卸的壁子，其外再覆以毛毡。"斡儿朵"是贵族穹帐的尊称。所以三者都是一样，而无差别的；只是为了音韵上的调和，用了三种不同的字眼而已。

4 "阿儿孩"，就是前第二二六节里的"阿儿孩·合撒儿"。

320

5《元史》卷九十九《兵志二·宿卫》条："忠勇之士，曰霸都鲁（把阿秃儿，ba'atur）。勇敢无敌之士，曰拔突（batu）。"（百衲本第三页上）

第二三一节

〔成吉思可汗〕说："对我从九十五个千户所选拔出来，做我个人贴身的护卫们，今后坐〔在〕我位子〔上〕的，子子孙孙要把这些护卫，当做〔我的〕遗念[1]，不叫含怨，好好关照〔他们〕[2]。称我这〔一〕万护卫为福神[3]，有何不可？"

注释

1 "格里额思"（geri'es），今作geriyes，有"遗念""遗嘱"和"遗产"之意。

2 《元史》卷九十九《兵志二·宿卫》条说："四怯薛歹，自太祖以后，累朝所御斡耳朵，其宿卫未尝废，是故一朝有一朝之怯薛。总而计之，其数滋多，每岁所赐钞币，动以亿万计，国家大费每敝于此焉。"（百衲本第三页上下）可见可汗遗命的确为其子孙所遵奉了。

3 关于"福神"，请参照卷三第一〇五节注12。

第二三二节

成吉思可汗又说："宿卫管理在宫帐〔斡儿朵〕侍奉的女子[1]、家僮、放骆驼的[2]〔和〕放牛的；管理宫帐的房屋车辆[3]。宿卫管理旗纛、〔军〕鼓、挽钩[4]、刺枪。宿卫也管理碗〔和〕器具。宿卫提调我们的饮食。稠的〔食物，如〕肉食〔之类〕，由宿卫提调做熟。饮食如被耗损，向其提调的宿卫追问！佩弓箭的扈卫分配饮食的时候，不与提调其事的宿卫商议，不得分配！分给食物之前，要先从宿卫分配起。宿卫管理出入宫帐之人。门口守门的宿卫[5]，要站在房子的附近。从宿卫〔中〕派两个人进来，管理大酒局[6]。由宿卫派出管营盘的，使宫帐安营屯驻。"又说："当我们放鹰打猎的时候，宿卫与我们一同去放鹰打猎；在车辆那里，可斟酌留下一部分〔守卫〕。"

注释

1 原文为"扯儿宾　斡乞的"（cherbi-yin ökid-i），旁译为"女官名　女每行"。如按字译当为"属于'扯儿必'（官名）的女儿们"。如译为"宫女"，亦非本意。

2 原文作："帖篾额赤"（teme'echi），《元史》卷九十九《兵志二·宿卫》"四怯薛"条云："怯薛执事之名……牧骆驼者，曰帖麦赤。"（见百衲本第二页下）惟此处所说的"帖篾额赤"及放牛的"忽客赤"，似非由宿卫充任，而是由宿卫所管理之人充任的。

3 原文"格儿　帖儿格"（ger terge），原译作"房子车子"。这两个字放在一起，正是蒙古游牧生活的素描。直至今日，普通是把毡帐用车辆环绕起来，作成活动的院子。主人把一部分或大部分物件，都放在有篷或无篷的车子之上。因此这两个字放在一起，就代表一个家庭的庭院、房屋和仓库。鲁布鲁克《游记》第二章中，对于十三世纪蒙古人的毡帐和车辆的摆列，曾作简明的叙述。

4 原文为"朵罗"（dörö [doora]），旁译作"下"字，似与上下文不合。此字见《蒙汉满三合》（第九册第六十一页上），其解释为"桶梁，拴鞦根小铁圈、犁、挽钩"。伯希和本（第九十页）作 doro 未加改正，字义是"下"。

5 《元史》卷九十九《兵志二·宿卫》"四怯薛"条称："……怯薛执事之名……司阍者，曰八剌哈赤（balkhachi）。"（百衲本第二页下）

又卷八十《舆服志三》"仪卫殿下执事"条称："……东西相向立。护尉，凡四十人，以户郎〔国语曰玉典赤（e'üdenchi）〕……摄之。"（百衲本第二页上）迦比尼于其《游记》（第二十四章）描写斡儿朵之门卫说："在环绕宫帐的板墙上有两座门。有一个只由可汗出入，虽然无门卫看守，经常开着门，却无人敢从它出入。另一座门才是一般人所用的，有带着弓箭和刀的门卫看守着。凡越过一定界线，而临近宫帐者，必被捕责打，然如逃脱，则必被射杀。"请参照拙著《〈元史〉中几个蒙古语名词的解释（下）》，另详拙作《说〈旧元史〉中的"玉典赤"》（《大陆杂志》第二十七卷第二期，一九六三年七月）。

6 已见第二一三节注8。

第二三三节

成吉思可汗又说："如果我们本身不出征，也不要叫宿卫们另行出征。"降圣旨说："业经这样说给之后，〔仍〕违反圣旨，嫉妒宿卫〔使之〕出征，则其管军的'扯儿必'，以犯罪论！"说："你们恐怕要说为什么不叫宿卫出征呢？宿卫守护我黄金性命，在放鹰狩猎的时候一同辛劳，看守'斡儿朵'，平时和迁移时照管车辆，住宿〔时〕守卫我的身体，〔这〕容易吗？迁移时〔和〕定住时，管理房屋车辆〔和〕大本营[1]，〔这〕容易吗？因为〔避免〕重复，要一部分一部分的〔分班〕去做，所以在我们〔出征〕以外，不叫〔他们〕另行出征。"

注释

1 原文"也可　阿兀鲁黑"（yeke a'urugh），旁译作"大　小老营"，总译略而未译。这就是《元史》中的"奥鲁"，已详第一三六节注1。

第二三四节

又降圣旨说:"由宿卫派人与失吉·忽秃忽一同断理词讼[1]。"说:"宿卫们经管并分发箭筒、弓、铠甲、军械,照料军马,叫驮上纲索。由宿卫派人与'扯儿必'一起发放绢匹。佩弓箭的扈卫与散班指示〔宫帐〕扎营地点之时,也孙·帖额、不乞歹等佩弓箭的扈卫们,阿勒赤歹、斡歌列、阿忽台等散班们,在宫帐的右边行走。不合、朵歹'扯儿必'、多豁勒忽'扯儿必'、察乃等散班们,在宫帐的左边行走。阿儿孩·〔合撒儿〕的勇士们,在宫帐的前边行走。宿卫照料宫帐、车辆,在宫帐跟前左〔右〕[2]行走。全体护卫、散班在宫帐周围,〔凡〕斡儿朵的家僮、放马的、放羊的、放骆驼的、放牛的,〔和〕宫帐都常川由朵歹'扯儿必'管理。"降圣旨说:"朵歹'扯儿必'要常川在宫帐后面,〔叫家畜〕吃着碎草,烧着干粪行走。[3]"

注释

1 可汗任失吉·忽秃忽为大断事官之事,已见卷八第二〇三节。

2 原文只有"沼温"(je'ün)——"左"字,而无"右"字。总译作"左右"。小林高四郎氏于其日译之《蒙古秘史》中亦曾发现此一问题,而补加一"右"字(见同书第二五六页注一)。伯希和本之音译部分未加订正(同书第九十二页)。《黄金史》(第一六〇页)述及这一段上谕时,则作 baraghun jegün eteged,其意为"右左〔两〕方"。可能原文在汉译之时,脱落了一个"右"(bara'un)字。

3 这一句话。谢译达木丁苏隆本作:"朵歹扯儿必随在行宫之后,冒土燃薪行走。"那珂通世于其《成吉思汗实录》之三八九页称"或为使扫除之之意"。按

"豁马兀勒"一字，旁译"干粪"，其实是指干马粪而言。一般烧火用的干牛粪是arghal，khoma'ul是比较劣等的燃料。所以这一句话的意思是：要紧紧的跟随；马也不必放到牧场去吃好草，随着斡儿朵的迁移，吃踏碎的草。人也不必另寻arghal只是燃烧斡儿朵附近马匹所留下的干马粪之意。谢本的解释比较合理，这当然是达木丁苏隆的见解。惟"薪"字似乎不妥当。

第二三五节

命忽必来·那颜征合儿鲁兀惕。合儿鲁兀惕〔部〕[1]的阿儿思阑汗[2]前来归附忽必来。忽必来·那颜带领阿儿思阑汗前来朝见成吉思可汗。因未曾厮杀〔来归〕，成吉思可汗恩赐阿儿思阑，降圣旨以女儿[3]赐〔嫁〕给他。

注释

1 姚师前注：哈儿鲁兀惕，《元史》卷一《太祖本纪》作"哈剌鲁"，"六年（一二一一年）……西域哈剌鲁部主阿昔兰罕来降"，即指此事。又黄溍《金华黄先生文集》（卷二十四）《宣徽使太保定国公忠亮（答失蛮）神道碑》说："其先西域人，系出哈剌鲁氏。曾祖马马，赠集贤学士、正奉大夫、护军，追封中山郡公。……太祖皇帝正大位之六年（一二一一），岁在辛未，奉其国主阿尔思阑来觐于龙居河（克鲁伦河）。"（以上《四部丛刊》本第十二页）"哈剌鲁"即《秘史》此节的"哈儿鲁兀惕"，考其地域，当在今伊犁西南。海尼士先生写作Charlueck，说：即是Karluk〔Kharluk〕，"位于乃蛮国与赤河〔Tschi（Sartach）Fluss〕之间，曾臣服于黑契丹（西辽）。"（原德译本第一六一页注二三五）

2 阿儿思阑（Arslan），人名，字义是"狮子"。《多桑蒙古史》说："一二一一年春，成吉思汗三征唐兀还其斡耳朵时，畏吾儿王已奉珍宝来觐。同时哈剌契丹古儿汗之别二藩臣亦入朝。其一人是突厥哈剌鲁部长海押立王阿儿思阑汗

（Arslan Khan），其一人是阿力麻里王斡匝儿（Ozar）。已而斡匝儿出猎，为（乃蛮）屈出律所执杀。成吉思汗命其子昔克纳克·的斤（Siknak tékin）袭父位。以长子术赤之女妻之。阿儿思阑汗亦尚成吉思汗朝之公主。"（原注：见《世界征服者之历史》第一册）（冯承钧汉译本上册第六五页）可参照 Boyel 英译 *The History of the World-Conqueror* (1958，Manchester)，上册第七四至七五页。

3《黄金史》第二部（第十九页第十二行）称可汗此女之名为 Alkha-Beki。

第二三六节

速别额台·"把阿秃儿"携铁车，追击篾儿乞惕脱黑脱阿之子忽秃、赤剌温等，追到垂〔河〕，把〔他们〕灭亡〔后〕回来了[1]。

注释

1 关于速别额台之远征篾儿乞惕之事，见上文卷八第一九九节。

《元史》卷一二一《速不台传》称："灭里吉部强盛不附。丙子，帝会诸将于秃兀剌河之黑林，问'谁能为我征灭里吉者'。速不台请行，帝壮而许之。……己卯，大军至蟾河，与灭里吉遇，一战而获其二将，尽降其众。其部主霍都奔钦察。速不台追之，与钦察战于王峪，败之。"（百衲本第一页下）同书卷一二二《雪不台传》云："十一年，战灭里吉众于蟾河，追其部长玉峪，大破之，遂有其地。"（第十页下）

第二三七节

者别追袭乃蛮的古出鲁克汗赶到撒里黑山崖把古出鲁克灭亡

〔后〕回来了[1]。

注释

1 多桑书称："至是（一二一八年），成吉思汗遂欲取西域，盖乃蛮末汗之子屈出律僭夺哈剌契丹之帝位，已六年矣。"……"成吉思汗雅不欲其旧敌之安然窃据一国汗位。故于一二一八年西征时，命那颜哲别率二万人往讨屈出律。蒙古军甫近，屈出律即逃合失合儿。哲别入城，宣布信教自由，城民尽屠屈出律士卒之居民舍者。蒙古军追逐屈出律，至巴达哈伤，执斩之。"（见冯承钧译本上册第八〇及八三页）。关于 Küchülüg 之资料，见 Boyel 英译《世界征服者之历史》上册第六一至六八页。

第二三八节

委兀惕〔畏兀儿〕的亦都兀惕〔国王〕[1]遣使于成吉思可汗差阿惕乞剌黑、答儿伯[2]二人为使臣前来奏禀说："如云消看见了慈日，水溶得看了江水一般[3]，听见成吉思可汗的声誉，异常高兴。如蒙成吉思可汗恩典，愿得〔您〕金带的弪环，红袍的碎帛，做你第五个儿子，给〔您〕效力。"对那〔些〕话，成吉思可汗推恩回答说："去〔对他〕说：〔我〕把女儿赐给〔他〕，〔叫他〕做第五个儿子。让亦都兀惕拿着金、银、珍珠、大珠[4]、金缎[5]、锦缎[6]、缎子前来。"遣〔使者〕去后，亦都兀惕因蒙恩典，〔异常〕喜慰，就带着金银、珍珠、大珠、缎子、金缎、锦缎、绸缎来见成吉思可汗。成吉思可汗恩赐亦都兀惕，将阿勒·阿勒屯〔公主〕[7]嫁给〔他〕。

注释

1 亦都兀惕（Idu'ud），其他史书多作"亦都护"。《元史》卷一二二《巴而术·阿而忒·的斤传》云："巴而术·阿而忒·的斤亦都护，亦都护者，高昌国主号也。先世居畏兀儿之地……而至巴而术·阿而忒·的斤臣于〔哈剌〕契丹。岁己巳（一二〇九），闻太祖兴朔方，遂杀契丹所置监国等官，欲来附，未行，帝遣使使其国。亦都护大喜，即遣使入奏曰：'臣闻皇帝威德，即弃契丹旧好，方将通诚，不自意天使降临下国。自今而后，愿率部众为臣仆。'……亦都护遣其相国来报，帝复遣使还谕。亦都护遂以金宝入贡。辛未（一二一〇），朝帝于怯绿连河，奏曰：'陛下若恩顾臣，使臣得与陛下四子之末，庶几竭其犬马之力。'帝感其言，使尚公主也立安敦，且得序于诸子。"（见百衲本第一页上至第二页下）姚师补注说：可参看元欧阳玄《圭斋集》卷十一《偰氏家传》、虞集《道园学古录》卷二十四《高昌王世勋碑》。《元文类》亦有此二文，柯立夫先生一九四九年《哈佛亚洲学报》第十二卷第一、二合期（第三十页以下），对此文也有解说。

2 《圣武亲征录》称此二使者之名为：别吉思、阿邻·帖木儿（《蒙古史料四种》本总第一五二页）。

3 《圣武亲征录》作："云开见日，冰泮得水。"（总第一五二页）惟记此事之发生是在己巳（一二〇九）年（总第一五〇页）。

4 原文"塔纳思"（tanas），乃tana之复数，旁译为"大珠"，即"东珠"。王国维氏于其《蒙古札记》中曾有"塔纳"专条论之（见《观堂集林》卷第十六，第十六页下至十八页）。

5 原文"纳赤惕"（nachid），旁译作"金缎子"，是波斯产的金锦。蒙古帝国时代，用以为可汗及朝臣朝服的材料。请参照拙著《〈元史〉中几个蒙古语名词的解释（上）》第二项《释〈元史〉中的"纳失失"》，《大陆杂志》第二十七卷第一期（一九六三年七月）。

6 原文"答儿答思"（dardas），旁译"浑金段子"。此字今作tarta〔darda〕，意思是"锦帛"。《蒙汉满三合》（第八册三十六页下），tartatu chaghasu之汉译为

"锦纸"。又 *Mongol English Practical Dictionary*（第四○四页），tarta 之英译为 Flowered silk。

7　姚师前注：即也立·可敦公主。《元史》卷一○九《诸公主表》："高昌公主位，也立·可敦公主，太祖女，适亦都护巴尔术（述）·阿而（儿）忒·的斤。"

第二三九节

兔儿年〔丁卯，一二○七〕，命拙赤将右翼诸军，征林木中的百姓。不合引路前往。斡亦剌惕[1]的忽都忽·别乞在众斡亦剌惕之先，前来归附[2]。他在众斡亦剌惕〔族〕之中，给拙赤引路，进入失黑失惕〔之地〕。拙赤收降了斡亦剌惕、不里牙惕[3]、巴儿浑[4]、兀儿速惕、合不合纳思[5]、康合思[6]、秃巴思[7]，而至众乞儿吉思〔族之地〕。众乞儿吉思的"那颜"也迪、亦纳勒、阿勒迪额儿、斡列别克·的斤〔不战〕归降[8]，并携白海青、白骟马、黑貂〔皮〕来谒见拙赤。拙赤将在失必儿、客思的音、巴亦惕、秃合思、田列克、脱额列思、塔思、巴只吉惕〔等地〕[9]这边的林木中的百姓〔尽都〕收服，将乞儿吉速惕万户、千户的"那颜"们，〔和〕林木中百姓的"那颜"们带来，谒见成吉思可汗，呈献白海青、白骟马和黑貂皮。因为斡亦剌惕的忽都合·别乞率先来归，〔并〕领导他的斡亦剌惕〔族〕前来，〔可汗〕恩赐他，将女儿扯扯亦坚[10]给了他儿子亦纳勒赤，将拙赤的女儿豁雷罕给了亦纳勒赤的哥哥脱劣勒赤。〔可汗又〕把〔女儿〕阿剌合·别乞〔嫁〕给汪古惕部[11]。成吉思可汗恩赐拙赤说："你〔是〕我诸子之长，才离家出征，所到的地方都很吉利，人马未伤，〔也〕没受苦，就收服了〔那〕吉庆的林木之民而来。"降圣旨说："把〔那些〕百姓给你吧！"

注释

1 斡亦剌惕，亦作"卫拉特"。《明史》卷三二八《外国传》曰"瓦剌"，《清史稿》卷五二八《藩部六》曰"杜尔伯特"，以其地多森林，故亦称森林中的百姓。也就是今天外蒙古西部及天山南北路阿尔泰山区的蒙古人。西方学人称他们是喀尔木克·蒙古人（Kalmuck Mongols）。

2 《圣武亲征录》说："戊辰（一二〇八）……斡亦剌部长忽都花·别吉不战而降，用为向导。至也儿的石河，尽讨篾里乞部。"（《蒙古史料四种》本总第一五〇页）

3 不里牙惕，即今之布里雅特—蒙古，居地在贝加尔湖东南外蒙古的东北部与西伯利亚连界处。

4 巴儿浑（Barkhun、Barghun），即今呼伦贝尔地方的巴尔虎部。《元史》卷一《太祖本纪》作"八剌忽"，原游牧于贝加尔湖以东巴儿忽真河一带，明末清初转移到今天的地区。其留故地者，今犹为巴里雅特蒙古共和国的一省，尚名巴尔虎真斯克（Barhujinsk）省，按今日巴儿虎部的方言与布里雅特的方言，同为保存古代蒙古语最多者。前与日本服部四郎博士共同译汉音《蒙古秘史》第一卷复为蒙古文之都嘎尔札布氏，即是巴尔虎部人。

5 合不合纳思（Khabkhanas），应即《元史》卷六十三《地理志·西北地附录》"吉利吉思"条下的"撼合纳"与《亲征录》中的"憾哈纳思"。柯立夫（F. W. Cleaves）有"Qabqanas-Qamqanas"一文论述甚详，见《哈佛亚洲学报》第十九卷（一九五九年十二月）。

6 康合思（Khankhas），待考。

7 秃巴（思）（Tubas），应即今之Tuva，也就是唐努·乌梁海人。俄国人称他们为Soyone，而他们自称为Tuva，也就是现在的Tanu-Tuva。这一个突厥系的民族，在并入苏俄之前，原是信奉佛教，而以库伦的哲布尊丹巴活佛的归敀的。

8 《亲征录》说："先遣按弹、不兀剌二人使乞力吉思部，其长斡罗思·亦难

（Inal）及阿里替也儿（Aldiyer）、野牒亦纳里部亦遣亦力哥·帖木儿、阿忒黑拉二人，偕我使来献白海青为好也。"（《蒙古史料四种》本总第一四九至一五〇页）

《元史·太祖本纪》称："二年丁卯（一二〇七）……是岁遣按弹、不兀剌二人使乞力吉思，既而野牒亦纳里部、阿里替也儿部皆遣使来献名鹰。"（百衲本卷一第十五页上）

9 按原音译，上述均为〔种〕，或部族名；但按这一句话的文法构造，则应作地名解。

10 扯扯亦坚（Checheyigen、Chichigen），字义是"花"，是极通用的女子之名。

姚师前注说：沈子培先生说，即是《蒙古源流》中成吉思可汗的公主彻彻肯（《元秘史补注》卷十一第一页下）。

11 《元史》卷一〇九《诸公主表》赵国公主位称："赵国大长公主阿剌海·别吉，太祖女，适赵武毅王孛要合。"（百衲本第一页下）

《元史》卷一一八《阿剌兀思·剔吉·忽里传》称："阿剌兀思·剔吉·忽里，汪古部人……〔其子〕孛要合幼从攻西域，还封北平王，尚阿剌海·别吉公主。公主明睿有智略，车驾征伐四出，尝使留守，军国大政，咨禀而后行，师出无内顾之忧，公主之力居多。"（百衲本第一页上）

第二四〇节

又命孛罗忽勒·"那颜"[1]出征豁里—秃马惕[2]。秃马惕百姓的"那颜"歹都忽勒·莎豁儿[3]死后，其妻孛脱灰·塔儿浑，管理秃马惕百姓。孛罗忽勒·"那颜"到达时，派三个人在大军之前行走。天色已晚，不易察觉，正按着森林里的路径前进时，〔他们的〕哨兵自后方拦截，挡着去路，捉住孛罗忽勒·"那颜"杀死。成吉思可汗闻知秃马惕百姓杀死孛罗忽勒，异常震怒，要自己亲征。孛斡儿出、木合黎二人谏止了成吉思可汗。派遣朵儿边〔氏族〕的朵儿伯·多黑申[4]之时，降圣旨说："严行治军，祷告长生天，努力将秃马惕百姓收服！"朵儿伯调度军队，在军马应行走的，〔和〕哨望应守护的路径山口〔等〕处，虚张声势，号令士兵，踏着赤鹿[5]所走的小径〔前进〕。为责打畏缩的正式军人，命壮丁[6]背上十〔根〕条子〔随行〕整理好斧子、锛子、锯、凿子，〔和〕壮丁的军械，沿着赤鹿所走的小径，砍断锯下路上的树木，开出道路。爬到山上，〔正如〕由天窗下降〔一般〕，出其不意的，将正在宴会中的秃马惕百姓们掳获了。

注释

1 姚师前注：孛罗忽勒，诃额仑太后四养子之一，第一千户。论功勋他曾救过拖雷、窝阔台两位皇子，战功与事迹甚多。主要参考文献，即有本书第一七三、二〇四节等及《元史》卷一一九《博尔忽传》、《元文类》卷二十三元明善的《太师淇阳忠武王碑》等。

2 姚师前注：豁里·秃马惕（Khori-Tümed），已见《秘史》第八、九两节。札奇等均认为今布里雅特蒙古之内称为Horinsk者，即是此部的后裔。海尼士先生写作Chori Tumad，并说意即"二十万"（die zwanzig zehntausend），则不甚合（见原德译本后面第二四〇节的小注），但先生对此节有很好的解释。他说："这一次的进军，度越森林高山，即就当年能征惯战的蒙古兵说，也是很艰辛的。新任大将朵儿伯·多黑申，拔自众将，必有特别适宜的才能。朵儿伯是本名；'多黑申'（Dochschin）应为绰号，意思即是'刚暴'（der Brutale，暴躁者）。就下文军令执行的严肃，与通过'红色兒牛路径'时，开山凿路工程的繁难说，实为前次所罕闻。可惜武拉底米儿造夫（Wladimirzov，即Vladimirtsov，俄国蒙古史家，《成吉思汗传》的作者）对于此一有趣战役，完全没有谈及。"（采自Prof. E. Haenisch《蒙古秘史》德译本第一六一面，第二百四十节小注。)

3 《亲征录》作"带都剌·莎儿合"(《蒙古史料四种》本总第一八四页），并记此一战役之时间，则为丁丑、一二一七年。

4 朵儿伯·多黑申（Dörbei-Doghshin），人名。"朵儿伯"当是他的本名，"多黑申"可能是他的绰号，字义是"有脾气的"或"暴躁的"。

5 "忽剌安 不合"（khala'an〔khula'an〕bukha），原旁译为"兽名"。按"勿剌安"是红，"不合"是"牡鹿"或"牡牛"。《蒙汉满三合》（第六册第一页上），bukha görögesü 之汉译为"觅"，其注云："比牡牛相似，前身高，后身窄细，色略红，比牛大。"当即此兽。

6 原文"扯里昆 脱斡秃 古温"，旁译"军的 正数有的 人"，这就是正式军人之谓，原总译仅译为"军人"。又"额列"，旁译为"男子"，这是"壮丁"之谓，总译只作"人"。以此语推之，当时蒙古人出征，似在正规军之外，另有随军的壮丁或后勤人员随行。

第二四一节

在前豁儿赤"那颜"、忽都合·别乞两个人为秃马惕所擒，留在孛脱灰·塔儿浑那里。豁儿赤被擒的缘故是，因有圣旨许〔他〕从秃马惕人的佳丽中娶三十个妻子[1]，就前去挑娶秃马惕人的女儿之时，先前已经投降的百姓，却〔又〕叛变，捉住了豁儿赤"那颜"。成吉思可汗知道豁儿赤被秃马惕所捉就说："林木〔中〕百姓之事，由忽都合管理吧。"[2]派去之后，忽都合·别乞也被捉起来了。收降秃马惕百姓之后，为了孛罗忽勒尸骸之故，给了〔他遗族〕百名秃马惕〔人〕[3]。豁儿赤娶了三十个女子。把孛脱灰·塔儿浑给了忽都合·别乞。

注释

1 姚师前注：准许豁儿赤在国土内选三十个美女做太太，见上文第一二一节（卷三第三十七到四十页）。又，第二〇七节（卷八第四十到四十二页）。当时成吉思汗志在得到众人拥戴，能当蒙古本部的可汗，故豁儿赤倡言符瑞，即特许万户以外，再允许选娶三十位美女做太太。

2 姚师前注：据此语，知道秃马惕人也是林木中百姓的一种（李文田注卷十二第八页上）。《多桑蒙古史》称为好战的民族，住地与乞儿吉思相接（冯译本卷上第七十八、七十九页）。

3 原总译为："孛罗忽勒骨头的上头，一百个秃马惕人与了。"姚师前意译为"以身殉职"，甚佳。

第二四二节

成吉思可汗降圣旨说："分百姓给〔我〕母亲、儿子们〔和〕弟弟们吧。"〔分〕给的时候说："收抚人民，备受辛苦的是母亲；我诸子之长是拙赤；我诸弟中最小的是斡惕赤斤。"说着分给了母亲和斡惕赤斤的一份[1]，一万百姓。母亲嫌少，不曾作声。给了拙赤九千百姓。给了察阿歹八千百姓。给了斡歌歹五千百姓。给了拖雷五千百姓。给了合撒儿四千百姓。给了阿勒赤台[2]二千百姓。给了别勒古台一千五百百姓。

因答阿里台曾与客列亦惕〔人〕一起〔勾结〕说："在眼睛看不见的地方，〔把他〕除掉！"孛斡儿出、木合黎、失吉·忽秃忽三个人说："真像自己灭自己的一伙[3]，自己毁自己的家庭一般！

你贤明的父亲所留的，只剩下你的叔父[4]一人，怎能舍弃呢？不要〔因〕他不明〔事体，你就如此。〕要叫你贤父幼弟的营盘里也一同冒出烟来[5]。"〔可汗〕被说得鼻子像炝了烟一般的〔发酸〕。就说："好吧！"于是想念着贤明的父亲，又因孛斡儿出、木合黎、失吉·忽秃忽三个人所说的话，怒遂息了。

注释

1　原文"忽必"（khubi），旁译"分"。此字有"份"或"份子"的意思。以人民当作"份子"来分，正是游牧封建制度的特色。游牧封建制是建立在封主与属民、人与人之关系上的，与农业封建制度封主与封地的关系不同。

2　阿勒赤台（Alchitai），《秘史》虽未提及他和可汗之弟合赤温的关系；但《元史》卷一〇七《宗室世系表》哈赤温大王位作："哈赤温（子），济南王按只吉歹"，就是此人。

姚师前注：阿勒赤歹，沈子培、李文田、札奇等都认为即是《元史》卷一〇七《宗室世系表》（百衲本第三页下）哈赤温大王的儿子、济南王按只吉歹。李文田并说：合赤温是太祖的第三亲弟（见《秘史》第六十节，卷一第四十一页），疑其早死，故由子受封。此阿勒赤歹，与下文第二四三节合看，即知他是太祖的亲侄儿。又，这里的阿勒赤歹与上文第二二六节（卷九第三十八、四十页），亦鲁孩的亲人阿勒赤歹，自然不是一人（参看李注《元朝秘史》卷十二第九页下）。

3　原文"合里　颜"（ghal-iyan），旁译"火　自的行"。"火"（ghal），有时是指一伙人而言。在游牧地区，远程游牧或旅行时，在一起的人，燃起一个火煮茶做饭，称这一个ghal。团体的领袖为ghal-yin［un］akha，直译是"共火的兄长"。故译为"伙"字。

4　姚师前注：答阿里台，即上文第五十节（卷一）"答里台·斡惕赤斤"，也速该的幼弟，把儿坛·把阿秃儿的第四儿子，成吉思可汗的亲叔父。

5　这句话是，"不要使之烟消火灭"之意。

第二四三节

〔成吉思可汗说：〕"我给了母亲〔和〕斡惕赤斤一万百姓，并从各'那颜'中给委派了古出、阔阔出、种赛、豁儿合孙四个人。给拙赤委派忽难、蒙客兀儿、客帖三个人。给察阿歹委派合剌察儿、蒙客、亦多忽歹三个人。"成吉思可汗又说："察阿歹性情刚，而心窄。"降圣旨说："阔阔搠思早晚要在跟前，把所想起来的提醒〔他〕。给斡歌歹委派了亦鲁格、迭该两个人。给拖雷委派了哲歹、巴剌两个人。给合撒儿委派了者卜客。给阿勒赤歹委派了察兀儿孩。"[1]

注释

1 姚师前注：这一节诃额仑太后、诸皇子、皇弟处所委派诸人，略考如下。（1）古出，见第二〇二节，是九十五千户中的第十七名。（2）阔阔出，或即九十五千户中的第十八名。（3）种赛，也即是冢率，位列九十五千户中的第三十三名。（4）豁儿合孙，当即九十五千户中之第十九名豁儿豁孙。（5）忽难，成吉思汗左右有名的敢言之士，在九十五千户中列第七名，并见第二一〇节（卷九第三页以下）等。（6）蒙客兀儿，是九十五千户中第四十名。（7）客帖，应即九十五千户中的第五十八名客台。（8）合剌察儿，在九十五千户中居第二十九名。（9）蒙客，应即九十五千户中的第五十三名蒙可。（10）亦多忽歹，应即九十五千户中的第六十六名亦都合歹。（11）阔阔搠思，为成吉思汗左右有名的谏臣。又见第二一〇节（卷九第三到五页）、下文第二五五节（续卷一第二十三页下以后及二十八页）。在第二五五节察阿歹与拙赤吵架时，阔阔搠思曾出来大大的教训了察阿歹一顿，可算不负所托。（12）亦鲁格，即九十五千户中的第五名。（13）迭该，是九十五千户中的第十一名。（14）哲歹，当即者台，是九十五千户中的第二十三名。（15）巴剌，是九十五千户中的第三十五名。（16）者卜客，是九十五千户中的第四十五名。（17）察兀儿孩，是九十五千户中的第五十九名。（详见第二○二节九十五千户各人下的注解。）（以上两节，分封母亲、诸子、诸弟，并代他们选择辅佐，可证太祖确有远见。）

第二四四节

晃豁坛氏的蒙力克老爹有七个儿子。七个的当中，阔阔出是"帖卜·腾格理"[1]。他们七个晃豁坛相互党庇，打了合撒儿。合撒儿因被七个姓晃豁坛〔的〕所打，就跪下〔告诉〕成吉思可汗。成吉思可汗〔那时〕正为别的事情发怒，听说后就在怒气中，对合撒儿说："凡是活人，都胜不了你，你怎么会为人所胜呢？"合撒儿被说得掉下眼泪，起来走了。合撒儿不愉快，三天不曾前来。因是帖卜·腾格里对成吉思可汗说："长生天的圣旨，预示可汗，说：'一次由帖木真掌国；一次由合撒儿。'若不将合撒儿去掉，事不可知。"成吉思可汗听了这话，就在那夜里前去，捉拿合撒儿。古出、阔阔出两个人禀告〔诃额仑〕母亲说："〔可汗〕捉拿合撒儿去了！"母亲听说，当夜就用白骆驼驾了黑篷车，夜里兼程前去。在太阳才出来的时候到了〔那里〕。成吉思可汗把合撒儿的衣袖捆住，去了冠带[2]，正在问话的时候，母亲赶到了。成吉思可汗异常惊慌，惧畏〔侍立〕。母亲带着怒气，从车子上下来，亲自把合撒儿捆住的袖子解开，把冠带还给了合撒儿。母亲盛怒，压不住怒气，盘腿坐下，将两个奶露出来，放满双膝之上说："看见了吧！这是你们吃过奶的奶！〔你们〕这些一生出来就咬破自己胞衣的，弄断自己脐带的〔东西〕！合撒儿怎么啦？帖木真只把我这一个奶吃完了。合赤温、斡惕赤斤两个人连一个奶也吃不完。惟有合撒儿〔把〕我两个奶全都吃完，使我胸膈松快舒服。所以，我的帖木真，心胸有毅志。我的合撒儿射箭有力量〔和〕本领。能射起飞箭，叫搭弓射箭的〔敌人〕降服；能射出远箭，叫惊慌出走的敌人降服。如今因为把敌人绝灭了，您就不能再看合撒儿啦！"〔等〕母亲息怒之后，成吉思可汗说："让母亲生气，我怕也怕了，羞也羞了！"说："我们走吧。"就回去了。〔其后〕不令母亲知道，暗中夺去合撒儿的百姓，〔只〕给合撒儿一千四百人。母亲知道了，心里〔忧闷〕，因此就很快的过世了。札剌亦儿氏的者卜客，也因惊惧到巴儿忽真[3]〔地方〕，亡命去了。

注释

1 帖卜·腾格里（Teb-Tenggeri），是撒满术士——shaman 或 bö'e 的尊称。道教大师丘处机和佛僧海云和尚等都从成吉思可汗及蒙古朝廷得到"告天人"的称谓。这似乎就是 Teb-Tenggeri 的汉译。柯立夫教授（F. W. Cleaves）曾为"Teb Tenggeri"一文，论述极详，见 *Ural-altaishe Jahrbücher*，39 (1967)，pp.248–260。

2 冠与带是权威的象征，夺去冠带就是指为罪犯之意。

3 巴儿忽真（Barghujin）之地，在今贝加尔湖之东。

第二四五节

　　其后有讲九种语言的百姓，在帖卜·腾格理那里聚会来帖卜·腾格理处聚会的人，比聚在成吉思可汗系马处[1]的都多了。那样聚会时，帖木格·斡惕赤斤所属的〔一些〕百姓，〔也〕到帖卜·腾格里那里去了。斡惕赤斤"那颜"为要索回他走失了的百姓，派〔一个〕名叫莎豁儿的使者前去。帖卜·腾格里对使者莎豁儿说："斡惕赤斤您有了两个使者啦！"说着便打使者莎豁儿，教〔他〕背起他的鞍子，步行走回去。斡惕赤斤〔因〕使臣莎豁儿被打，步行遂回，第二天亲自到帖卜·腾格里那里去说："派使者莎豁儿来，挨了打步行走回去了。如今我自己来索回我的百姓。"刚一说〔那〕七个〔姓〕晃豁坛〔的〕，就从这里那里把斡惕赤斤围起来说："你派使者前来是应该？"因为恐怕被拿住挨打吃亏，斡惕赤斤"那颜"说："派使者来，是我的不是。"七个〔姓〕晃豁坛〔的〕说："如果不对，就跪下悔过！"就叫在帖卜·腾格里的后面跪下。

　　没有把自己的百姓要回，第二天早晨，在成吉思可汗没有起来，还在被子里的时候，进去哭着跪下说："讲九种语言的百姓，都聚在帖卜·腾格里那里。〔我〕派〔一个〕名叫莎豁儿的使者去向帖卜·腾格里索回属于我的百姓。〔他〕打了我的使者，叫〔他〕步行背着鞍子走回来。我自己去要，〔又〕被七个〔姓〕晃豁坛〔的〕从这里那里围起来，叫〔我〕悔过，跪在帖卜·腾格里的后面。"说完就哭了。

成吉思可汗还未作声，孛儿帖夫人在被子里欠身坐起来，用她被领²遮着前胸，看见斡惕赤斤哭，就掉下眼泪说："这些晃豁坛要干什么！日前结党，把合撒儿打了。现在又为什么叫斡惕赤斤跪在他的后边？〔这〕成什么体统？他们把你这如松似桧的兄弟们尚要谋害，当真，久后你这如古树一般的身体倒下的时候，他们能让谁掌管你〔这〕乱麻一样的国家呢？你〔这〕如柱石一般的身体倒下的时候，他们能让谁管理你〔这〕群鸟一般的百姓呢？这样陷害你那如松似桧的诸弟之人，在我〔这〕三四个小的歹的〔孩子〕长大之前，他们怎么能叫我的〔孩子〕来管呀？他们〔姓〕晃豁坛的，是要干什么的人啊？自己的兄弟们，被他们那样欺侮，你怎么就看着〔不管〕！"说着孛儿帖夫人落下泪了。

听了孛儿帖夫人这话，成吉思可汗向斡惕赤斤说："帖卜·腾格里现在就要来，能怎么办！就随你便办吧。"于是斡惕赤斤起来，擦了眼泪，出去准备好三个力士。

过了一会儿蒙力克老爹和他七个儿子来了。全都进来之后，帖卜·腾格里刚要坐在酒局的右边，斡惕赤斤就揪帖卜·腾格理的衣领说："昨天你教我悔过，咱们较量较量吧！"说着就揪着他的衣领向门〔外〕拖。帖卜·腾格里〔也〕反过来揪着斡惕赤斤的衣领，共相搏斗。帖卜·腾格理的帽子在相搏中掉在火盘的前面，蒙力克老爹拿起〔他〕帽子闻了一闻，放在怀里。成吉思可汗说："你们出去，比试力量！"斡惕赤斤把帖卜·腾格理揪住向外拖，在门前先预备好的三个力士就迎面抓着帖卜·腾格理，拖了出去，折断他的脊骨，扔在左边车辆的尽头。斡惕赤斤进来说："帖卜·腾格理叫我悔过，一说要较量，他却不肯，假托着躺下不起来，是个不中用的伙伴！"一说蒙力克老爹就明白了，掉下眼泪说："我从大地仅有一块土那么〔大〕，江海仅有一条溪那么〔宽〕的时候！就〔来〕作伴。"才说罢，晃豁坛〔氏〕的六个儿子，就堵着门，围着火盘站住，挽起他们的袖子来。成吉思可汗恐被挤〔在当中〕，就说："躲开，我出去！"一出〔门〕，佩弓箭的扈卫和散班就在成吉思可汗的周围环绕站立。成吉思可汗看见帖卜·腾格理脊骨折断，被丢在车辆的尽头。就叫从后边拿一〔顶〕青色的帐房，盖在帖卜·腾格理的〔尸体〕上。说："叫车马进来，我们起营！"说罢就从那里起营了。

注释

1　原文"乞鲁额"〔kirü'e 或 kirü'e（复数）〕，原旁译"聚马处"。按蒙古的习俗，王府、贵族府邸之系马处，多在左方或左后方，外来者必须至此下马，系马该地。这与辕门相似，但只限左方。《元史》卷一《太祖本纪》作"乞列思"，原小注说："华言：禁外系马所也。"（百衲本第五页上）请详拙著《说〈元史〉中的"乞烈思"》，《大陆杂志》第二十六卷第四期（一九六三年二月）。
2　姚师前注：通常比较好的被子，上端多留被头，或横着镶一缎条，以别上下，谓之被领。

第二四六节

掩盖了停放帖卜·〔腾格理尸体〕帐房的天窗，压上了门，叫人看守。第三夜，天将要亮的时候，帐房的天窗开了，连尸体也不见了，审视〔属实〕，成吉思可汗说："帖卜·腾格理向我弟弟们动手动脚，在我兄弟之间无端的进谗言，所以不为上天所喜，连性命带身体都被摄去了。"成吉思可汗责备蒙力克老爹说："你不知劝诫你儿子们的品德，竟想〔与我〕等齐，〔所以大祸〕临到了帖卜·腾格理的头上。若知道你性情如此，早应将你像札木合、阿勒坛、忽察儿等一样的〔处分〕！"把蒙力克老爹责备了又责备之后，却又恩恕〔他〕说："若是早晨说的话，晚上毁掉，晚上说的话明早毁掉，岂不可耻！既然有前言在先¹，就算了吧。"怒遂息了。说："如果能抑制自己越分的性情，谁能与蒙力克老爹的子孙相比呢？"帖卜·腾格理死后，晃豁坛〔氏〕的气焰消了。

注释

1 免罪的话，见第二〇四节。

续卷一

第二四七节

其后，成吉思可汗在羊儿年〔辛未，一二一一〕，征伐金人[1]，取抚州[2]，越野狐岭[3]，克宣德府[4]，派者别、古亦古捏克·把阿秃儿两个人为先锋。迫居庸关[5]，〔金兵〕坚守居庸关的山岭。者别说："引诱他们，使〔他们〕出来，再作较量！"说着就往回退去。一见撤退，金兵就说："追赶吧！"于是满山满谷的追袭而来。〔等〕到宣德府的山嘴，者别就向后翻过头来冲杀上去，击溃陆陆续续前来的敌人。成吉思可汗〔的〕中军相继进迫，击溃黑契丹[6]的，女真的，主因[7]族勇猛士兵，就像摧毁朽木一般的堆积起来，一直杀到居庸关。者别取下居庸关的关口，越过几个山岭，成吉思可汗在龙虎台[8]扎营，进攻中都[9]。派遣军队向各个城市攻略。派者别进攻东昌[10]城。〔他〕到东昌城不能攻下，就回兵到六宿〔远〕的地方，忽然乘其不意，掉过头来，每人牵了一匹从马，夜间兼程〔急〕行，一到就攻占了东昌城[11]。

注释

1 原文"乞塔惕 亦儿坚"（Kitad irgen），旁译为"金国百姓"，总译为"金国"。按Kitad就是Kitan（契丹）的复数。因契丹曾占有华北地带，所以北中国的百姓（或人民）都被蒙古人称为Kitad。在元代，它是"汉人"之意，与"南人"（Nanggiyad）是对称的。现在Kitad一字仍是汉民族、中国或中国人之意。俄文中的Kitasky和英文中的Cathay，都与这一个字的转音有关。

2 达木丁苏隆注称："在长城附近，现在的黑城。"（谢译本第二四二页）按蒙古

345

人称今张北县城为 Khara-Balkhasun，字义"黑城"。

3 姚师前注：野狐岭，在察哈尔万全县（张家口）东北，高耸入云，形势极险，为金元之际兵争要地。异名甚多，有扼胡岭、也乎岭等。据元人游记（《西游记》《岭北纪行》等），均认野狐岭是中原与塞外的分界处。高宝铨曰："《一统志》曰：'野狐岭在万全县东北三十里，为抚州、宣德间要地。'"（《元秘史李注补正》卷十三第一页）

斯钦补注：长春真人丘处机于进入塞北之第一步时，说："北度野狐岭，登高南望，俯视太行诸山，晴岚可爱，北顾但寒烟衰草，中原之风，自此隔绝矣！"又同处王国维氏之注解谓："张德辉《纪行》：'至宣德州，复西北行，过沙岭子口及宣平县驿，出得胜口，抵扼胡岭。由岭而上，则东北行，始见毳幕毡车，逐水草畜牧，非复中原风土。'案'野狐''扼胡'一声之转。"（见《蒙古史料四种》本总第二五八至二五九页）

4 宣德府，即今察哈尔（旧直隶省口北道）宣化。清代蒙古人称之为 Bayan-Süme，即富足的寺庙之谓。《长春真人西游记》谓"八月初，应宣德州元帅移剌公请，遂居朝元观"云（总第二四九页），可知此城在成吉思汗时代称为宣德州。《元史》卷五十八《地理志一》"上都路"条云："顺宁府，唐为武州，辽为德州，金为宣德州。元初为宣宁府，太宗七年改山东路总管府。〔世祖〕中统四年改宣德府，仍隶上都路。至元三年，以地震改顺宁府，领三县（宣德、宣平、顺圣）、二州。"《秘史》作"宣德府"，可能于明初汉译之时，采用中统时之称。李文田及那珂通世两氏亦作如是之主张（见《成吉思汗实录》第四三二页）。小林高四郎氏以此为怀疑《秘史》写成年代不在一二四〇年之一证（《元朝秘史之研究》第二〇〇至二〇一页）。《黄金史》第二部（第六十八页第六行）作 Sönchidü，以其字形推之，似为 Sönchiju，亦即"宣德州"之讹也。

5 姚师前注：居庸关，在昌平县西北居庸山中，故名。悬崖夹峙，巨涧中流；奇峻天开，古称险要；为长城重要口子之一，今平绥铁路通过之。关上历史古迹，如过街塔的六种文字刻石，即甚为有名。（参看《元史》卷一二〇《札八儿火者传》、《读史方舆纪要》卷十直隶总论及昌平州下。日人村田治郎近著《居庸关》两大册，对工程与考古研究均极有用处，一九五七年三月出版。）

346

6 "合剌 乞答惕"（Khara Kitad），旁译及总译均作"契丹"。按 Khara Kitad 是黑契丹，也就是西辽之称；但此处当无西辽之意。就事实而言，亦系指由女真人所统率的契丹部队而言的。所以与"主儿扯"女真并列。

7 姚师前注：主因人，原文作"主亦讷"，实即"乣军"，乃是辽金时代选拔边防骑兵，组织成的一种特殊的军队。〔参看王国维先生的《〈元朝秘史〉中之"主因亦儿坚"考》（《观堂集林》卷十六），与箭内亘博士的《乣军考》。〕

8 龙虎台，原文"失剌 迭克都儿"（Shira-degdür），字义是黄色的阶梯，在河北昌平县西北。当年斯钦不断往返于张家口、北平间，在居庸关与南口间的官沟河床中，有一黑色巨石，凿有阶梯，其上并有可安置帐幕桩子的孔穴。当地人称之为"六郎点将台"，而蒙古人则称之为成吉思可汗居庸关东下时驻跸的地点。

姚师前注说：龙虎台，据顾祖禹《读史方舆纪要》卷十一（昌平州下），在南口东六里。地势高平如台，广二里，袤三里，如龙蟠虎踞状。元时诸帝往来上都（多伦）与大都（北平）时，多驻跸于此。（以上参用《昌平山水记》。）

9 中都，今北平。《金史》卷二十四《地理志上》"中都路"条说："中都路，辽会同元年（九三八）为南京，开泰元年（一〇一二）号燕京。〔金〕海陵贞元元年（一一五三）定都。以燕乃列国之名，不当为京师，遂改为中都。"（百衲本第十八页上）原总译作"北平"，乃明初洪武间之名，仍按原文译为中都，元代则称为大都。

10 姚师前注：东昌府，原作"东昌巴剌合孙"，旁注"郡名"，巴剌合孙为城，应即山东省的东昌府，今山东聊城县。惟旧注对此也有多种异说，略述如下。（1）沈子培先生说：东昌府，"当从《元史》卷一《太祖本纪》七年（一二一二）条与《金史》卷十三《卫绍王本纪》等，改为东京（今辽阳）。《亲征录》亦作'东京'。"（2）日人那珂通世则认为应改作"东胜"（《实录》第四三八页）。（3）小林高四郎说："若为东昌府，今山东聊城县；东昌是世祖至元十三年（一二七六）由博州路改的，则《秘史》的汉译，又当在一二七六年以后了。"（4）今参考以下第二四八、二五一、二五二、二五三节，认为这里应即是东昌府而不是东京；因为蒙古兵初入长城围攻北平的时候，曾有一支兵扰及山东，杀戮甚惨，从而激起山东义军（如红袄军等）的

群起协助金人，抵抗蒙古（此点当另文详之）。又，高宝铨曰："考之木华黎
（《元史》卷——九）、石抹也先（《元史》卷—五〇）诸传，者别实无取东京事，
《秘史》作东昌，足证《元史》之讹。"（《元秘史李注补正》卷十三第二页）

斯钦按：《黄金史》第二部（第六十九页第二行）作 Düngjü（东州），似为
Düngjing（东京）之讹。

11 《元史》卷一《太祖本纪》，七年壬申（—二一二）条云："冬十二月甲申，遮
别攻东京不拔，即引去，夜驰还，袭克之。"（百衲本第十六页下）当指此役
而言。

第二四八节

者别攻下东昌城，回来与成吉思可汗会师。在中都被〔围〕攻
的时候，金朝皇帝[1]的大臣王京丞相[2]向金朝皇帝建议说："天地
气运时节，已经到大位交替的时候了〔么〕？蒙古人来得很有威
力，把我们勇猛的黑契丹人、女真人、主因人〔乣军〕[3]等主要军
队战败杀绝，又夺取了赖为屏藩的居庸关。现在我们再整顿军队
出发，若是再为蒙古人所败，〔军马〕势必溃散到各个城市去，不
受我们的收抚，〔反〕与我们为敌，不肯效力。倘蒙皇帝恩准，暂
且归附蒙古可汗议和。如蒙古接受和议，退兵，等撤退之后，再
〔有〕别的打算，我们那时还可计议。听说蒙古人马不服水土，生
了瘟疫。〔若〕把女儿〔嫁〕给他们的可汗，拿出金、银、缎匹、
物资，重犒士兵，怎能知道我们这个和议不被接受呢？"金朝皇帝
同意王京丞相的话，说："若是这样就〔去〕做吧！"于是就〔来〕
归附，将〔一个〕有公主名分的女儿给了成吉思可汗[4]，把金、银、

缎匹、财物等等，凡士兵们力之所及所能拿的东西，都从中都里给拿出来，由王京丞相送到成吉思可汗那里。因来归附，成吉思可汗接受和议，令进攻各城市的军队撤回。王京丞相送成吉思可汗一直〔送〕到叫莫州[5]、抚州的山嘴，才回去。我们的士兵把缎匹财物尽力驮载，甚至用熟绢捆起来驮着走。

注释

1 阿勒坛汗，即金宣宗，吾睹补，汉名完颜珣（1213—1223）。

2 王京（Ong-ging），丞相之名，曾见卷四第一三二、一三三、一三四等节；惟彼处所指者为完颜襄，见《金史》卷九十四《完颜襄传》；而此处所见者，则为完颜福兴，见《金史》卷一〇一《完颜承晖（本名福兴）传》，并非一人。极可能Ong-ging，就是Ong-ying（完颜）的讹写，或讹转。

3 主因，即乣军，已见前二四七节注7。

4《金史》卷十四《宣宗本纪》："贞祐二年……三月……庚寅奉卫绍王公主，归于大元太祖皇帝，是为公主皇后。"（见百衲本第四页上）

《元史》卷一《太祖本纪》："九年甲戌（一二一四）春三月，驻跸中都北郊，诸将请乘胜破燕，帝不从，乃遣使谕金主曰：'汝山东、河北郡县悉为我有。汝所守惟燕京耳。天既弱汝，我复迫汝于险，其谓我何？我今还军，汝不能犒师以弭我诸将之怒耶？'金主遂遣使求和，奉卫绍王女岐国公主，及金帛、童男女五百、马三千以献，仍遣其丞相完颜福兴送帝出居庸。"（百衲本第十七页上）

5 莫州乃今河北任丘县，以可汗返蒙古之旅途察之，似无经由任丘之必要。那珂通世以为《亲征录》作"野麻池"，而将"野"字脱落者，可能是抚州境内山嘴之名称（见《成吉思汗实录》第四四二页及小林高四郎氏之《蒙古秘史》第二八三页），然此亦不过假设而已。

第二四九节

从那里〔成吉思可汗〕就向合申¹〔西夏〕进兵，到达之后。合申的不儿罕²就降服了。说："愿做你的右翼，给你效力。"就把名叫察合的女儿给了成吉思可汗。不儿罕又说："听见成吉思可汗的声名，我已经害怕。如今你〔这〕有灵威的人亲身莅临，因敬畏〔你的〕灵威，我们唐兀惕人愿给你做右翼效力。"〔又〕奏请说："给〔可汗〕效力，〔但〕我们是定居的，是筑有城郭的，〔即便〕做伴，在疾速的行军中，在锋利的厮杀中，〔既〕追不上疾速行动〔又〕做不到锋利厮杀。如蒙成吉思可汗恩典，我们唐兀惕人，愿把在高席棘草³遮护地方所牧养的骆驼当做家畜⁴献给〔你〕；织成毛布当做为缎匹〔献〕给〔你〕；训练捉猎的鹰鹞，挑选好的经常呈送〔你〕。"于是就实践他所说的话，从唐兀惕百姓科敛骆驼，拿来呈献〔多得〕都赶不动了⁵。

注释

1 合申（Khashin），即河西之意，即指唐兀惕或西夏之地而言。李文田说："唐河西节度使地，外藩相沿称曰'河西'，音转为'合申'耳。"（李氏《元朝秘史注》卷十三第九页下）

2 不儿罕（Burkhan），旁译为"人名"。此字数见于后，所指均非一人。"不儿罕"一语，当为唐兀惕主之尊称。此一"不儿罕"是西夏襄宗李安全（一二〇六——一二一一）。

3 席棘草，原文为"迭列速"。《蒙汉满三合》（第八册八十七页下）称为"玉草"。按 deresü 生长于沙漠中较潮湿之地或平原盆地，高五六尺，似茅草，茎叶极坚硬，骆驼嗜食之。

4 原文作"合"（kha），旁译"系官"，不知何解。*Monghol kelnii tobch tailbar toli*（《蒙文简明字典》，乌兰巴托，一九六六，第六三二页），解 kha 为放牧骆驼或牛群时吆喝的声音。故暂译为"家畜"。

5《元史》谓太祖征夏，事在征金之前。《本纪》说："四年己巳（一二〇九）春……帝入河西。夏主李安全遣其世子，率师来战，败之。……薄中兴府，引河水灌之。堤决，水外溃，遂撤围还。遣太傅讹答入中兴，招谕夏主。夏主纳女请和。"（百衲本卷一第十五页）

第二五〇节

成吉思可汗那次出征，使汉地的金朝皇帝归顺，获得了许多缎匹；使河西[1]百姓的不儿罕降服，获得了许多骆驼。成吉思可汗在羊儿年〔辛未，一二一一〕出征，使〔北〕汉地名叫阿忽台[2]的金朝皇帝归顺；使唐兀惕百姓的亦鲁忽·不儿罕[3]降服；〔然后〕回到撒阿里旷野驻跸[4]。

注释

1 原文"河申"，即河西之讹转，已见前第二四九节注1。

2 即金帝宣宗，已见第二四八节注1；惟何以称其名为阿忽台，待考。

3 即夏主襄宗，已见前第二四九节注2；惟"亦鲁忽"不知何解，是否即李安全之名，待考。

4 姚师前注：《元史·太祖本纪》"十一年（一二一六）丙子春，还庐朐河行宫"，盖即指此事。

第二五一节

其后派去招降赵官[1]的主卜罕[2]等许多使臣，又被汉地的金朝皇帝阿忽台所阻。成吉思可汗就在狗儿年〔甲戌，一二一四〕，再征伐汉地，〔责问〕既经归附，又因何阻止派往赵官那里的使臣。进兵的时候，成吉思可汗指向潼关，命者别由居庸关进攻。金朝皇帝知道成吉思可汗由潼关口〔进击〕，命亦列、合答、豁·孛格秀儿[3]三个人统率军队说："用军队堵住，用红袄〔军〕[4]做先锋，力守潼关口，不要使〔他们〕越过岭来！"就派亦列、合答、豁·孛格秀儿三人急速〔率〕军前去。〔我军〕一到潼关，金兵遍地而来。成吉思可汗迫退亦列、合答。拖雷〔和〕驸马出古[5]两个人横冲过来，击退红袄军，战胜亦列、合答，好像摧毁朽木一般的歼灭了金兵。金朝皇帝知道自己汉地的军队已被歼灭，就从中都躲出去，进驻南京城[6]。残军瘿瘦死亡，人皆相食。成吉思可汗因拖雷、驸马出古二人打得好，对拖雷、驸马出古二人重加恩赏[7]。

注释

1 王国维氏于其《蒙古札记》之"赵官"条中，认为可能是蒙人直呼宋宁宗之名"赵扩"而转成者（见《观堂集林》卷十六第二十页）。《黄金史》第二部（第七十二页第六行）作 chedgön，字形上显然是 chogön 或 jogön——赵官之讹。

2 南宋赵珙于其《蒙鞑备录》"立国"条，说："近者入聘我宋副使速不罕者，乃白鞑靼也。"王国维氏于其《笺证》中称："《元朝秘史》续集卷一：'在后成吉思差使臣主卜罕等通好于宋，被金家阻挡了，以此成吉思狗儿年再征金国。'

此'速不罕'即主不罕。"（《蒙古史料四种》本总第四三二页）

3 亦列、合答、嚣·孛格秃儿，三人均待考。《圣武亲征录》曾提及"斫答"，其他二人，仍难确定（见《蒙古史料四种》本总第一七一页）。

4 姚师前注：原作"忽剌安·迭格列泥"（Khula'an degelen〔de'elen〕），以字译之，当即金朝杨安儿、刘二祖等的红袄军，见《金史》卷一〇二仆散安贞等传及周密《齐东野语》卷九"李全"条等。红袄军助金人守潼关事，余另有专文考证之，载历史语言研究所集刊外编《庆祝董作宾（彦堂）六十五岁论文集》，一九六〇年出版，名《〈元朝秘史〉所记"忽剌安·迭格列"人（红袄军）助金守潼关并抗蒙古入侵事考》。

5 出古驸马，就是第二〇二节所说的第八十五千户赤古驸马（古列坚）。

6《元史》卷一《太祖本纪》称："九年……五月金主迁汴，以完颜福兴及参政穆延尽忠辅其太子守忠，守中都。"（百衲本第十八页上）南京，金之南京汴梁。总译虽作"汴梁"，但仍译为"南京"，以存其真。

7 姚师前注：这一段记事，说是出在狗儿年（一二一四）与《元史·太祖本纪》（《亲征录》同）、《金史》卷十四《宣宗本纪》等，颇有出入；今考定为一二一六年、丙子。详见上文史语所集刊外编《庆祝董彦堂六十五岁论文集》中，该论文的第三节"旧《元史·太祖本纪》、《金史》卷十四《宣宗本纪》蒙古攻打潼关年月的考定"，可参看。

第二五二节

成吉思可汗〔攻〕下河西务[1]之后，驻〔跸〕在中都的失剌—客额儿〔地方〕[2]。者别破居庸关，追击居庸关的守军，前来与成吉思可汗会师。金朝皇帝自中都出走的时候，委合答[3]为中都留守。成吉思可汗派司厨汪古儿、阿儿孩·合撒儿、失吉·忽秃忽三个人去点数中都的金、银、缎匹、财物。因这三个人到来，合答就拿了有金花的缎匹，自中都出来迎接。失吉·忽秃忽对合答说："在前，这中都的财物和中都全是金朝皇帝所有；如今中都是属于成吉思可汗的。你怎能暗中把成吉思可汗的财物缎匹偷着拿来给人呢？我不要！"说着失吉·忽都忽就拒绝不受。司厨汪古儿、阿儿孩·〔合撒儿〕两个人收了。这三个人把中都的财物数点〔回〕来，成吉思可汗向汪古儿、阿儿孩·〔合撒儿〕、〔失吉〕·忽秃忽三个人〔说〕："合答给了什么？"失吉·忽秃忽说："拿有金花的缎匹来给，我说：'在前，这中都是金朝皇帝的，如今是成吉思可汗的。你合答把成吉思可汗的财物，怎能暗中偷着给人呢？'我没有要。汪古儿、阿儿孩·〔合撒儿〕两个人把他给的东西收下了。"成吉思可汗很责备汪古儿、阿儿孩·〔合撒儿〕两个人，对失吉·忽秃忽〔说〕："你〔深〕明大义。"重予恩赏。降圣旨说："你还不是我看得见的眼睛，听得见的耳朵么？"[4]

注释

1 河西务，今河北武清县城以北，运河西岸，水陆交通方便之商业镇市。

2 姚师前注：黄野甸，原蒙文名"失剌·客额儿"（Shira-ke'er），意即"黄色的原野"，故译为"黄野甸"。以丁文江《中国分省地图》（第三三页）"河北图"考之，似即武清县南三十里的古镇黄后店（或曰黄花店）。（位在张庄附近，平津铁路杨村、廊房之间。此镇建于唐朝，自古迄今为行军要道。）按《秘史》原文作"中都的失剌·客额儿"，当在中都（北平）的附近，而非北平自身。蒙古为游牧部落，可汗例不住城圈以内，而习于居住宫帐；故此黄野甸也一定是在郊外宽敞有水草的地区。《元史》卷一《太祖本纪》："九年甲戌（一二一四）三月，驻跸中都北郊。"当即指《秘史》此节之"黄野甸"。

3 《亲征录》作"金留守哈答国和"（见《蒙古史料四种》本总第一七五页）。

354

4《亲征录》所记与《秘史》同，但这一重要故事并不见于《元史》（见《蒙古史料四种》本总第一七五页）。

第二五三节

金帝到南京〔汴梁〕之后，稽首自请归附，遣他名叫腾格里的儿子与伴当百人来给成吉思可汗作扈卫¹。他既经归附，成吉思可汗就撤退了。从居庸关撤退的时候，命合撒儿"率左翼诸军，沿海去攻北京城²。降服北京城之后，〔再〕向那边，经过女真的夫合讷³前进。如果夫合讷有意反抗，就要剿平；若是降服，就经过他们的边疆各城，沿着浯刺⁴、纳浯⁵诸河前进，溯讨浯儿河⁶越过〔山〕来，到大本营相会。"从各"那颜"之内，命主儿扯歹、阿勒赤、脱仑"扯儿必"三个人与合撒儿一同前往。合撒儿使北京城降服，使女真的夫合讷归附，〔又〕使途中所有的城市〔都〕降服之后，溯着讨浯儿河，来到大本营里⁷。

注释

1 金帝遣子入质之事不见《金史》与《元史》，惟《元史·太宗本纪》云："四年壬辰（一二三二年）……命速不台等围南京，金主遣弟曹王讹可入质。帝还，留速不台守河南。"以时间推之当与此事无关。小林高四郎引那珂之说以为或因此而有所误记，见小林译《蒙古秘史》第二八三页注八及那珂氏《成吉思汗实录》第四五五页。

2 原文为"北京"，旁译及总译均作"大宁"。《元史》卷五十九《地理志二》"辽阳等处行中书省"条："大宁路……辽为中京大定府，金因之，元初为北京路总管府。……至元……改北京为大宁。二十五年改为武平路，后复为大宁。"
今内蒙古卓索图盟喀喇沁中旗境内尚有大宁城遗址。

3 原文"主儿扯敦　夫合讷"（Jürched-ün Wukhana），旁译"女真的人名行"，总
译未提及。以其文理推之，Wukhana 是女真的一个部长之名无疑。《元史》卷
一《太祖本纪》说："十年乙亥（一二一五）……冬十月，金宣抚淯鲜万奴据
辽东，僭称天王，国号大真，改元天泰。……十一年丙子（一二一六）……冬
十月，蒲鲜万奴降，以其子帖哥入侍，既而复叛，僭称东夏。"（百衲本第十九
页上）"蒲鲜万奴"即"夫合讷"。

4 浯剌（Ula）河，即今之松花江（参照那珂通世《成吉思汗实录》第四五六页）。

5 纳浯（Na'u）河，即今之嫩江。

6 姚师前注：讨浯儿河，应即今洮儿河，也就是辽朝的打鲁河（或他鲁河）。辽
圣宗太平四年，改为长春河（沈子培《元秘史补注》卷十三第三至四页）。

7《元史》卷一《太祖本纪》："八年癸酉（一二一三）……是秋分兵三道……皇
弟哈撒儿及斡陈·那颜、拙赤带、薄刹为左军，遵海而东，取蓟州、平滦、辽
西诸郡而还。"（百衲本第十七页上）

第二五四节

其后，成吉思可汗〔所遣〕兀忽纳等一百名使臣被回回[1]人扣
留杀害。成吉思可汗说："怎能让回回人截断我的黄金缰辔[2]呢？
为了为兀忽纳等一百名使臣，我要以冤报冤，以仇报仇，征伐
回回！"[3]

临出发的时候，也遂夫人提醒成吉思可汗禀奏说：

"可汗打算越过峻岭，

横渡大河，

长征绝域，

平定诸国。

有生之物，

不能永存。

假如你那大树一样的身体倒下去，

你那像麻穰一般的百姓托付谁呢；

假如你那基石一样的身体倒下去，

你那像群雀一般的百姓托付谁呢？

在亲生的四个儿子之中，要指定谁？应该叫你诸子、诸弟、众多的臣民们，和我们〔这些〕无知无识的⁴知道啊。我把所想到的提出来了，听候圣旨裁决吧。"

成吉思可汗说："也遂虽然是个妇人，说的话非常有理。弟弟们，儿子们，以及孛斡儿出、木合黎等人，谁都没有提醒过。我岂不是忘记了，也要追随祖先而去。我岂不是忽略了，脱不过死亡的捆索。在我诸子之中，拙赤最长。你说什么？"

在拙赤作声之前，察阿歹说："让拙赤说，莫非是要托付拙赤么？我们怎能叫这个由篾儿乞惕人那里带来的⁵管辖呢？"才说，拙赤就起来揪住察阿歹的领子说："汗父都没说过什么，你怎敢挑剔我！你有什么技能比人强？不过是比人刚愎而已！比赛射远，若被你所胜，我把拇指砍下丢掉；彼此搏斗，若被你所胜，我就不再从倒下之处站起！听凭汗父的圣旨吧！"拙赤、察阿歹两个人彼此揪着领子。孛斡儿出拉着拙赤的手；木合黎⁶拉着察阿歹的手〔劝解〕。成吉思可汗听着，一声不响的坐着。阔阔搠思⁷站在左边，说：

"察阿歹，你忙什么？你汗父在诸子之中，是属意于你的。在生你以前：

星光照耀的天空旋转，

诸国造反，

寝不安席，

互相抢夺劫掠。

草海⁸所覆的大地翻腾，

全国丧乱，

卧难安衽，

彼此攻杀挞伐。

时势如此，

〔理智不存〕。

不及思虑，

就互相冲突起来；

不及躲避，

就互相厮杀起来；

不及安息，

就互相攻打起来。

啊！你把你圣明的母后说得，

酥油一般的心都冷却了；

奶子一般的心都凝结了！

你不是温暖暖的从这个肚皮里生出来的吗？

你不是火热热的从这个衣胞里生出来的吗？

不应该让你亲生的母亲气愤，

使她心灰意冷；

不应该让你亲生的母亲艾怨，

使她慈恩消失！

你汗父建国之时，

不顾自己的头颅，

不惜自己的鲜血；

目不暇转睛，

耳不及落枕。

以袖子作枕头，

以衣襟当被褥；

以口中的涎沫来解渴，

以牙缝里的碎肉当宿粮。

前额的汗流到脚底，

脚底的汗冲到前额。

谨慎缔造之时，

你的母亲共尝艰苦。

高高的梳起头，

短短的束起腰；

紧紧的绑起头，

牢牢的系着腰；

把你们养大了。

她把要咽下的，

给你们一半；

她把喉咙空着，

叫你们吃足；

她空着肚皮走，

〔使你们温饱〕！

谁提着你们的肩膀，

使你们与男子汉一样高；

谁扯着你们的颈项，

使你们跟别人一样齐？

她把你们的皮袜子收拾干净，

她把你们的脚后跟垫起加高。

使你们能构到男子的肩头，

战马的后胯。

如今正要看〔你们〕成功立业。我们圣明的可敦真是：

心明如日，

恩洪似海啊！"

注释

1 原文"撒儿塔兀勒"（Sarta'ul），旁译"回回"，事实上是指花剌子模说的，为保持原来的形状，仍译为"回回"。承政治大学维吾尔文教授阿不都拉先生指教，这一个字在畏兀儿语中是对缠头而信回教的西亚人之概称。

2 原文"阿儿合只"（arghamji），旁译"麻绳"，并不正确。按此字的本意是"长皮绳、辔头缰绳、长绳、辔头上的铁环"，见《蒙文简明字典》（*Monghol kelenii tobch lailbar toli*，乌兰巴托，一九六六年，第五〇页），申引其意就是"统御"之意，正与英文中的rein相似。姚师前注曾提及海尼士的德译，说：海尼士先生译为"der goldene Seitstrick"，也即是"金索子"的意思。他解释作"蒙古帝国主权"的象征，故必须加以维护。下面第二五六节征讨西夏时也曾再度言之。

3 《元史》卷一《太祖本纪》称："十四年己卯（一二一九年）……夏六月，西域杀使者，帝率师亲征，取讹答剌城，擒其酋哈儿只兰秃。"（见百衲本第二十页上）多桑书记载较详，谓："先有花剌子模商人至可汗处，于其返也，可汗遣众四百五十人同往，购花剌子模珍产，行至讹答剌（Otrar），其守将哈亦儿汗（Gair［Ghayir］-khan）指为间谍尽杀之而夺其货。可汗闻报，遂遣使臣一人名巴合剌（Bagra）者，往花剌子模索罪人。……并遣二蒙古人为副使。至摩诃末所，传语曰：'君前与我约，保不虐待此国任何商人。今遽违约，枉为一国之主。若讹答剌虐杀商人之事，果非君命，则请以守将付我，听我惩罚；否则请即备战。'顾哈亦儿汗为算端母之亲属，摩诃末虽欲惩罚，抑执之以献，势所不能。盖诸大将权重，不受算端之制也。遂杀巴合剌，薙蒙古副使二人须而遣之旧。（注：见《札阑丁传》。）"（见冯译本上册第九五、九六两页）。《世界征服者之历史》也有详尽的记载，见Boyel译本（上册第七十九至八十六页）。姚师前注说：耶律楚材足本《西游录》第六节"讹打剌城"下说："苦盏之西北五百里有讹打剌城，附庸城邑十数。此城渠酋尝杀大朝使命数人、贾人百数，尽有其财货，西伐之意，始由此耳。"这是蒙古西征的主要原因，应加注意（关于蒙古西征原因，可参看拙作耶律楚材《西游录足本校注》第六节注二）。盖杀使劫货为主要原因，其他地理上疆土相接、两大不能相容、政治上猜忌误会，以及信仰不同等，副因甚多（均详见《西游录校注》）。

4 原文作"卯兀纳"（ma'un-a），乃是自卑的谦逊之辞。故译作"无知无识的"。

5 孛儿帖夫人被篾儿乞惕人掳去之事，见卷二第一〇一至一〇三节。

6 木合黎此时正在经略华北；惟可汗西征之前，返回蒙古本土谒见之事，亦非绝不可能之举。

7 阔阔搠思是直言敢谏之臣，事见第二一六节。成吉思可汗曾指派阔阔搠思为察阿歹之傅，命他时时劝诫刚愎成性的察阿歹。

8 原文"阔里速台"（körisütei），旁译"地皮"。其实是指野草所覆的地表而言。在近代语汇中，是未开垦的草原之意。

第二五五节

于是成吉思可汗降圣旨说："你怎能那样说拙赤呢？我诸子之长不是拙赤么？以后不许那样说！"对于这话，察阿歹微笑着说："拙赤有力气技能，不用争论。用嘴说死的不能驮起；用话弄死的不能剥皮。拙赤我们两个人是诸子之长，愿为汗父一同出力。谁躲避就把〔他〕共同劈开；谁落后就把他脚踵砍断！斡歌歹为人敦厚。我们共推斡歌歹吧。斡歌歹在汗父跟前，承受教训便可。"于是成吉思可汗说："拙赤！有什么要说的话吗？"拙赤说："察阿歹已经说过，察哈台我们两个人愿并行效力。我们推斡歌歹吧！"成吉思可汗降圣旨说："何必并行！大地辽阔，江河众多，叫〔你们〕分领封地；镇守各邦。"说了〔又〕说："拙赤、察哈歹两个人要说到就要做到！不要为百姓所嘲；不要为人民所笑！在前阿勒坛、忽察儿两个人也曾这样说定；但不践所言，是怎样受惩罚，是怎样被处分？现在从阿勒坛、忽察儿两个人的子嗣中间，分派给你们，使你们以他们为鉴戒，不敢犯过！"说完就说："斡歌歹要说什么？"斡歌歹说："可汗父亲恩典叫说，我不知道应该说什么？我怎么说呢？那么只有尽我所能，谨慎去做。今后，恐怕在我子孙中，生了包在青草里牛不吃，裹在脂肪里狗不吃的[1]，〔以致〕麋鹿[2]横越，野鼠跳窜，发生差错。这些就是我要说的，别的还说什么呢？"对这话成吉思可汗降圣旨说："斡歌歹若是说这样的话，还可以。"又说："拖雷有什么要说的

362

话么？"

拖雷说："我愿在汗父指名的兄长跟前，

提醒已经忘记的，

唤醒已经睡着的；

做他随时呼唤的伴当；

当他枣骝骏马的鞭子[3]。

守应诺绝不食言；

守岗位绝不空闲。

为他长征远地；

为他短兵迎敌！"

成吉思可汗嘉纳他的话，〔又〕降圣旨说："合撒儿的〔位子〕由他子嗣中的一人管理。阿勒赤歹[4]的〔位子〕由他子嗣中的一人管理。斡惕赤斤的〔位子〕由他子嗣中的一人管理。别勒古台的〔位子〕由他子嗣中的一人管理。这样想来，我子嗣中的一个人，应管理我的〔大位〕。不要违背我的圣旨！你们若不毁弃它，你们就不会有偏差，不会有过失。即使在斡歌歹的子孙中生了包在青草中牛不吃，裹在脂肪里狗不吃的；难道我的众子孙中就不生一个好的吗？"

注释

1 "包在青草里牛不吃的，裹在脂肪里狗不吃的"，这一句话，原总译作"只恐后世子孙不才，不能承继"，是很好的意译。《多桑蒙古史》有类似之记载，说："诸王推戴窝阔台之时，曾发此忠于其后人之奇誓曰：'只须汝后人尚存一脔肉，投之草中而牛不食，置之脂内而狗不取；我等誓不以他系之王，位于宝

363

座之上。'"又述及贵由汗即位之时，说"贵由既受推戴，乃依俗以大位历让诸
王，而以己病为辞。如是让久之，始从大会之请，惟附以条件，须以大位传其
后人。于是莅会者签署此文约曰：'汝后人虽仅存一块肉，置之草中脂内，而
狗牛不取者，吾曹决不奉他人为汗。'誓毕，脱帽解带，奉贵由坐金座上，共
以汗号上之。"（见冯译本上册第一九二页及第二四八页）

2 原文"罕答孩"（khadaghai〔khandaghai〕），旁译"兽名"。这是麋鹿的一
种，俗称"四不像"。

3 原文"米纳阿"，旁译"鞭子"。其正音是mila'a或milagha。原文的"纳"是
"剌"音之讹。在《秘史》《元史》及若干元代文献中，la讹为na，也就是l讹
为n的例子很多。

4 阿勒赤歹是合赤温之子、可汗之侄。见第二四二节注2。

第二五六节

成吉思可汗将出发的时候，派使臣去对唐兀惕人的不儿罕[1]
说："你曾说过'愿给你做右翼'。〔如今〕回回截断我黄金缰辔[2]，
我要出发前去折证[3]，你做我的右翼出征。"在不儿罕尚未作声之
前，阿沙敢不[4]说："力量尚且不足，何必做可汗？"说着大话，不
肯出师援助，打发〔使臣回〕来了。成吉思可汗说："怎能让阿沙
敢不这样说！马上计划去征讨他们又有何难？但是正在指向着他
人的时候，姑且作罢。若蒙长生天保祐，紧握黄金缰勒[5]，〔胜利〕
归来，那时再做计较！"

注释

1 "不儿罕"似为西夏主之尊称。前第二四九、二五〇两节中的不儿罕，是西夏

的襄宗李安全，而此处则指神宗李遵顼（一二一一—一二二三）而说的。

2 即"统御"之意，已见第二五四节注2，并见本节注5。

3 原文"斡鲁勒潺"（ololchan），旁译"折证"。姚师前说：折证，犹言"清算"，详见张相《诗词曲语辞汇释》（一九五七年出版）第一三三页"正本"条。这里引元曲多篇，解说"折证"二字的意义，可参看。又，《辞海》："折证犹言对证"，引《元曲选》（丁集下）《黑旋风》："再不和他亲折证"，意与上同。

4 阿沙敢不（Ashaghambu），人名。sgam〔mkhan〕-po，藏语，贤人或长老之意。阿沙敢不再见于续卷二第二六五、二六六两节，是唐兀惕的权臣，对蒙古主张强硬政策者。就《秘史》的记载来看，此人似为唐兀惕（或西夏）贺兰山以西游牧地区的领袖。按西夏朝中，时有主张汉化或保守游牧主义反汉化的摩擦，而阿沙敢不似属于后者。

5 原文"阿勒坛 只罗阿"（Altan jilo'a〔jilu'a〕），旁译"牵胸"，也是系在辔头上的缰勒。这一个字与前注2的 arghamji 是相关的。两者同有"统御"之意，也都与英文中的 rein 有同样的字义。

第二五七节

兔儿年〔己卯，一二一九〕，越过阿剌亦[1]去征讨回回的时候，成吉思可汗由后妃之中，携忽阑夫人同行。由诸弟之中，以大本营委付斡惕赤斤·那颜[2]。派者别为先锋。继者别之后，派遣速别额台。继速别额台之后，派遣脱忽察儿。派遣这三个人的时候，〔可汗〕说："〔从〕外面绕到莎勒坛[3]的那边[4]，等我们一到一起夹攻。"者别经过篾力克汗[5]的诸城市，不加惊动，从外边绕过去了。其后速别额台也照样不加惊动的绕过去了。〔可是〕后来脱忽察儿掳掠了篾力克汗边疆诸城市，抢劫农民。篾力克汗因为城市被掳掠，就惊惶移动，与札剌勒丁⁶·莎勒坛会合。札剌勒丁·莎勒坛、篾力克汗二人追着成吉思可汗前来作战。在成吉思可汗的前边，失吉·忽秃忽做先锋前进。札剌勒丁·莎勒坛、篾力克汗两个人与失吉·忽秃忽对战，战胜了失吉·忽秃忽⁷。乘胜〔追〕来，要到成吉思可汗那里的时候，者别、速别额台、脱忽察儿三人自札剌勒丁·莎勒坛、篾力克汗二人的后边赶来，杀败他们。使〔他们〕不能在不合儿⁸、薛米思加卜⁹、兀答剌儿¹⁰〔等〕城市会合。〔又〕乘胜追到申河¹¹，〔迫〕使很多回回〔兵马〕跳下申河，在申河里淹死了。札剌勒丁·莎勒坛、篾力克汗两个人溯着申河逃走¹²。成吉思可汗溯申河前进，掠巴惕客先¹³〔城〕而去，到额客小河、格温小河¹⁴，在巴鲁安旷野驻下。遣札里牙儿〔氏〕的巴剌¹⁵去追击札剌勒丁·莎勒坛、篾力克汗二人。〔可汗〕非常恩赐者别、速别额台两个人，〔说〕："者别你原来名叫只儿豁阿歹。你从泰亦赤兀惕来〔了之后〕，就成了者别¹⁶。脱忽察儿擅自〔违命〕掳掠篾力克汗的边疆诸城，惊动了篾力克汗，应当斩首，以维法度！"可是说完，并未斩首，就严加申斥，依罪削去军职^{17、18}。

注释

1 阿剌亦（Arai），似为阿尔泰山的一个山岭或山口，地在今俄属地区之内。见卷八第一九八节注4。

2 以斡惕赤斤留守大本营一事，《长春真人西游记》谓丘处机抵宣德州时，"寻阿里鲜至自斡辰大王帐下，使来请师"。又称："四月朔至斡辰大王帐下。……七日见大王，问以延生事。师谓须斋戒而后可闻。约以望日授受。至日，雪大作，遂已。大王复曰：'上遣使万里请师问道，我曷敢先焉。'且谕阿里鲜见毕东还，须奉师过此。十七日，大王以牛马百数、车十乘送行。"当即指斡惕赤斤留守大本营时之事而言（见《蒙古史料四种》本总第二五二至二五四及二五六页）。

3 莎勒坛，旁译作"回回王名"。这不是人名，是回教国家元首的尊称——Sultan。而此处所指者，当为花剌子模国王摩诃末二世（Muhammed II）。

4 按当时花剌子模莎勒坛的首都，是兀笼格赤（Urganch）。

5 原文"罕　篾力克"（Khan Melig［Melik］），《亲征录》作"篾里可汗"（《蒙古史料四种》本总第一九五页），待考。

6 札剌勒丁，即摩诃末二世之子"札阑丁"（Jalal ad-Din）。多桑书称，奈撒（Nessa）人阿合马（Ahmed）子失哈不丁·摩诃末（Schihab-ud-din Muhammed el-Nessaoui）曾为其立传。其书名《算端·札阑丁·忙古比儿迪传》（Siret-us Soultan Djelal-ud-din Mangoubirti），巴黎图书馆存有阿拉伯文本（见冯译本上册第五页）。

7 姚师前注：蒙古第一次西征时，札阑丁（即札剌勒丁）战胜失吉·忽秃忽，为整个战役中，蒙古兵仅有的一次失败，《蒙古秘史》此节坦率承认，实为难得。札阑丁与忽秃忽战斗情形，汉文中以洪钧《元史译文证补》卷一《太祖本纪译证下》（广雅本第二十一页下）为较详，冯承钧中译《多桑蒙古史》上册（第一二七页以下次之）。《证补》说："（两军）相遇，只拉儿哀丁（札阑丁）自率中军，令汗葭里克率右翼，赛甫哀丁·阿格拉黑率左翼，战一日，无胜负。……次日又战，敌军果疑援至，只拉儿哀丁……分两翼以绕之，于是众奋，围亦渐合。失吉·忽秃忽令军士视旗所向，冲突成阵。然（蒙古军）已四面受敌，力不能支，遂（败）奔。敌骑多良，驰而追杀，死者无算。帝闻败信，忧而不形于色，谓：'失吉·忽秃忽素能战，狃于常胜，未经挫折；今有此败，当益精细，增阅历矣！'"冯承钧氏译多桑书述此次决战亦佳。如云："忽秃忽曾令其军视其纛所在勿失，已而其部下见主将被敌围，遂溃走。顾原中溪涧纷错，马多颠踬；敌骑较健，驰而追杀，死者大半。"（中译多桑书上册第一二七页）《秘史》自第二五八节以下到二六三节，有七节叙述蒙古第一次西征花剌子模战事，远较旧《元史·太祖本纪》及有关西征将士列传为详，当比较《译文证补》《多桑蒙古史》等合并研究，另文详论之。

8 不合儿，即不花剌（Bukhara）城。《元史·太祖本纪》："十六年辛巳（一二二一）春，帝攻卜哈儿、薛迷恋思干等城……并下之。"（见百衲本卷一第二十页下）谢译达木丁苏隆本第二五七节注一，称为今苏俄乌兹别克共和国的布哈拉。关于此一战役，竹外尼《世界征服者之历史》有详细记载，见Boyel英译本上册第九七至一〇九页。

9 薛米思加卜，《元史·太祖本纪》作"薛迷思干"，见注8。《地理志》作"撒麻耳干"〔见卷六十三《地理志六·西北地附录》"笃来帖木儿"（察哈台汗国）条，第卅二页上〕，即今苏俄乌兹别克共和国首都Samarkand。关于此城之攻略战役，《世界征服者之历史》有详细记载，见Boyel英译本上册第一一五至一二三页。

《长春真人西游记》谓："又言西南至寻思干城万里外，回纥国最佳处，契丹都焉，历七帝。"王国维氏注解谓："此因契丹故城而旁记之。旧史不记西辽都寻思干事。然下文云：'邪迷思干大城，大石有国时，名为河中府。'《湛然居士文集》四《再用韵纪西游事诗》注：'西域寻思干城，西辽目为河中府。'考契丹旧制，惟五京始有府名，寻斯干称河中府，则大石未都虎思斡耳朵时。必先都寻斯干。后因建为陪都耳。"（《蒙古史料四种》本总第二七七至二七八页）

10 姚师前注：兀答剌儿城，一作"讹答剌城"，时守将为哈亦儿汗曾杀蒙古使臣，惹起西征战祸。蒙古攻下此城后，夷为平地；并熔银液灌哈亦儿汗的口、耳，为被杀使者复仇。

11 申河，原文"申　沐涟"（Shin Mören），即印度河。

12 按多桑书，成吉思汗于报忽秃忽战败之耻后，即向申河追袭札阑丁，札阑丁军败不能突。蒙古军欲生致算端不发矢。"战至日中，札阑丁见重围不开，乃易健马，复为最后一次之突击。蒙古军后却，札阑丁忽回马首，脱甲负盾执纛，从二十尺高崖之上，跃马下投，截流而泳。成吉思汗进至河畔见之，指示诸子，言此人可供诸子效法，止将卒之欲泳水往追者。蒙古兵发矢射从渡之花剌子模兵，死者甚夥。尽歼岸上残兵，虏札阑丁眷属，杀其诸子。"（见汉译本上册第一二八、一二九页）

13 《多桑蒙古史》说："阿剌伯文《地名辞典》云：巴达哈伤俗称巴剌黑伤（Balakhaschan）。缘其地诸山产宝石，尤以红宝石（balakhsch）者为著名，故以名其地。其地当波斯商人赴土番之孔道。"（见冯本上册第一一七页注三）

14 "额客—豁罗罕，格温—豁罗罕"，旁译作"河名"，总译作"子母河"。按 eke 是母，ke'ün［kö'ün］是子，与格温（ge'un）略有不同。ghorkhan 是"小河"之意，方位待考。

15 **姚师前注**：这里的"巴剌"，蒙音汉字作"札里牙儿台"氏，但下面第二六四节（续卷一第五十页）又作"札剌亦儿台"，那就是上文第二〇二节九十五千户中，第三十五千户巴剌、札剌亦儿氏了。初见蒙文《秘史》第一二〇节，也作"札剌亦儿氏"。他是九十五千户中有名位的千户，担负西征时追拿札阑丁的任务，自甚相称。又"巴剌"，洪钧《元史译文证补》（卷一下）、《多桑蒙古史》（上册第一二九页）均作"八剌"；《证补》且称为"八剌·诺颜"。据《证补》，当时领兵追札阑丁了，不仅巴剌一人，同往者尚有朵儿伯，多桑书也说，八剌以外，又有秃儿台，则深入印度的追兵，相当强大，自属事实。

斯钦补注：《亲征录》作"八剌·'那颜'"（《蒙古史料四种》本总第一九八页）。

16 这一段故事见《秘史》第一四七节；惟《多桑蒙古史》所引拉施特书对者别来归之事略有不同，说："哲别……乃亦速惕（Yissoutes）部人也。先是久为铁木真之敌。铁木真败亦速惕部，哲别与同部溃众逃匿不出。铁木真一日出猎，偶见其在围中，欲进擒之，其将不儿忽赤（即字斡儿出）请与之斗。铁木真以白口之马假之，不儿忽赤出射哲别不中；哲别射较精，发矢射不儿忽赤马仆，以是得逸去。已而困甚，遂降成吉思汗。汗知其勇，命为十夫长，以功历擢为百夫长、千夫长，终为万夫长。至是讨平屈出律（即古出鲁克）汗，获白面马千匹，以献成吉思汗，而偿前此所毙其主一马之失。（注一：见《史集》"亦速惕"条。——蒙古语哲别犹言木镞箭。）"（冯译本上册第八四页）

17 脱忽察儿之名，复见于《秘史》第二八〇节，斡歌歹可汗命其掌管驿站事务。

18 **姚师前注**：公元一二一九到一二二五年蒙古成吉思汗西征花剌子模，当时蒙古骑兵在西域攻战情形，汉文方面语焉不详。自洪钧《元史译文证补》起，国人对蒙古西征诸战役，始有比较清楚的认识。冯承钧又译《多桑蒙古史》两厚册，更见完备。读者欲明了此一战役的原委，可看《证补》卷一《太祖本纪译证上下》两卷与《多桑蒙古史》上册第六、第七两章。文繁，恕这里不再一一详举了。

369

第二五八节

　　成吉思可汗从巴鲁安旷野回〔师〕，命拙赤、察阿歹、斡歌歹三个儿子领右翼诸军，渡阿梅河[1]，攻取兀笼格赤城[2]，命拖雷攻取亦鲁、亦薛不儿等诸城市[3]，成吉思可汗自己攻下兀的剌儿城[4]。拙赤、察阿歹、斡歌歹三个〔皇〕子派人来奏请〔说〕："我们的军队齐全了。〔也〕到了兀笼格赤城，我们应听谁的调遣？"成吉思可汗降圣旨说："按照斡歌歹的话去做！"[5]

注释

1　阿梅河，原文"阿梅—沐涟"（Amui Mören），即阿姆河，谢译达木丁苏隆本第二五八页注一称："即今苏联土库曼共和国的阿姆河，蒙古军渡河处在今布哈拉东南。"姚师前注说：阿母河（Amu Daria），一曰"奥克速河"（Oxus），源出新疆省西界之乌赤别里山，西北流经中央亚细亚，入阿剌耳海，全长一三〇〇里。

2　兀笼格赤（Urganch［Ürgenchi］），为花剌子模之首府，亦名"花剌子模城"。多桑书说，此一大城跨阿母河之两岸（见冯译本上册第一一五页）。

3　这里所说的"亦鲁"（Iru），似为当时呼罗珊州四大城市之一的马鲁（Merv）之讹。"亦薛不儿"（Isebür），似为呼罗珊州首府你沙不儿（Nishapur）之讹。在蒙古文中，i与ni时常不加区别。因此"你"（ni）很容易讹读为"亦"（i）。

4　成吉思可汗攻兀的剌儿城——讹答剌城之时，乃初征花剌子模之举，已见前第二五七节。

5　多桑书说："……至是蒙古军遂欲取横跨阿母河两岸之桥梁，遣兵三千人往，尽没，守者胆益壮。然其足使此城久攻而不能下者，要为术赤、察合台二王之失和，号令不一，纪律亦弛。花剌子模人利用此事，屡使蒙古兵多所损伤，六阅月而城不下。诸王遣人赴塔里塞，告蒙古主损兵甚重而城难下之事。成吉思汗廉得其情，大怒，改命窝阔台总统围城之军。窝阔台乃和解两兄，申严约束，军气复振。已而下令总攻，守者遂不支。……"（见冯译本上册第一一六页）

姚师于前注中曾提及《亲征录》辛巳年（一二二〇）下："秋，攻玉龙杰赤城以军集奏闻。"上有旨曰："军既集，可听三太子（斡歌歹）节制。"

第二五九节

　　成吉思可汗使兀答剌儿城降服，从兀答剌儿城前进，攻下薛米思加卜城。从薛米思加卜城前进攻下不合儿城[1]。〔在〕那里成吉思可汗等候巴剌[2]。在阿勒坛—豁儿忛山脊[3]，莎勒坛驻夏之地过夏，向拖雷派使者说："天气热了，别的部队也〔都〕回来了。你来与我们会合吧！"在拖雷取下亦鲁、亦薛不儿[4]等城市，破昔思田城[5]，正要破出黑扯连城的时候，使者把这话送到。拖雷就在破出黑扯连城之后，回师与成吉思可汗会合[6]。

注释

1　按多桑书记载，可汗首先攻下兀答剌儿，次拔不合儿城，再克薛米思加卜。其大致情形已见上节之注解兹不赘述。

2　姚师前注：即是等候上述第二五七节派巴剌追剿札阑丁的消息与结果。关于巴剌的事迹，参看第二五七节注9、第二〇二节九十五千户名单中的第三十五千户下的小注。

3　"阿勒坛—豁儿忛"（Altan Ghorkhan），字义是"黄金小河"。大概此处是一个背山面河的避暑之地。

　　姚师前注说：海尼士认为这一避暑处，即在 Perwan，或写作 Borwan（八鲁湾）

的附近（德译本第一七七页）。

4 亦鲁、亦薛不儿两城，似为Meru与Nishapur之讹。已见前第二五八节注3。

5 据多桑书："（一二二二年）窝阔台既屠哥疾宁，遣使驰告其父，请许其进围昔思田（Sistan），成吉思汗以天暑止之。"（冯译本上册第一三二页）似与此节记事颇有出入。

6 姚师前注：此节可参看《多桑蒙古史》（冯译）第一卷第七章，第一二四页。出黑扯连城，多桑书不详，而说拖雷最后攻下之城，是也里，位置在你沙不儿的东北，约五日程。又说："蒙古兵诸面同时进攻，战甚烈；凡八日，长官殁于阵。城中有人议降者，拖雷知城中战守之意不齐，遂召降。……越八日拖雷奉父命还，会师于塔里寒。"

第二六〇节

拙赤、察阿歹、斡歌歹三个〔皇〕子使兀笼格赤城降服[1]。三个人共同把城〔里〕的百姓分了，没有给成吉思可汗〔留〕出分子。这三个皇子回来了，成吉思可汗就责备拙赤、察阿歹、斡歌歹，三个儿子，三天不准拜见。于是孛斡儿出、木合黎[2]、失吉·忽秃忽三个人奏禀说："我们使不肯顺服的回回莎勒坛衰亡，取得了他的城市、人民。被分的兀笼格赤城，和分〔它〕的诸〔皇〕子，都是〔属于〕成吉思可汗的。蒙天地增添气力，叫回回这样衰亡的时候，我们众军士都很欢乐[3]，可汗为什么这样生气呢？〔皇〕子们知道自己的不是，已经害怕了。让〔他们〕自己以后学习警惕，当心〔皇〕子们会志气懈怠啊，愿蒙可汗恩典，准〔他们〕拜见。"这样奏请〔之后〕，成吉思可汗息了怒，才叫

372

拙赤、察阿歹、斡歌歹三个儿子拜见。责备〔他们〕的时候，引证着老人们的〔遗〕言，剖析着旧日的话语，说得〔他们〕在站的地方站不住，额前的汗擦不完。

当斥责教诲的时候，佩带弓箭的扈卫晃孩、晃塔合儿、搠儿马罕[4]三个人向成吉思可汗奏禀说："在〔皇〕子们像雏鹰才加入调练一般，刚学习出征的时候，为什么这样把〔皇〕子们像频频退后的〔人〕一样，加以申斥呢？恐怕〔皇〕子们畏惧，心志懈怠。〔如今〕从日落之处到日出之地，〔都〕是敌人。如把我们像指使土番[5]猛犬一般派遣出去，如蒙天地增添力量，〔征服〕敌人，愿把金银、缎匹、财物、百姓、人烟都拿来〔献〕给你。若问是哪种人？就是在这西边有称为巴黑塔惕[6]人的哈里伯·莎勒坛[7]。我们去征伐他。"这么奏请，可汗略微开心。为这些话，怒遂息了。成吉思可汗同意，降圣旨恩赐晃孩、晃塔合儿、搠儿马罕三个带弓箭的扈卫说："阿答儿斤氏的晃孩，朵笼吉儿氏的晃塔合儿两个人要〔留〕在我的跟前！"命斡帖格歹氏的搠儿马罕去远征巴黑塔惕〔的〕哈里伯·莎勒坛。

注释

1 关于兀笼格赤之战，竹外尼《世界征服者之历史》有详细记载，见Boyel英译本，上册第一二三至一二八页。

   姚师前注：玉龙杰赤的占领，见冯译《多桑蒙古史》第一卷（第一一六到一一七页）、《证补》卷一《太祖本纪译证下》、Barthold的书（第四三三到四三七页）。

2 姚师前注：成吉思可汗一二一九到一二二五年间的西征花剌子模，木华黎因坐镇东方，实未从行。至于字斡儿出与失吉·忽秃忽的从行，则丘处机的《西游记》（称为播鲁只千户，曾率千骑卫送长春真人）与《秘史》第二五七节（见上）均有明证。然这里何以忽然又有孛斡儿出、木华黎、失吉·忽秃忽合辞奏禀的事情呢？总合李文田、文廷式、沈子培诸先生的推究，盖有下列三种原因。（一）孛斡儿出、木华黎、失吉·忽秃忽位高地亲，经常三人出面讲话（如本卷第二五四节等），所以这一次也照例把他列入。（二）木华黎在汉地，尤其在一般汉人中名望甚高，尊为国王。故记此事时，或初译汉文时的人，有意把他的名字列入，以示亲敬。（他本人名列蒙文第二，但汉文总译，只提出他一个人，应即与上述的理由有关。）（三）文廷式说这是太祖十七年诸臣进呈的公文，奏疏中以木华黎官尊，用以领衔的。（以上均见李文田《元秘史注》卷十三第三十六页与眉批）三说中，当以第一说较为可信。

3 原文此处有"马孩周"一字，无旁译，不知何解。《蒙汉满三合》（第九册七十六页上）有 maghaichamui 一字，其汉译为"以背式骨打远马儿"，似为一种玩要。*Mongol kelenii tobchi tailbar toli*（第三五五页），解为投掷髀石玩要。但均难合于此处的说法。

4 搠儿马罕（Chormakhan），是蒙古经略西亚的重要人物。他的功绩可与木华黎在华北的功绩媲美，可惜《元史》无传。在西方所留的史料中，其名屡见不鲜。柯绍忞在他的《新元史》第一五〇卷，给搠儿马罕立了一篇传，可参考。

5 原文"脱孛都惕　那豁惕"（Töbödöd［Töbedöd］nokhad），旁译"西番每　狗每"。"西番"即"土番"，亦即今之西藏。这是"西藏"一字首见于蒙古史册之处。西藏犬体格壮大，力强，较蒙古犬，尤为凶猛，惟不善于猎兽。蒙人多用以守家，或看守羊群。今纯种藏犬，在蒙古地方仍受重视。

6 巴黑塔惕，即今伊拉克首都巴格达（Bagdad）。当时是哈里发王朝之首都。

7 "合里伯　莎勒坛"（Khalibe Soltan），即回教教主兼国王 Kalif 或 Caliph 及 Sultan 二字。当时的 Caliph 是 Abbasid 朝的 an-Nasir li-Din-Allah。

第二六一节

又命朵儿边氏的朵儿伯·朵黑申[1]去征讨在欣都思[2]与巴黑塔

惕两种人之间的阿鲁、马鲁、马答撒黑人的阿卜秃城[3]。

注释

1 朵儿伯·朵黑申,在第二四〇节作"朵儿伯·多黑申",已见该节注2。《元史》无传,柯绍忞《新元史》卷一二八有简传一则。

2 欣都思,是Hindus的转写,就是印度人。

3 姚师前注:欣都思人与报达人中间的阿鲁人、马鲁人、马答撒里人以及阿卜秃城,均不见于冯承钧的《西域地名》(一九六二年台湾重印本)。日人那珂通世《实录》第五二〇页以下,虽有考释,也语焉不详。案"阿鲁"或即"亦鲁",海尼士说当是Herat。"马鲁"又名"马鲁沙黑章"(Maru Shahidjan),在Murghab河上。马答撒里人与阿卜秃城均在上述两地之间,其详待考。

斯钦补注:竹外尼《世界征服者之历史》对这一段故事,有比较详细的记载(见Boyel英译本上册第一四一至一四二页)。大致说,成吉思可汗派朵儿伯·朵黑申带着两个万人军团(万户,tümen),渡印度河(申河,Indus),去追讨札阑丁,经过Nandana、Multan、Lahore等地,并攻克之;但因暑热,旋师,经Ghazna,与可汗大军合。这几个地名虽与《秘史》所记的发音颇有出入,但也有些相似的地方。Boyel教授曾作专文"Iru and Maru in the *Secret History of the Mongols*"详论之。

第二六二节

又命速别额台勇士去远征迤北的康邻[1]、乞卜察兀惕[2]、巴只吉惕[3]、斡鲁速惕[4]、马札剌惕[5]、阿速惕[6]、撒速惕[7]、薛儿客速惕[8]、客失米儿[9]、李剌儿[10]、客列勒[11]等十一个外邦部落,渡过亦的勒[12]、札牙黑[13]等江河到乞瓦[14]——绵客儿绵城[15、16]。

注释

1 康邻（Khanglin）或康里（Khangli），即汉代的康居，其地在今吉尔吉斯（Kirgiz）草原。

2 乞卜察兀惕（Kibchagh-ud 或 Kipchak-ud），有时亦读作 Kim chak（钦察）。《元史》卷六三《地理志六·西北地附录》作"钦察"。其地在南俄草原，钦察人是属于突厥系奉回教的游牧民族。

3 巴只吉惕（Bajigid），待考。可能是 Bayigid 或 Baya'ud 之讹，也可能是唐代铁勒（敕勒）的一支族"拔也古"的讹转。

4 斡鲁速惕（Orsud），即俄罗斯。《元史》卷一二一《速不台传》作"斡罗斯"，《西北地附录》作"阿罗思"。按蒙古语——除外来语外——从无以子音 r 为一个字的首音。因此许多外来语进入蒙古语时，时常给原来以 r 为首音的字加上一个适当的母音。例如：佛教词汇中的"甘露"（rashiyan）就变成了 arashiyan，人名的 Rashi 常常变成了 Arashi，同样的 Rus 也就变成了 Orus 或 Oros。满洲人从蒙古人知道了这一个字，终于使 Rus 一词，在中国语汇中转成了"俄罗斯"。

5 马札剌惕（Majarad），majar 的复数形，也就是马札尔（Magyar）人的转音。Magyar 现在仍是匈牙利人的本字。

6 阿速惕（Asud），即蒙古帝国时代，太和岭（今北高加索山）区的亚兰人（Alans）。

7 撒速惕（Sasud），待考。

8 薛儿客速惕（Serkesüd），即北高加索人 Circassians。

9 客失米儿（Keshimir），即克什米尔，古代的罽宾国。《元史》卷一二五《铁哥传》作"西域筑乾国"（第十三页下）。

10 孛剌儿（Bolar），即今保加利亚人。《元史·西北地附录》作"不里阿耳"。在速别额台北征之时，保加利亚人正在伏尔加（Volga）河迤东之地。孛剌儿也可能是波兰人的转音，惟根据史实，速别额台于这次北征之际，曾败保加利亚人，但未与波兰人交绥。

11 原文作"剌剌勒"，钱本作"剌剌惕"；在第二七○节作"客列勒"，钱本作

"客列"。《黄金史》第二部（第八十四页第九行）作Kerel，正与第二七〇节之"客列勒"相符。那珂通世于其《成吉思汗实录》（第五二七页）说，匈牙利语称国王为Kiraly，可能蒙古人误为国名。今以《黄金史》Kerel一字证之，此说似可成立。又《元史》卷一二一《速不台传》亦作"马札儿部主怯怜（Kerel）"（第四页上）。但速不台攻匈牙利之事，是在一二四一年，而不是在这一次征俄的战役。

12 亦的勒（Idil），《黄金史》第二部（第八十四页第十行）作Ichil［Ijil］，就是伏尔加（Volga）河。蒙古人至今仍称此河为Ijil-Ghol。

13 札牙黑（Jayagh），即今乌拉尔（Ural）河。

14 原文"乞瓦绵"，旁译"城名"。《黄金史》第二部（第八十四页第十行）作Keiwa，正是基辅（Kiev）的对音，同时也说明那一个"绵"字是不属于这一个字的。

15 原文"客儿绵"，旁译为"城名"。《黄金史》第二部（第八十四页第十一行）作Men Kerme。那珂通世于其《成吉思汗实录》第五二八页称："蛮（棉）者，大也。客儿蛮（棉），城市（突厥语）也。乞瓦—绵—客儿绵者，乞额甫（基辅）大城也。"以《黄金史》考之，此说正确。

16 按此一远征，是为追索逃亡中的花剌子模国王摩诃末二世。惟摩诃末二世逃入里海中的一个小岛死在那里。蒙古军未悉此事，一直北进，并击败钦察及俄罗斯联军，绕里海东向，与成吉思可汗大军相合返还蒙古。此次远征军的统帅是者别与速别额台两人。《元史》卷一二一《速不台传》简记其事。竹外尼《世界征服者之历史》对者别、速别额台两人的行动也有记载（见英译本上册第一四二至一四九页）。按《秘史》第二七〇节所载之地名与本节同，足证《秘史》的著者是把太宗斡歌歹可汗时代的西征欧洲之事与此一战役相混了。

第二六三节

收服回回之后，成吉思可汗又降圣旨，在各个城市里设达鲁花赤[1]。有姓忽鲁木石的回回，名叫牙剌哇赤[2]、马思忽惕[3]的父子两个人，自兀笼格赤城前来，对成吉思可汗讲述〔治理〕城市的道理和体例。因〔他们〕同样知道〔治理城市的〕道理，就任命其子忽鲁木石·马思忽惕与我们的达鲁花赤一同管理不合儿[4]、薛米思坚[5]、兀笼格赤、兀丹[6]、乞思合儿[7]、兀里羊[8]、古先—答邻勒[9]等城市。将其父牙剌哇赤带来，教〔他〕管理汉地的中都城。在回回人之中，因为牙剌哇赤、马思忽惕两个人善于〔治理〕城市的道理〔和〕体例，就叫〔他〕管理汉地的百姓，与众达鲁花赤们一同委任了[10]。

注释

1 原文"答鲁合臣"（darghachin〔darughachin〕），旁译"镇守官名"，即《元史》上的"达鲁花赤"。请详见拙著《说旧〈元史〉中的"达鲁花赤"》，台湾大学《文史哲学报》第十三期，一九六四年十二月。

2 姚师前注：牙剌瓦赤的事迹，亦见于《元史》之《太祖本纪》《太宗本纪》《宪宗本纪》《亲征录》等，屠敬山先生、柯凤荪先生在《蒙兀儿史记》（卷四十六）与《新元史》（卷一三三）中各为立传，可参看。

3 马思忽惕，《元史》卷三《宪宗本纪》作"麻速忽"，并且说："以讷怀、塔剌海、麻速忽等充别失八里等处行尚书省事。"（百衲本第三页上）《蒙兀儿史记》卷四十《牙剌瓦赤传》有附传，《新元史》卷一三三《牙剌洼赤传》亦有附传。竹外尼《世界征服者之历史》对牙剌哇赤父子有详细记述，可参看（见英译本上下两册中）。

4 不合儿，即 Bukhara。

5 薛米思坚，即前述之"薛米思加卜"，《元史》上的"撒麻耳干"（Samarkand）。

6 兀丹，即古之于阗，今之和阗。

7 乞思合儿，即喀什噶尔（Kashgar）、疏勒。

8 兀里羊（Uriyang），似乎是叶尔羌（Yarkand）之讹转。

9 古先—答邻勒（Güsen-Taril），似为元代之塔林。那珂通世说："《明史·西域传》称：'曲先卫，东接安定，在肃州西南。古西戎，汉西羌，唐吐蕃，元设曲先—塔林元帅府。'曲先—塔林即古先—答哩勒……其地当在今青海之西、西藏之北。"

10 姚师前注：此节所记牙剌瓦赤与成吉思可汗讨论治理〔城池〕的道理与方法，实极端重要。可惜语焉不详，不能得知牙剌瓦赤详细的理论，甚为可惜！又，任命牙剌瓦赤为汉地达鲁花赤，当为色目人协助统治中原的开始。此点极关重要。

第二六四节

在回回人那里过了七年[1]。〔可汗〕在那里等候札剌亦儿氏巴剌的时候，巴剌渡过申河，追袭札剌勒丁·莎勒坛、篾力克汗两个人[2]。〔追〕到欣都思[3]地方〔因为〕未能俘获札剌勒丁·莎勒坛、篾力克汗两个人。一直到欣都思人当中〔仍是〕寻找不到。回来〔的时候〕掳掠欣都思边地的百姓，带回来很多骆驼，很多山羊。成吉思可汗从那里班师[4]，路间在额儿的思河[5]住夏[6]。第七年，鸡儿年秋天[7]，回到秃剌[8]河合剌屯〔黑林〕的斡儿朵住下。

注释

1 己卯（一二一九年）至乙酉（一二二五年）。

2 姚师前注：据《秘史》第二六四节，可知札阑丁在一二二一年冬横渡申河逃走以后，成吉思可汗曾派巴剌千户前往追寻。据《译文证补》（卷一下第三十七页）知道协助追袭者尚有朵儿伯·黑合申，即征讨秃马惕人、绰号暴躁者的那位大将。

斯钦补注：请参看《秘史》第二六一节。

3 欣都思（Hindus），即印度。

4《元史》卷一《太祖本纪》："十九年甲申……是岁，帝至东印度国，角端见，班师。"（百衲本第二十二页上）多桑书称："一二二三年春，疫止。成吉思汗遂决定取道印度、土番而还蒙古。……欲取道土番而进，行数日，因所经之途山岳起伏，森林遍布，难于通行；遂返富楼沙，改循前赴波斯之来路退军。"（冯译本上册第一三二页）。《元史》卷一四六《耶律楚材传》及陶宗仪《辍耕录》"角端"条，均有富于神话性的记载。《辍耕录》说："太祖皇帝驻师西印度，忽有大兽，其高数十丈，一角，如犀牛然，能作人语云：'此非帝世界，宜速还。'左右皆震慑，独耶律文正王进曰：'此名角端，乃旄星之精也。圣人在位，则斯兽奉书而至，且能日驰万八千里。灵异如鬼神，不可犯也。'帝即回驭。"

5 额儿的思河，即额儿齐斯河。

6 关于住夏与否之问题，《秘史》与多桑书不同。多桑书说："一二二四年夏冬二季，成吉思汗全在道中。"（冯译本上册第一三三页）竹外尼《世界征服者之历史》说可汗在Qulan-Bashi过夏。Boyel注译说，Qulan-Bashi的字义是"野驴头"，地在阿里斯（Aris）河与塔拉斯（Talas）河之间的盆地（英译本上册第一四〇页）。

7 关于可汗返还斡儿朵之事，《秘史》称在鸡儿年（乙酉，一二二五）秋天，竹外尼说返还的时间是在春天，正与《元史·太祖本纪》所称"二十年乙酉春正月还行宫"之说相合。

8 秃剌，即以前所见（如第一〇四节）的土兀剌河，现在的土拉河。

续卷二

第二六五节

那年冬天〔过了〕冬，为征伐唐兀惕人[1]，重新数点人马[2]。狗儿年〔丙戌，一二二六〕秋天，成吉思可汗去征唐兀惕人。从后妃中携也遂夫人同行。途中已入冬令，在阿儿不合围猎许多野马。成吉思可汗骑着〔一匹〕红沙马，野马〔群〕跑过来，〔那〕红沙马受惊，成吉思可汗从马上摔了下来。因肌肤非常疼痛，那夜就在搠斡儿合惕住下了。住过了那一夜，次日早晨，也遂夫人说："〔皇〕子们、那颜们商议〔商议〕吧！可汗夜间身体发烧，睡着了。"皇子们和那颜们聚会，晃豁坛氏的脱仑"扯儿必"提议说："唐兀惕人有筑好的城池，〔和〕不能移动的定居处所。他们不〔会〕抬起筑好的城池走掉；他们不〔能〕撒弃不移动的处所走开。我们〔可以暂〕退。〔等〕可汗痊愈，再来征伐。"一说，全体〔皇〕子和那颜们都以为然，〔就〕奏禀成吉思可汗。成吉思可汗说："唐兀惕人必说我们胆怯回去了。我们要派使臣前去。〔我〕就在这搠斡儿合地方养病，等明白他们的〔回〕话后，再撒退吧！"于是就叫使臣前去传话，〔说〕："以前[3]，你不儿罕[4]曾经说过：'我们唐兀惕人，愿做你的右翼。'因你曾那样说过，〔所以〕当回回不肯议和之时，〔我〕派人去叫〔你〕出兵，你不儿罕[5]不践诺言，既不肯出兵〔又〕以言语讥讽。〔当时〕为了另有所图，我决定以后〔再向你〕对证，就去征伐回回。蒙长生天祐助，已纳回回百姓于正轨，现在来向〔你〕不儿罕[6]把话折证明白。"不儿罕说:"我没有说过讥讽的话。"阿沙敢不说:"讥讽的话我是已经说过的。你们蒙古人惯于厮杀,若想厮杀,我在贺兰山[7]住撒帐毡房,有骆驼驮子。〔你们〕可以向贺兰山来找我,〔在〕那里厮杀!若想要金、银、缎匹、财物,你们可以指向宁夏西凉[8、9]!"〔使臣〕把这话转达成吉思可汗。成吉思可汗身体正在发烧,说:"好!人家说这样的大话,怎可撤退!虽死〔也〕要去对证这句大话。长生的上天啊,由你作主吧!"于是成吉思可汗就前进到贺兰山与阿沙敢不厮杀,杀败阿沙敢不。在贺兰山上扎下寨子,擒获阿沙敢不。命将所有〔住〕撒帐毡房,有骆驼驮子的百姓,如扬灰一般的摧毁。降圣旨〔说〕:"把勇猛健壮的唐兀惕人杀掉!军士们可以捉捕〔其余〕各色的唐兀惕人收〔为己有〕!"

注释

1 西夏,原文"唐兀勒"乃"唐兀惕"之讹。蒙古人称甘、青藏族为Tangghud,青、康藏族为Kham-pa,西藏本土之人为Töböd〔Töbed〕。姚师前注说:《秘史》从这一节起,共有五节(即从第二六五到二六九节),述西夏事,均称西夏为唐兀或唐兀惕。

2 原文:"脱阿 脱兀剌周"(to'a to'ulaju),旁译为"数 数着",总译为"数查人马"。这就是人口普查,也可以说是"国势普查",是决定军队编制、行政调整、赋税与劳役供出的基础。这是可汗西征胜利归来,对于新的强大国势,作了一次重新的调查,以为下一次的扩张——征伐西夏的张本。

3 原文"你多你"(nidoni),旁译"去年"。这是字译。其实是指卷十一第二四九节的故事而说的。

4 此一不儿罕,系指西夏襄宗李安全而言。其愿为可汗右翼之事,见《秘史》第二四九节。

5 此一不儿罕，系指西夏神宗李遵顼而言。唐兀惕人不践诺言之事，见第二五六节。

6 此一不儿罕，系指西夏献宗李德旺说的。

7 原文"阿剌筛"（Alashai），旁译"贺兰山名"。今蒙古语称贺兰山为 Alasha-yin a'ula，称山西北之广大沙漠地区为 Alashan，即阿拉善旗之地。

8 宁夏，原文"额里合牙"，白鸟本订正为"阿里合牙"。这似乎是根据蒙文母音调和之原则改正的；但对人地名可有例外一节，似未注意及之。宁夏即西夏首都中兴府，今之银川市。今蒙古语仍称宁夏城为 Irghai，当为 Erighaya 或 Erikhaya 之转。西凉，原文"额里折兀"（Erije'ü），即今武威。姚师前注说：陈寅恪先生有《灵州、宁夏、榆林三城译名考》，见《历史语言研究所集刊》，民国十八年，第一本第二页。

9 由阿沙敢不的话，可知当时的唐兀惕人，已有分为农业定居和牧猎迁徙的两种社会之倾向。其居住于贺兰山之阳者，则为定居的农业部分，正如第二四九节中不儿罕所说的话一样。他说："……我们是定居的，是筑有城市的……既追不上疾速行军又做不了锋利厮杀。"而山阴一带，仍是游牧的部落，人民勇猛好战。阿沙敢不似乎是代表游牧部落的势力。这个农业社会，是包括境内所属的汉人在内；而其游牧社会，则仍为"住撒帐毡幕的，有骆驼驮子的"纯唐兀惕人社会。同时从阿沙敢不的这篇话，也可以证实游牧民族作战的动机是由于经济上的需求。

第二六六节

成吉思可汗在雪山[1]上住夏，派兵去把〔那些〕曾与阿沙敢不一同上山反叛的，住撒帐毡房，有骆驼驮子的唐兀惕人，收捕掳掠尽绝。

恩赏孛斡儿出、木合黎[2]二人，降圣旨说："尽力之所能，尽量拿取!"成吉思可汗又恩赐字斡儿出、木合黎二人说:"因为未曾分给你们金国³的百姓,你们两个平分金国百姓中的'主因人'⁴吧!叫他们的好男儿们给〔你们〕司鹰,做随从;把他们的好女儿们养大,给你们妻妾整理衣襟。金国皇帝所倚仗的,所宠信的,曾杀害过蒙古人祖先父辈的,就是〔这些〕黑契丹的主因人。如今我所倚仗的所亲信的,就是字斡儿出、木合黎你们两个人!"

注释

1 原文"察速秃"(Chasutu),旁译"雪山名",字义是"有雪的",似非专有名词。《元史》卷一《太祖本纪》说:"二十一年丙戌(一二二五)……夏避暑于浑垂山,取甘、肃等州。"(百衲本第二二页下)这所谓"察速图山",或即《元史》所说的"浑垂山"。

2 按《元史·太祖本纪》:"十八年癸未春三月,太师国王木华黎薨。"(百衲本卷一第二十二页上)又《木华黎传》亦称:"癸未春,师还……三月,渡河还闻喜县,疾笃……薨,年五十四。"(卷一一九第八页上下)此处所谓对木华黎之恩赐,或指对其子嗣之恩赐而言。至于字斡儿出卒于何年,史无明征。又就本节及《秘史》全文观之,这一段对木华黎、字斡儿出的恩赏,似与远征西夏之事无关。可汗这次远征的幕僚长,似乎是脱仑,而非字斡儿出与木合黎二人。这一段与上下文都不相干的记事,似乎是把可汗征金之时的敕语讹误地插入到征夏的部分中,可能这是转写时因脱页而造成的错误。

3 金国,原文"乞塔惕"(Kitad),是"契丹"一字的复数形。实际的意思是指汉地和汉人说的。

4 姚师前注:"主因人",原蒙古音译作"乞塔惕·亦儿格 讷·主亦泥"(Kitad irgen-ü jüin-i),原总译作"金国的主因种"。据王国维先生的研究,主因人(主因·亦儿坚)应当即是金元时代的乣军("乣"读"居黝"反。"乣"乃"糺"之省,与"纠"字相通用)。主因人,在全部《元朝秘史》二百八十二节有四处说到,字凡五见:(1)即第五十三节(卷一);(2)即第二四七、二四八节（续卷一）；与（3）第二六六节（续卷二）；（4）即此节。初盖为边防军，故多为契丹人。后戍呼伦、贝尔两湖之间，与塔塔儿人杂居，故军中亦多塔塔儿人。说详王氏《〈元朝秘史〉中之"主因亦儿坚"考》（《观堂集林》卷十六第一至十二页），及日本学者箭内亘氏的《辽金时代所谓乣军考》等论文（见日文本《蒙古史研究》第六十九到一二五页等）。羽田亨博士也有《辽金时代乣军考》（见一九五七年出版的《羽田博士史学论文集》上卷"历史篇"，第四〇六到四三一页），均可参看。

第二六七节

成吉思可汗自雪山前进，驻营于兀剌孩城[1]，〔又〕从兀剌孩城前进，攻破灵州[2]城的时候，不儿罕[3]前来拜见成吉思可汗。不儿罕拜见的时候，以金佛[4]为首，献上九类各九件的金银器皿，以九九[5]为数的童男童女，以九九为数的骟马骆驼，九类各九件的各种〔物件〕。拜见时，命不儿罕在门〔外〕，不揭门帘。那次拜见的时候，成吉思可汗心里不舒服。第三天成吉思可汗降圣旨，给亦鲁忽[6]·不儿罕改名为失都儿忽[7]，又叫亦鲁忽·不儿罕·失都儿忽来前，成吉思可汗降圣旨，命脱仑"扯儿必"动手，将亦鲁忽处死[8]。当脱仑"扯儿必"奏报"已经把亦鲁忽处置了"的时候，成吉思可汗降圣旨说："来向唐兀惕人折证前言之时，为要使我在路间〔因〕围猎阿儿不合〔地方〕的野马〔跌倒〕而疼痛的肌肤痊愈，爱惜我的生命身体，提出〔退兵〕意见的，是脱仑。因为敌人[9]〔口出〕恶言，〔督师〕前来，蒙长生天增加力量，我们〔终于〕把敌人征服，冤仇得报。亦鲁忽这次所送来可移动的宫帐、器皿等等，脱仑〔你〕全部拿去吧。"

注释

1 兀剌孩（Uraqai〔Urakhai〕），城名，那珂通世《成吉思汗实录》（第五七〇页）引施世杰、高宝铨二氏之说，以兀剌孩为阿喇克鄂拉（Alagh-a'ula——龙头山，在阿拉善旗西南）之对音，而认为是阿喇克城。此说似属不确。

2 原文"朵儿篾该"（Dörmegei〔Türimekei〕）。姚师前注说：朵儿篾该，即是灵州。它与第二六五节的"额里合牙"（宁夏），陈寅恪先生在《灵州、宁夏、榆林三城译名考》里均有很好的解说。

3 此时西夏献宗李德旺已卒，其子睍继之。此处之不儿罕系指李睍而言。

4 这是"佛"字第一次出现于蒙古史料。原文"速篾思"（Sümes），是Süme（寺庙）的复数。

5 蒙古习俗数字以九为大，以九数为吉。无论是赏赐、进贡或因罪罚缴纳家畜，均以九数为单位。如一九、三九或九九等，其中以九九为最高之限度。

6 亦鲁忽·不儿罕（Ilukhu-Burkhan），旁译"人名"。"亦鲁忽"不知何解。已见第二五〇节注3。

7 失都儿忽（shidurghu），旁译"人名"。其字义是忠顺、顺服或耿直。此处译为"顺服"为宜。

8 原文为"那可儿"（nökör），原音译为"敌"。此字的本意是"伴当"。这里是相反的用法。

9 关于"亦鲁忽·不儿罕"被杀之事，史书所载不一。《元史·太祖本纪》未提及李睍之结局，只说："二十二年丁亥（一二二七年）……是（六）月，夏主李睍降，帝次清水县西江。秋七月壬午，不豫。己丑，崩于萨里川哈老徒之行宫。"而未及其他（见百衲本《元史》卷一第廿三页上）。多桑书称："汗同时嘱诸将，死后秘不发表。待唐兀主及期出都城来谒时，执杀之，并屠其城民。后诸将果如命而行。"（见冯译本上册第一五三页）

第二六八节

俘获唐兀惕人，改亦鲁忽·不儿罕〔之名〕为失都儿忽，把他处死；把唐兀惕人的父母、子子孙孙，都灭绝一干二净，降圣旨说："但凡在饮食的时候，都要说：'使〔唐兀惕人〕死得尽绝[1]！'"因为唐兀惕人，说了话，不肯实践的缘故，成吉思可汗再度远征唐兀惕，灭了唐兀惕人回来。猪儿年成吉思可汗升天去了[2]，把大部分唐兀惕人〔分〕给了也遂夫人。

注释

1 原文"木忽里　木忽里　宜"，又作"木忽里　木思忽里"。两处均无旁译。总译只有一"灭"字，该书于下文"兀该　字勒罕"，旁译"无　教做"一语。《黄金史》（第二部第九九页）作 mukhali müsküli，其意义不明。按此字之语根 mükü 有"灭亡、毁灭、穷促"之意，故译之为"使（唐兀惕人）都死得尽绝！"

2 即丁亥（一二二七年）。关于可汗崩逝之时间地点，各书之记载如下：

（1）《黄金史》（第二部第一〇二页）称："二十二年丁亥，（可汗）六十六岁，七月十二日升天。"又于第一〇四页说："送到可汗的陵寝，永远安葬在那里。"但未指明何处。第一〇五页说："真的陵寝有人说是在不儿罕山，有人说是在阿尔泰汗山的山背，或是在肯特汗山山怀的也客斡迭克地方。"

（2）《成吉思汗传》（第二十三页上及二十四页下）之记载与《黄金史》完全相同。只于第二十四页称为六十七岁，或为六十六岁之讹。

（3）《蒙古源流》仅称"遂至所卜久安之地"（沈曾植《蒙古源流笺证》卷四

第八页上）。

（4）《黄金史纲》称："丁亥（一二二七）年……秋，驻跸清水（Köke-Usun）县讨兀剌秃（To'uratu）河，可汗不豫，第八日留遗诏而崩。奉至起马（Chima）河而安葬。但不知其地何在。"（见同书第八十九页）此处所称之"起马"或"起辇"之讹。

（5）《元史·太祖本纪》："二十二年丁亥……是（六）月，夏主李睍降，帝次清水县西江。秋七月壬午，不豫。己丑，崩于萨里川哈老徒之行宫。临崩谓左右曰：'金精兵在潼关，南据连山，北限大河，难以遽破。若假道于宋，宋、金世仇，必能许我，则下兵唐、邓，直捣大梁。金急，必征兵潼关。然以数万之众，千里赴援，人马疲弊，虽至弗能战，破之必矣。'言讫而崩，寿六十六。葬起辇谷。至元三年冬十月，追谥圣武皇帝，至大二年冬十一月庚辰，加谥法天启运圣武皇帝，庙号太祖。"（见百衲本卷一第二十三页上下）

（6）多桑书称："汗次清水县之西江，其地在今秦州之东约十二程之地，汗得重病。先是去年三月汗在翁古—答阑—忽都克（Ongou-talan-coudouk）之地得梦，预知死期将届。窝阔台、拖雷二子驻兵于附近五六程之地，汗召之至，与共朝食毕，时将校满帐中，汗命诸人暂避，密语二子曰：'我殆至寿终矣，赖天之助，我为汝等建一广大帝国。自国之中央达于诸方边极之地，皆有一年行程。设汝等欲保其不致分解，则必须同心御敌，一意为汝等之友朋增加富贵。汝等中应有一人承大位，将来我死后，应奉窝阔台为主，不得背我遗命。察哈台不在侧，应使其无生乱心。'（按此时术赤已卒。注五：见《史集》。——《世界侵略者传》。）至是在疾中，诸子惟拖雷在侧。汗临危时谓左右曰：'……（其文已见注2（5））……'汗病八日死。时在一二二七年八月十八日，年六十六岁，计在位二十二年。诸将奉柩归蒙古，不欲汗之死讯为人所知。护柩之士卒在此长途中遇人尽杀之。至怯绿连河源成吉思汗之大斡耳朵始发丧，陆续陈柩于其诸大妇之斡耳朵中。诸宗王、公主、统将等得拖雷赴告，皆自此广大帝国之各地奔丧而来，远道者三月始至。举行丧礼后，葬之于斡难、怯绿连、秃剌三水发源之不儿罕·合勒敦诸山之一山中。先时成吉思汗至此处，息一孤树下，默思移时，起而言曰：'将来欲葬于此。'故其诸子遵命葬于其地。葬后周围林木丛生，成为密林，不复能辨墓在何树之下。其后裔数人，后亦葬于同一林中。命兀良哈部千人守之，免其军役。置诸汗遗像于其地，香烟不息。他人不得入其中。虽成吉思汗四大斡耳朵之人亦然。成吉思汗死后百年，尚保存如是也。"（见冯译本上册第一五二至一五三页）

姚师曾作注释说：猪儿年，即是《元史》卷一《太祖本纪》第二十二年的丁亥年、公元一二二七年。是年为南宋理宗宝庆三年、金哀宗正大四年。据《元史·太祖本纪》，太祖是死在这一年的七月己丑的。原文说："秋七月壬午，不豫，己丑，崩于萨里川哈老徒之行宫。"依据《金史》卷一一一《撒哈辇传》："八月，朝廷（金国）得清水之报，令有司罢防城及修城丁壮，凡军需租调不急者权停。"据此，则成吉思可汗是死在旧历的七月，并且是死在清水县附近的。日本箭内亘教授有《成吉思汗的死地》一文〔原载大正四年（一九一五）《东洋学报》五卷二号〕，考证甚详。远较旧《元史·太祖本纪》、《译文证补》卷一下、《多桑蒙古史》上册（第一五二到一五三页）所说为可信。兹选录该文要点如下：（1）《元史·太祖本纪》所记太祖晚年之事，详细程度，实非他书所可及。（2）《本纪》说："闰五月，避暑六盘山。……六月，夏主李睍降。帝次清水县西江。秋七月壬午，不豫（病重了）。己丑，崩于萨里川哈老徒之行宫。"是太祖二十二年（一二二七）六月已去六盘山，而次于其南清水县之西江，七月始得疾，一周之后即殂落故也。（3）故谓太祖在清水县附近得疾，即在同地殂落，萨里川为发丧之地，实为最妥当之解释。（4）《金史·撒哈辇传》明记"八月，朝廷得清水之报，令有司罢防城及修城丁壮，凡军需租调不急者权停"，则太祖崩地，为清水县附近，殆无容疑。（5）清水县，今地在甘肃清水县之西，西江盖即今之牛头河。（中译《蒙古史研究》第一篇，商务印书馆，民国二十一年出版。）

第二六九节

鼠儿年〔戊子，一二二八〕[1]察阿歹、巴秃[2]等右翼诸〔皇〕子，斡惕赤斤那颜、也古、也孙格[3]等左翼诸〔皇〕子，在中央的拖雷等诸〔皇〕子，公主、驸马、万户、千户等全体，都在客鲁涟河阔迭额—阿剌勒[4]聚会。依照成吉思可汗所提名的圣旨，奉斡歌歹可汗为汗。察阿歹哥哥[5]奉他的弟弟斡歌歹可汗为汗[6]。察哈台哥哥、拖雷两个人，将曾守护〔汗〕父成吉思可汗黄金性命的宿卫，佩弓箭的扈卫八千散班，〔以及〕在汗父身侧行走的，〔一〕万名贴身的护卫，如数〔点交〕给斡歌歹可汗。把在中央〔本土〕的人民，也按照这规则，如数〔点交〕了。

注释

1 姚师前注：鼠儿年为戊子年，即公元一二二八年。据《元史》卷二《太宗本纪》、卷一四六《耶律楚材传》等，知：太宗窝阔台（斡歌歹）即位的那一年，是己丑年、公元一二二九年，较《秘史》此处退后一年。戊子年依蒙古旧俗，召集聚会，庶事由幼子拖雷处理，故《元史》称为"皇子拖雷监国"。太宗实在即位的年月，应是一二二九年。

2 按拙赤先可汗而死。巴秃系拙赤之子，即《元史·宗室世系表》术赤太子位中的拔都大王。

3 也古（Yegü）、也孙格（Yesüngge〔Yisüngge〕）二人皆为合撒儿之子。《元史·宗室世系表》搠只·哈〔撒〕儿王位名下作"淄川王也苦"及"移相哥大王"。

4 关于阔迭额—阿剌勒（Köde'e Aral）所在地问题，达木丁苏隆氏论之甚详，要谓："所谓客鲁涟河的阔迭额—阿剌勒，可能在乌兰巴托市（库伦）东南的巴彦乌拉干山。这个山是在蒙古中央平原之前高耸的大山，而水草丰富。"见谢译达木丁苏隆本（第二十七页）。

5 原文"察阿歹　阿合"（Cha'adai Akha），旁译"人名　兄"。这就是察阿歹的尊称，在若干蒙古史料中，均作Chaghadai Akha，意译是"皇兄察阿歹"；但为保持其原形及亲密的感觉，仍字译为"察阿歹哥哥"。

6 姚师前注：《元史》卷二《太宗本纪》说："始立朝仪，皇族尊属皆拜。"又《元史》卷一四六《耶律楚材传》也有关于拥戴窝阔台汗的记载。原文说："己丑（一二二九）秋，太宗将即位，宗亲咸会……遂定策，立仪制。（楚材）乃告亲王察合台曰：'王虽兄，位则臣也，礼当拜。王拜，则莫敢不拜。'王深然之。及（太宗）即位，王率皇族及臣僚拜帐下。……国朝尊属有拜礼，自此始。"合而观之，才可以知道《秘史》这一句话的重要。（苏天爵《元文类》卷五七宋子贞《耶律文正公神道碑》、《元名臣事略》卷五《中书耶律文正王事略》与《元史》本传所记略同。）

第二七〇节

斡歌歹可汗本人被拥戴为可汗[1]，把在〔禁〕内行走的万名护卫，〔并〕中央〔本土〕的百姓接管之后，先与察哈台哥哥商议，派斡豁秃儿、蒙格秃两个人出征，去作远征巴黑塔惕人合里伯·莎勒坛的佩弓箭的扈卫绰儿马罕的后援[2]。巴黑塔惕人还是汗父成吉思可汗尚未完全征服的百姓。

〔以前〕曾派速别额台·把阿秃儿去征康邻、乞卜察兀惕、巴只吉惕、斡鲁速惕、阿速惕、撒速惕[3]、马札儿、客失米儿、薛儿客速惕[4]、不剌儿[5]、客列勒[6]〔等〕百姓，〔并〕渡亦的勒[7]、札牙黑〔两〕河，到篯格惕、绵客儿绵[8]—乞瓦[9]等城市去远征。那里的百姓，使速别额台把阿秃儿难以攻略[10]。派巴秃[11]、不里[12]、古余克[13]、蒙格[14]等许多王子们出发，做速别额台后援。降圣旨说："巴秃为这些出征的全体王子们的首长。"降圣旨说："古余克为由本土出征者的首长。"降圣旨说："这次出征，凡掌管邦国的宗王，要从他们诸子之中，派长子出征。不掌管邦国的宗王们、各万户、千户、百户、十夫长等，无论何人，都要派他们的长子出征。公主、驸马们也要按这规则，遣其长子出征。"

斡歌歹可汗又说："这派遣长子们出征的办法，是察阿歹哥哥所想出来的。察哈台哥哥曾派人来说：'给速别额台做后援，〔我〕教长子不里出征。若叫长子出征，则出征的军队必多。军队一多，就更有威力，〔易于〕前进。那边的敌人有许多国家，对方是很刚硬的百姓。听说是发起怒来能用自己兵刃，砍死自己的百姓。〔又〕听说〔他们〕有〔很〕锋利的兵器。'"斡歌歹可汗说："为了这些话，依照我们察阿歹哥哥谨慎的〔策划〕，叫长子们出征。这就是向各方通令，叫巴秃、不里、古余克、蒙格等〔长〕子们出征理由。"[15]

注释

1 斡歌歹可汗即位后，他的尊称是 Khaghan Khan（可汗皇帝）。见竹外尼《世界征服者之历史》（Boyel，英译本上册第一七八页），并见元僧念常著《佛祖历代通载》卷二一，称太宗为"合罕皇帝"。

2 事见第二六○节。

3 原文作"薛速惕"，续卷一第二六二节作"撒速惕"。按畏吾儿体蒙古文，Sesüd 与 Sasud 在字形上并无分别。兹为统一起见，改正为"撒速惕"。

4 原文作"薛儿格速惕"，即前第二六二节之"薛儿客速惕"。兹改为"薛儿客速惕"（Serkesüd），即北高加索人（Circassians）。

5 原文为"不合儿"，即第二六二节之"不剌儿"（波兰）或"不里阿耳"（今保加利亚人），兹改为"不剌儿"。

6 客列勒（Kerel），第二六二节误作"剌剌勒"。已见第二六二节注11。

7 原文"阿的勒"，第二六二节作"亦的勒"，即伏尔加（Volga）河，兹改为"亦的勒"。

8 原文"篾客惕绵"，旁译"城名"，不见第二六二节。第二七四、二七五两节均作"篾格惕"。故知最后的一个"绵"字，是属于下一个字的。所以改正为"篾格惕、绵客儿绵"。伯希和氏亦如是订正之（见伯希和本第一一一页注八）。小林高四郎氏对此城之攻略年代论之甚详，并谓："《元史》卷三《宪宗本纪》及卷一二二《昔里钤部传》作篾怯思，卷一二八《土土哈传》作麦怯斯，卷一三二《拔都儿传》作麦各思，皆为高加索之As（阿兰，Alan）城的译音。"《多桑蒙古史》称为Mongass，冯承钧译为"篾怯思"。注云"案此城名未详所在。剌失德书钞本音点脱落，其名亦可读作Mikess也"。以其上下文推之，此地似离打耳班不远。

关于"绵客儿绵"，已详前第二六二节注15。

9 原文为"客亦别"，即前第二六二节之"乞瓦"（Kiev），兹改正为"乞瓦"。
第二六二节作"乞瓦—绵客儿绵"。其意为"乞瓦大城"。本节则作"绵客儿绵—客亦别"，乃"大城乞瓦"之意。

10 按速别额台、者别两人在一二二一至一二二三年之间，北征俄罗斯之时，并未攻掠上述全部地区，对以上诸地之侵袭则在这一次"长子出征"之际。《秘史》本节的记事与前第二六二节的记事均有混淆之处。关于上列的部族名、地名均见前第二六二节的注释。

11 普通写作"拔都"，成吉思可汗长子拙赤的次子，《元史》无传。柯绍忞于其《新元史》卷一○六《术赤传》中写了一篇附传。拉施特书有传，见John A. Boyle英译本 The Successors of Genghis Khan，第一○七至一○八页。

12 不里（Büri），《秘史》此节列于察阿歹的长子，并见于第二七五、二七六、二七八等节。但根据拉施特书，不里是察阿歹次子木额秃干（Me'etüken

［Mü'etüken］）的次子。拉施特为他写了一段简传，见上 Boyel 上述译本，第一三八页。

13 古余克，即贵由，《元史》卷二称为"定宗简平皇帝"，"太宗长子"。公元一二四六到一二四八年，继立为蒙古的第三任大汗。

14 蒙格，即蒙哥可汗，《元史》卷三称为"宪宗桓肃皇帝"，在位时间是一二五一到一二五九年。

15《元史·太宗本纪》说："七年乙未（一二三五）春，城和林，作万安宫。遣诸王拔都及皇子贵由、皇侄蒙哥征西域。"（百衲本卷二第五页上）

第二七一节

斡歌歹可汗又派〔人〕去向察阿歹哥哥商议说："我坐在〔汗〕父成吉思可汗现成的〔大位〕上，〔岂〕不要被人说，凭什么德能坐〔大位〕呢？我们汗父尚未把汉地百姓的金国皇帝完全〔征服〕。若是察阿歹哥哥同意，我现在要去征伐汉地〔的〕百姓。"[1]派人去商量，察阿歹哥哥就赞同了。派人来说："那又何妨，〔但〕要将大本营委托给妥靠的人去出征。我由这里〔也〕派兵前去。"于是就委派佩带弓箭的宿卫斡勒答合儿[2]〔管理〕诸大"斡儿朵"[3]的事。

注释

1《元史》卷二《太宗本纪》："元年己丑（一二二九）……金遣阿虎带来归太祖赗。帝曰：'汝主久不降，使先帝老于兵间，吾岂能忘也。赗何为哉？'却之。遂议伐金。……是岁，金复遣使来聘，不受。"（百衲本卷二第一页下）

2 姚师于前注中曾述及沈增植的意见，说："沈子培先生说：斡勒答合儿，应即是《元史》（卷三第三页上等）中的'阿蓝答儿'。沈氏推想，甚有可能，所以

阿蓝答儿后来声势煊赫，不可一世。"斯钦按：阿蓝答儿是 Alandar，而斡勒答
合儿的对音是 Oldakhar，不可能是一个人。这种错误是不晓蒙古语文而治蒙古
史极易发生的错误。且当宪宗蒙哥可汗时代，阿蓝答儿对太宗斡歌歹可汗一系
的后嗣，屡施高压的手段，当非斡歌歹可汗的亲信；而这一个委以大本营之事
的斡勒答合儿，必是斡歌歹可汗的亲信无疑。

3 这里"诸大斡儿朵"，原文作"也客思　斡儿朵思"，旁译"（诸）大宫殿"，意
即"祖先们的或先可汗们的宫帐"。参看上文第七十节。

第二七二节

兔儿年〔辛卯，一二三一〕，斡歌歹可汗去征伐金国百姓[1]，以
者别[2]为先锋，击败金军，如摧毁朽木一般，追杀着越过了居庸
关。派兵到各地攻击各城，斡歌歹可汗驻营于龙虎台[3]。在那里
斡歌歹可汗患病，口舌麻木不灵，就命巫师、卜者们占卜。他们
说："金国地方〔山〕川的神祇[4]〔因为〕他们的百姓人烟被掳，
城市被毁，急遽作祟。"以占卜告诉说："给〔他们〕百姓、人烟、
金银、牲畜、食物〔和〕替身[5]。"〔仍是〕不肯放开，〔反〕更加
紧作祟占卜。〔再〕问："可否由一个亲族〔代替〕？"可汗就睁
开眼睛，索水喝，问道"怎么啦？"巫师们奏禀说："金国地方山
川的神祇们，因为他们的地方〔山〕川被毁，百姓人烟被掳，急
遽作祟。占卜告诉他们'给个替身'，〔他们〕反〔作祟〕更甚。
问：'可否由一个亲人〔代替〕？'〔他们〕就放开了。如今听凭圣
旨。"〔可汗〕降圣旨说："在近侧的子〔弟〕们有谁？"〔皇〕子拖
雷正在跟前，就说："我们有洪福的〔汗〕父成吉思可汗，在上有

诸兄，下有诸弟之中，独将可汗哥哥你，如选拣骟马，揣摩羯羊一般的[6]，把他的大位指给你，把诸国〔的重任〕担在你的〔肩〕上。教我在可汗哥哥跟前，'提醒已经忘记了的，唤醒已经睡着了的'[7]。如今，若是把可汗哥哥你失去了，谁忘记了要我来提醒，谁睡着了要我来唤醒呢？假如我可汗哥哥真有个不豫[8]，蒙古众民就将成为丧父之子，金国百姓必〔甚〕快意。让我来代替我可汗哥哥吧。我曾劈开鳟鱼的脊骨；我曾砍断鳇鱼的脊梁，我曾胜过迎面来的〔叛逆〕，我曾刺伤在遥远的〔敌人〕。我也曾是面孔美好，身材修长的。巫师们来咒诅吧！"[9]巫师们咒诅了，把咒诅的水，给〔皇〕子拖雷喝了。他坐了一会儿就说："我醉了，等我醒过来的时候，请可汗哥哥好好关照孤弱的侄辈，寡居的〔弟〕妇[10]吧！〔我〕还说什么呢？我醉了。"说罢出去，就逝世了。事情的经过就是这样[11]。

注释

1《元史》卷二《太宗本纪》，载太宗征金之事，说："二年庚寅（一二三〇年）……秋七月，帝自将南伐，皇弟拖雷、皇侄蒙哥率师从。"（百衲本卷二第二页上）

2 这里所记以者别为先锋，攻居庸关之事，似乎是重复了成吉思可汗伐金的旧事。者别在蒙古第一次北征俄罗斯时，死于凯旋之际。

3 龙虎台，已见第二四七节注8。

4 原文"合札儿　兀速讷　额者惕　罕惕"（ghajar usun-u ejed khad），原总译作"山川之神"。

这是萨满教诸神中的一部分，亦即蒙古地方所称之"龙王"——Loos〔Luus〕。蒙古各地之"敖包"（obo'a）即此类神祇的居所。地方山川之神也称为nibdagh〔nabdagh〕shibdagh〔shabdagh〕。

5 原文"勺里阿"（joli'a, joligha［joliya］），旁译"替身"，即"替死人"或咒诅时所说的"替死鬼"。萨满术士及喇嘛为病人禳被时，常以面制之人形，送出焚烧，寓意交付恶魔，以代病人受其蛊害。此类人形多称之为"勺里阿"。贵族患病，有时以真人为替，祝祷病痛归于替身，但绝无施毒致病或致死之事。

6 姚师前注：原文作"骟马被选拣着，羯羊被摸揣着"。蒙古习惯看羯羊（俗称羯子）是否肥美，用手占摸羊体，即可判断，没有错误（札奇斯钦）。这些地方，正与《辽史》卷一〇四《李胡传》，辽太祖阿保机让三子冬天取薪，试验他们的巧拙一样。契丹与蒙古盛时，对于继任的嗣君，是要经过严密挑选的。这一段与《李胡传》，都是塞北民族选立嗣君很好举例。

7 事见第二五五节。

8 不豫，原文"勺卜　额薛"（jöb ese），旁译作"是　不"；其实这个成语就是汉文中的"不豫"。柯立夫（F. W. Cleaves）教授曾作专文论之，见"The Expression jöb ese bol in the *Secret History of the Mongols*"，《哈佛亚洲学报》第十一卷（一九四八年）。

9 这句话的意思是，把最好的献上做替身，而不是献上一个普通的人来代罪之意。姚师于前译之中，曾加添了"多才多艺，能事鬼神"一句话，并且在注释中说：这两句是按着文意，不自觉地引用《书经·金滕篇》周公替武王死的故事加上去的。希望能帮助译文的了解。

10 原文"别鲁迭"（berüde），无旁译。白鸟本补加"妇人名"一词为旁译。惟不知何所根据。

11 斡歌歹汗之病及拖雷之死，与后日拙赤及拖雷两系宗王对斡歌歹系宗王之迫害，及海都之叛，以《秘史》之记载观之，似有若干蛛丝马迹可寻之处。《元史·太宗本纪》对于此事记载极为简单，本纪云："四年壬辰（一二三二）……九月，拖雷薨，帝还龙庭。"（百衲本卷二第三页上）未及太宗病事。《睿宗传》称："……四月，由半渡入真定，过中都，出北口，住夏于官山。五月，太宗不豫。六月，疾甚。拖雷祷于天地，请以身代之，又取巫觋被除禳涤之水饮焉。居数日，太宗疾愈。拖雷从之北还，至阿剌合的思之地，遇疾而薨，寿四十有（阙）。"（百衲本卷一一五第三页下）所记与《秘史》略有出入，时间地点均有问题。小林高四郎氏于其《元朝秘史之研究》

（第二〇二页注一），曾论官山之地点甚详，可参考。

第二七三节

金朝皇帝被穷绝，〔改〕称为小厮[1]，掳获了金银、有金花的缎匹、财物、淮马[2]、小厮等等。于南京[3]、中都[4]等处城市，置先锋、"探马赤"[5]、"达鲁花赤"，一一镇守，就平平安安的回到了和林合刺—豁鲁木[6]住下。

注释

1 原文"薛兀薛"（se'üse），旁译"小厮"，似由汉语"小厮"二字转来的，在现代的语汇中已不见使用。姚师补注说："从吾案：原节第三行重见，汉文总译改为'人口'，或者也有战俘或奴隶的意思。"司义律（H. Serruys）神甫曾对此字作详考，见"Hsiao Ssu: Seüse, A Chinese Loan Word in Mongol,"*Acta Orient* (Hungary)，Vol. 28，No.3，1974。

2 原文"阿剌沙思"（alashas），旁译"淮马"，原总译只提及"头畜"一语，当即此字。alashas一字在现代语汇中已不使用。姚师补注说："应是指当年金朝所属，长江下游、淮水一带所产的马。"

3 即金之南京汴梁。

4 即金之中都燕京（北平）。

5 "探马臣"（tamachin），原旁译"官名"。《元史》卷九十八《兵志一》说："若夫军士，则初有蒙古军、探马赤军。蒙古军皆国人，探马赤军则诸部族也。"（百衲本第二页上）又《兵志二》"右都威卫"条云："国初，木华黎奉太祖命，收札剌儿、兀鲁、忙兀、纳海四投下，以按察儿、孛罗……五人领探马赤军。既平金，随处镇守。"（百衲本第四页下）本节所记或即指此而言。下文第二七四节，有派绰儿马罕为"探马"之事。"探马赤（臣）"一语，现代已不使用。但tomchi一语，则为"大官"或"总辖其事之人"，可能就是这一个字。

6 合刺—豁鲁麻（Khara-Khorum），旁译、总译均作"岭北"，就是斡歌歹可汗建都的和林。《元史·太宗本纪》云："七年乙未（一二三五年）春，城和林，作万安宫。"（百衲本卷二第五页下）。姚师前注说：喀喇·和林是元太宗在乙未年（一二三五）所建的"新城"，通称为元朝开国初年的国都，《元史》卷二称为"和林"，后又称"岭北"等处行中书省。这一新城，依汉文记载说，颇为简陋。就是在蒙古式的营盘中，外面建一较大的土围墙，中间营建一座万安宫、一座大殿，附有若干仓库，略有内地汉城的雏形而已。（关于当年和林的记述，据译者所知，汉文中以张德辉一二四七到一二四八年的《岭北纪行》为较详。）此外如：（一）冯译《多桑蒙古史》上册第二〇七页，（二）Barthold在《回教百科全书》中"喀喇和林"条，与（三）伯希和教授的《和林考》（《亚洲学报》，一九二五年，上册第三七二页）等，也甚扼要，可参看。

第二七四节

佩弓箭的扈卫绰儿马罕使巴黑塔惕人降服了[1]。听说那〔里〕地方好，物品好，斡歌歹可汗降圣旨说："任命佩弓箭的扈卫绰儿马罕为'探马'[2]，驻〔在〕那里。每年把黄金，有黄金的浑金、织金、绣金、珠子、大珠、长颈高腿的西马[3]、骆驼[4]、驮驮子的骡子[5]送来。"

做为速别额台勇士后援的巴秃、不里、古余克、蒙格等诸王子使康邻、乞卜察兀惕、巴只吉惕[6]降服，渡亦札勒〔河〕[7]、札牙黑〔河〕[8]，破篾格惕城[9]，斩杀斡鲁速惕〔人〕，掳获尽绝。掳阿速惕、撒速惕[10]、孛刺儿[11]、蛮客儿蛮—乞瓦[12]等城市之民，使之降服，置达鲁花赤、"探马赤"〔等官〕而返。

401

　　派佩弓箭的宿卫也速迭儿为先锋，援助以前派去远征女真、高丽的佩弓箭的宿卫札剌亦儿台[13]。降圣旨说："置'探马'〔镇守〕该地。"

注释

1 按巴黑塔惕之攻占，是在一二五八年旭烈兀西征之时。此际之所谓降服，当指哈里发政权同意向蒙古入贡之事而言。

2 探马，已见前二七三节注5。

3 原文为"脱必察兀惕"（tobicha-ud〔tobchi'a-ud〕），旁译"西马每"。此语今已不通用。小林高四郎于其《元朝秘史之研究》（第三一三页），引元王恽《秋涧先生大全集》卷八十一《中堂事记》云："……又一回纥，赞栗色宛马入拜，玉面鹿身，耸立如画，所谓脱必察者也。"
　　此处所指者，似为西域良马，即古之大宛马，今之阿拉伯良马也。

4 此处所说的骆驼，并列两种：一种是"古零—额劣兀惕"，原旁译为"驼名"。不知属于何种骆驼。如"古零"之对音为köröng可能是指一种红栗色驼而言；另一种是"答兀昔—乞赤都惕"（da'ushi-kichidüd），旁译为"驼名"，不知究为何种骆驼。按蒙古驼是双峰驼，阿拉伯和非洲的骆驼是单峰的，可能以上两种骆驼都是指单峰驼说的。

5 原文"合赤都惕"（khachidud），旁译"骡名"。今不知其解，待考。就上下文读之，似为良好驮运的骡子。

6 以上诸部族名，已见前第二六二节及第二七〇节小注。

7 原文为"额只勒"，旁译"城名"，即前第二七〇节之"阿的勒"、第二六二节之"亦札勒"河。"亦札勒"是伏尔加河的蒙语名。

8 札牙黑，旁译"城名"，前第二六二及二七〇节的旁译都是"河名"。这是乌拉尔河的蒙语名。

9 篾格惕，城名，已见第二七〇节注8。关于攻略此城的时间，伯希和及小林高四郎两氏均认定应在太宗十一年己亥（一二三九）冬至翌年春季之事（小林《元朝秘史之研究》第一七八至一八六页）。

10 原文"薛速惕",兹按第二六二节订正"撒速惕"。

11 原文"孛剌儿蛮"。"蛮"字应属于下一字,作"蛮客儿蛮"。"孛剌儿"即第二六二节之"不剌儿"、第二七〇节之"不合儿"。"不剌儿"就是《元史》的"不里阿耳",现在的保加利亚人。

12 原文"客儿蛮—乞瓦",兹改正为"蛮客儿蛮—乞瓦",意思是"大城基辅"。

13 小林高四郎氏以札剌亦儿台征朝鲜之事,当在一二五三或一二五四年之间,认为这是《秘史》写成年代当在一二四〇年以前的有力证据,并引《元史·宪宗本纪》"三年癸丑春正月……诸王也古以怨袭诸王塔剌儿营。……罢也古征高丽兵,以札剌儿带为征东元帅"及"四年……遣札剌亦儿部人火儿赤征高丽"两事证实其说(《元朝秘史之研究》第一八七至一九〇页)。关于蒙古征高丽之事,Gari Ledyard曾作"The Mongol Campaigns in Korea and the Dating of the *Secret History of the Mongols*",并论《秘史》成立之日期,见《中亚报学》(*Central Asian Journal*,9,No. 1,1964.)。

第二七五节

巴秃从远征乞卜察黑人的途上,派使臣来,向斡歌歹可汗奏禀说:"在长生天的气力里,可汗叔父的福荫里,攻破篾格惕城,掳获斡鲁速惕百姓,使十一个外邦人民入于正轨。大家说:'在拉起辔缰将要回去的时候,举行离别的宴会。'于是就树起大帐举行宴会。因为我比这些王子年长一点,先喝了一二盏,引起不里、古余克两个人不满意,离开宴会,上马而去。临走的时候,不里说:'巴秃〔与我们一样〕,怎能先饮!〔他〕与有胡须的老太婆们等量齐观,〔我〕要用脚后跟来踹他,用脚面来踏他。'古余克说:'我们打那些带弓箭的老妇人们的胸脯吧!'额勒只吉歹[1]的儿子合儿合孙说：'给他们带上木头尾巴吧！'正当我们谈论奉命征伐别具心肠好叛变的百姓之时，所作的事是否合宜的时候，不里、古余克两个人说了这样的话，不欢而散。如今听凭可汗叔父圣旨裁决！"[2]

注释

1 额勒只吉歹（Eljigedei），已见第二二九节注5，并见以后第二七八节。就第二七八节的记事来看，额勒只吉歹是斡歌歹可汗的亲信。姚师前注也说：应即百衲本《元史》卷二《定宗本纪》中的"野里知己带"和《元史》卷一百十五《睿宗传》的"野里知给歹"。

2 《秘史》这一段的记事，对后来蒙古历史的发展，有极重要的关系。这是拙赤一系的宗王们支持拖雷一系的宗王争取汗位的主要原因。当然也是额勒只吉歹在宪宗蒙哥可汗即位之后被杀的原因。

第二七六节

为了巴秃的这话，可汗异常震怒，不准古余克谒见，说："这下贱的东西，受谁挑唆，〔竟敢〕满口对兄长胡说，还不过〔是个〕臭蛋，〔竟〕敢在兄长面前放肆，放〔他〕去做先锋，把十个手指的指甲〔磨〕尽[1]，去爬山一般高的城池；放〔他〕去做'探马'，把五个手指的指甲〔磨〕光，去爬建筑坚固的城池吧！下贱[2]的合儿合孙跟谁学，竟敢向我们的亲人满口放言无忌！教古余克、合儿合孙两个人一同前去！合儿合孙是理应斩首的。〔若斩了他〕，你们〔必〕说我有偏心。关于不里，给巴秃说：派人去告诉察阿歹哥哥，听凭察阿歹哥哥处理吧！"

注释

1 姚师前注：意即罚使作苦工，受尽折磨，俾知警戒。这大概是一句蒙古俗话，
也见于卷一第五十三节。
2 原文此处有"别帖儿"（beter？）一字，无旁译，不知何解，暂从略。

第二七七节

诸宗王中的忙该，诸那颜中的阿勒赤歹、晃豁儿台、掌吉等长官们奏请说："你的父亲成吉思可汗曾降圣旨〔说〕：'野外的事在野外断；家里的事在家里断。'可汗对古余克震怒的是野外的事。如蒙可汗恩典可委付巴秃去处断。"〔可汗〕探纳了这话，叫古余克拜见，〔用〕教训的话责备〔他〕说："听说在出征的途中，你任意打〔士兵〕的屁股，挫折了军人的威严。你以为斡鲁速惕人畏惧你的愤怒，降服了么？你以为〔你〕独自使斡鲁速惕人降服，就持傲慢的心，向兄长放肆起来。在我们父亲成吉思可汗的圣旨里，不是曾说'〔人〕多使〔人〕怕；〔水〕深教〔人〕死'么？你以为是〔你〕独自做成的，其实〔你〕是在速别额台、不者克¹两个人的荫护下行走，众人并力，才使斡鲁速惕、乞卜察兀惕降服的。你〔仅〕得了一两个斡鲁速惕〔人〕、乞卜察兀惕人，〔连〕个山羊蹄子还没置得，竟充起好汉，一出家门，好像什么〔都能〕独自做得了似的，惹起是非！忙该、阿勒

405

赤歹、晃豁儿台、掌吉等，是平息怒气的伴侣，是釜中止沸的宽勺。好了！野外的事由巴秃作主。古余克、合儿合孙二人，叫巴秃处断！"如此叫〔人〕去回复了。〔又〕说："不里叫察阿歹哥哥处理。"[2]

注释

1 《多桑蒙古史》记蒙古诸宗王西征事，说："有拖雷二子，蒙哥、不者克（Boudjek）"（冯译本上册第二二一页）。"不者克"当即《元史》卷一○七《宗室表》"睿宗皇帝十一子……次八拨绰大王"的拨绰（百衲本第九页上下）。拉施特此作拖雷之第七子，并有简传（见 Boyel 译本 Successors of Genghis Khan 第一六一至一六二页）

2 关于古余克、不里与巴秃之失和，及斡歌歹可汗之处理此事。小林高四郎氏均认为这是有关《秘史》写成年代的重要关键之一。详小林《元朝秘史之研究》第一八〇至一八六页。

第二七八节

斡歌歹可汗又降圣旨说："兹颁圣旨〔再〕诏告曾经侍奉我父成吉思可汗的全体宿卫、佩弓箭的扈卫、散班护卫们的职守：以前按照汗父圣旨怎样做的，如今仍要照那规定去做！"降圣旨说："散班护卫们，照以前的规则，执行了白天的职务后，在尚有日光之时，交替给宿卫，〔出去〕住在外边！"

降圣旨说："夜间宿卫与我们〔一同〕住宿，宿卫要站在门户〔旁边〕，和房子的周围。宿卫要巡察宫帐前后。日落后，宿卫捉拿在夜间的行人。众人散了之后，宿卫要捉住混进来非值宿的人，把他的头劈开〔杀死〕。夜间如有急报的人前来，要〔先〕对宿卫说明，同宿卫站在房子后边，一齐报告。晃豁儿台、失剌罕等与值班的宿卫一同管理出入宫廷的〔人〕。额勒只吉歹[1]虽是亲信，晚间自宿卫的上方经过，曾被宿卫拿获过。这样不违背圣旨的宿卫，是可信赖的。"降圣旨说："不要问宿卫的数目，不要在宿卫坐次的上方行走。不要在宿卫之间行走。宿卫要捉拿在宿卫上和中间行走的人。宿卫要没收探问宿卫数目之人那天所骑的骟马、鞍子、辔缰和所穿的夜服。任何人不得坐在宿卫位次的上方。宿卫管理旗纛、鼓、钩[2]、枪和器皿。宿卫提调饮料、食品和肉类。"

降圣旨说："宿卫经管宫帐车辆。如我们本身不亲征，除〔伴随〕我们之外，宿卫〔也〕不出征。在我们放鹰围猎之时，留一半〔宿卫〕照料宫帐车辆，一半宿卫要与我们同行。从宿卫中〔派〕管营盘的前去安下'斡儿朵'。宿卫、门卫要站在门旁。众宿卫由合答安[3]管理一千名。"

又在委派各班宿卫长官之时，说："合答安、不剌·合答儿两个人合为一班入值，分别在'斡儿朵'的左右值班。阿马勒、察纳儿两个人合为一班入值，分别在'斡儿朵'的左右值班。牙勒巴黑、合剌兀答儿两个人合为一班入值，分别在'斡儿朵'的左右值班。又合答安、不勒合答儿的〔那〕班，阿马勒、察纳儿的〔那〕班，这两班要在'斡儿朵'的左边扎营值班。合歹[4]、豁里·合察儿两个人的〔那〕班，牙勒巴黑、合剌兀答儿两个人的〔那〕班，这两班要扎营在'斡儿朵'的右边值班。"降圣旨说："合答安管理这四班宿卫。宿卫要在我身体近侧，斡儿朵周围，守门而卧。从宿卫中〔派〕两个人进'斡儿朵'里，掌管酒局。"又降圣旨说："也孙·帖额[5]、不乞歹、豁儿忽答黑、剌巴勒合[6]把佩弓箭的扈卫分成四班，司理箭筒，共同管理四班散班之中，该当值班的佩弓箭的扈卫入值。"

要从以前曾管各班散班护卫的长官们[7]的子嗣中委派〔职务〕时说："在以前就掌管〔护卫〕的，阿勒赤歹[8]、晃豁儿塔孩两个人共同管理一班散班入值。帖木迭儿、古者两个人，共同管理一班散班入值。忙忽台掌管后卫，〔并〕管理一班散班入值。"可汗又降圣旨说："众那颜要以额勒只吉歹为长，依额勒只吉歹的话而行。"说了又降圣旨说："应值班者入值时，如有脱班，按以前圣旨规定，责打三杖。这应值班人，如第二次脱班，责打七杖。仍是此人，既无疾病缘故，又未报告该班长官，第三次脱班，便是不愿为我们服务，要责打三十七杖，流放到眼睛所看不到的遥远的地方去。还有各班长官如不点视轮班的值班者，就要惩罚各班的长官。还有各班长官们要再三再三的，在入值之时，换班之时，把这道圣旨，晓示给护卫们。听了圣旨，护卫们如再脱班，要按圣旨规章治罪！倘不把这圣旨晓示给护卫们，则以各班长官为犯罪论。再则各班长官们，未得我们同意，对于同样值班的我的护卫们，切勿以首长自居，而施惩罚！如动用法律，必须告知我们，于理应死的，我们斩首〔他〕；于理应惩戒的，我们教导他！倘〔自〕以被任为首长，不告诉我们，自己动手动脚〔来责打〕，那么如用拳头，就报〔他〕拳头，如用〔刑〕杖，就还〔他〕〔刑〕杖！"又降圣旨说："我的护卫比在外边千户还高。我护卫的从马，比在外面的百户或十夫长还在上。在外边的千户，如与我的护卫斗殴，就处罚〔那个〕千户！"

注释

1 额勒只吉歹，已见前第二二九节注5。

2 原文"朵罗"（doro〔doora〕），旁译为"下"，兹改为"钩"。已见第二三二节注4。

3 合答安，当即第二〇二节，成吉思可汗所任命的第六十五千户。

4 合歹当，即二〇二节，成吉思可汗所任命的第八十四千户。

5 也孙·帖额，见第二二五节。他是功臣者勒篾的儿子，成吉思可汗任命他作一班护卫之长。《新元史》卷一二三在《者勒篾传》中有附传，惟嫌过简。

6 剌巴勒合，即第二二五节中的"剌卜剌合"，与也孙·帖额同时被任命为一班护卫之长。

7 原文"斡脱古思"（ötögüs），字义是"老人们""长辈们"或"长老们"，可见蒙古可汗亲卫的组织是具有浓厚的子弟兵的性质。当然这与原来的氏族制度有密切的关系。

8 阿剌赤歹，见第二二七节，是成吉思可汗所任命的一班护卫之长，并见第二二七节他曾劝谏斡歌歹可汗对巴秃与古余克的纷争息怒。

第二七九节

斡歌歹可汗又说："不要教父亲成吉思可汗辛辛苦苦所建立的国家〔人民〕受苦，要教他们安安顿顿的享受幸福。〔我〕坐在汗父现成的〔大位〕里，不要教百姓辛苦。百姓们每年从〔羊〕群中缴纳两岁羊一只，做汤羊[1]。从每百只羊中，拿出一只羊，给附近贫乏的人[2]。〔各宗王〕兄弟由多数兵马护卫着来聚会，怎可常常向百姓征发饮料〔食〕物呢？可由各处千户供出牝马挤奶，教挤马奶的放牧，常川交替，派管营盘的人来放马驹。如兄弟们聚会，给与赏赐，要把缎匹、银锭、箭筒、弓、铠甲、军械〔等等〕装满仓廪³，看守库房，从各方拣选管库的⁴，管粮米的⁵，来看守。还要给国民分给牧地和水，使〔他们〕都有居住的牧地，可从各个千户选出管理牧地的人〔管理〕。在荒野⁶地方，除野兽之外，没有〔人烟〕，为使百姓们能住得宽敞些，派察乃、委兀儿台两个人为管牧地的首长，到旷野⁷地方，挖掘水井。还有我们使臣往来，使百姓也沿途〔跟着〕奔驰，往来的使臣其行程也要迟延，百姓人民也遭受痛苦。现在我们一律使它有一定的位置，由各处的千户，派出站户⁸马夫⁹，在各个处所设置驿站。使臣无紧要事，不得沿着百姓〔骚扰〕¹⁰，要按照驿站奔驰。这些事情，是察乃、孛勒合答儿两个人想起来，向我们提议的。我想似乎可行。请察阿歹哥哥裁断。这些所说的事体，如属当行，并且赞同的话，察阿歹哥哥〔你〕就做主吧。"说着派人前去。察阿歹哥哥对派人前去所问的这些事，完全同意，就使人来说："那么就照办吧。"察阿歹哥哥又教人来说："我从这里迎着，把驿站接来。再从这里派使臣到巴秃那里，教巴秃也把他的驿站，迎着连接起来。"又教〔人〕来提醒说："在所有的〔事体〕之中，设置驿站〔一〕事，是最对的。"¹¹

注释

1 原文"暑洌捏"（shilün-e〔shülün-e〕），旁译"汤行"，总译为"汤羊"，乃指可汗宫廷膳食所用之羊而言。直至晚近封建制度崩溃前，蒙古各旗王公向人民征发之羊，亦有称为shilün-ü khoni——汤羊者。清代蒙古王公向清帝进贡之羊亦称为

"汤羊"。

2 关于斡歌歹可汗所定捐输家畜之数字，《元史·太宗本纪》称："元年己丑（一二二九年）……敕蒙古民，有马百者输牝马一，牛百者输牸牛一，羊百者输羒羊一，为永制。始置仓廪，立驿传。"（百衲本卷二第一页下）

又《大元马政记》："太宗皇帝五年癸巳（一二三三年）圣旨：'……其家有马、牛、羊及一百者，取牝马、牝牛、牝羊一头入官。牝马、牝牛、牝羊及十头，则亦取牝马、牝牛、牝羊各一头入官。若有隐漏者，尽行没官。'"

3 原文"巴剌合惕"（balakhad），旁译"库每"，是balkasun〔balkhasun〕之复数。《长春真人西游记》称："八剌喝孙，汉语为城，中有仓廪，故又呼曰仓头。"（见文殿阁王国维校注本第四十页）

4 原文"巴剌合臣"（balakhachin），旁译"管城的"。在此似译为"管库的"，较为妥善。《元史·兵志二·宿卫》"四怯薛"条称："司阍者，曰八剌哈赤。"（百衲本卷九十九第二页下）

5 原文"阿木臣"（amuchin），钱大昕本旁译"管城的"；其实字义是"管粮米的"。

6 原文"川勒"（chöl），旁译误为"地名"，字义是"无人烟的荒地"。此字曾见卷七第一八八节注1。

7 原文"川仑"，旁译"地名"，同注6。

8 "札木臣"（jamchin），旁译"站户"。按jam是路，chin是人字之意。此字在现代语中是"领路人"或"向导"之意。"站户"一词则由örtegechin一字代之。

《元史》卷一〇一《兵志四》"站赤"条称："元制站赤者，驿传之译名也。……太宗元年十一月敕：'诸牛铺马站，每一百户置汉车一十具。各站俱置米仓，站户每年一牌内，纳米一石，令百户一人掌之。北使臣每日支肉一斤、面一斤、米一升、酒一瓶。'四年五月，谕随路官员并站赤人等：'使臣无牌面文字，始给马之驿官及元差官，皆罪之。有文字牌面而不给驿马者，亦论罪。若系军情急速，及送纳颜色、丝线、酒食、米粟、段匹、鹰隼，但系御用诸物，虽无牌面文字，亦验数应付牛车。'"（百衲本第二页上）

此一驿站制度元亡后依然存于蒙古地方。清代所谓之"台站"，即此一制度之延续，外蒙古于独立后始撤销之。

姚师前注：关于元代站赤的材料，甚为丰富，兹略举之。（1）《永乐大典·站赤门》三册；（2）《元史》卷一〇一《兵志四》；（3）日本学者羽田亨博士的《元朝驿站杂考》与该书所引用的材料；（4）同上羽田先生关于元代驿站的各种论文（见一九五七年出版的《史学论文集》第一册，第一到一二九页）。

9 原文"兀剌阿臣"（ula'achin），旁译"马夫"。此字非指一般马夫，乃指应征调从事路政之马夫而言，其应征调之马匹车辆则谓之ula'a，至今亦然。第二八〇节"兀剌阿"一字之原音译则为"铺马"，即此意也（见续卷二第五十三页下第五行）。

《元史》卷九九《兵志二·宿卫》"四怯薛"条称："……典车马者，曰兀剌赤、莫伦赤。"（百衲本第二页下）彭大雅《黑鞑事略》称："其马野牧……牧者谓之兀剌赤，回回居其三，汉人居其七。"在这一段之后，徐霆亦提及兀剌赤牧马之情形（文殿阁本王国维笺证本第八十六页）可能当时一般牧马人均称为"兀剌赤"。所谓"回回居其三，汉人居其七"者，盖为蒙古帝国扩张后的情形。

10 在地广人稀的草原上旅行必须沿着有百姓人烟的地方旅行，不然得不到食宿的供应。但是这样的行旅，对于当地的百姓却是一件极大的负担。

11 姚师前注：这一节总述窝阔台大汗（元太宗）即位后所行的善政，至为难得。这些大半都为旧《元史》作者们，因为不明了草原社会的实际情形所忽略。如《元史》百衲本卷三《太宗本纪》仅说："元年（一二二九）己丑……敕蒙古（人）民有马百者输牝马一，牛百者输牸牛一，羊百者输羒羊一，为永制。始置仓廪，立驿传。"没有讲详细情形，故不易引起后人的注意。应依据《秘史》，参考法儒葛鲁赛（Prof. R. Grousset）、俄蒙古史家拉地米尔索夫（Prof. Vladimirtsov）等研究的结果，查对旧《元史》、《元典章》等，加以补充。

第二八〇节

斡歌歹可汗说："察阿歹哥哥、巴秃等右翼众兄弟们，斡惕赤斤那颜、也古等左翼众兄弟们，在内的公主、驸马、万户、千户、百户、十夫长等全体都赞同了。"〔他们〕赞同说："为供应海洋〔般伟大〕的可汗¹的汤羊，每年〔从羊〕群中〔献〕出一只二岁羯羊，〔不〕算什么。从〔每〕百只羊交出一只一岁的羊羔，给与穷乏之人，是件好〔事〕。设定路线，供出站户、马夫，使许多百姓安宁，对使臣往来也方便。"大家都赞同了。

可汗的圣旨〔说〕："经与察阿歹哥哥商议，并得察阿歹哥哥同意，〔诏告〕全国各地各千户，依照可汗圣旨，每年从每群羊中供出二岁羯羊一只，作为汤羊。从每百只羊中供出一岁羊羔一只，〔振济穷困〕；供出牝马，并派定放马驹的、司库的、管粮米的、派出站户、马夫，斟酌各适宜地点，设置驿站。命阿剌浅、脱忽察儿二人管理其事。一所驿站置马夫二十人。每所〔各〕置马夫二十人。"〔又〕降圣旨说："驿站所备用的骟马、食用的²羊、挤奶的牝马、驾车的牛，及车辆〔等〕，倘比我们这里所限定的缺了〔一根〕短绳，就劈开〔他的〕嘴唇，若缺少了〔一块〕车辐，就劈破他的鼻子！"³

注释

1 "答来—因　合罕"（Dalai-yin Khaghan），旁译"海内的皇帝"。此处将Dalai-in〔yin〕一语译为"四海之内"，不能算错；不过Dalai（海）这一字，有"无限伟大"之意。所以阿拉坦（俺答）汗（Altan）赠给西藏黄教派大师，以"达赖喇嘛"之号，意思是"法海无边，广阔深邃"之意。古余克（贵由）汗之印玺及其致教皇国书中，均用Dalai Khan之称号。可知Dalai-yin Khaghan一词，是成吉思汗以后蒙古大汗所用的尊称。关于此节伯希和博士曾有详论。沃尔纳德斯基博士亦曾于其《蒙古与俄罗斯》一书中详论之（见札奇斯钦汉译本卷一第七十三页）。姚师前注说："海内可汗"，原文作"答来因　合罕"（Dalai-in

Khan），旁译"海内的皇帝"。这或者就是一二〇六年（丙寅）成吉思可汗建
号以后，蒙古大汗所用的尊号。详本书第二〇二节注3"成吉思"下的注文。

2 原文"失兀速"（shi'üsü），旁译"分例"。在现代语中，这是"煮好的大块羊
肉"。可能是指《元史·兵志四》"站赤"条所说"太宗元年十一月敕：诸牛铺
马站……使臣每日支肉一斤"的煮羊肉而说的（百衲本第一页下）。

3 本节末一句，总译作"如有短少者，家财一半没官"。或系根据元代中叶以后
的体制而译出的，与原文颇有出入。按原文是施以裂唇割鼻的体制而不是处以
财产刑的。

第二八一节

斡歌歹可汗说："坐在父亲的大位里，我在汗父之后，所做的
〔第一件〕事，是我远征金国[1]，灭了金国。我的第二件事，是为
使我们的使臣在路上可以疾驰，并搬运所需用的东西，设了驿站。
还有另一件事，是在没有水的地方，挖出水井，使百姓得到水草。
我还在各方各城市的百姓中，设置先锋、'探马'〔等官〕，使百
姓能生活安定。在汗父之后，〔我〕添了〔这〕四件事。可是汗父
教〔我〕坐在他的大位里，把众民都担在我的〔肩〕上；我却让葡
萄酒[2]和黄酒给制住了。〔这〕是我的错，是我的一个错处！另一
件过错，是无理听信妇人的话，把叔父斡惕赤斤国中的女子拿来，
构成错误。〔身〕为国家之主，可汗，竟为无理之事所动，这是
我的一件差错。还有冤害朵豁勒忽的一件过错。怎么说这是差错
呢？冤害在我汗父之前，〔努力〕向前的朵豁勒忽，〔便是〕过错。
如今在我的前面，谁肯〔努力〕向前呢？不了解在我汗父跟前，成

为众人模范，谨慎守法的人，竟把他冤害了。我应当责备自己！还有，我恐怕由天地所生的野兽跑到弟兄们那里，竟贪妄的筑起墙寨来拦堵，以致我从弟兄们〔那里〕听到烦言。〔这〕也是过错。在我汗父之后，我加添了四件事体；〔也〕做了四件错事。"

注释

1 原文为"札忽惕"（Jakhud），旁译为"金人"。本节以前，均称金人为"乞塔惕"（Kitad）。不知此"札忽惕"一字与第一三四节所说帖木真由金朝所得之官号"札兀惕—忽里"（Ja'ud-khuri〔khori〕）有何关联否？请参照第一三四节注1。

姚师前注：陈寅恪先生有专文《元代汉人译名考》（载《国学论丛》第二卷第一号，第一一六页），讨论这一名辞，甚佳，可以参看。

2 日本岩村忍教授曾作《元代葡萄酒考》一文，可参考。见同氏《蒙古史杂考》，东京，一九四三年。

姚师前注：太宗嗜酒事，汉文中记述颇多；兹举《元史》卷一四六《耶律楚材传》一节，作为举例。"帝素嗜酒，日与大臣醉饮，楚材屡谏不听。乃持酒槽铁口（今日犹名酒槽，北平叫酒漏子。上为圆盘形，中有长筒口，可以漏酒，使酒从坛子中转入较小壶中，不致外溢）进曰：'曲蘖能腐（是）物；铁尚如此，况五脏乎？'帝悟，语近臣曰：'汝曹爱君忧国之心，岂有如吾图·撒合里者耶？'赏以金帛。敕近臣日进酒三钟而止。"

第二八二节

大聚会[1]正在聚会，鼠儿年[2]七月[3]，各宫帐在客鲁涟河，阔迭额—阿剌勒[4]〔地方〕，朵罗安—孛勒答黑〔与〕失勒斤扯克两〔山〕之间留驻之时，写毕。

注释

1 大聚会，原文"也客　忽邻勒塔"（yeke khurilta）。姚师前注说：《元史》卷
一四六《耶律楚材传》称这样的会议，为"宗亲大会"，海尼士教授德文译本
称为der Grossen Reichstag，意即"扩大的国会"，是十三、十四世纪蒙古时代
的一种由大汗或亲王召开，各部部长、王公勋亲大臣均出席的最高会议，一称
"蒙古的国会"。日本史学家箭内亘博士曾有《蒙古国会忽邻勒塔的研究》（见
《史学杂志》第四、五号，一九一七年），可参看。

2 姚师前注说：这里的鼠儿年，究为哪一年，《秘史》此节说的也不够详细。普
通认为写在元太宗（窝阔台，《秘史》多写作"斡歌歹"）检讨即位以来功罪
之后，应当就是他死的前一年，庚子（《元史》卷二《太宗本纪》的十二年庚
子），即公元一二四〇年。关于《秘史》写成的年代，目下尚有若干异说值得
注意。可参看小林高四郎《元朝秘史之研究》（一九五四）第六章《元朝秘史
的成立年代》（原书第一七二到二一〇页），及洪煨莲先生的《元朝秘史流传
考》（"The Transmission of the Book Known as *The Secret History of the Mongols*"，
HAS，Dec. 1951，Vol. 14，三、四合期，第四八七到四八八页）等。

3 七月，原文"忽阑　撒剌"（khuran sara）。此种说法，现已不存。

4 阔迭额—阿剌勒（Köde'e-aral），已见第二六九节注4。姚师前注说：这次聚会
的地方，也就是窝阔台大汗即位时大聚会召开的地方。又，这次大聚会在七
月，也与《辽史》卷三十一到三十二《营卫志》所说"夏捺钵""与北南臣僚
议国事"有若干类似（蒙古大聚会与契丹的冬、夏聚会，商议国事，两者是
否有关，容再详考）。